儿童发展与教育心理学

Ertong Fazhan yu Jiaoyu Xinlixue

主　编　王素霞

副主编　徐　敏　冯斌斌

中国教育出版传媒集团

高等教育出版社·北京

内容提要

本教材包括绪论及儿童心理发展与教育、儿童学习、教学心理三编，共十五章的内容，分别介绍了儿童感知觉发展与教育、儿童注意发展与培养、儿童记忆发展与培养、儿童思维发展与培养、儿童言语发展与培养、儿童情绪发展与培养、儿童社会性发展与培养、儿童学习动机与策略、儿童的问题解决与创造性、儿童的知识学习、儿童的动作技能学习、儿童的品德学习、教学设计、基于儿童心理发展的课堂教学评价以及教师心理等内容。

本教材将儿童心理学、儿童发展心理学、教育心理学等课程有机结合，使学生对儿童的心理现象、发展规律及对应的教育策略有系统地认识，将知识学习和具体教学有机结合。

本书可以作为教育学、心理学相关专业的本科生教材，也可作为中小学教师的培训用书，还可供对儿童发展与教育心理学感兴趣的人士阅读。

图书在版编目（CIP）数据

儿童发展与教育心理学 / 王素霞主编. -- 北京：
高等教育出版社，2024.9
ISBN 978-7-04-061675-0

Ⅰ．①儿… Ⅱ．①王… Ⅲ．①儿童心理学-教育心理学 Ⅳ．①G44

中国国家版本馆CIP数据核字(2024)第029310号

策划编辑 路秋丽　　责任编辑 贾玉玲　　封面设计 张志奇　　版式设计 童　丹
责任绘图 马天驰　　责任校对 胡美萍　　责任印制 存　怡

出版发行	高等教育出版社	网　　址	http://www.hep.edu.cn
社　　址	北京市西城区德外大街4号		http://www.hep.com.cn
邮政编码	100120	网上订购	http://www.hepmall.com.cn
印　　刷	北京华联印刷有限公司		http://www.hepmall.com
开　　本	787 mm×1092 mm　1/16		http://www.hepmall.cn
印　　张	23		
字　　数	570 千字	版　　次	2024 年 9 月第 1 版
购书热线	010-58581118	印　　次	2024 年 9 月第 1 次印刷
咨询电话	400-810-0598	定　　价	54.00元

本书如有缺页、倒页、脱页等质量问题，请到所购图书销售部门联系调换

前　言

党的二十大提出："教育、科技、人才是全面建设社会主义现代化国家的基础性、战略性支撑。必须坚持科技是第一生产力、人才是第一资源、创新是第一动力，深入实施科教兴国战略、人才强国战略、创新驱动发展战略，开辟发展新领域新赛道，不断塑造发展新动能新优势。"① 这标志着科教兴国开启新征程，教育高质量发展进入快车道。高等教育的独特属性与功能，决定了它肩负着促进教育公平和追求卓越、增强国家核心竞争力的双重任务。课程是塑造学生的载体，在人才培养中发挥着核心作用，因此，创新课程理念、改革教学内容、开发优质课程资源成为当前教育发展过程中的重要任务。

随着教师教育和基础教育改革的不断推进以及智能时代教育信息化的发展，承担师范教育的院校对教师教育课程资源的需求也发生了变化。普通心理学、发展心理学和教育心理学是心理学专业的重要学科，也是教师教育课程的重要组成部分。本教材在吸收以往教材优点的基础上，将普通心理学、发展心理学、教育心理学等课程内容有机结合，使学生对儿童的心理现象、发展规律及其对应的教育策略有系统地认识，将知识学习和具体教学有机集合，建设成为"互联网＋"背景下的新形态教材。

本教材包括绪论和儿童心理发展与教育、儿童学习、教学心理三编，共十五章的内容，分别介绍了儿童感知觉发展与培养、儿童注意发展与培养、儿童记忆发展与培养、儿童思维发展与培养、儿童言语发展与培养、儿童情绪发展与培养、儿童社会性发展与培养、儿童学习动机与策略、儿童的问题解决与创造性、儿童的知识学习、儿童的动作技能学习、儿童的品德学习、教学设计、基于儿童心理发展的课堂教学评价以及教师心理等内容。全书各章分为导学系统、知识学习系统、总结与练习系统三大部分：章前为导学系统，包括"学习目标""知识导图""案例导入"模块，帮助学生对所学内容形成整体认识，引发学习兴趣。正文部分为知识学习系统，是教材的核心内容，同时配套链接数字资源，以二维码的方式呈现。章后为总结与练习系统，设"本章小结""实践·反思·探究""推荐阅读"模块，帮助学生巩固学习重点、检验学习效果，并拓展学习知识，引发学生的进一步思考。

本教材由王素霞、徐敏、冯斌斌组织编写，负责全书的结构和章节设定，并对全书进行修改、审定。各章的具体分工如下：绪论，王素霞、张美峰；第一章、第十章，徐敏；第二章，王美娥；第三章、第九章，冯斌斌；第四章，陈秀梅；第五章，王素霞；第六章，马振；第七章，刘嵩晗、钟均；第八章，张颖群；第十一章，冷海州；第十二章，李淼；第十三章，董伟；第十四章，朱立明；第十五章，于瑛琦。在书稿整理过程中，硕士研究生

---

① 习近平. 高举中国特色社会主义伟大旗帜　为全面建设社会主义现代化国家而团结奋斗：在中国共产党第二十次全国代表大会上的报告［M］. 北京：人民出版社，2022：33.

车晓婉、李璐璐、钱若寒、陈晓菲、李晓雯、慕红菊、毕文静、陈影、杨安宁做了大量的文字校对、整理工作，在此表示感谢。

在本教材的编写过程中，我们参考了众多的国内外研究文献和心理学相关教材，在此对所引用资料的作者表示诚挚的感谢。

虽然本教材经过编者多次讨论并最终定稿，但由于理论水平有限，难免会有不足之处，敬请专家、同行和广大读者批评指正。

编者

2024 年 8 月

目　录

第二编　儿童学习

第三编　教 学 心 理

绪　　论

【学习目标】

1. 掌握儿童发展与教育心理学的研究对象。
2. 掌握儿童发展与教育心理学的研究任务。
3. 掌握儿童发展与教育心理学的主要研究设计类型。
4. 理解并学会使用儿童发展与教育心理学的主要研究方法。
5. 了解儿童发展与教育心理学的发展过程。

【知识导图】

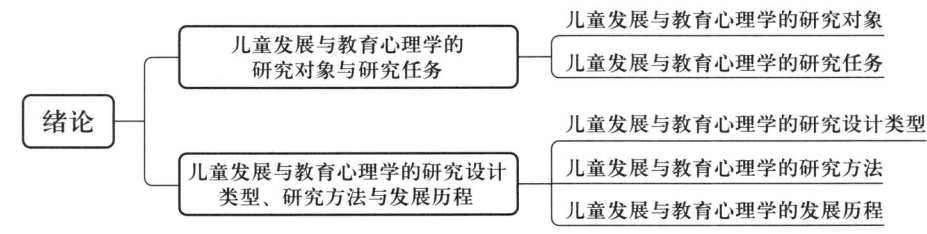

【案例导入】

我国著名教育家陈鹤琴对自己儿子的成长发育过程作了长达 808 天的连续观察，用文字和照片详细记录，并编撰了我国研究儿童心理发展的著作《儿童心理之研究》，这本著作奠定了中国儿童心理学和儿童教育学的基石。陈鹤琴记录儿子成长的第一条信息是这样的：这个小孩子是在民国十年十二月二十六日上午 2 点 9 分生的；生后 2 秒钟就大哭，一直哭到 2 点 19 分，共继续地哭了 10 分钟，以后就是间断地哭了；生后 45 分钟，就打呵欠；生后 12 小时，他撒下了人生的第一泡尿……①

1. 为什么要开展儿童心理研究？
2. 陈鹤琴先生使用的研究方法是什么？

第一节　儿童发展与教育心理学的研究对象与研究任务

我们在学习一门新的学科时需要了解它是怎样的，研究什么内容，这是有关研究对象的问题。儿童发展与教育心理学是儿童发展心理学与教育心理学两门学科的合称，是儿童发展心理学和教育心理学相结合的产物，是一门跨儿童发展心理学与教育心理学两大领域的交叉学科。儿童发展心理学是心理学的基础学科和应用学科之一，是发展心理学的分支学科，主要是科学地研究儿童身心发展的特点与规律。教育心理学是关注学与教相互作用和基本规律的科学，注重解决教育实践领域中的心理学问题。本节主要介绍儿童发展与教育心理学的研究对象和研究任务。研究对象包括儿童的发展、儿童的教育、学习与教学等内容，研究任务包括儿童发展心理学研究的具体任务、教育心理学研究的具体任务。

一、儿童发展与教育心理学的研究对象

就人类个体的发展而言，从出生到青年初期是个体发育生长最旺盛、心智发展最快，也是可塑性最大、接受教育最为有效的时期。本书将研究对象聚焦于 18 周岁以下的儿童，着重讨论其心理发展特点以及相关的教育现象。儿童发展与教育心理学将儿童发展心理学与教育心理学结合起来，既探讨儿童的心理发展规律，又探讨如何把握教育过程中儿童的心理现象及其变化规律，以及两者如何有机结合，才能使儿童获得理想的教育，以有效促进和提升儿童的心理发展。具体来说，儿童发展与教育心理学的研究对象主要包括以下三个方面。

（一）儿童的发展

1. 儿童心理发展的一般规律

研究儿童心理发展的一般规律，涉及检验心理发展理论的几个基本假设，这些假设包括下列四个：

---

① 陈鹤琴. 儿童心理之研究［M］. 北京：商务印书馆，2021：55.

（1）心理发展的阶段性与连续性

心理发展的阶段性是指心理发展在数量上不断积累并在此基础上发生质变的过程。随着质变的完成，心理发展达到一个新阶段。心理发展的连续性是指后一阶段的发展总是在前一阶段的基础上发生，而且后一阶段既包含前一阶段的因素，又萌发下一阶段的新特性。心理发展是一个渐进的连续过程或是一个突变过程，具体的过程需要通过科学研究加以揭示。

（2）心理发展的方向性和顺序性

个体的生理发展具有不可逆的方向性与顺序性。例如，身体运动机能的发展遵循从头部延伸至身体下半部的"头尾法则"和从身体的中心部位延伸至边缘部位的"远近法则"。个体的心理发展是否与生理发展一样具有方向性和顺序性，这需要用科学的证据加以回答。

（3）各种心理机能的相互整合与协调

心理现象十分复杂，既可表现为个体内部的心理过程，又可表现为个体外部的行为表现；既有意识的成分，也有无意识的成分。个体内部的心理过程包括认知、情绪和意志三个方面。在心理发展过程中，个体心理的各种机能是否相互关联，某种心理机能的发展是否会影响其他心理机能的发展，心理是否具有统一的结构，其机制是什么，这些问题需要科学的证据予以答复。

（4）心理发展的共性与个别差异

不同的个体是否具有相同的心理发展过程，个体在心理发展速度、各种心理机能的优势表现、情绪的稳定性、个性特征及其倾向性等方面是否存在差异，这些差异如何表现以及产生这些差异的原因是什么，要回答这些问题，只有通过科学的研究。

总体来说，个体的心理发展趋势是从低级到高级、从简单到复杂，但从具体的发展过程来看，也涉及某些特性的消失。不过，这些特性的消失往往意味着个体心理结构的进化。例如，新生儿与生俱来的抓握反射在婴儿期会慢慢消失，但抓握反射的消失对婴儿手部动作的发展是有利的。儿童的思维发展通常会经历一个从复杂到简单的过程，有些原来不可缺少的环节会被简化和省略。总之，个体的心理发展是生长和衰退两个对立面的统一，由此产生心理结构的量变和质变。一般而言，童年期以生长为主要特征，成年期处于较为稳定的态势，老年期以衰退为主要特征。

2. 儿童心理发展的年龄特征

个体心理发展的年龄特征是指与其生理发展阶段相适应的心理发展特点。人类个体的身心发展与年龄有着密切的联系，既表现出连续性又表现出一定的阶段性，并形成相应的年龄特征。根据不同个体在生理、认知、个性和社会性发展等方面表现出的较为一致的特点，我们可以把人出生以后的发展分为以下阶段：学龄前期（0—6岁），本时期又分为乳儿期（0—1岁，不含1岁）、婴儿期（1—3岁）和幼儿期（3—6岁，不含6岁）；学龄期（6—12岁，不含12岁）；少年期（12—17岁）。心理发展的年龄特征主要包括两个方面的内容：一是认知过程发展的年龄特征，包括感觉、知觉、记忆、思维等；二是个性和社会性发展的年龄特征，包括兴趣、动机、情绪情感、价值观、能力、自我意识、性格和人际关系等。

3. 儿童心理发展的优势偏向

每一个儿童与生俱来都会带有某些遗传特性，教育心理学家桑代克认为："人当生命发生时，即精子与卵子结合成人之时，已具有无数确定的倾向。"①儿童心理学家格莱因认为，不同的儿童会表现出对不同事物的天然兴趣偏向，如"对于秩序的关切甚至要大于对周围人们的注意"②。的确，儿童总会在某一个或某些方面表现出一定的遗传倾向，这种遗传倾向加上儿童出生后最初几年的环境影响，其优势偏向会逐渐显现或定型。例如，有些儿童日后表现出进步很快，或者有些儿童在某一领域能发展出自己的强项。由遗传和早期环境所造就的儿童的优势偏向，常常会因不同个体而呈现出或明显或隐晦、或巨大或细小的差异。

4. 儿童心理发展的敏感期

【拓展阅读】
印刻现象

儿童敏感期，也称关键期、临界期，是指儿童学习某种知识、技能相对比较容易或其心理的某个方面发展最为迅速的时期。例如，2—3岁是儿童学习口头语言的最佳年龄；4—5岁是儿童开始学习书面语的最佳年龄。儿童在敏感期内易迅速获取某种知识或技能，同时，儿童某一心理机能的发展使其对内外条件也极为敏感，或某些偏差行为在此时期更容易得到纠正。如果儿童错过这一时期或其发展在这一时期受到阻碍，所造成的损失将难以弥补。例如，即使儿童的生理是正常的，如果在2岁之前没有接受视觉刺激，那么可能就会导致永久性失明；如果儿童在10岁之前没有学习听说字词，那么其可能将无法学习语言。当儿童的这些关键期过去后，执行这些任务的脑细胞可能会失去这种能力。当然，其他发展时期也有较大的可期性，这些方面在以后的生活中仍然可以学习，但是儿童发展的速度和水平会受到影响，甚至会由于失去敏感期的发展而使某种能力永久消失。因而，对教育者（教师、父母、监护人等）来说，仔细观察儿童，了解儿童，把握儿童自然发展进程中的敏感期以及儿童学习的最佳期限，及时、合理地给儿童以引导、帮助和鼓励，意义非同小可。

（二）儿童的教育

儿童的教育要遵循教育教学活动本身的规律，如学习和教学的规律。儿童发展与教育心理学的研究对象之一是探索如何依据儿童的心理发展水平和特点使他们更加快乐地学习，使教师的教学更加有效。一般来说，每一个学习者（教育者）都会持有自己的学习（教学）理论——每个人都会对学习（教学）的过程、本质和规律有自己的认识——不论是清晰的还是模糊的，也就是所谓"朴素的学习（教学）理论"。儿童发展与教育心理学要学习的是"科学的学习（教学）理论"——通过研究儿童的学习和教师的教学提出具有广泛性和普适性的学习和教学理论，从而提升我们对儿童学习的认识，指导我们的教学实践。例如，对小学儿童而言，如何促使他们的情绪从易发生变化转化到稳定；如何引导他们学会在日常生活中保持与他人建立的友好人际关系；如何引导他们学会正确、客观地认识、评价自己和他人；如何教会他们掌握基本的知识与技能，发展和培养他们的学习能力，保护和引导他们的创造性等。这些问题中都蕴含着儿童教育的丰富智慧。

① 桑代克. 教育心理学简编［M］. 张奇，译. 北京：中国人民大学出版社，2015：3-4.
② 格莱因. 儿童心理发展的理论［M］. 计文莹，江美常，孙名之，等译. 长沙：湖南教育出版社，1983：2.

（三）学习与教学

1. 学习与教学的要素

（1）学生

学生是学习与教学的主体要素之一，所有教学手段必须通过学生起作用。学生这一要素主要从两个方面影响学与教的过程。一是群体差异，包括年龄、性别和社会文化差异等。以年龄差异为例，学生的年龄差异主要体现在其思维水平的差异。小学五年级学生和小学一年级学生具有不同的思维水平，在学与教的过程中会表现出相应的差异。同一种教学方法，五年级学生的教学效果也许很好，但对于一年级学生来说可能行不通。二是个体差异，包括学生已有的知识基础、学习方式、智力水平、学习兴趣和学习需要等差异。它们是所有学习和教学的重要内在条件，因为学习就是在已有知识经验基础上生成新的知识经验的过程。在日常生活和以往学习中，学生已经获得了大量经验，在开始某一主题的学习之前，他们常常已经对这一主题有了自己的认识和理解。教学不是忽视这些经验另辟蹊径，而是要把它们作为新知识的生长点，由此引导学生获得更精确、更丰富、更恰当的知识经验。教师如果无视学生的这些个体差异，那么将会导致教学内容过易或过难，从而影响教学的效果和效率。

（2）教师

在教育过程中，学生是学习过程的主体，但这并不否定教师对学生的指导地位。学校教育需要按照特定的教学目标有效地组织教学，教师在其中起到关键作用。在学习与教学过程中，教师这一要素主要涉及敬业精神、专业知识、专业技能、教学风格以及心理健康等。敬业精神包括热情、责任心、持续反思和经验总结；专业知识不仅包括学科知识，而且包括教育观念、学习与教学理论、学科教学知识等；专业技能包括教学目标设计、材料组织、信息交流、课堂管理、成效考评等；教学风格涉及教师在课堂管理与组织、师生沟通与交流等方面的差异；心理健康包括了解教师心理健康的相关知识、能够识别教师群体常见的心理问题、应用心理健康的调试方法等，以上这些内容对学生的学习有着重要影响。

（3）教学内容

教学内容是学习与教学过程中有意传递的主要信息部分，一般表现为课程标准、教材和课程。教材编制和课程设置必须以学习和教学的理论和研究为基础。例如，教材的内容、结构以及难度，既要适合学生的现有发展水平，又要能有效促进学生向更高水平发展；既要适合学生学习的过程和特点，又要考虑教学的有效性。同时，教学内容的选编还必须考虑社会发展的需要。农业社会注重知识经验的传授，工业社会强调知识与技能的训练，信息时代越来越关注筛选信息和处理信息的能力、解决问题和自主学习的能力、创新意识和健康的人格品质等的培养，因此教学内容也要做出相应的调整。

（4）教学媒体

教学媒体是教学内容的载体和表现形式，是师生之间传递信息的工具。随着科学技术的发展，教学媒体不断更新，从实物、口头语言、书本、录音、录像，到多媒体计算机网络，形式多样。教学媒体已成为学习与教学过程中一个具有独特意义的因素，不仅影响着教学内容的呈现方式和容量大小，而且对教师和学生在教学过程中的作用、教学组织形式以及学生的学习方式等都将产生深远的影响。因此，教学媒体已成为儿童发展与教育心理学关注的一项独特的课题。

（5）教学环境

教学环境包括物质环境和社会环境两个方面。前者涉及课堂自然条件（如温度和照明）、教学设施（如桌椅、黑板和投影设备）以及空间布置（如座位的排列）等，后者涉及课堂纪律、课堂气氛、师生关系、同学关系、校风以及社会文化背景等。教学环境影响学生的学习过程和方法、教师的教学方法与组织。儿童发展与教育心理学家越来越认识到，教学环境尤其是社会环境，不仅关系学生情感和社会性的发展，而且对学生的认知发展过程也有着直接的作用。因此，教学环境不仅是课堂管理研究的主要范畴，而且是学习过程研究和教学设计研究不能忽视的重要内容。

2. 学习与教学的过程

在学习与教学的过程中，主要经历学习过程、教学过程与评价和反思过程。

学习过程是指学生在教学情境中通过与教师、其他同学以及教学信息的相互作用，从而获得知识、技能和态度的过程。学习过程是教育心理学研究的核心内容，它几乎蕴含学习的全部心理特点和规律，如学习的实质、条件、动机、迁移以及不同种类学习的特点。

教学过程是指教师把知识、技能等以有效的方式传授给学生并引导学生主动建构自己的知识体系的过程。在教学过程中，教师设计教学情境（如教学目标的选择、题材的安排和环境的设置等）、组织教学活动（如讲演、讨论、练习和实验等）、与学生进行信息交流（如信息的呈现、课堂提问与答疑等），从而引导学生理解、思考、探索和发现，使其获得知识、技能和态度。此外，教师还要进行教学管理，调节教学进程，以确保教学的有效性。

评价和反思过程是指对学习和教学效果进行测量、评定和反思，以求进一步改进学习与教学效果的过程，包括在开展教学之前对教学设计效果的预测和评判、在教学过程中对教学实施的监视和分析以及在开展教学之后对教学效果的检验、反思。评价和反思过程与心理学的行为强化理论关系密切，如评价学生的进步，既可对学生起信息反馈和激发学习动机的作用，又可检查课程设置、教学程序以及教学目标的执行情况。

在学习与教学的过程中，五种因素同三种过程交织在一起，相互影响。学生的学习过程以自身先前的知识和学习发展水平为基础，是在教学过程中进行的，学习进展因教学质量而变化。反过来，教学过程要以学习过程为基础进行，例如，学习目标的确定必须考虑学生已有的知识基础和学习能力，所教内容的学习特点等，要通过学习过程起作用，依据学生的学习进展情况不断地作出调整。评价和反思过程作为对学习过程和教学过程的监控与评判，对学习过程与教学过程有着重要的促进作用，从而确保教学的效果和质量。学习过程、教学过程、评价和反思过程都要根据师生的个性特点、教学内容的难易程度以及教学媒体和环境情况加以调节。

二、儿童发展与教育心理学的研究任务

心理学的研究以描述、解释、预测和控制个体心理过程和行为为目标，其目的在于增进人类的自我了解，帮助人类进行自我改善，提高人类的生活质量。儿童发展心理学与教育心理学作为心理学的两门分支学科，主要任务是在各自领域内实现心理学研究的目标。

（一）儿童发展心理学研究的具体任务

1. 描述儿童心理过程与行为发展的普遍模式

儿童心理过程与行为发展的普遍模式是指生活在不同社会文化背景下的儿童具有的共同发展过程。通过客观、系统地观察与记录儿童的代表性行为，研究者能获得有关儿童心理过程与行为发展的普遍特征。例如，儿童动作的发展会呈现出"头尾原则"[①]与"远近原则"[②]；儿童情绪情感的发展表现出从未分化到分化、从不稳定到稳定的共同特征；儿童认知能力的发展需要经历感知运动、前运算、具体运算和形式运算四个发展阶段。

2. 解释和测量个别差异

个体心理过程与行为发展的模式既具有普遍性，又表现出个别差异性。例如，在认知过程方面，个体的认知结构、认知方式、认知水平各不相同；又如，在情绪情感过程方面，个体的情绪表达、情绪控制等表现各异；此外，在人格方面，不同的个体具有不同类型的气质特征和性格特征。个体不仅在心理过程和人格特征方面具有个别差异性，而且在心理发展速度及最终达到的发展水平上也各不相同。儿童发展心理学的重要任务之一就是回答这些差异是如何造成的以及如何测量。

3. 揭示儿童心理发展的机制

机制是指一个工作系统的组织或部分之间相互作用的过程和方式。儿童心理发展的基本规律涉及三个方面的内容：一是儿童心理发展的动力及其机制；二是影响儿童心理发展的因素；三是儿童心理发展的非线性模式。其中，儿童心理发展的动力及其机制是发展心理学的核心，它关系个体甚至种系心理发展的实质，既可以揭示儿童行为模式发展的终极原因，又可以说明个体心理反应的客观性过程，还可以进一步解释制约儿童心理发展的诸因素的协同作用，以及儿童心理发展进程呈阶段性的非线性模式。从科学研究的角度来看，了解一种现象产生和发展变化的规律，合适的途径是寻找与该现象存在某种因果联系的其他因素，并最终获得具体是哪些因素，这些因素以何种方式、在多大程度上导致这一现象的发生与发展变化。对心理发展机制的揭示，不仅有助于我们构建有关心理发展的理论体系，更好地遵循儿童心理发展的规律，而且能够使我们获得对儿童心理发展的培养与干预的科学依据。

4. 提出帮助与指导儿童发展的具体方法

描述儿童心理发生和发展过程的模式，测量和解释儿童心理发展的个别差异，揭示儿童心理发展的机制，以及探究环境因素对儿童心理发展的影响，其最终目的是帮助个体积极地发展，将遗传决定的发展潜力最大化。

（二）教育心理学研究的具体任务

1. 揭示学校教育过程中学生学习的实质和基本心理规律

学生学习的实质及基本心理规律是教育心理学研究的核心领域，研究学习心理既要揭示学习的一般规律，又要揭示学习的特殊规律。具体来说，该领域的研究要阐明学习的本质、特点及类型，检验解释学习实质的各种理论，揭示学习的各种条件和影响学习的各种因素。

---

① 头尾原则指的是婴儿在出生以后，头部是发展最快的，而行走能力则是最后发展的。
② 远近原则指的是婴儿在发展过程中，靠近身体远端的肢体发展速度快，而靠近身体的肢体则发展滞后。

此外，该领域的研究还要揭示不同类型学习的过程及其规律，例如认知学习、行为技能学习和品德的习得。

2. 揭示学校教育过程中教师教学的实质和基本心理规律

教师教学的心理同样也是教育心理学研究的重要领域。一方面，教学心理的研究要揭示教学设计的心理学基础，例如，在设计教学目标与教学任务、选择教学策略与教学方法以及实施教育测量与评价时，都要以学生的学习心理特点及其规律为依据；另一方面，教学心理的研究要揭示教学管理的心理学基础，如运用心理学的规律有效地实施课堂管理、班级管理等。此外，教学心理的研究还要揭示教师心理，例如教师的社会角色、教师的心理素质等对学生学习心理的影响。

3. 揭示师生互动过程的心理特点与规律

教育教学活动是师生之间的双向互动活动，既有学生的学，又有教师的教。学生的学和教师的教都有其自身的心理特点与规律，师生的互动过程同样也有其自身的心理特点与规律。师生互动的心理特点与规律主要取决于师生各自的心理特征，但也受教学环境与社会文化的影响。

第二节　儿童发展与教育心理学的研究设计类型、研究方法与发展历程

一、儿童发展与教育心理学的研究设计类型

儿童发展与教育心理学主要是研究儿童心理活动的发展变化、影响儿童心理发展的各种因素及其相互关系，以及促进儿童心理发展的教育教学活动。研究设计是指在研究之前对研究进行规划，根据研究目的选择研究对象，制订整个研究工作的具体计划和安排的过程。一个好的儿童发展与教育心理学研究在进行之前，总要进行相应的研究设计。依据选取的研究时间，可以把儿童发展与教育心理学的研究设计分为横断研究、纵向研究和聚合交叉研究三种设计类型。除此之外，还有近年来使用较多的相关设计和日益兴起的微观发生设计。

（一）横断研究设计

横断研究设计是指在某一特定的时间内，同时对不同年龄的被试进行比较的研究设计。[①] 例如，在"类比推理策略与工作记忆、抑制控制关系的年龄差异"的研究中，研究者采取横断研究设计，使用眼动技术，探究某小学 79 名 8—9 岁小学生和某大学 77 名大学生不同年龄群体类比推理策略的使用差异及其与工作记忆、抑制控制的关系。研究结果表明，儿童的类比推理表现显著差于成人，儿童在类比推理过程中更少采用成熟的"项目优先"策略，更多采用不成熟的"语义限制"策略。[②]

---

① 林崇德. 发展心理学 ［M］. 3 版. 北京：人民教育出版社，2018：65.
② 彭越，张和颐，陈英和，等. 类比推理策略与工作记忆、抑制控制关系的年龄差异 ［J］. 心理发展与教育，2023，39（6）：761-771.

横断研究设计的优点有以下两个：第一，可以同时研究较大的样本，并能够在短时间内收集不同年龄研究对象的资料，研究的成本低、费用少、省时省力；第二，由于研究时间短，因而研究结果受社会变迁的影响较小。因此，横断研究设计在儿童心理研究中得到广泛应用。

横断研究设计也存在着明显的缺点：第一，横断研究获得的不是同一个体或群体心理发展的连续资料，而是以平均数代表不同年龄群体的心理发展水平，这样的研究结果事实上只能代表一个实际不存在的理想的个体发展。因此，横断研究的结果只能说明随年龄而变化的一般的心理发展趋势，而不能说明发展的个别差异，更加难以说明影响儿童心理发展的各种有关因素间的因果联系。第二，由于横断研究的被试来自不同的群体，因此，研究可能会将时代变迁的结果与年龄变化的结果混在一起，从而无法确定真正的原因，这会导致在某一具体历史时间内所做的研究结果不能简单地推论到其他时期。

（二）纵向研究设计

纵向研究设计又称追踪研究设计，是指在较长的时间内对同一个或同一群个体进行定期的观察、实验或测量，探究其心理发展规律的研究设计。纵向研究设计的时间可长可短，短可有几周，长可达几年甚至几十年。例如，美国学者从 1921 年开始对 1 528 名超常儿童进行纵向研究，直到 20 世纪 80 年代末仍未间断，积累了这些被试从童年（当时被试平均年龄为 11 岁）、少年、青年、成年到老年的毕生发展资料。又如，在小学低年级儿童汉语语素意识、口语词汇知识对阅读能力的影响研究中，研究者使用纵向研究设计，首次测试安排在被试初入小学一个月时进行，之后在被试二年级和三年级时各测试一次，中间分别相距 12 个月。研究结论发现，在控制了一般认知能力、语音意识、快速命名后，口语词汇知识在儿童早期的语素意识与后期的阅读能力之间起跨时间点的中介作用。儿童早期的语素意识水平能够提高词汇知识获得的效率，进而促进阅读能力的发展。[①]

纵向研究设计的优点有以下三个：第一，被试是同质的，研究结果更为可靠；第二，通过对同一组被试的长期追踪研究，可以获得心理发展连续性和阶段性的资料，因而能够系统地、详尽地考察发展从量变到质变的飞跃，探明前一阶段发展与后一阶段发展的关系；第三，纵向研究可以对儿童各个方面作细致的、整体的考察，以揭示儿童心理发展不同方面的关系，以及各种因素对心理发展的影响，从而深入了解儿童心理发展的机制和原因，这是横断研究设计无法替代的。

纵向研究设计的缺点在于：第一，被试一般较少，可能缺乏代表性；第二，研究时间过长，被试容易流失；第三，对相同被试进行重复的测试，易产生练习效应[②]或导致被试的厌烦心理，从而影响数据的准确性；第四，难以排除时代变迁因素的影响，在长期追踪的过程中，时代变迁和家庭环境的变化会影响研究结果；第五，时间太长的纵向研究设计在人力、物力和时间上花费较高。

（三）聚合交叉研究设计

为了避免横断研究设计和纵向研究设计的弊端，保持两类研究设计的长处，可将二者结

---

① 方铭豪，程亚华，伍新春. 小学低年级儿童汉语语素意识、口语词汇知识对阅读能力的影响：一项追踪研究［J］. 心理发展与教育，2019，35（1）：57—67.

② 练习效应是指随着测验或者实验次数的增加，被试对测试任务的熟悉度逐步提高，反应的准确性也越来越好。

合起来，形成聚合交叉研究设计，即在横断研究设计的基础上进行追踪，然后按照年龄和观测年份交叉归类，这样在同一年龄组中包括不同年代成长的个体，可以消除一部分时代变迁的干扰，也可能在较短的时间内（如5—10年）收集较大范围（30—40年）的资料。聚合交叉研究既可以在较短时间内考察各年龄阶段儿童心理发展的总体状况和特点，又可以从纵向发展的角度研究儿童心理能力随年龄增长而发生的变化，同时还可以探讨社会历史因素对儿童心理发展的影响。

例如，在对450名小学儿童数概念与运算能力发展的研究中，研究者运用课堂测验或数学竞赛的方式，数学教师为主试，使用同一指导语，对研究对象进行观察和问卷测查。该研究首先选取一年级、二年级和三年级的小学儿童为被试，进行横断研究设计，然后对每个年级进行三年的纵向追踪研究，在三年的时间内完成了对一至五年级小学儿童的全部追踪研究（如图0-1所示）。这不仅缩短了研究时间，而且获得了有关小学儿童数概念和运算能力发展变化的数据。[①]

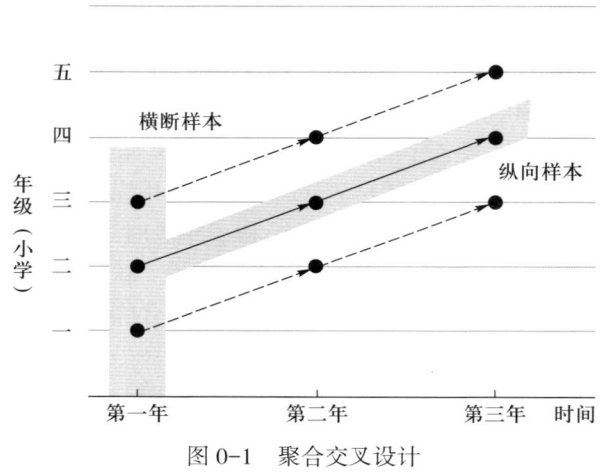

图 0-1　聚合交叉设计

（四）相关设计

相关设计是探索两个或两个以上变量之间相互关系的一种研究设计。这种设计主要采用量表法和问卷法收集被试信息获得研究数据，运用统计的方法计算相关系数，根据相关系数的大小，分析两个或两个以上变量之间相互关系的程度和性质。例如，亲师关系与儿童社会适应的相关研究[②]就是运用了相关设计。这项研究针对学前阶段教师和家长交往的特点，采取文献查阅、深入访谈和问卷调查相结合的方法，运用经典测量理论和结构方程模型等心理学测量理论与技术，编制亲师关系问卷，考虑到教师和家长的感知不同，分为教师版和家长版。各版本均包含20个项目，分为亲师认知、亲师情感和亲师行为三个维度。以上海幼儿园为例，研究者对亲师关系的现状进行调查研究，并就亲师关系与儿童社会的适应程度进行实证研究，探究亲师关系对儿童在幼儿园社会适应方面的影响和作用。

---

①　林崇德. 发展心理学［M］. 3版. 北京：人民教育出版社，2018：68.
②　相关研究见：张惠敏. 亲师关系与儿童社会适应的相关研究：以上海幼儿园为例［D］. 上海：上海师范大学，2015.

在相关设计中，研究者通常会用相关系数检验变量之间的关系，相关系数的数值范围是 −1.0（完全负相关）到 +1.0（完全正相关），完全相关比较少见。相关系数为 0，意味着变量之间没有关系。相关系数可以预测某一变量是否以另一个变量为基础。如对中学班级环境与学生学业成绩的相关研究发现，师生关系与学生的语文、数学、英语这三科的成绩呈显著正相关；师生关系、同学关系对学生学业成就有显著的正向预测作用；学习负担与学生学业成绩呈显著的负相关。[①] 相关设计的主要局限是无法推论变量之间的因果关系。

（五）微观发生设计

微观发生设计是通过在短时间内重复给被试呈现不同的诱发变化的刺激或提供学习的机会，观测被试发生变化的过程的研究设计。微观发生设计从微观角度关注儿童心理的发生和发展，确定的观测时间通常是一个非常短的（数周、数月）、快速变化的发展期。微观发生设计可用于研究儿童心理发展的变化过程和个体差异，检测儿童的发展变化是如何发生的，进而解释其内在发生机制，如研究儿童早期情绪发展、母婴交流、儿童动作发展、早期语言发生与发展等。

微观发生设计的优点有以下两个：第一，它关注研究对象一系列行为发生的细节，使得研究者能够直接观测发展变化的过程，获得观测期间变化的详细信息，确保不会错过这期间的突然跳跃、回归、平衡期等，从而能够描述变化的发生机制和性质；第二，它使得研究者能够观察到个体的内部差异。

微观发生设计也存在一些局限性：它需要对被试进行逐个观察、逐点记录，耗时费力；有些被试会因为被反复观测而出现厌烦、动机减弱等现象，进而退出测试；能够获得非常丰富的数据，但也可能因为数据过于丰富而不能形成简明的结果。

二、儿童发展与教育心理学的研究方法

（一）观察法

观察法是指在自然情境中或预先设置的情境中对被观察者的行为进行系统的观察记录后进行分析，以获得其心理活动产生和发展规律的方法。观察法是科学研究的基本方法，既可以作为一种收集数据的方法单独使用，又可以作为调查的起始环节，与文献法或实验法等结合使用。

【拓展阅读】
《赫尔辛基宣言（2013 年版）》

观察法的用途非常广泛。苏联教育家苏霍姆林斯基曾采用观察法对 3 700 名学生展开研究，为了解学习成绩落后的学生和顽皮学生积累了大量丰富的第一手资料。美国心理学家安斯沃思使用观察法研究婴儿在人为设置的陌生情境中的不同表现，把婴儿的依恋类型分为安全型依恋、回避型依恋和矛盾型依恋。

根据研究方式的不同，观察法可分为以下三类：（1）描述观察法，指通过详细记载事件或行为发生变化的过程而获得资料的方法，如日记描述法、轶事记录法、连续记录法；（2）取样观察法，指对观察的行为或事件进行分类，将其转化为数量化或可限制的材料进行记录；（3）评价观察法，指研究者根据预定标准对观察对象进行观察而作出评价的方法。

① 庞海波. 中学班级环境与学生学业成绩的关系 [J]. 心理科学，2009，32（3）：742–744，741.

观察法有许多优点。第一，观察法是把儿童放在真实环境中进行研究，因此所得结论与实际情况的符合程度更高。第二，观察法可以对儿童的心理发展进行描述，弥补实验室研究只有数据没有"人"的不足，能观察到研究中的鲜活的人。第三,一方面儿童的言语表达能力有限，对自己的行为不能进行准确的报告；另一方面儿童很少像成人那样掩饰自己，其心理活动具有突出的外显性，表现得更为本真，因此在研究儿童时，观察法具有其他方法无法替代的作用。第四，现代媒体技术与现代统计分析技术的使用，使得观察法具有新的研究优势。例如，在心理学研究中使用录像技术能准确记录儿童的心理表现。观察记录的内容十分庞杂，有的行为表现是在瞬间完成的，而录的视频可以反复播放、慢放或回放，对观察内容进行反复考察，从而进行准确分析。现代统计分析技术的发展为复杂数据的分析提供了可能。

同时观察法也存在不足。第一，因为在研究中观察到的儿童心理现象可能不是研究者所期望的，所以观察有一定的被动等待性。第二，观察较难控制无关变量，对因果的解释相对困难。第三，由于观察较难重复，因此研究结果难以验证和检验。

（二）调查法

调查法是以提问调研的方式收集资料来确定各种事实间的联系或关系的方法。调查法主要有以下三种：

1. 访谈法

访谈法是指研究者通过与被调查者进行面对面的交流、讨论来收集资料的一种方法。访谈对象既可以是集体，又可以是个人。集体访谈是由研究者召集一些调查对象，就访谈者需要研究的问题发表意见。例如，召开座谈会了解小学生心目中的理想教师形象，从中发现小学生对教师的学识、品格等多方面的要求。个别访谈是研究者对调查对象逐一进行单独访谈的一种调查方式。例如，对学习困难学生进行访谈，了解这些学生学习困难的原因。访谈法的优点在于灵活性大，研究者可以根据不同调查对象回答的具体特点进行不同的提问，谈话过程因人而异，适用范围较广。

但访谈法存在费时费力，费用开支较大，由于访谈者心存顾虑、访谈结果可能不够真实，易产生偏差等缺点。克服这些缺点需要研究者注意：访谈事先要有准备，要根据研究目的和研究对象拟定访谈话题和内容；要掌握熟练的访谈技巧和灵活的访谈方式；要巧妙而详细地记录访谈过程和内容。

2. 问卷法

问卷法是指通过书面形式，以严格设计的问题，向研究对象收集资料和数据的方法。例如，有研究发现，在学生的青少年时期，科学有效的未来规划对其成年以后的各方面都有积极正向的影响。父母作为青少年成长中的重要他人，父母的自主支持与青少年的未来规划之间是什么关系呢？为了探讨这一问题，有研究者使用"父母自主支持问卷""基本心理需要量表""个人成长主动性量表"和"青少年未来规划问卷"进行资料收集，然后运用相关分析和中介效应分析，探讨父母自主支持与青少年未来规划之间的关系，并分析基本心理需要和个人成长主动性在其中的链式中介作用。[①]

---

① 许丹佳，喻承甫，窦凯，等. 父母自主支持与青少年未来规划：基本心理需要与个人成长主动性的中介作用［J］. 心理发展与教育，2019，35（1）：23–31.

编制问卷时应注意以下内容：问卷题目不宜过多，问卷编制的语言要通俗易懂，保证被调查对象能够理解，不会产生误解或歧义。在正式施测前，研制者应对问卷进行信度和效度分析，保证问卷的有效性。问卷法的优点在于简便易行，可以在短期内获得大量资料或数据，便于统计处理，比较容易得出结论。但如果研究者缺乏专门训练，没有掌握问卷的标准，加之被调查者可能会隐藏自己的真实想法，或迎合研究者的意图填写问卷，那么所得数据就会缺乏真实性。另外，如果统计方法比较简单，那么也可能会影响问卷法的科学性。

3. 测验法

测验法是指采用经过标准化的测验量表对被试进行测量，将被试的得分与常模分数相比较，从而了解被试发展水平的研究方法。测验法既可以用于测查儿童心理发展的个别差异，又可以用于了解不同年龄阶段儿童发展水平的差异。在儿童发展与教育心理学的研究中，常用测验法评估儿童的学业成绩、能力、兴趣、态度和性格等。例如，测量儿童智力的量表有比奈－西蒙测验、韦克斯勒智力量表、瑞文测验等；测量儿童人格的量表有卡特尔16种人格因素量表、艾森克人格量表、明尼苏达多项人格调查表等。

测验法的优点是：测验量表的编制十分严谨，结果处理较为方便，量表有现成的常模，可以直接进行对比研究；量表的种类较多，可以适应不同研究目的的需要。测验法的不足是：使用时的灵活性相对较差，对主试的要求较高，结果难以进行定性分析，被试的成绩可能受到练习或者测验经验的影响等。

（三）实验法

实验法是指有目的地严格控制或创设一定的条件，人为引起或改变某种心理现象并加以记录的研究方法。在儿童发展与教育心理学的研究中，主要有以下三种实验法：

1. 实验室实验法

实验室实验法是指在实验条件的严格控制下，借助专门的实验仪器，引起和记录被试的心理发展状况进行研究的方法。采用实验室实验法可以研究儿童的高级神经活动发展的特点，以及感觉、知觉、记忆、思维等心理过程的发展特点。例如，对幼儿面孔记忆的研究，就可以使用实验室实验的方法。面孔是一种丰富而复杂的非言语性刺激，对熟悉面孔与陌生面孔的辨认是人类保持社会生存、完成社会活动所必需的基本能力，对儿童的社会交往和环境适应起着重要作用。有研究者[1]为了比较幼儿真人面孔与卡通面孔的记忆线索，采用"学习—再认"的实验范式，以内部线索面孔、外部线索面孔和完整面孔为实验材料，探究面孔线索对4～6岁幼儿真人与卡通面孔记忆的影响。研究结果发现，4～6岁幼儿对真人面孔与卡通面孔的记忆模式存在差异，且面孔类别、幼儿性别、面孔线索与幼儿年龄等因素均影响幼儿的面孔记忆。

实验室实验法的主要优点在于：（1）对实验情境和实验条件进行严格控制，可以获得较为精确的研究结果；（2）实验结果可以量化，也可以进行反复验证。实验室实验法的不足是：（1）由于实验者严格控制实验条件，实验情境带有较大的人为性质；（2）被试处在严格控制实验条件的情境中，意识到自己正在接受实验，有可能干扰实验结果的客观性；（3）实

---

① 郑晨烨，黄焰，王静梅，等. 面孔线索对4～6岁幼儿真人与卡通面孔记忆的影响［J］. 心理发展与教育，2021，37（4）：472-480.

验中获得的研究结论有可能无法完全适用于实际生活，在实际应用中会出现困难，也很难用于研究儿童的道德认知、个性品质等复杂的心理特点。

2. 自然实验法

自然实验法是指在实际生活情境中按照研究目的创设或改变某些条件，以引起儿童某种心理活动而进行研究的方法。例如，在"构思策略教学改善小学写困生故事文质量的实验研究"中，选取 46 名小学三年级和五年级的写困生，根据一定的匹配标准，将他们随机分为实验组和控制组，每组 23 人，采用实验组、控制组前后测设计实验。在实验前进行前测，之后实验组被试接受 8 次在学校里进行的构思策略教学，每周一次，每次大约 80 分钟。控制组不进行构思策略教学。实验结束后，两组被试进行后测。结果表明，构思策略的教学能显著改善小学写困生的故事文写作质量。[①]

自然实验法既能较好地反映儿童心理发展与教育的实际情况，又能通过对无关变量进行控制，提高研究的内部效度，使研究达到相应的精确程度。该方法也存在一定的局限性，例如，在自然活动条件下进行实验，可能会出现种种不易控制的因素，给因果分析带来一定的困难，花费较多，所需技能也较复杂。

3. 教育实验法

教育实验法是自然实验的一种特殊形式，它是把被试心理的研究与一定的教育和教学过程结合起来，从而研究被试在一定的教育和教学过程的影响下，其某些心理过程或个性品质形成和发展的规律。例如，在"大学积极心理学课程的双元互动教学模式改革实验研究"中，为了考查双元互动教学模式下大学生积极心理学教学对学生掌握积极心理学知识以及对学生态度、情感和价值观的改善效果，研究者随机选取自愿选修积极心理学课程的两个班学生作为被试，随机决定 1 个班为实验组，1 个班为对照组。对实验组同学实施以双元互动教学模式为理论基础的大学生积极心理学教学实验改革实验方案，对对照组同学实施讲座式教学。实验周期为一学期，共计 17 周。实验开始前，对两个班被试进行考试（自编考试 A 卷）和《大学生生活满意度量表》《总体幸福感量表》《个人价值量表》三个量表的前测。实验结束后，对两个班的被试再次进行考试（自编考试 B 卷），并让他们接受 3 个量表的后测。结果发现，双元互动教学模式能显著提升大学生的积极心理学知识、总体幸福感和积极的价值观念。[②]

教育实验法在儿童发展与教育心理学研究中占有重要地位，因为教育实验法可以把儿童发展与教育心理学的研究与教育实际密切联系，研究结果能够直接为教育实际服务。教育实验与一般自然实验一样，较难严格控制实验变量，花费时间较长，需要得到外部支持才能成功。

（四）个案法

个案法是对一个或几个研究对象进行较长时间的系统研究的方法。在研究中要注意全面调查被试的社会条件，教育与家庭的影响，活动、学习情况，身体健康状况，以及这些因素影响下的心理活动和个性品质的发展变化，从而发现被试心理活动发展、变化的规律。个案法可以在正常条件下进行，也可以在实验条件下进行。个案法的优势是有利于全面系统地对

---

① 田澜，张大均. 构思策略教学改善小学写困生故事文质量的实验研究 [J]. 心理发展与教育，2011，27（3）：282–288.

② 李晓溪，杨丽珠. 大学积极心理学课程的双元互动教学模式改革实验研究 [J]. 心理发展与教育，2020，36（2）：184–192.

被研究者进行了解，不足之处在于研究对象的数量较少，研究结果可能不具有普遍意义。因此，在推广运用个案结果或得出更加具有概括性的结论时，必须持谨慎的态度。一般来说，个案法常用于提出理论或研究假设，如果要进一步检验理论或研究假设，那么必须与其他研究方法一起使用。

（五）作品分析法

作品分析法是指研究要有目的地确定一个主题，使研究对象完成一件作品，研究者通过对作品进行分析，从而获得关于研究对象特定信息的一种方法。常见的作品分析法有学生作业分析、作文分析、笔记分析、模型分析及手工制品分析五种。作品分析法具有深入性、隐蔽性、针对性等特点，由于是在作品完成后才对被试进行分析，因此，被试通常不知道研究者要求自己完成作品的真正意图，使注意力集中于作品的完成过程中，容易排除因防范心理所带来的信息失真。由于被试作品之间的差别较大，要想深入了解他们，只有针对其作品进行横向和纵向的比较分析，才能发现其中的特殊性和规律性。在进行作品分析时，研究者还要避免主试分析解释的主观随意性，要从多元智力评价的角度对作品进行全面、深入、客观的分析。

上述儿童发展与教育心理学的研究方法各有利弊。由于每种研究方法都存在一定的局限性，只能使研究者获得部分信息而忽视或遗漏另外的信息，加上在使用过程中会受到其他因素的影响，从而增加研究结果的误差，降低研究的科学性，使研究者难以得出准确的结论。因而近年来儿童发展与教育心理学在研究方法上出现一种新的研究趋势，即综合化研究。所谓综合化研究是指在儿童发展与教育心理学研究中，尽可能地采用多种研究方法。例如，对学生学习动机的研究，可以采取问卷法、访谈法、观察法、实验法、作品分析法等多种研究方法，并对不同研究方法取得的研究结果进行相互验证和比较，以提高研究的可靠性和科学性。

三、儿童发展与教育心理学的发展历程

儿童发展与教育心理学既研究儿童时期的心理发展特点与规律，又研究在学校情境中学生的学习过程与学习条件；既具有基础学科的特点，又具有应用学科的特性。因此，儿童发展与教育心理学的学科发展历史，要从追溯儿童发展心理学和教育心理学的发展史开始。

（一）儿童发展心理学的发展历程

近代社会的发展及新的儿童观的产生是推动儿童发展心理学产生的重要原因。不同的社会制度会产生不同的社会意识形态，也必然会产生不同的儿童观。在封建社会时期，儿童接受的是封建专制的教育，被看作"小大人"，没有独立的社会地位，因此研究儿童就没有必要和可能。随着近代社会的发展，特别是文艺复兴时期，新兴资产阶级从政治、经济甚至意识形态方面进行反封建斗争，一些进步的思想家提出尊重儿童、发展儿童天性的口号，这些新兴的儿童观为近代儿童心理学的产生奠定了社会基础和思想基础。其中比较有代表性的人物是洛克和卢梭，他们的著作中包含许多有价值的儿童发展观，这些观点代表当时的时代发展要求，也是对中世纪忽视儿童的传统观念的挑战，同时对以后的众多发展心理学家产生重大而深远的影响。近代自然科学的进步也是促使儿童发展心理学成为独立学科的强大动力，特别是达尔文的进化论，对近代儿童发展心理学的产生具有直接影响。

【拓展阅读】
普莱尔

1882 年，德国生理学家和实验心理学家普莱尔将对自己孩子从出生到 3 岁每天的观察记录和实验结果，整理成著作《儿童心理》并公开出版。这本著作被认为是第一部科学的、系统的儿童心理学著作。普莱尔也因此成为儿童发展心理学的创始人。

1882 年到第一次世界大战期间，是儿童发展心理学的形成时期，即在欧洲和美国出现了一批用观察法和实验法研究儿童心理发展的心理学家，例如美国的霍尔、杜威、卡特尔，法国的比奈，德国的斯腾等，他们都以各种出色的成就，为儿童发展心理学的建立和发展作出了贡献。

第一次世界大战至第二次世界大战期间是儿童发展心理学的分化和发展时期。这个时期因受多种心理学学派的影响，多种儿童发展心理学著作获得出版，专门的儿童发展心理学刊物大量发行等，说明儿童发展心理学已经发展到较为成熟的阶段。

第二次世界大战结束至今是儿童发展心理学的演变和创新时期。这一时期的主要表现为有关儿童发展心理学理论观点的演变：有的观点影响力较之从前降低，如霍尔的复演说；有的观点经过革新后，一直保持较强的影响力，如新行为主义、新精神分析学派；等等。

（二）教育心理学的发展历程

教育心理学的发展大致经历了初创、发展、成熟和深化拓展四个时期。[①]

20 世纪 20 年代以前，是教育心理学的初创时期。在心理学史上，从冯特于 1879 年创立第一个心理学实验室直到 19 世纪末，心理学的研究中心一直在欧洲。后来随着心理学界机能主义的发展，美国逐渐成为心理学的研究中心，且成为教育心理学的发源地，其中，詹姆士、霍尔、卡特尔等人的研究奠定了教育心理学的基础。1903 年，美国心理学家桑代克出版了《教育心理学》一书，这是第一本以"教育心理学"命名的专著，标志着教育心理学这门学科的诞生。1913—1914 年，桑代克完成了三卷本的《教育心理学大纲》，奠定了教育心理学发展的基础。

20 世纪 20 年代至 50 年代末，是教育心理学的发展时期。这时的教育心理学正处于快速发展的阶段，还没有成为一门具有独立理论体系的学科。这一时期出版的教育心理学图书多达上百种，但由于没有统一的理论指导，这些图书的内容各异。

20 世纪 60 年代至 70 年代末，是教育心理学的成熟时期。这一时期，教育心理学比较注重结合教育实际，注重为学校教育服务，研究内容也日趋集中，主要研究学习心理、教学心理、个体差异、课堂管理和教师心理等。这说明教育心理学已经成为一门具有独立理论体系的学科。

20 世纪 80 年代以后是教育心理学的深化拓展时期。这一时期，教育心理学越来越重视与教学实践的结合，教育心理学不同理论和流派的分歧越来越小，教育心理学学科获得快速发展。

（三）儿童发展与教育心理学的发展过程

教育离不开心理学，教育者必须根据受教育者的身心发展特点进行因材施教。因此，随着

---

① 陈琦，刘儒德. 当代教育心理学［M］. 3 版. 北京：北京师范大学出版社，2019：6–9.

儿童发展心理学和教育心理学两门学科的发展，人们逐渐认识到，儿童发展心理学与教育心理学必须相互借鉴，取长补短，共同发展。因此，儿童发展与教育心理学的研究逐渐兴起。

在古代西方和中国的哲学思想中，就已经蕴含了大量儿童发展与教育心理学的思想。在古希腊时期，柏拉图主张教学方法应重视个体差异、教育目的在于促进个体的身心和谐发展，亚里士多德主张顺应本性、培养良好习惯、启发个体心智的教育原则，都体现出儿童发展与教育心理学的基本理念。在古代中国，孔子的"性相近，习相远也"思想，孟子的性善论和荀子的性恶论思想也都体现出儿童发展与教育心理学的基本理念。

近代教育一直强调要了解儿童、尊重儿童，在教育理论中出现了一种"教育心理学化"的主张，即强调教育应以心理学的规律为依据。瑞士教育学家裴斯泰洛齐首先提出"教育心理学化"的主张，要求教育要以心理学，特别是儿童心理学为依据，认为教育的目的在于促进人的天赋力量和能力全面和谐的发展。德国教育家、哲学家赫尔巴特是教育史上明确提出把心理学作为教育学理论基础的第一人。他以心理学和伦理学的观点为基础，建立其心理学化的教育学体系。赫尔巴特把教学看作教育的主要手段，要求通过教学发展学生多方面的兴趣，激发学生主动追求知识的内在动力，并提出明了、联想、系统和方法的四阶段教学理论。赫尔巴特还提出教学应使学生形成内在自由、完善、善意、法权和正义五种道德观念，促进学生心理的主动性和积极性发展。这些教育家的"教育要心理学化的思想"，为儿童发展与教育心理学学科的建立奠定了基础。

从 19 世纪末期心理学成为一门独立的学科以来，教育与心理学相结合的研究越来越多，也日益科学化。其中最有代表性的是以桑代克思想为中心的"教育科学运动"和以杜威思想为中心的"进步教育运动"。虽然这些研究没有取得预期的成效，但让人们意识到儿童发展与教育心理学研究的重要性。因此，儿童发展与教育心理学这门学科虽然没有一个明确的诞生标志，但在儿童发展心理学和教育心理学两门学科产生和发展的同时，儿童发展与教育心理学这门学科也在逐渐形成与发展。

20 世纪 30 年代至 60 年代，以斯金纳、赫尔等人为代表的极端行为主义心理学盛行，使得这一时期儿童发展与教育心理学的研究偏离正轨，放弃了对学校教育实际问题研究的初衷，走上心理科学研究取向的道路，只重视从人或动物的行为变化中发现普遍的原理或原则。20 世纪 60 年代后，受认知心理学的影响，儿童发展与教育心理学的研究转向认知发展和教育心理学，研究对象的范围窄化。随着人本主义心理学在社会生活和教育领域中的影响日益增大，以及维果茨基的社会文化历史发展理论逐渐受到重视，研究者越来越关注儿童的个性与社会性发展，开始系统研究社会文化对儿童的影响，也越来越重视儿童在社会生活中追求成就的动因，从而使儿童发展与教育心理学逐渐迈向全人发展的轨道，真正体现素质教育的目的。

【本章小结】

儿童发展与教育心理学融合了普通心理学、发展心理学和教育心理学等领域的内容，是儿童发展心理学和教育心理学相结合的产物。本章系统阐述了儿童发展与教育心理学的研究对象、研究任务、研究设计类型、研究方法和发展历程。

　　儿童发展与教育心理学与儿童发展心理学和教育心理学既有联系又有区别，侧重于应用性和社会性。儿童发展与教育心理学的研究对象包括儿童的发展、儿童的教育以及学习与教学，并通过阐述儿童发展心理学和教育心理学的研究任务，以明确儿童发展与教育心理学的研究任务。儿童发展与教育心理学常用的研究设计类型包括横断研究设计、纵向研究设计、聚合交叉研究设计、相关设计和微观发生设计，常用的研究方法有观察法、调查法、实验法、个案法和作品分析法。

　　古代西方和中国的哲学思想中已经蕴含大量的儿童发展与教育心理学的思想。近代教育也一直强调要了解儿童、尊重儿童，在教育理论中出现了一种"教育心理学化"的主张。儿童发展与教育心理学这门学科虽然没有一个明确的诞生标志，但自心理学成为一门独立学科之后，在儿童发展心理学和教育心理学两门学科产生和发展的同时，儿童发展与教育心理学这门学科也在逐渐形成与发展。

【实践·反思·探究】

　　黎老师产假结束后，要重返职场继续工作，她的宝宝6个月了，说起这件事，黎老师就皱紧眉头。"实在是没有办法，只能把宝宝交给奶奶带，但是我家娃可认生了，除我和他爸外，我家宝宝跟谁都不亲。"黎老师的语气中带有忧虑。

　　面孔是一种丰富而复杂的非言语刺激，在人类生活中占据重要地位。对熟悉面孔与陌生面孔的辨认是人类保持社会生存、完成社会活动所必需的基本能力，对儿童社会交往和环境适应起重要作用。研究发现，新生儿在出生几小时后，就能区分母亲与陌生人的面孔，且对母亲的面孔具有视觉偏好。6—8个月的婴儿会出现明显的陌生人面孔焦虑。直到9岁左右，儿童区分陌生面孔和熟悉面孔的能力才与成人水平接近。面孔识别过程研究通常将面孔特征分为内部特征与外部特征，内部特征主要包括眼、鼻、嘴及眉毛，外部特征包括发型、耳、脸部轮廓等。

　　1. 如果以"婴幼儿面孔识别的发展特点"为研究主题，那么可采用哪种研究设计，适用哪种研究方法？

　　2. 如果以"面孔线索对幼儿真人与卡通面孔记忆的影响"为研究主题，那么可采用哪种研究设计，适用哪种研究方法？

　　3. 在设计和进行这些儿童发展与教育心理学的研究过程中，研究者应遵循哪些研究原则？

【推荐阅读】

　　1. 陈琦，刘德儒. 教育心理学［M］. 3版. 北京：高等教育出版社，2020.

　　2. 刘文，杨丽珠. 毕生发展心理学［M］. 2版. 北京：高等教育出版社，2022.

　　3. 桑标，刘俊升. 儿童发展心理学［M］. 2版. 北京：高等教育出版社，2022.

第一编

儿童心理发展与教育

第一章 儿童感知觉发展与教育

【学习目标】

1. 了解感觉与知觉的概念和类型。
2. 理解感知觉的发展规律。
3. 学会在实践和教育情境中运用促进感知觉发展的方法。

【知识导图】

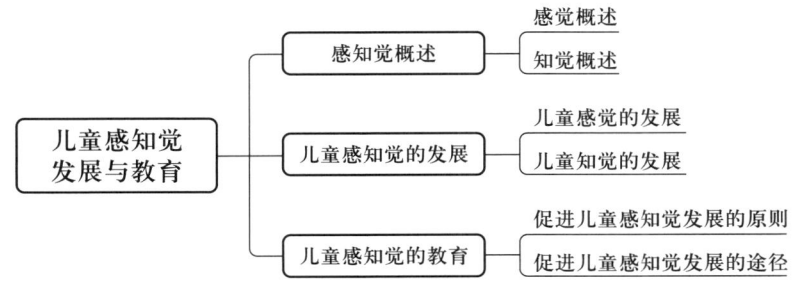

【案例导入】

鲍勃·伊登斯一出生就失明了，到 51 岁时才复明。后来，他在谈到自己恢复视力后的经历时说："我从来没有想到黄色竟是如此的颜色！黄色太让我感到惊讶了，难以形容。红色是我最喜爱的颜色，但是我难以相信这就是红色。天不亮，我就迫不及待地起床，想去看一切我能看到的东西。夜晚，我遥望天空中的星辰和闪烁的光。有一天，我看见一些蜜蜂，它们美极了。我看到一辆卡车流星似的在雨中驶过，在空气中留下一道水雾，太美了！我还看见一片凋零的叶子在空中飘荡，让人难以忘怀。世界上的一切对我来说都是那么美！"

鲍勃·伊登斯的话提醒我们，如果没有感知觉，人们就无法认识世界，感受不到世界的美妙。

1. 感觉是认识世界的第一步，人们可以通过哪些类型的感觉认识世界？
2. 随着年龄的增长，人的感知觉是如何发展变化的？

第一节　感知觉概述

我们可以看到五颜六色的花朵，可以聆听动人心弦的音乐，可以品尝色香味俱全的美食，可以通过各种感觉通道认识世界，人对客观世界的认识是从感觉开始的。

一、感觉概述

（一）感觉的概念

什么是感觉呢？人脑对事物的个别属性的认识称为感觉。[①] 设想你面前有个苹果，通过眼睛可以看到它的颜色是红色的，形状是圆的；用手摸一摸，可以感受到它的表面比较光滑；咬一口尝一尝，可以知道它是甜的。这些红、圆、光滑、甜是苹果的个别属性，对这些属性的认识是我们对苹果的感觉。

（二）感觉的类型

根据刺激物的性质以及它所作用的感官的性质，可以将感觉分为外部感觉和内部感觉。外部感觉接受外部世界的刺激，有视觉、听觉、嗅觉、味觉、肤觉等。例如，我们看到苹果的颜色是红色，听到音乐的曲调与节奏，这些都属于外部感觉。而当我们感受到饥饿、疼痛这些接受了机体内部的刺激，称之为内部感觉，如运动觉、平衡觉、内脏感觉等。

（三）感觉的作用

虽然感觉是初级的认识过程，是一种比较简单的心理现象，但感觉在人们的生活和工作中有重要的意义。

---

① 彭聃龄. 普通心理学［M］. 5 版. 北京：北京师范大学出版社，2019：84.

首先，感觉提供了内外环境的信息。通过感觉，人们能够认识外界物体的颜色、透明度、气味、软硬度等，从而了解事物的各种属性。农民种植庄稼以提供粮食和蔬菜，学生学习文化知识……各行各业的工作与生活都离不开感觉提供的信息。个体不仅可以通过感觉获取外界环境信息，而且能够通过感觉认识机体的各种内部状态，例如疼痛、冷热等，为自己的生存与生活提供必不可少的信息。没有感觉提供的信息，人就不可能根据自己机体的状态调节自身的行为。

其次，一定的感觉刺激维持了大脑的正常功能。人们要正常地生活，就要从周围环境中获取必要的信息。在著名的感觉剥夺实验中，刚开始被试还能安静地睡觉，不久后，被试开始失眠，变得不耐烦，急切地寻找刺激，他们想唱歌、吹口哨，并自言自语，用两只手套互相敲打，或者用它探索这间小屋的其他东西。换句话说，被试变得焦躁不安，总想有所活动，感觉十分不舒服。这说明，人们需要一定的刺激来维持正常生存，这是十分重要的。

【拓展阅读】
感觉剥夺实验

最后，感觉是学习、思维、行动的基础。人的认知过程必须借助感觉提供的原始材料，人的情绪、情感和意志也必须依靠人对外界和有机体内部状态的感觉。因此，感觉是一切认识活动的基础。

（四）感觉阈限与感受性

感觉是由刺激物直接作用于某种感官引起的。但是，人的感官只会对一定范围内的刺激作出反应，只有在这个范围内的刺激，才能引起人们的感觉。这个刺激范围及相应的感觉能力，即为感觉阈限和感受性。

1. 绝对感觉阈限与绝对感受性

刺激物只有达到一定的强度，才能引起人们的感觉。例如，找一个嘀嗒作响的钟，将它放在桌上，走到远处，直到你听不到它的嘀嗒声，然后再一点点地靠近这个钟，当你走到某个位置时，你就能够听到嘀嗒声。这种刚好能引起感觉的最小刺激量，叫作绝对感觉阈限；而人的感官觉察这种微弱刺激的能力，叫作绝对感受性。[①]绝对感觉阈限并不是绝对不变的，它受许多因素的影响，例如，人的活动性质，刺激的强度和持续时间，个体的注意、态度和年龄等。

所以，当你保持自身的位置，有时会感觉这个嘀嗒的钟声消失了，然后不得不再靠近些，嘀嗒声可能会变得越来越响，而这时你就可以再后退一些。如果你多次测量自己的绝对感觉阈限，可能会记录到几个不同的、自己能探测到刺激的距离。例如，第一次尝试时，你可能会在距离钟 30 m 的地方听到嘀嗒声，但是不会每次都能听到，听到的概率可能是35%；在 20 m 的地方听到嘀嗒声的概率是 50%，在 10 m 的地方听到嘀嗒声的概率可能是70%。通常，我们把能听到 50% 嘀嗒声的界限叫作绝对阈限值。

绝对感受性可以用绝对感觉阈限衡量。绝对感觉阈限越大，即能够引起感觉所需的刺激量越大，绝对感受性就越小。相反，绝对感觉阈限越小，即能够引起感觉所需的刺激量越小，绝对感受性越大。因此，绝对感受性与绝对感觉阈限在数值上成反比，用公式表示为：$E = 1/R$。在这个公式中，E 代表绝对感受性，R 代表绝对感觉阈限。心理学家发现，人

---

① 彭聃龄. 普通心理学［M］. 5 版. 北京：北京师范大学出版社，2019：88.

们的感觉实际上是非常灵敏的。一个具有正常感觉功能的人，能够在空气清新的黑夜看到距离自己 30 km 以外的一根蜡烛发出的光亮，能在一间十分安静的屋子里听到距离自己 6 m 以外的一根火柴掉到地面上的声音。如果有一只蜜蜂停留在你的脸上，那么你将能在它距离 1 cm 时就感受到它的翅膀的扇动。[①]

2. 差别阈限与差别感受性

两个同类的刺激物，它们的强度只有达到一定的差异，人们才能够觉察出它们的差别。例如，当人们被要求比较两个物体的重量、两种光线的亮度或者两种液体的甜度时，如果能够可靠地区分出它们的最小变化量（50% 正确率），那么这个变化量就被称为差别阈限或最小可觉差。

例如，人们坐在一个有 10 根点燃的蜡烛的房间里，如果想让房间变得更亮些，那么就开始增加蜡烛。当比之前多点燃 3 根蜡烛后，人们才觉察到房间里变得更亮了一点。那么，如果是在一个已经有 20 根点燃的蜡烛的房间里，那么再点燃多少根蜡烛，人们才能感受到房间变得更亮些呢？根据韦伯定律，产生一个最小可觉差所需要的刺激变化量与先前刺激量的比值是一个常数，我们需要增加 6 根蜡烛，才能感觉到房间变得更亮。

不同感觉中的韦伯分数差别很大。在听觉中，人们很容易觉察到非常小的变化，相对而言，味觉中需要有 1/5 的变化才会被觉察到。韦伯分数仅仅是一个近似值，因为它主要适用于中等强度范围的刺激。

（五）感觉适应

在生活中你可能遇到过这种情境：当走进一间正在做晚饭的厨房时，会感到味道呛人，很难长时间待在那里；但是那些一直待在厨房中的人好像根本没有闻到食物浓烈的味道，而你在厨房里再多待一会，好像味道也没有刚走进时那么强烈了。这种由于外界刺激的持续作用或一系列刺激的连续作用而发生变化的现象，称为感觉适应。

各种感觉都存在适应现象。视觉的适应可分为暗适应和明适应。暗适应是指照明停止后或由亮处转入暗处时视觉感受性提高的过程。例如，当我们从阳光照射的室外走入电影院时，一开始会看不清自己的座位号，经过一段时间后，就逐渐能看清楚黑暗中的物体，这种现象就是暗适应。当我们看完电影从电影院出来时，会觉得光线耀眼，但很快就能恢复正常状态，可以看清周围的事物，这种照明开始或由暗处转入亮处时视觉感受性下降的过程，叫作明适应。明适应是一系列强光刺激导致视觉感受性迅速降低的过程。与暗适应相比，明适应的过程比较短，在最初的半分钟里，视觉感受性迅速下降，随后速度减慢，在 2 ~ 3 min 内明适应会全部完成。

其他感觉也存在适应现象。例如，"入芷兰之室，久而不闻其香；入鲍鱼之肆，久而不闻其臭"，说的是嗅觉的适应现象。我们吃第一口山楂时，会觉得很酸，但继续吃下去就没有第一口那么酸了，这是味觉的适应。我们感觉不到身上佩戴的手表、腰带、戒指或眼镜的压力，这是触压觉的适应。冬天用凉水洗衣服，开始时会觉得冰冷刺骨，过一会儿就觉得不那么凉了，这是温度觉的适应。在大部分的感觉中，只有痛觉和听觉不容易发生适应，因为

---

① 韦德，塔佛瑞斯．心理学的邀请：如何培养批判性思维和创造性思维：第 9 版［M］．王建红，何江，应向东，译．北京：机械工业出版社，2014：151.

痛觉和听觉起警报作用，促使我们避免疼痛刺激和危险，保护机体免受伤害，这一特点具有重要的生物学意义。

二、知觉概述

在实际生活中，我们不仅要认识事物的个别属性，而且要认识事物的整体。

（一）知觉的概念

以苹果为例，我们不仅要知道它的颜色和味道，而且要把它作为一个整体与其他东西（如西红柿、红皮球等）区别开来。我们看到的是苹果的红色，尝到的是苹果的甜味，摸到的是苹果的光滑。我们认识事物的整体，这就是知觉。知觉是在感觉的基础上产生的，它是人脑对直接作用于感觉器官的客观事物的整体属性的反映，是整合来自感觉的多种信息形成的对事物的单一印象。

（二）知觉的类型

根据人脑所认识的事物特性，可以把知觉分成空间知觉、时间知觉和运动知觉。空间知觉处理物体的大小、形状、方位和距离等信息；时间知觉处理事物的延续性和顺序性；运动知觉处理物体在空间中的位移等。

根据知觉时起主导作用的感官的特性，可以把知觉分为视知觉、听知觉、触知觉、嗅知觉、味知觉等。

根据知觉中意识参与的程度，可以把知觉分为阈上知觉和阈下知觉。阈下知觉也叫无觉察知觉，是一种无意识的知觉，当刺激没有被个体意识所觉察时，也会对个体的行为产生影响。盲视是阈下知觉的一个实例。盲视的病人认为自己什么都看不见，但是如果强迫他们指出视野中的一个光源，这些病人能较准确地指出来。这说明他们可以用残余的视觉系统进行定位，但丧失了对视觉经验的觉知能力。

（三）知觉的特性

1. 知觉的对象性

我们在知觉客观世界时，总是有选择地把少数事物当作知觉的对象，而把其他事物当作知觉的背景，以便更清晰地感知一定的事物与对象。例如，在电影院中，我们把电影作为知觉的对象，而把观众和周围的环境作为知觉的背景。在这个意义上，知觉过程是从背景中分离对象的过程。

知觉的对象和背景互相转化，与选择性注意有关。当注意指向某种事物时，原来的知觉对象就成为背景；当注意从一个事物转移到另外一个事物时，原来的背景就成为知觉的对象。

知觉的对象和背景的关系，往往受到前后相继出现的物体的影响。在图1-1中，处在中间的图形（b）是一张两歧图，既可以看作一只鸭子，也可以看作一只兔子。而左右两侧的图形（a）和（c）是没有歧义的，（a）图容易被看作一只兔子，而（c）图容易被看作一只鸭子。实验时，被试如果先看（a）图，再看（b）图，就容易把（b）图看作一只兔子；

被试如果先看（c）图，再看（b）图，就容易把（b）图看作一只鸭子。[①] 由此可见，发生在前面的知觉直接影响后面的知觉，产生对后续知觉的准备状态，这种现象叫作知觉定势。

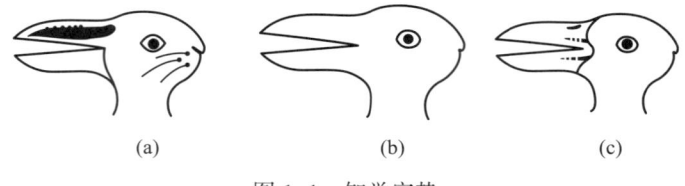

图 1-1   知觉定势

2. 整体性

知觉的对象有不同的属性，由不同的部分组成，但我们并不把它感知为个别孤立的部分，而总是把它知觉为一个有组织的整体，这种特性叫知觉的整体性。纳翁用实验证明，给被试短暂地呈现由许多小的字母组成的一个大的字母，如由小的字母 H 或 S 组成的大的字母 H 或 S（见图 1-2）。被试的反应有局部反应和整体反应两种：局部反应要求被试判断小的字母；整体反应要求被试判断大的字母。结果发现，被试在注意小的字母时有局部反应，如果小的字母与大的字母不一致，如用小的字母 S 组成的大的字母为 H，被试的反应将变慢；相反，被试在判断大的字母时有整体反应，被试的反应不受组成它的小的字母的影响。纳翁称这种现象为"整体优先"，即整体水平的加工先于局部水平的加工。由此可见，在提取事物的细节信息之前，我们对事物的整体可能已经有了粗略的了解。[②]

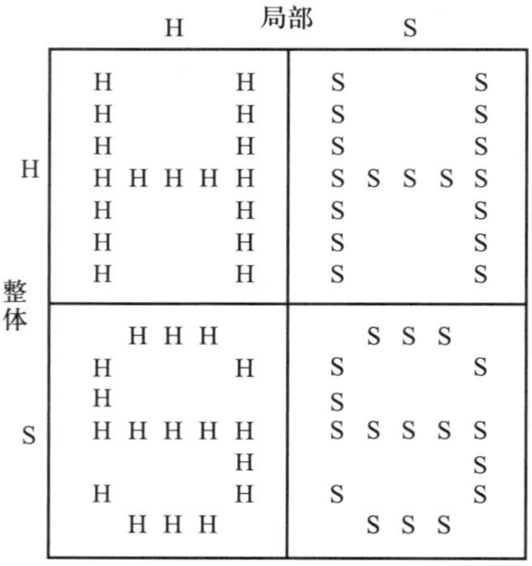

图 1-2   整体优先的实验证据

3. 理解性

人的知觉与记忆、思维等高级认知过程有着密切的联系。人在知觉过程中，不是被动地把知觉对象的特点记下来，而是以过去的知识经验为依据，力求对知觉对象作出某种解释，使它具有一定的意义。在这个意义上，知觉过程也可以看作"假设检验"的过程。知觉的这一特性可以用某些隐匿图形加以说明（见图 1-3）。[③]

人们第一次看到图 1-3 所示的图片时，不是消极地观看图片上的黑白斑点，而是力求理解这些斑点之间的关系，提出种种假设，对它作出合理的解释。例

图 1-3   隐匿图形

---

① 格里格，津巴多. 心理学与生活：第 19 版［M］. 王垒，等译. 北京：人民邮电出版社，2016：128.

② NAVON D. Forest before trees: the precedence of global features in visual perception［J］. Cognitive psychology, 1977（9）：353-383.

③ 黄希庭，郑涌. 心理学导论［M］. 3 版. 北京：人民教育出版社，2015：310.

如，"这块雪地上有什么动物？""好像有一只动物。""它是什么？""是熊吗？""不是。""是狼吗？""不是。""是狗吗？""哦！我想起来了，它像一条生活在北极地带的狗。"在这里，知觉中的理解过程是慢慢展开的。人们根据知觉对象提供的线索，提出假设，检验假设，最后作出合理的解释。当知觉对象是熟悉的事物时，人们对它的理解往往采取压缩的形式，能较快地给对象命名，把它纳入一定的范畴，例如"这是一条狗"等。

4. 恒常性

为了发现视知觉的另一个重要特性，我们可以用课本做个游戏。把你的课本放在桌子上，然后移动你的头靠近它，再把头移回正常阅读距离。头距离较近时课本在视网膜上刺激的区域比头距离较远时大得多，你感觉不到课本的大小保持不变。现在把课本垂直放置，尝试沿顺时针倾斜你的头部。当你这样做的时候，课本在视网膜中成像并沿逆时针旋转，你仍然感觉不到书本是垂直的。

一般来说，尽管我们的感受器接受的刺激在改变，但我们所看到的世界是不变的、恒定的、稳定的，这种现象即为知觉恒常性。通常在视觉范围内，知觉恒常性有四种类型。

（1）大小恒常性

是什么决定我们对一个物体大小的知觉？我们感知一个物体的实际大小一部分基于它的视网膜成像的大小。然而，用课本进行的演示表明，视网膜成像的大小同时依赖课本的实际大小和它与眼睛之间的距离。正如我们现在所知道的，距离的信息从许多深度线索可以获得。人的视觉系统把这种信息与视网膜关于成像大小的信息相结合，产生通常与远距离刺激实际大小相对应的客体大小的知觉。大小恒常性是指人在视网膜成像大小变化的情况下感知物体真实大小的能力。例如，一旦人们辨认出一座房屋、一棵大树或者一只狗的形状，即便不知道它们与自己的距离，也会知道它们各自大概有多大。

（2）形状恒常性

形状恒常性是指尽管观察物体的角度会发生变化，但我们仍倾向于把它感知为一个标准形状。例如，在现实生活中开关门时，由于门的开闭状态不同，门在我们视网膜上成像的形状差异很大，但我们主观上仍倾向于视其为长方形，这就是形状恒常性。

（3）明度恒常性

和前面介绍的其他恒常性一样，在日常生活中，我们经常有明度恒常性的经验。例如，你穿着一件白色的衬衫从灯光昏暗的房间中走到阳光明媚的室外时，在灿烂的阳光下，衬衫反射的光线要强得多，但是在两种环境中，你会觉得衬衫的亮度是一样的。这种在照明条件改变时，物体的相对明度或视亮度保持不变的情况，叫作明度恒常性。

（4）颜色恒常性

颜色恒常性是指一个有颜色的物体在色光照明下，它的表面颜色并不受色光照明的严重影响，而是保持相对不变。例如，用不太饱和的黄光照射蓝色色盘，我们看到的不是灰色，而是一种饱和度较小的蓝色。同样，用红光照射白色的物体表面，我们看到的物体表面不是红色，而是在红光照射下的白色。例如，室内家具在不同灯光的照明下它的颜色相对保持不变，这就是颜色恒常性。

第二节　儿童感知觉的发展

儿童感知觉的发展是儿童认知发展中发展最早、最快的方面，为其他高级认知发展奠定了基础。但感知觉的发展在个体发展的不同年龄段侧重点不同。例如，在婴儿阶段，研究者关注各种感知觉的发生时间，以及个体具备哪些感知觉能力；在幼儿阶段，各种感知觉器官的发展相对完善，视觉、听觉等几种主要感觉能力以及空间知觉、时间知觉、方位知觉等方面进一步发展；在小学阶段，感知觉的发展主要集中在视觉、知觉上。

一、儿童感觉的发展

感觉是感知觉的低级水平，是人类一切心理活动的开端。在儿童认知能力的发展中，各种感觉能力是最先发展的能力。

（一）视觉发展

我们在日常生活中获得的信息 80% 都是通过眼睛来获得的，视觉在我们的认知活动中占有重要地位。但视觉在认知活动中的作用并非从出生就如此，而是随着儿童年龄的增长而提高的。本节主要从视敏度与颜色视觉两个方面来介绍儿童视觉的发展。

1. 视敏度

视敏度是指个体分辨细小物体或远距离物体的细微部分的能力，也就是人们通常所称的视力。

视觉最初发生的时间在胎儿的中晚期，4—5 个月的胎儿已经具有视觉反应能力以及相应的生理基础。新生儿已经具备了一定的视觉能力，获得了基本视觉过程。新生儿的视觉调节机能较差，视觉仅能集中 5 s，注视距离为 1—5 m；3 个月婴儿的视觉能集中 7—10 min，注视距离为 4—7 m；6 个月的婴儿能注视远距离的物体。婴儿的视敏度逐渐发展，1—2 岁的幼儿视力可达 1.0。幼儿期，视敏度随年龄的增长而提高。例如在视力表上看清某一图形，4—5 岁幼儿可距离 2.1 m，5—6 岁幼儿则可距离 2.7 m。

小学阶段儿童视敏度的发展趋势主要表现在以下三个方面：[1]（1）10 岁前儿童的视敏度不断提高。有人认为，儿童的年龄越小视力越好。事实并非如此，10 岁前儿童的视敏度随年龄由低到高发展。（2）10 岁时儿童视觉调节的范围最大，远近物体都能看清。这一特点对学习具有重要意义。因为在学校上课的情况下，为了更好地感知事物，儿童经常被要求把视线从较远的对象移到较近的对象上来，或者要从较近的对象移到较远的对象上去，还有的要求儿童在不同的距离中看清不同的事物等。（3）10 岁以后，随着年龄的增长，儿童的视力逐渐下降。这种变化一方面与眼睛的生理机能变化有关，另一方面也与儿童的用眼习惯有关。有的儿童不注意用眼卫生，例如经常在暗淡的光线下长时间注视，造成眼睛过度疲劳，或眼睛与课本的距离太近，使眼睛只习惯于看近物，久而久之，导致视力下降。因此，教师

---

[1]　伍新春. 儿童发展与教育心理学［M］. 3 版. 北京：高等教育出版社，2020：62.

在教学过程中要指导儿童用眼卫生。同时，教学环境要符合教学的卫生要求，例如教室光线要明亮，桌椅高度要适当，儿童座位要定期轮换等。

2. 颜色视觉

新生儿已经具备原始的颜色视觉。3 个月的婴儿能对光波做出反应，他们能感知蓝、绿、黄、红等不同色调的光。到幼儿阶段，尤其是 3 岁以后，在环境和教育的影响下，幼儿的颜色视觉获得较快的发展。幼儿的颜色视觉有如下四种发展趋势：第一，3—4 岁幼儿已经能初步辨认红、橙、黄、绿、青、蓝、紫七种颜色。第二，幼儿辨认具体颜色容易，掌握具体颜色名称比较困难，所以儿童一般先感知具体颜色，然后学会把颜色和颜色名称结合起来。第三，幼儿对颜色名称的掌握随年龄增长不断巩固。只有 40% 的 3—4 岁幼儿能按颜色名称正确选择颜色，80% 的 6—7 岁幼儿可以按颜色名称正确选择颜色。第四，幼儿在学习颜色名称时，最容易掌握的是红色，其次是黄色、绿色等。

到小学阶段，儿童颜色视觉的发展主要表现在以下两个方面：一方面，对于颜色的辨别能力随着年龄的增长而提高，并表现出初步的颜色偏好。6 岁儿童虽能分辨红、黄、绿、橙、白、蓝、紫等颜色，但正确率较低，并受呈现时间长短的影响。一年级小学生能辨别 3 种红色、2 种黄色，但尚不能辨别不同种类的绿色和蓝色。随着年级的升高，小学生能辨认 12 种红色、10 种黄色、6 种绿色和 4 种蓝色。同时，随着颜色辨别能力的提高，小学生开始相对明显地表现出对颜色的偏好。在红、黄、绿、橙、蓝、紫、棕、灰、黑、白 10 种颜色中，他们更喜欢红、黄、绿，不喜欢棕、灰、黑。小学生的颜色偏爱也与客体有关，例如，画兔子时喜欢用白色，画自然风光则用绿色。另一方面，小学生的颜色视觉表现出性别差异。首先，一般情况下，女生比男生的颜色视觉能力要高一些。原因是女生在生活中会接触更多有颜色的东西，对颜色更感兴趣。其次，男生和女生对颜色有不同的偏爱。6 岁以前，对颜色爱好的性别差异不显著；6 岁以后，对颜色的爱好表现出性别差异，男生最喜欢黄、蓝两色，其次是绿、红两色；女生最喜欢红、黄两色，其次是橙、白、蓝三色。

初中生的视觉已经发展到一生中的最高水平，也就是说，已经达到或超过成人的水平。

（二）听觉发展

关于胎儿的相关研究表明，听觉神经从胎龄 6 周时即开始发育，15—20 周的胎儿开始有听觉，到 25 周时几乎与成人相等。[①] 新生儿的听觉具有偏好性：（1）以人声和物体的声响相比，新生儿更爱听人的声音。（2）新生儿爱听母亲的声音。曾经有位医生做过这样一个实验，他让出生后 1—2 天的新生儿在高速度吮吸时能听到母亲的声音，而在低速度吮吸时能听到父亲的声音。结果，被试的 12 个孩子中，有 11 个高速度地吮吸。反过来实验，让同一批新生儿在低速度吮吸时能听到母亲的声音，而在高速度吮吸时能听到父亲的声音，新生儿很快又用低速度吮吸。这表明，新生儿更喜欢听妈妈的声音。（3）新生儿爱听高音调的声音。母亲在对新生儿说话时，总是提高音调，可能就是母亲适应孩子听觉偏好的表现。出生后 3 个月内，婴儿听觉的发展主要是大脑皮质下脑干各级听觉中枢的反射性听觉反应。3 个月后，由于外周和中枢各级听觉系统迅速发育，婴儿有意义的听觉活动逐渐发展。随着年龄的增长，特别是在学习语言、接触音乐环境和接受听觉训练的过程中，婴儿的听觉迅速发

---

① 林崇德. 发展心理学［M］. 北京：人民教育出版社，2018：165.

展。在幼儿期，幼儿辨别纯音的听觉感受性获得持续发展。4—7 岁儿童纯音听觉敏锐度和言语听觉敏锐度之间的差别要比成人的差别大，而且年龄越小，这种差别越大。幼儿对词语的言语听觉也在不断发展。

小学生的纯音听觉和语音听觉都得到较好的发展，这与小学的语音教学密切相关。研究表明，儿童对纯音的听觉感受性在 6—8 岁时较之前提高了一倍，而且在 12 岁之前一直在增长。由于学校教育要求学生形成听、说、读、写的能力，掌握声乐、器乐的各种要素，尤其是在语音教学特别是汉语拼音教学的影响下，小学儿童的声音感知能力发展迅速，语音听觉接近成人的水平。一年级结束时，小学儿童的辨音能力已达到成人的水平，他们已能很好地辨别汉语的四声和相近的发音（如 sh 和 s，ch 和 c，zh 和 z，d 与 t，n 与 l，等等）。另外，儿童对语音的感知能力受方言的影响，农村儿童略低于城市儿童，这主要是生活环境和教育条件造成的。除此之外，声音感知能力的发展还受听觉感受器、听觉中枢、言语运动中枢和言语器官等的影响。听觉敏感度的高低直接影响儿童音乐能力和言语能力的发展。虽然人的听觉能力因先天条件不同而有较大的个别差异，但都可以通过训练得到提高。教师要重视对儿童听觉器官的保护和训练。在保护方面，教师可要求儿童不大声喧哗、不把音响的音量开得过大、不让水和异物进入耳内等。在训练方面，教师可通过组织朗读、歌咏比赛、外语听力练习等活动提高小学儿童的听觉能力。

初中生的听觉感受性不断提高，区别音高和辨别音阶的能力都明显增强。

（三）其他感觉

在儿童的多种感觉能力中，除视觉与听觉两种主要的感觉外，味觉、嗅觉、触觉以及痛觉等能力不断发展。随着年龄增长，上述各种感觉器官在婴幼儿阶段就发育得比较成熟，相应的各种感觉能力的发展也主要体现在婴幼儿时期。

1. 味觉的发展

味觉感受器在胚胎 3 个月时开始发育，15 周时已初步成熟且能发挥作用，4 个月的胎儿已能感受足够的味觉刺激。新生儿的味觉已发育得相当完好，并在防御反射机制中占有重要的地位。婴儿似乎天生就喜欢甜食，当他们尝到苦味时会表现出厌恶的表情。在年幼的婴儿舌头上放点儿有甜味的液体，他们就会微笑；如果奶瓶里的味道是甜的，婴儿会更加用力地吮吸。因为母乳是甜的，这种偏好可能是人类遗传演化的一部分，之所以保留下来是它有利于我们的生存。味觉在婴儿和儿童时期最为发达，以后就逐渐衰退，这与味觉在人类种系演化进程中的变化趋势是一致的。

2. 嗅觉的发展

婴儿闻到臭鸡蛋味时会怎么做？很可能会和成年人一样，皱起眉头，样子看起来很难受；而香蕉和奶油的香味会让婴儿产生愉快的反应。即使很小的婴儿，味觉也发展得相当不错，12—18 天的婴儿仅凭气味就可以分辨出自己的母亲。例如，让婴儿闻前一天晚上放在成年人腋窝里的薄纱布，母乳喂养的婴儿可以将母亲的气味与其他成年人的气味区分开来，但并不是所有的婴儿都可以做到这一点，而那些奶粉喂养的婴儿就无法做出这种区分。但是，无论是母乳喂养还是奶粉喂养的婴儿都无法根据气味区分出他们的父亲。[①]

---

① 费尔德曼. 发展心理学探索人生发展的轨迹：第 5 版［M］. 苏彦捷，译. 北京：机械工业出版社，2023：94—95.

3. 触觉的发展

触觉是新生儿高度发展的感觉系统之一，也是最早发展的系统之一。有证据表明，32周胎儿的整个身体对触摸已经非常敏感。此外，婴儿在出生时具有的一些基本反射也需要他们对触摸很敏感，例如定向反射，婴儿只有能够感知自身嘴部周围的触觉，才会自动地找到乳头吃奶。婴儿在触觉方面所具备的能力对他们探索世界特别有帮助，婴儿获得关于这个世界的信息的方式之一就是触摸。婴儿在 6 个月时会把任何东西都放到嘴里，通过嘴巴对物体的触觉反应获得有关信息。触觉对有机体未来的发展也起着重要作用，因为它能引发复杂的化学反应以帮助婴儿生存。例如，轻轻地按摩能刺激婴儿的大脑产生某种特定的化学物质，对生长发育有积极作用。

幼儿在很小的时候就可以辨别物体的粗细、软硬、轻重等。但是，精细地分辨物体的粗细、软硬、轻重的能力，则是从幼儿期逐步发展起来的。例如，3—4 岁幼儿用双手比较两个体积相同但质量不同的小盒子，往往会认为它们的质量是一样的；而 5—6 岁儿童则能充满信心地指出哪一个重些，哪一个轻些。

4. 痛觉的发展

婴儿在出生时就具备体验痛的能力。但是，无法肯定儿童所体验的痛和成年人是否一样，正如也不能说某个成年朋友正在经历的头痛和自己的头痛相比孰轻孰重一样。目前所知道的是，疼痛会给婴儿带来压力。他们受伤时，会心率加快，出汗，脸上露出不舒服的表情，哭声的强度和声调也会发生改变。婴儿对疼痛的反应存在一个发展过程。例如，在进行足跟抽血化验时，新生儿要在数秒之后才会有反应，但再过几个月之后，同样的程序会立刻引起婴儿的反应。新生儿反应的延迟可能是因为他们神经系统的发展还不够完善，所以信息传递得比较慢。

【拓展阅读】
疼痛闸门与
疼痛控制

儿童的痛觉是随着年龄的增长而发展的，表现为痛觉感受性越来越高。例如，新生儿对相对强一些的电流刺激才发生反应，以后渐渐地对相对弱些的电流也发生反应，具体见表 1-1。

表 1-1　不同年龄幼儿对电流的感觉阈限

年龄	引起最微弱感觉的 最小电流 /mA	年龄	引起最微弱感觉的 最小电流 /mA
1 天	400	3 个月	250
6 天	300	9 个月	300
11 天	400	12 个月	200
17 天	300	4 岁 9 个月	150
23 天	250	6 岁	60

二、儿童知觉的发展

根据知觉对象的属性，可以把知觉分为空间知觉、时间知觉和运动知觉。关于儿童知觉发展的研究主要集中在空间知觉发展、时间知觉发展以及跨通道知觉发展三个方面。

（一）空间知觉发展

空间知觉是人脑对物体空间特性的反映，包括大小知觉、形状知觉、方位知觉和深度知觉（距离知觉）。这些都是比较复杂的知觉，儿童不能通过某一种单一的感觉通道来实现，而需要多种感官协同活动实现。人对物体及其空间关系的认知，不能离开这些知觉，也就是对物体之间关系的知觉。[①]

1. 大小知觉发展

大小知觉是指人脑对物体的长度、面积、体积等方面属性的反映。婴儿已经具有对物体大小知觉的恒常性。曾经有研究者做过一个实验，让 6—12 周的婴儿建立看见某一块积木就转头的条件反射。在训练时，积木距婴儿的距离约为 27 cm，之后改变积木与婴儿之间的距离。按道理来说，在距离变化后，物体在婴儿视网膜上形成的映像会发生变化，即变大或变小。但是在这个实验中，婴儿对距离改变的反应没有发生变化，不管距离如何变化，婴儿还是一样地转头。这个实验结果表明，6 周大小的婴儿对积木大小的知觉已显示出知觉的恒常性。2.5—3 岁的幼儿已经能够按照语言指示从玩具中拿出大皮球或小皮球，3 岁以后的幼儿判断大小的精确度有所提高。2.5—3 岁的幼儿辨别平面图形大小的能力会获得快速发展。4—5 岁幼儿在辨别积木大小时，会用手逐块地触摸积木的边缘，或把积木叠在一起加以比较。而 6—7 岁的幼儿，由于经验的作用，已经可以单凭视觉指出一堆积木中大小相同的积木。

有研究者对 3—6 岁幼儿不同感觉通道的大小知觉进行了研究，结果表明，无论哪一个年龄组的幼儿，均以"视—视"条件下的大小知觉结果最优，其次是"触—触"条件下的结果，而"视—触"及"触—视"条件下的结果均较差。单一感觉道（视—视、触—触）的大小知觉的准确性随着年龄的增长而提高；交叉感觉道（视—触、触—视）的大小知觉的准确性在 5 岁时为高峰期，6 岁后便开始有所下降。[②]

2. 形状知觉发展

形状知觉是人脑对物体形状特征的反映，很小的婴儿已能辨别不同的形状，他们不仅可以通过视觉辨别图形，而且还可以通过口腔触觉辨别奶嘴的形状。例如，让 8 周大小的婴儿注视三角形和靶心图，发现婴儿对两个三角形的注视时间相同，而对三角形和靶心图的注视时间不同。因此，可以说，婴儿能区别三角形和靶心图两种不同的形状。婴儿在辨别不同形状的基础上，对某些形状有一定的偏爱。例如，婴儿爱看轮廓清楚的图形或是带有环形或条纹的图形；婴儿爱看同心圆的图形多于非同心圆的图形；婴儿爱看人脸多于其他图形；等等。到幼儿阶段，3 岁幼儿已初步具备根据样本找到相同几何图形的能力，5—6 岁幼儿根据样本找到相同几何图形的正确率会大大提高。幼儿辨别不同的几何图形存在不同的难度，在幼儿初期能正确掌握圆形、正方形、三角形、长方形；在幼儿中晚期又可以正确掌握半圆形、梯形。在教师和家长的指导下，幼儿还能辨认菱形、平行四边形和椭圆形。

刚入学的小学生，形状知觉的发展水平相对比较低。他们在辨认几何图形（如正方形、三角形等）时常把它们和具体的事物形状相联系，例如，将正方形叫作方块，将圆叫作圈

① 陈帼眉. 学前心理学［M］. 北京：北京师范大学出版社，2015：119.
② 韩凯，林仲贤. 学前儿童视、触大小知觉实验研究［J］. 心理学报，1983（3）：329-335.

圈。随着年龄的增长，小学儿童的形状知觉能力会逐渐提高。小学三四年级和初中一年级的儿童正确识别圆、直角、锐角、钝角和垂线等的成绩以及正确绘制垂线、直角三角形、正方形、平行四边形、梯形等的成绩，一般都超过正确说明垂线、直角三角形、平行四边形、梯形等图形特征的成绩。需要注意的是，小学儿童在识别几何图形时仍具有很大的局限性，主要表现为两点：第一，将图形的本质特征与非本质特征相混淆。小学儿童在识别和说明图形的特征时，常常会把非本质特征当作本质特征，或把本质特征当作非本质特征，从而作出错误的判断。例如，把"直角在下方""摆得端正"这些非本质特征作为直角三角形的本质特征，把"由上到下垂直"这一非本质特质作为垂线的本质特征，等等。第二，对立体几何图形的知觉水平不高，表现为小学儿童对描绘在纸上的、堆积在一起的立方体，因不懂透视原理和缺乏立体感，常常不能正确辨认。

3. 方位知觉发展

方位知觉是指人脑对自身或物体所处方向的知觉。婴儿出生后，已经能够对来自左边的声音向左侧看或转头，对来自右侧的声音向右侧看或转头。也就是说，虽然婴儿两只耳朵之间的距离比成人短，声音到达两只耳朵的时间差比成人小，但是婴儿已有听觉定位能力。研究发现，6个月以前的婴儿，在黑暗中能够依靠听觉指导抓到相应物体。例如，让婴儿坐在黑暗的房间里，在婴儿面前放一个发声的物体，婴儿能够比较准确地抓到它。如果物体在婴儿的正前方，婴儿的抓握会更为准确，原因是声响从正前方发出，并同时到达双耳。婴幼儿方位知觉的发展主要表现在对上下、前后、左右方位的辨别。1岁多刚刚会走路的孩子，已能辨别室内方位，知道某些用品或食品所在的位置，也知道出门的方向。幼儿方位知觉发展的一般趋势是：3岁时仅能辨别上下；4岁时开始能辨别前后；5岁时开始能以自身为中心辨别左右；6岁时能较轻松地辨别上下、前后四个方位，但以他人为中心辨别左右会感到困难。方位知觉的形成有赖于婴幼儿在生活经验中不断形成的各种空间感受，同时也有赖于他们不断掌握的各种表示空间关系的词语。

刚进入小学的儿童对上下、前后四个方位已能作出正确判断，而对左右方位，常常要和具体事物联系起来才能辨别。如果只有"左""右"的抽象口令，而无具体的东西加以支持，那么一年级儿童常常会发生错误。例如，在上体育课时，对"向左转""向右转"口令的反应，往往有1/3的儿童出现错误。我国著名心理学家朱智贤教授通过研究发现，儿童左右概念的发展需要经历三个阶段：第一阶段（5—7岁），比较固化地辨认自己的左右方位。大多数5岁儿童能正确地把自己的左右方位和词语联系起来，从而产生最初的左右概念；7岁时才能辨别对面人的左右方位。第二阶段（7—9岁），儿童初步掌握左右方位的相对性。这个阶段的儿童不仅能以自己的身体为基准辨别左右方位，而且能以他人的身体为基准辨别左右方位，也能辨别两个物体间的左右方位关系。第三阶段（9—11岁），儿童能比较概括、灵活地掌握左右概念。这个阶段的儿童能按照自己的方向，迅速地判断三个物体间的左右方位关系，即能在抽象概括水平上掌握左右的相对性。[①]

4. 深度知觉发展

深度知觉是指人脑对物体远近距离或深度的知觉，也叫距离知觉。吉布森和沃克设计的视觉实验可以测量婴儿的深度知觉。2周大的婴儿对物体向自己趋近已有防御反应。当一个真

---

① 朱智贤. 儿童心理学［M］. 北京：人民教育出版社，1993：345-346.

实物体向婴儿靠近时，婴儿会睁大眼睛，头向后退；物体继续靠近时，婴儿会用手去挡，使它不靠近自己的脸。但是，如果是空气代替实物吹来，即没有视觉信息时，婴儿就没有防御反应。用一个影子代替实物时，即视觉刺激较弱时，婴儿的防御反应也减弱。由此说明，婴儿已具有以视觉为主的距离知觉。有实验表明，婴儿对在自己面前经过但明显不会碰到自己的物体，与向自己趋近并有可能碰到自己的物体，反应有所不同。对前者，婴儿不但没有防御反应，反而显示出对它的兴趣，说明婴儿能够区分物体与自己的距离。3 岁左右的幼儿，深度知觉发展还不完善。这个年龄的孩子在走路时，如果让他们跨过前面的一条线，他们往往会踏在线上，很难把握距离。幼儿在看图时，也往往反映出深度知觉发展的不足，他们分不清图画中重叠在一起的两个物体的远近，或常常以为掩盖者是大的，被掩盖者是小的，不知道两个物体的大小实际相同，只因掩盖者在近处，被掩盖者在远处。

（二）时间知觉发展

时间知觉即人们对客观现象的延续性、顺序性和速度的反映。时间知觉是儿童在与其生活关系密切并重复发生的实际活动中逐渐形成的。

在婴儿末期，婴儿开始有了时间知觉的萌芽。幼儿的时间知觉发展水平总体还比较低，且不稳定。幼儿园小班幼儿（3—4 岁）已经具有初步的时间概念，但往往与他们具体的生活活动相联系，如早晨就是天亮、太阳升起或起床的时间，晚上就是天黑、睡觉的时间等。有时他们也能掌握一些相对的时间概念，如昨天、明天等，不过常常会在使用过程中出错。幼儿园中班和大班的幼儿（4—6 岁）对昨天、今天、明天等生活中经常使用的时间概念已能分辨清楚。

就时间估计的能力而言，5—6 岁儿童对时间的估计极不稳定，也不够准确，还不会利用时间标尺，即他们基本上不会使用"一分钟""一小时""一天"等时间概念进行时间估计；在外界有规律性的刺激下，多数 7 岁儿童能利用"吃午饭时""一天"等时间标尺，时间知觉的准确性有了一定的提高；8 岁儿童基本上能主动使用时间标尺，时间知觉的准确性接近成人的水平。

就时间单位的认识而言，小学生最容易掌握的时间单位是"1 小时"；其次是对"日"和"周"的理解；对"月"的实际意义的理解较差；而对于"纪元""世纪""时代"等概念则不能理解。小学儿童最容易掌握"1 小时"这一时间单位，是因为日常的学习和生活多以小时为单位；"日"和"周"也与学校的学习和生活密切相关，所以他们也能理解；生活中很少用到"月"这个单位，因而他们对"月"的实际意义理解较差；历史事件的时间与他们的生活距离很远，理解"纪元"等概念就更加困难。7—12 岁儿童的时间知觉是随着年龄的增长而逐步发展的。再现以秒为单位的各种时距的准确度和稳定性都随年龄的增长不断提高，7—11 岁儿童各年龄组之间的准确度有明显的差异，11 岁组与 12 岁组之间的准确度是接近的。同一年龄组内儿童时间知觉的发展水平存在明显的个别差异。[①]

有研究者考察了中学生时间知觉的差异性，以 13 岁、14 岁、15 岁三个年龄段的中学生为研究对象，对他们的 500 ms、1 000 ms、1 200 ms 三种类型时距的时间知觉进行测试。研究结果表明：（1）时间知觉存在性别差异，尤其是在 1 200 ms 的长时距的时间知觉中较为明

---

① 鲍碧君，桂治平，张若云. 7 岁至 12 岁儿童时间知觉的实验研究 ［J］. 教育研究与实验，1987（2）：60—67.

显，男生更容易低估长时距；（2）男、女生在 500 ms 短时距上更容易高估，而在 1 000 ms、1 200 ms 中长时距的判断上则更容易低估标准时距；（3）在 500 ms 短时距的判断上，男、女生大致随着年龄的增加，时间知觉也更准确，而在 1 000 ms 中长时距的测试中则出现相反的结果；（4）在 1 200 ms 中长时距的判断上，女生随着年龄的增加，判断的准确性提高，而男生随着年龄的增加，判断的准确性反而降低。[1] 时间知觉受多种因素的影响，如温度体验，[2] 数目及呈现方式，[3] 音乐训练，[4] 以及注意 [5] 等都对时间知觉产生影响。中学生形式多样的学习和丰富多彩的实践活动发展能够提高他们的时间知觉发展水平，时间知觉的发展逐步完善。

（三）跨通道知觉发展

跨通道知觉是指能够通过一种感觉通道（如触觉）获得的信息推断出另一感觉通道（如视觉）熟悉的刺激物或形式的能力。儿童是从什么时候开始具备这种能力的呢？尽管在新生儿身上没有发现跨通道知觉，但是，1 个月大的婴儿看起来已经能够通过视觉辨认他们吮吸过的物体。吉布森和沃克做过一项研究，他们把婴儿分成两组，一组吮吸硬圆棒，另一组吮吸软海绵棒，然后，给婴儿展示两幅图画，分别表现软海绵棒能弯曲，硬圆棒则不能。结果发现吮吸软海绵棒的婴儿更喜欢盯着硬圆棒看，而吮吸硬圆棒的婴儿则相反。显然，这些婴儿是由于通过眼睛辨认出自己吮吸过的东西，从而觉得这个东西不如另一个新鲜的东西更有趣了。[6]

由于出生 30 天的婴儿已经具有很多吮吸软硬物体的经历，因此，我们不能以此得出结论认为跨通道知觉是天生的。在这里有两个需要注意的问题：（1）唇部－视觉跨通道知觉是在这个年龄段的婴儿身上能观察到的唯一的跨通道知觉能力。（2）这种能力的水平非常低，不过在生命的第一年中会获得快速的发展。类似这种把摸到与见到的物体进行匹配的能力，要在婴儿 4—6 个月的时候才会出现，这可能是由于婴儿在 4 个月以前还不能很好地抓握物体。

视觉和听觉之间的跨通道知觉能力大约在婴儿 4 个月时出现，这正好是婴儿开始能够将头自主地转向声音来源的时间。此时，婴儿甚至能够将表现距离的视觉和听觉线索进行匹配。也就是说，当听到火车发动机的声音越来越小的时候，他们更喜欢看火车开走，而不是开过来的画面。很明显，4 个月的婴儿已经知道自己所看到的东西与一些声音是一致的，这种听觉/视觉的匹配能力将在接下来的几个月里继续发展。随着单项感觉能力的成熟，跨通道知觉能力将持续发展并帮助婴儿学习和探索周围的世界。分别给 4 个月和 8 个月的婴儿展示一组伴随特殊声音的物体，当他们产生习惯以后，再给他们展示另一组物体，声音和物体都跟以前一样，但播放顺序发生变化，结果两个年龄段的婴儿都能发现其中的差异。不过，如果拆散声音与物体的匹配，或者只呈现其中一个因素，又或是声音或物体的播放顺序发生变化，4 个月的婴儿就无法分辨两者的差异，但 8 个月的婴儿仍然能够发现这种差异。对 4

① 李涛，黄文英，何敬华，等. 13 至 15 岁男女生时间知觉特点研究［J］. 体育科技，2016，37（1）：53-54.
② 朱晓芳，张志杰. 温度体验对时间知觉的影响：基于体验认知的解释［J］. 西南大学学报（社会科学版），2011，37（5）：34-37，222.
③ 毕翠华，黄希庭. 数目及其呈现方式在不同范围内对时间知觉的影响［J］. 心理与行为研究，2013，11（1）：16-23.
④ 任维聪，张志杰. 音乐训练对时间知觉的影响［J］. 西南大学学报（社会科学版），2011，37（2）：20-23，190-191.
⑤ 林苗，钱秀莹. 注意在时间知觉中的作用及其理论模型［J］. 心理科学进展，2012，20（6）：875-882.
⑥ SHAFFER D R，KATHERINE K. 发展心理学：第 9 版［M］. 邹泓，等译. 北京：中国轻工业出版社，2016：154.

个月的婴儿来说,声音与物体的匹配会引发他们的跨通道知觉反应,由此促使婴儿注意顺序关系,这正是 8 个月的婴儿表现出更强的顺序察觉技能的基础。

在某些情况下,1 岁的婴儿会对通过多感觉通道共同感受到的刺激更感兴趣。在一项视崖实验中,当妈妈在对面同时发出视觉和听觉信号时,12 个月的婴儿能更快地爬过视崖;如果婴儿只接收到听觉信号时,他们爬过视崖的速度会稍慢;如果婴儿只接收到视觉信号时,他们爬过视崖的速度是最慢的。

第三节   儿童感知觉的教育

在儿童心理发展的过程中,感知觉发展得最早,它的发展为儿童积累了大量的感知经验,是儿童进一步发展其他心理的基础,所以,促进儿童感知觉的发展尤为重要。那么,促进儿童感知觉的发展要遵循哪些原则?应通过何种途径促进儿童感知觉的发展呢?

一、促进儿童感知觉发展的原则

促进儿童感知觉发展的主要遵循以下四个原则:

(一)科学性原则

儿童教育活动的设计要促进儿童感知觉的发展,首先应遵循科学性原则。科学性原则一方面是指要正确评估儿童的能力水平,教育活动的强度要与儿童的感知觉发展水平相适应,另一方面是指针对处在不同年龄阶段的儿童,设计的教育活动也应不同。

(二)安全性原则

健康的感觉器官是进行正常、有效的感知活动的前提条件。如果感觉器官受损,势必会影响感知活动的正常进行。在促进儿童感知觉发展的过程中,要保障儿童的安全性,尤其是年龄较小的儿童,他们的各种感觉器官还处在发展之中。例如,在通过欣赏音乐促进儿童对节奏和音符的感知能力时,注意不要把声音调得太高;不要在游乐场等嘈杂的环境中待太长时间;在阅读绘本提高儿童的感知能力时,要注意阅读时的光线不要太弱,阅读时间不要过长等。

(三)循序渐进原则

循序渐进原则是指教育活动的设计要遵循一定的顺序安排,由易到难,由简到繁,逐步深化、提高。儿童感知觉的发展体现在多个方面:从感觉上看,有视觉、听觉、痛觉等;从知觉上说,有空间知觉、时间知觉等。对儿童每一种感知觉能力的促进,都要遵循循序渐进的原则。

(四)个别化原则

儿童的身体机能和身体素质各不相同,感知觉发展水平也存在一定的差异,在对感知觉进行培养时,要考虑个体差异,基于个体的身心发展水平有针对性地设计适合儿童的活动。

二、促进儿童感知觉发展的途径

促进儿童感知觉发展的途径主要有以下四个：

（一）保护好儿童的感觉器官，促进儿童健康发展

感觉器官的健康发展，是提高儿童感知能力不可缺少的生理条件，儿童观看时需要眼睛，倾听时需要耳朵，闻味道时需要鼻子，品尝时需要嘴巴，抚摸时需要手。感觉器官是儿童感知探索活动的工具，因此，保护儿童感觉器官的健康，防止发生缺陷和危险，是非常重要的。

眼睛是接受外在信息的重要器官，随着网络技术的迅速发展，使用电子产品已经成为人们日常生活与学习的重要部分。小学生在使用电子产品时，要注意不能过度，否则会对眼睛造成影响，例如注视手机屏幕时间过长会影响他们的视力发育，容易造成肌性视疲劳。过早、过多地接触电子产品，易导致儿童出现屈光异常、斜视、内斜视、近视、散光等。一项研究对我国 9 个省（自治区、直辖市）小学生的近视情况进行调查后发现，1—5 年级的小学生近视发生率为 27.5%，而户外活动时间的长短与儿童视力的好坏之间有显著关系：1—2年级的小学生平均每天达到 1 h 户外时间，可以降低近视发生率；而 3—5 年级的小学生平均每天需达到 3 h 户外时间，可能才能有效降低近视发生率。[1] 因此，家长要帮助小学生注意用眼卫生，进行一定的户外活动。小学生的年级越高，户外活动的时间相应增加，进而降低其近视发生率。除此之外，还要保护儿童的听力，做好预防，不要在过于嘈杂的环境中生活和活动，教育儿童尽量不要自己挖耳屎，不要将异物塞入耳道等，及时发现儿童听力方面的障碍，给予必要的治疗；要教给儿童保护自己身体的知识，讲究卫生，确保儿童能有健康的观念。

（二）在教学活动中创设良好的感知环境，提供丰富的感知觉信息

儿童进入中小学后，大部分时间都在学校里度过，因此，教师要充分利用课堂教学，努力创设良好的感知环境，为儿童提供丰富的感知觉信息。例如，在一堂音乐课上，教师指导学生学习钢琴的弹奏，可以充分锻炼学生的各种感知觉能力。教师指导学生盲弹，即眼睛不能看琴键，而是看着乐谱进行弹奏。这样学生在练琴时，眼睛的任务很多，既要看音符的位置、时值、各种装饰音，又要注意指法等，这是对视觉的锻炼。教师也要引导学生倾听钢琴的音色，音乐的节奏、旋律等。知觉具有选择性，人们能够更好地在复杂的音符中听到清晰的旋律，学生只有在用心倾听的基础上，才能感受到音乐的情绪情感、韵味意境、风格形象等。倾听是培养儿童感知觉能力的有效途径。对于学生来说，手指对琴键的感觉是非常重要的，手指的感受器是指尖的神经细胞或神经元，教师要教会学生用手指感觉琴键的松紧、硬度、反作用力等，这些是肤觉训练。除此之外，例如体育课、美术课等，教师都可以根据相应的教学内容，创设良好的感知环境，在日常学习中不断提高儿童的感知觉能力。

---

① 钟盼亮，刘云飞，马宁，等. 中国 9 个省（自治区、直辖市）小学生户外时间对近视发生影响的队列研究［J］. 中华流行病学杂志，2022，43（7）：1099-1106.

（三）基于儿童的身心发展特点，设计感知觉训练活动

儿童期，尤其是婴幼儿阶段，是感知觉飞速发展的时期，各种感知觉能力相继形成，在感知觉发展的关键时期给予儿童良好的教育，对促进儿童感知觉能力的发展具有重要意义。儿童身心发展的特点是进行训练的重要依据。例如，针对儿童不同时期视觉的发展特点，我们要考虑提供给儿童的玩具、图书的大小、颜色、质地等。根据儿童的动作发展水平不同，我们可以为儿童设计不同的感知觉活动，例如，对动作水平发展到能够自如地独立行走和跑跳的儿童，可以让儿童玩蹦床的游戏。让儿童站在蹦床上，双脚并拢后蹦跳，跳起来时，膝盖弯曲，脚后跟踢至臀部，强化前庭功能。对年龄较小的儿童，可以基于其精细动作的发展水平，设计抓握、触摸等感知觉活动。除此之外，儿童掌握形状、颜色、方位等都表现出一定的时间性和顺序性。这些都为我们设计教育活动提供了依据。

一些研究者为了探讨乒乓球练习能否改善学习障碍儿童的视觉—空间认知能力，以期为小学相关教师改善学习障碍儿童的学习能力提供参考。该实验让正常儿童和学习障碍儿童进行 16 周的乒乓球练习，观察儿童深度知觉能力的变化。结果发现，乒乓球练习可以改善学习障碍儿童的深度知觉能力，尤其是对于非言语型学习障碍儿童来说更是如此。[1]

（四）调动儿童运用多种感觉器官参与活动

在日常生活中，感知觉的活动从来不是单独进行的。人们用眼睛感受世界的五颜六色，用耳朵欣赏不同音乐的美妙，用舌头品尝各样食物的美味……换句话说，人们使用多种感觉模式感知同一事物的不同特性，并将其留在记忆中。在自然状态下，不同感觉模式的信息往往不是单一存在的。例如，看到摆放在眼前的鲜花的同时，也会闻到花的芳香。人们对花的这种多模式信息的感知要比仅对花的图片的感知要强烈得多，也更容易形成记忆，并能将信息保持更长的时间。人们可通过同时呈现视觉、听觉、嗅觉、体感等不同感觉模式信息组合，使儿童获得经验与知识。例如，儿童在初学汉语拼音时，经常会混淆 b 和 d，教师可以让儿童将橡皮泥捏成 b 和 d 的形状，同时听相应字母的读音。这个学习过程充分调动了儿童的触觉、视觉、听觉等多种感觉，不仅促进了儿童感知觉的发展，而且提高了学习效率。客观事物的特征是多方面的，如色、香、味、软硬、光滑或粗糙、大小、冷热、形状、声音等。在儿童进行观察时，教师要帮助他们充分运用视觉、听觉、味觉、触觉、嗅觉等感觉器官感觉和知觉事物各方面的特征，让儿童多看、多想、多听、多讲、多摸、多闻，以加深他们对事物的印象。多渠道的活动不仅有利于儿童形成对物体的立体知觉和印象，而且也有利于提高其大脑皮层分析综合活动的状态和活力。总之，调动儿童多种感觉器官参与观察活动的教育方法，不仅能让儿童学得积极、生动、愉快，而且还可以培养和训练儿童各种感觉器官的敏捷性。

---

① 黄志强，孙利红，沈友青. 乒乓球练习对正常儿童和学习障碍儿童深度知觉能力的影响研究［J］. 四川体育科学，2013，32（1）：50-52.

【本章小结】

人对客观世界的认识始于感觉，感觉是人脑对事物的个别属性的认识。感觉包含视觉、听觉、味觉、嗅觉、肤觉等外部感觉以及运动觉、平衡觉、内脏感觉等内部感觉。人们在实际生活中，不仅要认识事物的个别属性，而且要认识事物的整体。人通过感觉器官得到外部世界的信息，经过头脑的加工，产生对事物的整体认识，并了解它的意义，这就是知觉。感知觉的发展是儿童认知发展中发展最早、最快的方面，为其他高级认知发展奠定了基础。但感知觉的发展在个体发展的不同年龄段，侧重点不同。促进儿童感知觉发展的原则主要有科学性原则、安全性原则、循序渐进原则和个别化原则。我们可以通过创设良好的感知环境，设计适合儿童身心发展特点的感觉训练活动，满足儿童的兴趣，调动儿童运用多种感觉器官参与活动促进儿童感知觉的发展。

【实践·反思·探究】

在一次小学一年级的科学课上，教师带领儿童"认识雪花"。首先，教师通过播放 ppt 展示冬天大雪纷飞的场景引出"雪花"。其次，教师通过多种教学手段让儿童感知雪花的特征，以加深儿童对雪花的理解。例如通过教具对比不同形状的雪花；播放人走在雪地上的音频，让儿童安静地听雪"咯吱咯吱"的声音；教师通过提问，让儿童回忆雪花落在手上的感觉，教师这时用抑扬顿挫的声音讲解雪花的相关知识。最后，教师播放《小雪花》音乐，带领儿童随音乐边唱边跳。

1. 什么是感觉和知觉？
2. 请用感知觉的相关知识，对上述活动设计进行分析评价。
3. 如果你是教师，如何调动儿童的感知觉以更好地组织课堂活动。

【推荐阅读】

1. 王萍，高宏伟. 家庭中的感觉统合训练 [M]. 2 版. 北京：清华大学出版社，2017.
2. 左雪，于洋. 幼儿感觉统合训练 [M]. 长沙：湖南师范大学出版社，2022.
3. 肖少北，申自力，袁晓琳. 儿童发展与教育心理学 [M]. 北京：科学出版社，2016.

第二章　儿童注意发展与培养

【学习目标】

1. 了解注意的概念和特点。
2. 掌握注意的功能。
3. 掌握注意的分类。
4. 了解注意的相关理论。
5. 掌握测量儿童注意的方法。
6. 理解儿童注意发展的一般规律与特点。
7. 掌握儿童注意的培养方法。

【知识导图】

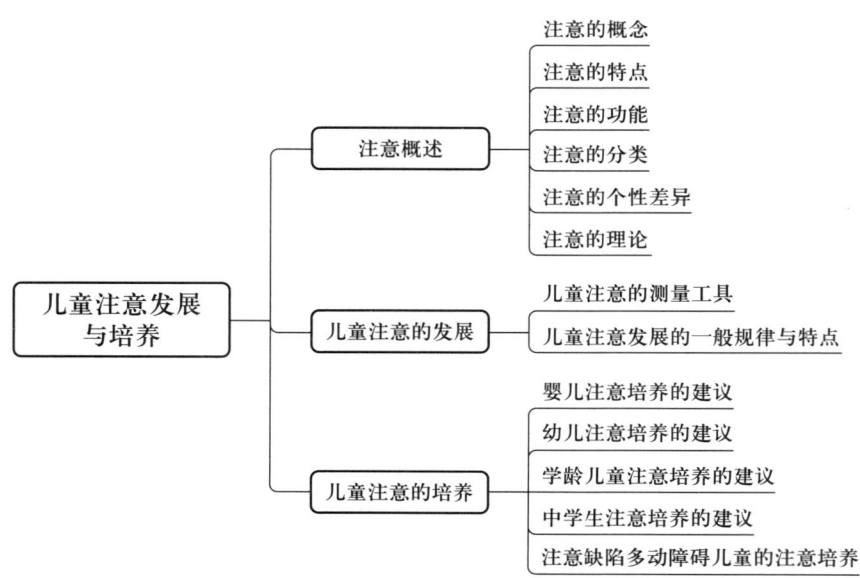

【案例导入】

生活中，总有家长因为下列问题而苦恼：孩子学习时小动作多，左摸摸右看看；容易受到外界干扰，大题不会做，小题总出错。有时 10 分钟的作业量，半个小时还没有完成。做事粗心大意，虎头蛇尾。其实，这一切都与注意力有关。

1. 一部分家长认为，上述问题的产生是儿童的思维出现了问题，事实真的如此吗？
2. 如何帮助儿童解决这些问题呢？

说起"注意"，大家并不陌生。生活中，人们通常会把"注意"简单地分为两个方面：专心致志地看一本书，聚精会神地听一堂课……这些是注意集中的表现；学生上课时多动分神，成人工作时想着其他事情……，这是注意不集中的表现。"注意"究竟是怎样的一种心理现象？它的内部工作机制是怎样的？如何在生活、学习中发展和培养良好的注意？这些将是这一章集中探讨的问题。

第一节　注　意　概　述

一、注意的概念

注意是心理活动对一定对象的指向性和集中性。[①] 注意不是单独的心理过程，而是伴随着感知觉、思维、记忆、想象等心理过程存在的一种心理现象。例如，学生在考场上认真地审视作文题目，发挥想象，行云流水，一气呵成，成就一篇考场佳作。而这篇佳作的诞生其实是在视觉、记忆、想象、思维等多种心理过程和注意的共同作用下形成的结果。简而言之，注意并非单独存在，但却对个体的心理过程产生重要影响。

二、注意的特点

从注意的定义中不难看出，注意具有两个重要特点：指向性和集中性。

注意的指向性是指在某一瞬间，个体的心理活动选择某个对象而忽略其他对象。注意的指向性是个体的心理活动对外界刺激的选择，选择不同即指向性不同，个体从外界获得的信息也不相同。例如，我们在会议室里听一场学术讲座，我们的注意通常会选择讲座的内容，讲座者的语言、表情，而会相对忽略会议室里的其他听众。讲座结束后，讲座的内容、讲座者的讲座风格会让我们记忆犹新，但我们对会议室里的其他听众可能会印象模糊。

注意的集中性是指当个体的注意指向某一对象时，注意就会在该对象上完全集中。例

---

① 彭聃龄. 普通心理学［M］. 5 版. 北京：北京师范大学出版社，2019：198.

如，当科研人员在实验室进行一项生物药品实验时，他们的注意全部高度集中在药品的反应和自己的实验操作过程上，与实验无关的东西全部被排除在注意之外。如果说注意的指向性是指个体的心理活动对外界刺激的选择，注意的集中性就是指个体的心理活动在一定方向上的紧张度和强度。心理活动的紧张度和强度越大，注意就越集中。

注意的指向性和集中性关系紧密，当个体的注意高度集中时，注意的指向范围就会变得狭窄。

三、注意的功能

（一）选择功能

注意的基本功能是对信息进行选择。[①] 环境中包含大量的刺激与信息，有的刺激对我们来说至关重要，有的刺激对我们的影响较小，有的刺激可能会对我们的生产、生活造成干扰。个体需要有条不紊地生活与工作，就必须选择重要的信息，排除无关刺激的干扰，这就是注意的选择功能。由于注意的选择功能，一些强烈的、新鲜的、重要的刺激占据优势后，被个体选择，引起注意，因而进入意识中的感知、动作、记忆等的范围大大缩小，这样才能够保证意识活动可以清晰、稳定地进行。如果心理活动没有注意的选择功能，那么面对众多复杂的外界刺激，我们的意识活动将陷入混乱之中。心理学中的"鸡尾酒会效应"恰当地揭示了注意的选择功能。"鸡尾酒会效应"是指当我们和朋友在鸡尾酒会或某个喧闹场所谈话时，尽管周边的噪声很大，但我们还是可以听到朋友说话的内容。同时，如果在远处有人突然叫自己的名字，我们会马上注意到，那么说明我们的听觉系统能够对特定的声音和特殊的刺激进行注意选择。

（二）保持功能

注意选择并集中在一定的对象后，被选定的对象或信息清晰地处于个体意识的中心，个体能够对其进行进一步的加工和处理。例如，医生完成一台手术，常常需要几个小时甚至十几个小时的时间，在手术期间，医生的注意只有保持高度集中，才能够保证手术的顺利进行，为患者去除病患。注意的保持功能可以使我们的心理活动持续进行，这为个体正常的学习、生活和工作提供了坚实的保障。

（三）监督和调节功能

注意的监督和调节功能体现在注意能够影响活动效率。在注意集中的情况下，个体在活动中的错误率更低，效率更高，注意的分配和转移也保证了个体在有限的时间内能高效、次序分明地完成各项活动与任务。每一个个体都有自己的生活、工作、学习目标，只有通过注意的监督、调节，个体才能够调整自我的行为，使之接近目标或达到目标。

---

① 彭聘龄. 普通心理学 ［M］. 5 版. 北京：北京师范大学出版社，2019：199.

四、注意的分类

（一）无意注意、有意注意和有意后注意

根据注意过程中有无预定目的和是否需要意志努力的参与，可以把注意分为无意注意、有意注意和有意后注意。

1. 无意注意

无意注意是指由强烈的、新颖的或感兴趣的事物引发的无预定目的和意志努力的注意。无意注意一般是指在外部刺激的直接作用下，个体不由自主地给予关注。例如，学生正在上课时，一只小鸟从窗外飞进教室，学生会不由自主地抬头；行走在道路上，我们如果听到轰隆隆的爆炸声，那么就会不自觉地前后观望。无意注意更多地被认为是由外界刺激引起的一种消极被动的注意，是注意的初级形式。人和动物都存在无意注意。虽然无意注意缺乏一定的目的性，但因为无意注意不需要意志努力，所以个体在无意注意的过程中不易产生疲劳。

外界刺激的强度是引起个体无意注意的主要原因之一。耀眼的光线、震耳的声响、刺鼻的气味都容易引起人们的无意注意。因此，教师在课堂教学中，应当注意说话的语音语调，要加强和变换语气，在适当的时机借用肢体语言以达到相应的教学效果。此外，外界刺激的新异性也是引起无意注意的重要原因，外界刺激的新异性可以分为绝对新异性和相对新异性。绝对新异性是指个体对外界刺激难以理解，外界刺激虽然可以引起个体一时的无意注意，但是难以长久维持；相对新异性是指个体对外界刺激能够部分理解，个体为进一步探究，从而引起持续性的注意。家长在日常家庭教育中，教师在学校教学中，可以运用外界刺激的相对新异性培养儿童的注意，激发儿童的探索欲和好奇心。

2. 有意注意

有意注意是指自觉的、因预定目的而产生的，经过意志努力保持的注意。学生在课堂上聚精会神地听讲，获取知识；教师专心致志地讲课，传授知识……这些活动都需要有意注意的参与。有意注意保证人们的生活和学习能够高效、平稳地进行。相对于无意注意，有意注意是一种积极主动的、服从于当前任务活动需要的注意，属于注意的高级形式，是人类所特有的一种注意。有意注意既有明确的目的性，又需要个体付出意志努力，容易使人产生疲劳感。

要帮助儿童维持和发展有效的有意注意，需有以下三个条件：

（1）帮助儿童加深对所从事活动的理解。有意注意是在一定活动任务下的注意，因此深刻理解活动任务的内容与目的，能够帮助儿童集中和维持有意注意。例如，在儿童音乐律动的教学活动中，教师希望儿童根据音乐的强弱、大小、快慢做出相应的动作变化。在教学之前，教师可以用简单化、具体化、情境化、趣味化的方式和方法向儿童说明、展示具体的教学内容，帮助儿童理解相关学习内容，以便儿童在教学活动中有意识、有意愿地集中注意。

（2）帮助儿童学会自我提醒。家长和教师可以引导儿童在从事相关任务活动时，选择恰当合理的方式，如语言、动作等，提醒自己集中注意力。

（3）排除外界干扰。外界环境的干扰不利于儿童在当前所从事的活动中集中注意。因此，儿童在进行相关活动前，家长和教师应帮助儿童排除与活动无关的环境刺激与干扰。

3. 有意后注意

有意后注意是指事前有预定目的，不需要意志努力的注意。它是在有意注意的基础上产生的一种特殊形态的注意，是人所独有的注意形态，可经过学习、训练或培养个人对事物的兴趣所形成。例如，一个刚开始学习音乐的人试图阅读晦涩的音乐理论文献，这是一个有意注意的过程，在此过程中，个体需要付出大量的努力，容易感到疲倦，但随着学习的深入，乐理知识的不断积累，个体掌握了更多的音乐知识后，能够轻松读懂专业的音乐理论文献，达到有意后注意的状态。有意后注意是个体最为理想的注意形式，因为它既能够达到活动的预定目的，又不需要意志努力的参与，这对完成长期性和连续性的工作有重要意义。但有意后注意的形成需要付出一定的时间和精力。

（二）外部注意和内部注意

根据注意的对象不同，可以把注意分为外部注意和内部注意。外部注意是指对外界环境的注意，内部注意是指对自我行为、意识的注意。

外部注意和内部注意相互抑制。例如，我们在自己感兴趣的网络游戏中畅游时，可能难以觉察自我的内心状态，甚至是身体不舒服也不会注意，但是如果处在单一的外部环境中，我们更容易觉察自我的内心状态和身体状态。研究外部注意和内部注意也为我们改善儿童的心理行为提供了启示。在日常生活中，我们经常能够看到这样的现象，有的儿童平时交流表达十分流畅，但是在课上发言或在公众面前演讲时，会有结巴、语言表达不流利等情况出现，一旦出现这种情况，儿童会格外注意自我，对类似的情况，有效的心理治疗方法是引导儿童从内部注意转向外部注意。

（三）选择性注意、持续性注意和分配性注意

根据注意的功能，还可以把注意分为选择性注意、持续性注意和分配性注意。[①]

1. 选择性注意

选择性注意是指个体在面临干扰或竞争刺激时，保持在行为或认知定向上的注意。美国心理学家丹尼尔·西蒙斯和克里斯托弗·查布利斯曾做过名为"看不见大猩猩"的实验，该实验证明了个体的选择性注意。在实验过程中，首先让被试观看视频，视频中有几个大学生穿着白色或黑色的衣服在传球，在此期间，会有一只大猩猩从人群中走过，被试被告知"观看视频时，你需要数清穿白色衣服的人互相传了几次球"。实验开始后，被试会仔细地数着穿白色衣服的人的传球次数，实验结束后，主试询问被试："穿白色衣服的人传了几次球？有没有看到什么奇怪的东西？"认真观看视频的被试能够答对穿白色衣服的人的传球次数并表示自己没有看到奇怪的东西。该实验结果证实，注意是具有选择性的，我们在知觉事物的时候，总是会关注特定的对象，而把其余对象当作背景。当被试仔细地数着穿白色衣服的人的传球次数时，会尽可能地排除其他干扰物，因此就算大猩猩从人群中走过，个体也会无视它的存在。

选择性注意的经典实验范式为双耳分听实验。在实验中，用耳机分别向被试的双耳呈现不同的声音刺激，要求被试注意其中一只耳朵的刺激，忽略另一只耳朵的刺激，其中前者称

---

① 彭聃龄. 普通心理学［M］. 5 版. 北京：北京师范大学出版社，2019：200-204.

为追随耳，后者称为非追随耳。通过这种实验范式可以研究在选择性注意的过程中，个体如何选择一类刺激而忽略另一类刺激的注意过程与机制。

2. 持续性注意

持续性注意也叫作稳定性注意，是指注意能够较长时间地保持在某种事物上的一种品质。注意稳定的标志是在一段时间内保持注意的高度集中。例如，学生要想在课堂上高效地掌握知识，就需要拥有持续性注意；科研人员需要持续性注意，只有这样，才能够潜心进行实验研究，在学术领域取得成就；狙击手需要持续性注意，只有这样，才能够长时间潜伏，聚精会神，等待时机成熟进行狙击。持续性注意是衡量注意品质的重要指标，它对我们生活中的各项活动质量具有重要意义，反映的是注意的时间特征。

持续性注意与个体的积极性密切相关。如果个体对当前所从事的活动感兴趣，或能够从不同角度对所从事的活动进行观察、思考，那么注意就容易稳定、持久；相反，如果个体对所从事的活动缺乏兴趣和积极性，那么注意就难以维持稳定。因此，在日常的教育和活动中，家长和教师应积极调动儿童参与活动的积极性和主观能动性，培养儿童持续性注意的发展。

【拓展阅读】
注意动摇与注意转移的区别

持续性注意通常用警戒作业测量，这种作业要求被试在一段时间内，持续地完成某项工作，用工作绩效的变化作为测量指标。

3. 分配性注意

分配性注意，又叫注意分配，是指个体在进行两种或多种活动时，能把注意同时指向不同对象的现象。例如，司机在开车的同时，还需要查看导航，兼顾路况；歌手有时要一边唱歌，一边弹奏吉他；教师要一边讲课，一边观察学生学习和听课的情况等。活动的复杂程度，个体对活动的熟悉程度和自动化程度，都会影响注意的分配。同时进行的活动越复杂、生疏，个体的注意分配就越困难；相反，注意的分配就越灵活。注意的分配能够提高活动的效率，儿童的学习与生活也需要一定水平的分配性注意，家长和教师要根据儿童的生理、心理发展特点，循序渐进地、科学地培养其注意分配能力。

研究分配性注意的常用操作是双作业操作，即让被试同时完成两种作业，并观察他们完成作业的情况。

五、注意的个性差异

个体的内在需要会改变一个人的注意方向和状态。例如，一个饥饿的人处在寸草难生的野外环境中时，会特别强烈地注意可食物品出现的细微线索；而刚吃完丰盛大餐的人，食物可能暂时不能引起这个人的注意。对事物的需要与期待会影响甚至决定一个人的注意方向与状态。个体的需要越强烈，期待越迫切，注意的状态就越紧张。在这种注意状态下，个体的感受性会提高，思路更加清晰，情绪更加亢奋，反应更为迅速。

兴趣，尤其是职业兴趣，会对注意的选择与指向对象的范围产生影响。具有不同职业兴趣的人，面对某一类事物时的注意范围会不同。例如，金融经济师在看电视新闻时会更注意财经新闻，而教育者则更注意教育改革、教育政策等相关新闻。此外，即使面对同一种事物，由于职业兴趣不同，个体的注意侧重点也不尽相同。例如，建筑师在看到古代建筑时，往往注意的是建筑的设计与构思巧妙之处；而画家在看到古代建筑时，则会对建筑物上面的图案、色彩格外注意。

价值观对生活中的哪些事物或哪些现象更加吸引人的注意具有决定性的作用。对个体来说，符合个体价值观的事物或现象，个体总会对其优先加以注意。

六、注意的理论

注意的理论主要有以下五种：

（一）过滤器理论

过滤器理论认为，人的神经系统对信息加工的容量有限，信息进入神经系统之前，要经过过滤机制，一部分被注意和选择的信息，可以通过过滤器得到进一步加工，另一部分不被注意和选择的信息，被过滤器阻断而完全消失。

（二）衰减理论

衰减理论是对过滤器理论的进一步完善与补充，它强调信息通过过滤器装置时，不被注意和选择的信息只是减弱而非完全消失。

（三）后期选择理论

后期选择理论主张所有信息在进入过滤器或衰减装置前已经受到充分分析，神经系统对信息的注意和选择发生在后期的反应阶段。

（四）多阶段选择理论

多阶段选择理论综合以上三种理论假设，认为信息的注意和选择过程在信息的不同加工阶段均可能发生，个体对信息的注意、选择和加工更加具有灵活性。

【拓展阅读】
注意认知资
源理论：双
加工理论

（五）认知资源理论

认知资源理论把注意看作一组对刺激进行归类和识别的认知资源或认知能力。个体对刺激的识别和选择需要占用认知资源，刺激越复杂，占用的认知资源就越多，而个体的认知资源有限，当认知资源被全部占用时，新的信息刺激将不再得到选择和加工。[1]

第二节　儿童注意的发展

注意作为调节和控制心理活动的重要机制，对个体尤其是儿童的发展至关重要。良好的注意能够激发儿童的好奇心，促使儿童主动学习，积极探索未知事物，寻求问题解决方法，最终形成稳定且卓越的心理品质。

---

① 彭聃龄. 普通心理学［M］. 5 版. 北京：北京师范大学出版社，2019：205-206.

一、儿童注意的测量工具

（一）持续性操作测试

持续性操作测试通常用来测量儿童的持续性注意。其标准的视觉范式是呈现一系列刺激（数字、字母或符号），要求儿童对目标符号作出反应并且避免对非目标刺激进行反应，测量结果为探测到的目标数、忽略的目标数和对非目标刺激的不正确反应数。[①] 例如，单个呈现数字 0—9，要求儿童看到数字 1 时按下反应键，看到其他数字时不按键，通过测量规定时间内儿童看到 1 时按键的次数、看到 1 时没有按键的次数以及看到其他数字时按键的次数来测量儿童的持续性注意。

（二）视觉搜索任务

选择性注意研究的常用范式是视觉搜索任务，要求儿童选择性地注意具有给定特征的物体，这一过程包括选择与目标有关的刺激和抑制与目标无关的刺激。[②]

（三）威斯康辛卡片分类测验

威斯康辛卡片分类测验通常被研究者用来评估儿童的注意转移。这一测验最初用于测量个体的抽象思维能力，后来较多地用于发展心理学中测量儿童的认知灵活性，它反映的认知能力包括抽象概括、认知转换、工作记忆、注意、信息提取等。在测验中，研究者先向儿童呈现多种维度的刺激卡片，接着向儿童呈现与不同刺激卡片在不同维度上相匹配的独立卡片。儿童必须发现其中的规则并用该规则分选卡片。每选一张卡片，不管对错，主试都必须给予儿童反馈。在连续的正确选择达到一定的次数后，主试可以改变目标维度，这时儿童必须找出新的分类规则。

此研究的关键因变量是：（1）儿童对刺激卡片和目标卡片的相似性抽取能力；（2）目标卡片的维度改变后，儿童抑制先前规则发现新规则的注意转移能力。威斯康辛卡片分类测验通常用于 6 岁及以上年龄的儿童。

（四）日常注意测验（儿童版）

相比其他注意测验工具，日常注意测验（儿童版）更具有优势。日常注意测验（儿童版）能够测量注意的多个成分，并且每个成分都通过多个子任务加以评估，增加了测验的有效性。此外，测验过程包含视觉、听觉等多个感觉通道，与实验室测验相比，日常注意测验（儿童版）更加贴近生活，生态效度更高。日常注意测验（儿童版）共包含 9 个子任务，其中天空搜索与地图搜索用于测量儿童的选择性注意；数得分、数得分双重任务、密码传送、踩脚印、天空搜索双重任务用于测量儿童的持续性注意；数傀偏和相反世界用于测量儿童的

---

① 杨莉, 耿达, 柳铭心, 等. 4～6 岁幼儿持续性注意的发展: 基于时间进程的证据 [J]. 学前教育研究, 2019（2）: 48-56.

② 祝雨, 罗翔升, 郭晓杰, 等. 注意缺陷多动障碍儿童选择性注意受损的脑影像学特征 [J]. 中国心理卫生杂志, 2021, 35（11）: 947-953.

注意控制。①

（五）注意网络测验

注意网络测验是基于注意的网络理论开发的。注意网络分为警觉、定向和执行控制三个功能。②警觉是指个体维持灵敏状态准备接收信息，定向是指对信息的选择，执行控制是指解决反应中的冲突。③注意网络测验通过收集被试的反应和正确率来评估注意网络三个功能的效率。儿童的注意网络测验由计算机呈现，任务范式为在计算机屏幕中呈现排列为一排的五条小鱼，被试的任务是对中间小鱼的鱼头朝向作出反应，小鱼出现的状态有两种：（1）鱼头方向一致的五条小鱼；（2）鱼头方向不一致的五条小鱼。在小鱼出现前，会出现一个短暂的提示星号"*"。提示星号分为四种状态：（1）没有出现；（2）在中心点出现；（3）在中心点上方和下方同时出现；（4）在中心点上方和下方分别出现。被试需要在小鱼出现后，点击"←"或"→"反应键，及时作出反应。警觉网络的效率，通过在有或无提示星号反应时的差值得出；定向网络的效率，通过不同位置提示星号的反应时的差值得出；执行控制网络的效率，通过鱼头方向一致或不一致的反应时的差值得出。注意网络测验简单、明确，测验结果基于大量的被试在任务过程中反应时的数据，可以最大限度忠实地反映所测群体的注意网络效率。

二、儿童注意发展的一般规律与特点

（一）婴儿注意的发展

在婴儿的心理发展过程中，注意具有不可替代的作用。注意能够为婴儿建立良好的自我保护机制，确保婴儿及时发现外在环境的变化，从而调整自身以应对新的环境。

注意在新生儿刚出生时就已经存在，先天的定向反射就是新生儿无意注意的最初形态。④新生儿在醒觉状态下，当有强烈光线和巨大声响刺激时，就会出现定向反射。选择性注意在新生儿时期也开始出现，新生儿能够对外界刺激物作出选择性反应，例如相比于其他事物，新生儿偏好对人脸的注意。

朱智贤的《心理学大词典》这样定义婴儿的注意：随着婴儿开始独立行走与口语交际，眼、耳、手的活动逐步协调一致，活动领域逐步扩大，活动中，周围的新鲜事物会引起他们的注意，进而无意注意逐渐发展起来。⑤

在整个婴儿时期，无意注意占据主导地位，表现在对周围事物的注意，对成人谈话的注意，对外界变化事物的注意等。⑥与此同时，由于婴儿言语的发展、规则意识的建立、成人的外在要求，婴儿的有意注意开始萌芽，婴儿能够听从成人的安排，短时间内从事某一项活动，如看动画片或堆积木等。

同时，婴儿的选择性注意也进一步发展。婴儿偏好复杂、集中的事物，喜欢轮廓密度大

---

① 汪琼. 6—10岁儿童注意能力的发展和注意不良儿童的多重评估［D］. 上海：华东师范大学，2011：19–22.

② POSNER M I, PETERSEN S E.The attention system of the humanbrain［J］. Annu rev neurosci, 1990, 13（13）：25–42.

③ 杨青，谢悦悦. 儿童注意网络的发展特点［J］. 中国健康心理学杂志，2017，25（5）：797–800.

④ 刘莉贞. 关于婴儿注意的研究［J］. 井冈山医专学报，2006（6）：14–16.

⑤ 朱智贤. 心理学大词典［M］. 北京：北京师范大学出版社，1989：875.

⑥ 周念丽，俞洁. 0～1岁婴儿注意异常的早期发现与干预［J］. 中国计划生育学杂志，2014，22（1）：70–72.

与不规则的图形，从注意事物外部向注意事物内部发展。尤其是在 6 个月以后，由于睡眠时间减少，处于醒觉状态的时间延长，婴儿有更多机会进行游戏和社会交往，他们常常处于警觉和积极探索状态，注意对象的范围越来越广泛，注意的选择性逐渐受知识和经验所支配。例如，婴儿对熟悉的面孔微笑，对陌生的面孔焦虑就是受经验所支配的注意。

婴儿 1 岁以后，第二信号系统的发展逐渐影响和制约婴儿的注意活动，注意活动上升到更高的层次。在这一阶段，婴儿注意活动的显著特点为：不论外界刺激的新奇性如何或外界刺激物能否满足自己的需要，婴儿听到成人说出某个物体的名称时，便会将自己的注意投向那个物体。

（二）幼儿注意的发展

1. 无意注意的发展

幼儿的注意仍然以无意注意为主，但与婴儿时期相比，其无意注意已经获得较大发展，主要表现为以下两个特点：

第一，引起幼儿无意注意的主要因素仍是刺激物的物理属性。鲜明的色彩、强烈的声音、频繁变化的刺激物都容易引起幼儿的无意注意。

第二，幼儿的内在兴趣与需要逐渐成为引起无意注意的原因。随着幼儿年龄的增长、认知的丰富、独立性的增强，符合幼儿兴趣与需要的刺激物也能够引起幼儿的无意注意。

2. 有意注意的发展

幼儿的有意注意处于发展的初级阶段，水平低，稳定性差，而且依赖成人的组织和引导。幼儿的有意注意主要有以下三个特点：

第一，幼儿有意注意的发展受到大脑发育水平的限制。大脑额叶是有意注意的控制中心，额叶的发展使儿童开始能够把注意指向、集中、分配、转移在有关刺激物上，但在儿童期，大脑额叶的发展尚未达到成熟水平，因此，幼儿的有意注意虽逐渐发展但仍不完善。

第二，幼儿的有意注意借助外界环境和成人的要求而逐渐发展。个体进入幼儿期后会进入幼儿园，开始接触新的生活和教育环境，教师与家长不断对幼儿提出新的要求以使其尽快适应环境的变化。幼儿为适应环境变化，满足相关要求，就必须形成和发展有意注意。因此，生活制度、行为规则、成人要求，是促进幼儿有意注意发展的主要因素。

第三，幼儿的有意注意是在活动中实现的。由于幼儿的有意注意发展水平较低，因此需要在活动中加以实现和完善。例如，在幼儿园的教学中，教师可以把教学活动与实践操作结合起来，多采用手工活动、躯体运动等方式进行教学，既有助于幼儿完成活动任务，又有利于幼儿有意注意的发展。

3. 持续性注意的发展

幼儿阶段是个体持续性注意发展的关键阶段。有研究者研究发现，儿童随着年龄增长，持续性注意水平不断提高，7 岁以前，儿童的持续性注意呈现快速增长。[①] 这一研究结果与儿童的大脑发展趋势相吻合。神经科学研究揭示，注意的发展过程包含重要的神经心理过

---

① 杨莉，耿达，柳铭心，等. 4 ～ 6 岁幼儿持续性注意的发展：基于时间进程的证据［J］. 学前教育研究，2019（2）：48-56.

程，而这些神经心理过程正是在幼儿阶段迅速发展的。[①] 幼儿注意力的发展需要一个过程。幼儿的年龄越小，注意力维持的时间就越短；随着幼儿年龄的增长，神经系统联结不断增强，因此幼儿的注意能力也就不断发展与完善。有研究以 70 名普通幼儿为被试，采用视觉和听觉连续作业任务考察 3～6 岁幼儿视觉和听觉持续性注意的发展，结果发现，在视觉和听觉任务中都出现了与年龄相关的变化。该实验结果证实了 3～6 岁是个体持续性注意发展的关键时期。[②]

（三）学龄期儿童注意的发展

1. 有意注意与无意注意的发展

当个体步入学龄期后，其无意注意仍扮演着重要角色，有意注意发展仍不完善，小学中高年级学生在一定程度上能够组织和控制自己的注意，但就整个小学阶段来说，无意注意仍然起着一定的作用。

例如，在阅读一篇较难理解的课文时，小学生通过意志的努力，能够使自己的注意保持在课文学习上，但是他们的注意不稳定、不持久，容易被一些新异刺激所吸引，此时应充分发挥无意注意在儿童生活和学习中的重要作用。在小学低年级学生上课时，如果学生对教材没有兴趣，那么教师要想方设法地运用生动的教学方法，使学生在课堂上维持自己的注意。小学低年级学生的注意常常取决于教学的直观性，如新奇的、鲜艳的、变化的图像，有趣的故事情节以及教师生动的言语。他们所注意的往往是读、写、算等学习过程以及教师本身，而不是知识方面。所以教师可以运用直观形象的教具、内容丰富的课件以及富有节奏变化的言语，让学生将注意集中在课堂学习中。教师在日常教育中也要选用符合学生兴趣特点的教材和学习参考书，开发生动、活泼的教学设计，借助学生无意注意的优势，实现高效的教育教学。

随着儿童年龄的增长，学龄期儿童的有意注意逐步发展，主要表现为如下两点：

第一，儿童对抽象材料的注意正在逐步发展，但具体、直观的事物在引起儿童的注意方面仍具有重大作用。小学低年级学生的具体形象思维仍旧占据主导地位。相较于抽象事物，直观、具体的事物更容易引起儿童的注意。换言之，儿童的注意更容易指向、集中在事物的次要、非本质方面。但随着儿童智力水平的提高、学习活动的深入，儿童对自己能够理解的抽象事物也逐渐开始积极地加以注意。

第二，学龄期儿童的注意外部表现明显，带有显著的情绪色彩。由于无意注意仍发挥重要作用，因此学龄期儿童注意的外部表现明显。例如，有经验的教师可能会发现，如果教师课上的讲述比较生动，那么儿童就会表现出兴奋，教师通过儿童的情绪反应能够判定儿童是否在注意听讲。

2. 选择性注意的发展

张学民等人采用注意线索范式对小学生视觉选择性注意的发展进行了探究。他们选取一、三、五年级的小学生作为被试，研究自变量为分心物数量、线索有效性和目标新异性。

---

① 杨莉，耿达，柳铭心，等. 4～6 岁幼儿持续性注意的发展：基于时间进程的证据［J］. 学前教育研究，2019（2）：48–56.

② 杨莉，耿达，柳铭心，等. 4～6 岁幼儿持续性注意的发展：基于时间进程的证据［J］. 学前教育研究，2019（2）：48–56.

研究结果显示：小学三年级学生表现出显著的注意阶段性波动；在同样的任务中，儿童的选择性注意加工速度较成人慢 300 ~ 1 100 ms；分心物数量、线索有效性和目标新异性均对儿童选择性注意的发展产生影响。[①] 姜运秋等人对 9—14 岁青少年的选择性注意研究发现：青少年选择性注意速度在 9—14 岁呈现持续发展，但错误率在 11—12 岁出现波动；数字加工的距离效应在 9—14 岁保持稳定。[②]

3. 注意网络的发展

有研究发现，6—10 岁儿童的注意警觉网络分数没有显著差异，而 10 岁儿童的注意警觉网络分数与成人差异显著，这表明儿童的注意警觉网络在童年中期尚未成熟。[③] 也有研究发现，7 岁儿童表现出明显的注意警觉网络优势，说明童年早期是注意警觉网络发展的加速期。[④] 另有学者以反应时间为指标，研究发现儿童的注意定向网络在童年晚期有显著发展。[⑤] 总体来看，注意执行控制网络的发展相对而言比较缓慢，7 岁前是注意执行控制网络发展的关键期，7 岁之后发展趋于稳定。有研究者采用儿童注意网络测验对 6—12 岁儿童的注意网络进行了研究，结果发现，儿童的注意执行控制子网络分数从 6 岁到 7 岁有明显的提高，7 岁之后趋于平稳，表明儿童注意执行控制子网络的发展在 7 岁之后逐步趋于稳定。[⑥]

（四）中学生注意的发展

随着年龄的增长，中学生的认知水平不断提高，自我意识不断发展，学习的目的性日益明确，学习与生活的自觉性、纪律性日渐增长，加上知识经验的丰富，兴趣爱好的稳定与深化，他们能够有意识地调节和控制自己的注意，以完成自己规划的事务，而不受或较少受到外界刺激的干扰。因此，中学生的有意注意有了进一步发展并占据优势地位。随着有意注意的发展，中学生的注意品质也在不断改善与提高。中学生注意广度即注意的范围不断扩大，与小学生相比，中学生注意的范围有较大进步。小学生在 0.1 s 内只能看到 2 ~ 3 个客体，而 13 岁中学生的注意广度已接近成年水平。[⑦] 中学生的持续性注意也随年龄增长而延长，注意稳定性不断增强。5 ~ 7 岁为 15 min 左右，7 ~ 10 岁为 20 min 左右，10 ~ 12 岁为 25 min 左右，12 岁以上为 30 min 左右。中学生的注意分配能力随年龄增长而不断发展。小学生的注意分配能力较低，难以同时兼顾两件事情。初中生随着其认知水平的提高，注意分配能力也大大提高，但还不够成熟。与小学生相比，初中生保持注意的时间更长，有意注意有较大发展，但是无意注意还发挥着一定的作用，对客体的直接兴趣和客观对象的鲜明特点

---

① 张学民，申继亮，林崇德，等. 小学生选择性注意能力发展的研究［J］. 心理发展与教育，2008（1）：19–24.
② 姜运秋，杨海燕，莫运坤，等. 9 ~ 14 岁青少年选择性注意功能的发展［J］. 中国儿童保健杂志，2015，23（12）：1257–1259，1263.
③ RUEDA M R, FAN J, MCCANDLISS B D, et al.Development of attentional networks in childhood［J］. Neuropsychologia, 2004, 42（8）: 1029–1040.
④ POZUELOS J P, PAZALONSO P M, CASTILLO A, et al.Development of attention networks and their interactions in childhood.［J］. Developmental psychology, 2014, 50（10）: 2405–2415.
⑤ SCHUL R, TOWNSEND J, STILES J.The development of attentional orienting during the school-age years［J］. Developmental science, 2003, 6（3）: 262–272.
⑥ RUEDA M R, FAN J, MCCANDLISS B D, et al.Development of attentional networks in childhood［J］. Neuropsychologia, 2004, 42（8）: 1029–1040.
⑦ 陈惠芳，程华山. 4—14 岁儿童注意广度发展的实验研究［J］. 心理科学通讯，1989（1）：47–49.

对他们仍具有强烈的吸引力。①

第三节 儿童注意的培养

注意是认知活动的基础，对人们的工作、生活、学习非常重要，如何提高儿童的注意是家长、教师、社会及国家各个层面都必须共同关注的问题。

一、婴儿注意培养的建议

家长如果想对婴儿进行注意训练，最好通过专门的机构，在专业人士的指导下科学进行，本节列举一些简单、易操作的婴儿注意培养的实施建议。

（一）听觉的注意培养

各种不同的听觉刺激都能够有效培养婴儿的听觉注意。日常生活中，正常范围内的声音，如母亲的低声吟唱、成人之间的谈话等都能够促进婴儿听觉注意的发展。因此，家长可选用优美的音乐、节奏明快的儿歌引导婴儿集中注意。有的家长怕惊扰婴儿睡眠而刻意营造"无音世界"，这并不可取。必要的声音刺激，能够帮助婴儿建立听觉反应机制，进而适应环境的变化。

（二）视觉的注意培养

有研究发现，相对成年人的注视，婴儿对物体的注视时间更长。②因此家长可以选择合适的玩具，训练婴儿的视觉注意能力。此外，婴儿对同伴的注意兴趣要大于对成人的，因此家长可适当地引导婴儿多跟同伴接触，培养其社会性注意能力和社会交往能力。

（三）选择性注意的培养

轮廓密度大、复杂、集中、色彩鲜明的图形与事物都可以更好地引起婴儿的注意，激发婴儿的注意兴趣，家长可以选择相关的图形或事物，以此培养婴儿的选择性注意。

（四）持续性注意的培养

细心、耐心的教导对婴儿持续性注意的发展具有重要作用。当婴儿专注做某一件事情时，成人不宜打断。成人还可以有意识地引导婴儿听完一首儿歌或一个小故事，并可以在儿歌或故事中穿插一定的肢体语言，或通过变化的语音语调，持续激发婴儿的好奇心和注意力，以此培养婴儿的持续性注意。

---

① 简晓艺. 青少年注意发展研究综述［J］. 计算机产品与流通，2018（12）：271-272.
② 周念丽. 自闭症幼儿社会认知实验及干预绩效研究［D］. 上海：华东师范大学，2003：33.

二、幼儿注意培养的建议

（一）选用新颖的教具，吸引幼儿注意

幼儿以具体形象思维为主，需要在"做中学"，在"玩中学"，直接的、体验式的操作活动不仅有助于幼儿的思考与感知，而且能够提高幼儿对活动本身的兴趣。因此，教师可以在教学过程中合理地运用创意贴纸、图片等一系列教具，以吸引幼儿的注意。教具的选取应贴合教学内容，帮助幼儿更好地参与活动，帮助教师实现教学目标。例如，教师在讲"森林故事"时，可以在适当的时机用一个或几个动物头饰、动物图片来吸引幼儿的注意。但过多的教具容易让幼儿的注意集中在教具的娱乐性和趣味性，从而忽视教具本身的教育价值。因此，教师在教学过程中，应避免一次性呈现过多的教具。

（二）创设良好的环境，防止幼儿分散注意

由于幼儿主要以无意注意为主，其注意容易被外界环境的新异性吸引，因此在教育环境的创设中，教师应选用既能吸引幼儿注意，又不过分分散幼儿注意的内容为教学背景，保证幼儿的注意可以集中在教学活动中。教师在上课前，应作好充分的准备，整理好幼儿在活动或休息时所运用的玩具、教具，帮助幼儿更好、更快地进入学习状态。教具不应过早呈现，使用后应立即收起。此外，教师应该保持自身装扮整洁大方，不能因教师的外形而分散幼儿的注意。

（三）明确活动目的，帮助幼儿发展有意注意

在教育或教学活动开始之前，家长与教师应该明确提出活动的目的和方式，激发幼儿完成任务的积极性，有目的地帮助幼儿发展有意注意。例如，家长在给幼儿讲故事之前，可以先告诉幼儿，在接下来的故事中有"认真听"和"开心玩"的两个环节，并且提出希望幼儿能够认真听的内容，例如："认真听一听故事里面都有谁""听一听故事里的小动物是怎么玩的，听完故事后我们可以学着他们一起玩"。在讲故事的过程中，家长与教师应注意保持与幼儿的互动，提醒幼儿认真听，并注意观察幼儿的动作、语言、神态。

（四）设计注意训练小游戏，刻意训练幼儿注意

游戏是幼儿比较容易接受和愿意参与的活动。家长与教师可以利用游戏的趣味性，充分调动幼儿的注意参与和游戏活动的积极性，帮助其提高注意的发展水平。例如，成人要想促进幼儿的听觉注意能力，可设计一个听字训练游戏。听字训练前，成人要向幼儿解释清楚游戏规则——"接下来的故事中，你每听到一个'人'字，就在纸上划一个√"。成人读完故事后，统计"√"的个数，直到幼儿记录的"√"的数量与故事中出现的"人"的个数相同为止。

在幼儿的视觉注意力培养过程中，成人可以采取舒尔特方格游戏。舒尔特方格是在一张方形卡片上画 25 个 1 cm×1 cm 的方格，格子内任意填写阿拉伯数字 1～25。训练时，要求幼儿用手指按 1～25 的顺序依次指出其位置，同时诵读出声，成人在一旁记录所用时间。幼儿数完 25 个数字所用的时间越短，错误个数越少，注意水平越高。有研究者采用舒尔特

方格对 4—6 岁幼儿的注意稳定性进行干预研究。实验选取幼儿园中、大班注意稳定性水平无显著差异的幼儿各 50 名作为被试，实验组共进行 15 天的舒尔特方格训练，对照组不进行任何干预。结果显示：经过干预后，中班实验组和对照组在舒尔特方格游戏中所用时间、错误个数方面都存在显著性差异；经过干预后，大班实验组和对照组在舒尔特方格游戏中错误个数方面存在显著性差异。研究结果表明，舒尔特方格训练能够促进 4—6 岁幼儿注意稳定性的发展。[①]

成人还可以把生活中常见的事物作为游戏道具，来培养幼儿注意力的发展。扑克牌是我们在生活中常见的事物，它不仅是成人娱乐消遣的工具，而且可以作为训练幼儿视觉注意能力的有效道具。例如，成人可以选取三张不同花色的扑克牌，放在桌面上，然后让幼儿记住并盯紧其中一张扑克牌，之后将三张扑克牌倒扣在桌面上，成人随意变换三张牌的位置，让幼儿指出自己记住的那张牌在哪里。随着幼儿注意能力的提高，成人可以通过增加扑克牌的数量、加快扑克牌的移动速度等方式来加大游戏难度，进一步培养幼儿的视觉注意力。

家长和教师可以设计精妙的注意游戏，促进幼儿的注意发展，但在游戏的过程中应注意以下两点：

第一，游戏活动的难度要适中，在幼儿通过努力可完成的范围内。简单的游戏活动不足以培养幼儿的注意能力，过于复杂的游戏活动容易让幼儿产生挫败感和失落感，因此，游戏活动的难度一定要适中，在幼儿的最近发展区内。

第二，注意训练应保持常态化、习惯化而非偶然化。注意提高需要持续的练习，因此成人应把与幼儿的注意力互动游戏日常化，每日在一定的时间内进行相应的游戏。

（五）借助体育活动培养幼儿注意

注意是构成幼儿智力的重要组成部分，在幼儿的认知和学习中具有重要意义，因此，心理学家一直在努力研究如何提高幼儿的注意力。许多研究表明，体育活动可以提高幼儿的注意水平。有研究者的研究显示，16 周中等强度的篮球活动可以提高 4—5 岁幼儿注意的稳定性，其中，女孩在接受 8 周的篮球活动训练后，其注意稳定性水平就已显著提高，但在 16 周训练结束后，男孩的注意稳定性水平要高于女孩。[②] 有研究者以跆拳道、体育舞蹈为载体，对幼儿的注意力培养进行研究，研究结果显示，跆拳道和体育舞蹈能够有效提升幼儿的注意力水平。[③] 还有研究者选用足球活动对 4—5 岁幼儿进行注意力培养，研究结果显示，中等强度的足球活动可以培养幼儿的注意稳定性，且在适当的范围内，利用足球活动培养的时间越长，注意力稳定性的增长幅度越明显。[④] 体育活动是幼儿易于接受的活动形式，体育活动比游戏活动有更多的规则性，比学习活动有更多的趣味性，因此家长与教师可以借助有效的体育活动来培养幼儿的注意。

（六）选用科学的注意训练方法促进幼儿注意的发展

在众多的注意训练方法中，一类训练主张从"增加"注意资源的角度对个体的注意进行

① 段宁，周雪. 舒尔特方格训练对 4—6 岁幼儿注意稳定性的干预研究［J］. 池州学院学报，2019，33（6）：87–89.
② 王剑云. 篮球活动对 4—5 岁幼儿注意力稳定性影响的实验研究［D］. 成都：四川师范大学，2018：18–19.
③ 张蕾. 体育运动对学龄前儿童注意影响的实验研究［D］. 成都：成都体育学院，2015：18–19.
④ 刘春荣. 足球活动对 4—5 岁幼儿注意力稳定性影响的实验研究［D］. 成都：四川师范大学，2018：28.

训练，这一类训练能够提高个体直接参与注意的能力；另一类训练主张从"节约"注意资源的角度对个体的注意进行训练。正念训练是从节约注意资源的角度出发，旨在有目的地把注意力不加评判地保持在当下的体验上，并对当前的心理事件进行觉知的一种方法。[1] 有研究者采用正念训练的方法对 3～4 岁幼儿的注意进行培养研究，研究结果显示：前测条件下，正念训练组和对照组幼儿的注意水平不存在显著差异；经正念训练后，正念训练组幼儿注意的得分显著高于对照组。研究结果表明，正念训练对 3～4 岁幼儿的注意有显著提升作用。[2]成人可以在专业人员的指导下，采用正念训练等科学训练方法，提升幼儿注意的发展。

三、学龄儿童注意培养的建议

良好的注意力对于学龄期儿童更为重要。当今社会，电子化娱乐设备的广泛流行，使得不健康的娱乐方式所造成的儿童注意力问题日益凸显，注意问题成为有关儿童学习的重要问题之一，培养儿童注意具有重要意义。

（一）良好的学习环境是培养儿童注意力的基础

培养儿童的注意力，首先要为儿童创设良好的环境。简单、整洁、有序的环境能够帮助儿童屏蔽外界的无关刺激，集中自身的注意力。儿童的书桌上最好只放置书本等相应的学习用品，尽量不摆放玩具、食品；文具要简洁，功能越简单越好，避免儿童把文具当作玩具玩耍；儿童学习的时候，不能有电视机、电话等声音干扰；父母也尽可能不在儿童学习时进出房间或大声干扰。此外，室内的光线也是一个容易被忽视的环节，光线柔和、适度有助于儿童集中注意力，家长应为儿童创设一个安静、整洁的环境。

（二）内在的学习兴趣是培养儿童注意力的根本

兴趣是产生和保持注意力的主要条件。成人应善于运用自身的观察力，从儿童的反应中找出他们感兴趣的事物，儿童的兴趣越浓厚，稳定、集中的注意越容易形成。此外，随着年龄的增长，儿童开始从单纯地被外界刺激物吸引逐渐演变为跟随内在需要和兴趣而产生注意行为。因此，培养儿童的学习兴趣，激发儿童的学习内驱力，发现儿童的优势与潜能，帮助儿童建立自信心，才是维持儿童注意力的重要途径。

（三）良好的学习习惯是培养儿童注意力的保障

良好的学习习惯比天赋更能够塑造一个人，儿童的注意水平可以在良好的学习习惯中孕育和培养。例如，在儿童朗读时，要求儿童养成吐字清晰、声音洪亮的习惯，可以使儿童集中注意。朗读是要把书面语言清晰、响亮、富有感情地读出来，在大声朗读的过程中，儿童的眼、口、耳、脑等多种器官同时活动，紧密协作，是一个复合的感知过程，需要儿童高度集中注意力。成人可以根据不同儿童的心理发展特点和认知发展水平，帮助儿童形成良好的

① KABAT-ZINN J.Mindfulness-based interventions in context: past, present and future [J]. Clinical psychology science and practice, 2003, 10（2）: 144-156.
② 李泉，宋亚男，廉彬，等. 正念训练提升 3～4 岁幼儿注意力和执行功能 [J]. 心理学报，2019, 51（3）: 324-336.

学习习惯，在习惯养成的过程中促进注意的发展。

（四）注意发展的个别差异

教育对儿童注意的发展具有至关重要的作用，成人应该根据儿童的注意发展特点进行有计划的教育与引导。我国目前学校教育活动的组织方式主要以集体形式为主，有时教师会以一个标准衡量所有儿童。但由于每个儿童的身心发展速度不一，所以在注意的稳定性、选择性等品质上会有不同的表现。教师可在集体教育的基础上，因材施教，对不同的儿童进行有针对性地注意发展的指导与教育。尤其是对注意困难的儿童，教师应进行单独指导。

四、中学生注意培养的建议

注意的品质包括注意的范围、注意的稳定性、注意的转移、注意的分配。[①] 良好的注意品质能够促进学生认知的发展，提高学习效率。有研究发现，学生经过音乐训练后，其注意品质会在一定程度上得到改善和促进，但并不一定都会得到提高。也就是说，音乐学习到一定阶段后，会出现瓶颈，表现为注意的稳定性下降，学习进展缓慢。[②] 因此，在音乐学习的不同阶段，教师要注重培养学生不同的注意品质。在音乐学习初期，教师要注重对学生个体注意稳定性的培养；在音乐学习中期，教师要注重对学生个体注意的分配和转移能力的培养；在音乐学习的高级阶段，教师要注重培养学生个体注意的相互转换能力。有研究者应用围棋活动对7—14岁儿童进行注意力干预，研究结果显示，围棋干预手段与7—14岁儿童的注意力品质提升呈正向相关关系。[③] 也有研究者的研究发现：羽毛球训练能够有效提升中学生的注意力品质。[④] 在日常生活中，我们可以根据中学生个体的实际情况，选择不同的训练方式，对中学生的注意品质进行科学培养。

五、注意缺陷多动障碍儿童的注意培养

注意缺陷多动障碍又称多动症。注意缺陷多动障碍始于儿童期，儿童的智力正常或基本正常，症状主要表现为与年龄不符的注意涣散、多动和冲动。注意缺陷多动障碍的病因有遗传、神经生理、家庭等多种。[⑤] 通常，患有注意缺陷多动障碍的成人的孩子患此病的概率为57%，注意缺陷多动障碍个体的前额叶、额叶、基底神经节等脑部区域较正常个体有所不同，此外，家庭或成长环境中的不良因素也是诱发出现注意缺陷多动障碍的一个重要原因。

注意缺陷多动障碍儿童的注意培养主要有以下三个方面：

1. 转变观念

---

① 徐厚道. 心理学概论［M］. 北京：北京工业大学出版社，2003：145–147.
② 张莲. 课外音乐训练对中学生注意品质影响的调查研究［J］. 黄河之声，2017（1）：33–34.
③ 徐平. 围棋活动对儿童注意力、意志力和创造力的影响［D］. 上海：华东师范大学，2008：35.
④ 张帆. 羽毛球练习对初中学生注意力影响的实验研究［D］. 北京：首都体育学院，2022：38–39.
⑤ 李杨，杨金伟，周郁秋，等. 注意缺陷多动障碍儿童问题行为及其影响因素分析［J］. 中国全科医学，2017，20（29）：3600–3605.

家长首先要承认个体差异的存在，不同人的智力、身体、心理等各方面都会有所不同，家长要接受这些方面的不同，端正心态，才有可能为儿童的发展提供保障和机会。

2. 亲子沟通的语言

在日常的亲子沟通中，家长应加强注意的用词，以肯定句代替否定句，例如，将"不要跑"改成"一步一步慢慢来"。此外，在亲子沟通中要多一些肯定、赞美之词，例如，"你可以试一试""我知道你可以，你很聪明"，避免使用破坏感情的用词。在亲子沟通中，家长也不要将自己的厌烦或其他负面情绪反映在语言中。

3. 合理的行为强化

在注意缺陷多动障碍儿童注意的培养过程中，一定要科学、合理地进行行为强化。首先是强化物的选择。行为强化物必须是儿童内心想要的、符合儿童期待的。家长通常会选择一些文具作为强化物，但如果儿童已经拥有一些文具，那么新的文具对其可能已经不再具有吸引力，无法成为其行为改善的动机。强化物可以是有形的，如吃的、玩的、用的；也可以是无形的，如爸爸的一句赞扬、妈妈的一次拥抱等。因此，家长在选择强化物时，要了解儿童的真正需求，否则可能会适得其反。其次是行为强化物的给予时机。父母应与儿童约定好相应的目标行为，当儿童达到相应的目标行为后，父母应该及时地给予相应的行为强化物。需要注意的是，目标行为应是儿童通过努力可达到的。

【拓展阅读】
注意缺陷多动障碍

【本章小结】

注意是心理活动对一定对象的指向性和集中性。注意具有选择、保持、监督和调节功能。注意具有不同的划分标准，根据注意过程中有无预定目的和是否需要意志努力的参与，可以把注意分为无意注意、有意注意和有意后注意。根据注意的对象不同，可以把注意分为外部注意和内部注意。根据注意的功能，可以把注意分为选择性注意、持续性注意和分配性注意。注意存在个性差异，具有不同的理论基础。儿童注意有其测量方法，儿童注意发展也有其一般的规律与特点。针对婴儿、幼儿、学龄儿童、中学生以及注意缺陷多动障碍儿童的心理发展特点，可以分别采取科学、有效的注意训练方法对其注意进行培养或改善。

【实践·反思·探究】

情境一

小明的爸爸妈妈带着 3 岁的小明跟好友就餐，就餐期间，大人们一边吃饭一边聊天，丝毫不影响进餐，还能通过聊天带来愉快的就餐氛围，但小明听着大人们的谈话，会放下手中的碗筷，停止吃饭，有时还会站起来，手脚一起比画，想要呈现大人们的谈话内容，看到小明吃饭如此"不专心"，妈妈很生气。在妈妈眼里，小明就是一个调皮捣蛋的男孩。

情境二

为了迎接"六一"国际儿童节的到来，幼儿园王老师组织小班幼儿学习诗歌表演活动——"七彩的梦"，王老师为了加快教学节奏，避免浪费时间，在诗歌教学中没有选择教具，也没有给班里的孩子动手操作的机会，总是一遍一遍地教班里的孩子朗诵诗歌。很快，班里的孩子就坐不住了，有的孩子在打闹，有的孩子表现出反感情绪，王老师也很纳闷，为什么班里的孩子不能跟着自己的节奏快速地学会诗歌呢？

1. 请结合所学知识，分析情境一中小明吃饭时的行为。

2. 如果你是情境二中的王老师，你会选择什么样的教学方法让班里的孩子学会诗歌呢？

【推荐阅读】

1. 普拉默. 儿童注意力训练游戏［M］. 刘海军，译. 南京：南京师范大学出版社，2015.

2. 李赛，刘旭华，樊秋月，等. 新型冠状病毒感染疫情对注意缺陷多动障碍患儿的影响（综述）［J］. 中国健康心理学杂志，2023，31（8）：1151-1155.

3. 张婕，田琳，张艳楠，等. 注意缺陷多动障碍儿童相关危险因素及家庭教养方式的对照研究［J］. 中国健康心理学杂志，2023，30（8）：1132-1136.

第三章 儿童记忆发展与培养

【学习目标】

1. 了解儿童记忆的概念和分类。
2. 理解儿童记忆的作用以及记忆发展的一般规律和特点。
3. 掌握测量儿童记忆的方法。
4. 掌握提升儿童记忆的训练方法。

【知识导图】

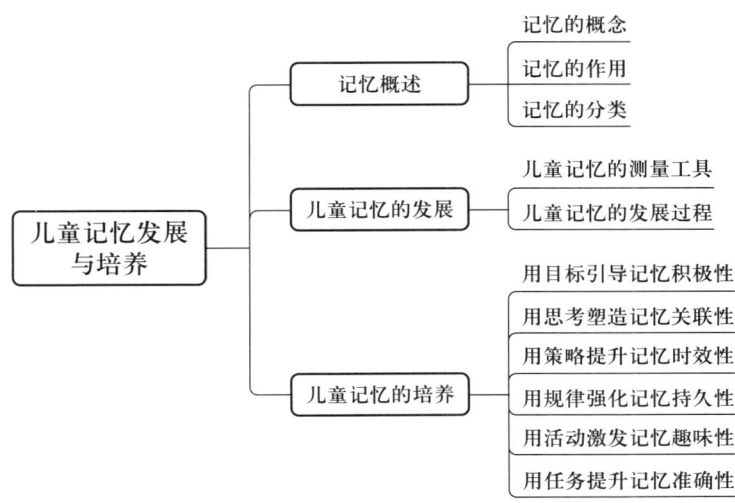

【案例导入】

　　专家认为，婴儿在第一次看到妈妈的 24 小时后仍能认出她。很多人说因为是婴儿的亲生母亲，所以婴儿能够做出这样的反应。但仅仅是这样一个简单的理由吗？真正的原因又是什么呢？

　　这是因为婴儿对妈妈的记忆远远早于第一次目光接触。在妈妈肚子里时，胎儿就倾听妈妈的声音，感受妈妈羊水的特有气味，这种气味因人而异。所以分娩后孩子仍然能识别妈妈的味道和声音。

第一节　记　忆　概　述

　　记忆对每个人来说都不陌生，学习中需要记忆，工作和生活中也需要记忆。然而，每个人的记忆力存在较大差异。有的人能够过目成诵，有的人却为自己的记忆力不好而苦恼。什么是记忆，记忆是怎样产生的，记忆的分类，是本节所要重点阐述的内容。

一、记忆的概念

　　记忆是个体对其经验的识记、保持、回忆或再认的心理过程，感知过、思考过、体验过和实践过的事物都可以成为个体的经验。例如，从前见过的人，即使他 / 她现在不在面前，我们能想起他 / 她的姿态、相貌，再见到这个人时能够辨认出来；思考过的问题、理论，体验过的情绪、情感，保持在头脑中；学过、做过的事情，在适当的时候能回想起来，这些都是记忆。

　　信息加工模型将人类的记忆与计算机操作装置进行类比，按照信息加工的观点，记忆是人脑对外界输入的信息进行编码、储存和提取的过程。信息进入大脑的过程称为编码，信息的保存即储存，他日读取信息称为提取。如果把信息比作图书的话，编码就是图书管理员对购买的图书进行分门别类的编制和索引的过程，储存就像把图书放在图书馆的固定书架上，读者根据索引快速找到图书的具体位置类似于信息的提取。

　　识记、保持和再现是记忆的三个基本过程。识记是记忆的初始阶段，是获得知识经验的过程。识记具有选择性，环境中的各种刺激只有被个体注意才能识记。从信息加工的观点看，识记是信息的编码过程。保持是识记过的经验在大脑中的巩固过程，也是信息的储存过程。再现包括回忆和再认，这是在不同情况下恢复经验的过程。经验过的事物不在眼前，能把它重新回想起来的过程，称为回忆。填空题测查的就是人们的回忆能力。经验过的事物再度出现时，能把它认出来的过程，称为再认。多选题测查的就是人们的再认能力。从信息加工的观点看，回忆和再认是提取信息的过程。

　　记忆的三个基本过程密切联系在一起。如果没有识记，那么就谈不上对经验的保持。如果没有识记和保持，那么就不可能对经验过的事物进行回忆或再认。识记和保持是回忆和再认的前提，而回忆和再认则是识记和保持的结果，并进一步巩固和加强识记与保持。

个体经验保存的形式多种多样，书籍、雕塑、图画、建筑物等社会文化形式都可以保存个体经验。记忆是保存个体经验的形式之一，只有在人脑中保存个体经验的过程才称为记忆。

二、记忆的作用

儿童的心理是在与周围环境的相互作用中积累经验，在与成人的交往中学习和掌握人类优秀文化遗产的基础上逐渐发展起来的。在这一过程中，记忆具有重要作用。记忆不仅是儿童积累经验的"工具"，而且与其他心理活动的发展有着密切关系。

记忆促进儿童感知觉的发展。感知是认识的开端，也是包括记忆在内的其他认识过程的基础。然而，知觉的发展也离不开记忆，知觉的许多特性中都包含着记忆。例如，知觉具有整体性特征，在一幅图画中，即使小兔子的身体被花草树木挡住了，只露出一对长耳朵或一条短尾巴，儿童依然能把它作为一个整体认出来，这是以往的经验在起补充作用。如果没有记忆所积累的经验，知觉的特性便无从产生，客观事物对人们来说将永远是陌生的，知觉对感性信息的"解释"功能也将不复存在。

记忆是想象、思维产生的直接基础。想象是对头脑中的表象进行加工改造、重新组合新形象的心理过程，儿童的思维也是借助头脑中的表象性动作模拟解决问题过程的心理活动。二者均离不开表象，表象作为儿童经验的基本存在形式，是记忆的结果。记忆是联系感知与想象、思维的桥梁，是想象和思维过程产生的直接前提。记忆表象（感知和活动经验）越丰富，想象和思维的基础就越厚实。

记忆影响儿童行为的倾向性。人们都会有趋利避害的倾向——得到奖励产生积极情绪，受到惩罚产生消极情绪。如果没有记忆，那么人们就容易反复犯同样的错误。"初生牛犊不怕虎"，是因为它尚缺乏被虎伤害的直接经验或间接经验，记忆中没有"老虎危险"这样的警钟。先前保留在记忆中的情感体验，决定着儿童今后的行为倾向。

三、记忆的分类

根据不同的划分标准，记忆可以从不同的角度进行分类。

（一）形象记忆、运动记忆、情绪记忆和逻辑记忆

根据记忆的具体内容，可将记忆分为形象记忆、运动记忆、情绪记忆和逻辑记忆。

1. 形象记忆

形象记忆是以感知过的事物形象为内容的记忆，这种记忆所保持的是事物的具体形象，具有鲜明的直观性，它以表象的形式储存。形象记忆可以是视觉的记忆、听觉的记忆、嗅觉的记忆、味觉的记忆、触觉的记忆。例如，儿童见过的人或物、看过的画面、听过的音乐、嗅过的气味、尝过的味道、摸过的物体等的记忆都属于形象记忆。缺乏视觉形象记忆、听觉形象记忆的人，如视觉或听觉障碍人士等，其触觉形象记忆、嗅觉形象记忆、味觉形象记忆等会得到高度发展。

2. 运动记忆

运动记忆是以过去做过的运动或动作为内容的记忆。例如，对游泳动作的记忆，对体操、舞蹈动作的记忆等，都属于运动记忆。运动记忆是个体日常运动、生活和劳动技能形成和熟练的基础，对个体形成各种熟练的技能和技巧非常重要。运动记忆一旦形成，保持的时间相对较长。在运动记忆中，大肌肉的动作不易遗忘，小肌肉的动作容易遗忘。

3. 情绪记忆

情绪记忆是以体验过的某种情绪和情感为内容的记忆。例如，对过去美好事物所带来的喜悦心情的记忆，对过去受过的惊吓的记忆，或对过去做错事而产生悔恨之情的记忆等，都属于情绪记忆。情绪记忆的印象有时比其他记忆的印象表现得更为持久、深刻，甚至终生不忘。

4. 逻辑记忆

逻辑记忆是以语词、概念、原理为内容的记忆。这种记忆所保持的不是某个具体的形象，而是反映客观事物的本质和规律的定义、定理、公式、法则等。例如，儿童对数学中的公式、定理等的记忆就属于逻辑记忆。它是人类所特有的，与思维联系紧密，对儿童学习知识起着重要作用。

（二）瞬时记忆、短时记忆和长时记忆

根据保持的时间，可将记忆分为瞬时记忆、短时记忆和长时记忆。

1. 瞬时记忆

瞬时记忆是指客观刺激物停止作用后，它的印象在个体头脑中只保留很短时间甚至是一瞬间的记忆，也称为感觉记忆。就是说，刺激作用停止后，它的影响并不立刻消失，而是可以形成后像，最为明显的例子是视觉后像。后像可以说是最直接、最原始的记忆。后像只能存在很短的时间，视觉的感觉记忆在 1 s 以下，听觉的感觉记忆一般是 4～5 s。瞬时记忆主要根据刺激物的物理特征进行编码，保持的容量较大。根据斯伯林等人的研究，感觉记忆能保持 9 个左右的字母。瞬时记忆暂时保存来自人体各个感觉器官的信息，不被注意的信息逐渐丢失，被个体关注并及时识别的具有保存价值的信息才有机会进入记忆的下一个阶段——短时记忆。

2. 短时记忆

短时记忆是指记忆信息在头脑中保持的时间不超过一分钟的记忆。一般来说，短时记忆的信息容量为 7±2 个组块。短时记忆的编码有语音和语义等多种编码方式，以语音编码或者听觉编码为主，即把言语刺激转换为语音帮助记忆。短时记忆的信息通过复述得以保持，起到缓冲器和加工器的作用，并通过进一步加工把信息转入长时记忆。

工作记忆是指在解决认知任务的过程中，用于存储和操作与当前任务相关信息的系统或机制。从内容上区分，工作记忆包含两个方面——言语工作记忆和非言语视觉空间工作记忆。工作记忆在执行功能中需要"刷新"的作用，"刷新"不是被动地保持信息，其本质是积极地操作工作记忆中的相关信息。虽然短时记忆与工作记忆的含义和概念有相通的地方，但是在机能方面，工作记忆比短时记忆多了一个加工功能，即中央执行功能。中央执行功能是指计划和实施一些有目标定向的心理活动，中央执行控制着工作记忆的加工过程。长时记忆是一个拥有无限容量且能长久保存信息的"存储器"，中央执行把信息从长时记忆中提取

出来进行进一步加工。在执行其他任务时，中央执行能通过把信息转移到两个独立的辅助系统中，以暂时扩大工作记忆的容量。其中一个辅助系统负责保存言语信息，另一个辅助系统负责保存视觉或空间图像。脑成像研究发现，部分工作记忆位于大脑的前额叶皮质，该脑区比其他脑区发展得更晚。与儿童和老年人相比，年轻人的工作记忆容量更大，多任务处理能力相对更好。

3. 长时记忆

长时记忆是指信息在头脑中保持的时间超过一分钟、几天、几个月、几年乃至保持一生的记忆。人们在日常生活中所说的记忆力强或弱，通常都是指长时记忆。长时记忆的容量没有限制，它储存信息的时间长，与短时记忆相比，受到的干扰更少。在长时记忆中存储的信息并非都是可以使用的，就像图书馆的藏书有时因为错放位置而很难找到。长时记忆以语义编码为主，其利用刺激物的意义编码保持在长时记忆中。

另外，图尔文将长时记忆分为情景记忆和语义记忆两类。情景记忆是指人根据时空关系对某个事件的记忆，如记忆中最深刻的一次考试。语义记忆是指人对一般事实和概念的记忆，如对北京是首都或 10 月 1 日是我国的国庆节等的记忆。情景记忆与个人的亲身经历有关，而语义记忆则与特殊的时间、地点无关。还有研究者将记忆分为陈述性记忆和程序性记忆。陈述性记忆是指对有关事实和事件的记忆。程序性记忆是指如何做事情的记忆。例如，驾校考试的理论考试就是一种陈述性记忆，考完试取得驾照后，对如何开车上路的记忆就是一种程序性记忆。

（三）内隐记忆、外显记忆

按照个体是否能够意识到记忆，可将记忆分为内隐记忆和外显记忆。

1. 内隐记忆

内隐记忆又被称为无意识的记忆，是指在无须意识回忆的情况下，影响个体行为的记忆。内隐记忆强调信息提取过程中的无意识性，受过去经验的影响，与外显记忆相比，内隐记忆的保持时间更长，受外界干扰的影响较小。例如，当人们学会骑自行车后，能够无意识地控制骑行的动作，如平衡、蹬车、转弯等，这些动作都是内隐记忆的结果。

2. 外显记忆

外显记忆是指个体在有意识或有意回忆的情况下，影响个体行为的记忆。外显记忆强调信息提取过程中的有意识性，受信息加工水平和外界信息的影响。例如，当人们听到一首熟悉的歌曲时，需要通过回忆才能够想起歌名，这个过程就是外显记忆的结果。

（四）陈述性记忆、程序性记忆

1. 陈述性记忆

陈述性记忆是指个体对事情或事件的记忆，包括定义、人名、时间、概念和观念等。陈述性记忆的提取需要意识的参与，可以用语言表达，也可以通过语言传授而一次性获得，如进行自我介绍、记住古诗。

2. 程序性记忆

程序性记忆是指个体如何做事情的记忆，包括对知觉技能、认知技能和运动技能的记忆。陈述性记忆的提取不需要意识的参与，其获得往往也需要经过多次尝试。例如，在安装冰箱之前，人们会先阅读说明书，记住基本的安装流程，这种记忆就是陈述性记忆；在经过实际的安装操作后，人们把知识变成技能，完成冰箱的安装，这时的记忆就是程序性记忆。

第二节　儿童记忆的发展

儿童的记忆是在感知的基础上形成的，是儿童储备知识经验，进行思维、想象、解决问题和创造发明等一切智力活动的前提。儿童记忆的发展既有不同的阶段，又有不同的类型，本节将从多个维度介绍儿童记忆发展的相关知识。

一、儿童记忆的测量工具

儿童记忆水平的测量主要集中于记忆广度的测量，记忆广度是指人们对瞬时呈现材料的最大记忆保持量，记忆广度的测量工具主要包括如下四个。

（一）柯西块测验

柯西块测验是一种测量空间记忆广度的方法：研究者给被试同时呈现若干个方格，然后以随机顺序依次敲击这些方格，要求被试重复，被试能正确完成的最大序列长度为其空间记忆广度。空间记忆广度在实践中有重要意义，可以作为职业能力测评的一个指标。

（二）红点任务

红点任务是指放置一块屏幕，屏幕上左右两侧各有一个方框，其中一个方框内有三个红点，要求被试记住三个红点的位置，在保持 8 700 ms 的间隔之后，呈现记忆刺激的那个方框内会出现一个绿色圆点，此时，研究者可让被试判断绿色圆点的位置是否与三个红点中的任何一个匹配，以测验被试的记忆能力。

（三）自我定序的指向任务

在自我定序的指向任务中，首先，儿童会看到图册的一页上有两张图片，并任意选择其中一张。其次，研究者翻到下一页，呈现给儿童与前面看到的完全一样但位置安排却不同的两张图片，这时研究者要求儿童指出刚才没有选过的那张图片。最后，研究者向儿童呈现新的一页，这一页在原有两张图片的基础上增加一张新的图片，且原有的两张图片的位置与前一页的安排又不相同，研究者要求儿童指出哪张图片是没有选过的，以此类推。如果儿童没能正确地从一组图片中找出自己没有选过的一张，那么研究者就向其呈现重新安排位置后的同样一组图片；如果儿童在两次重新安排图片位置之后还是没能正确指出自己没有选过的一张，那么此任务结束。此研究方法实际上是一种图片记忆广度的测量，以此揭示工作记忆在整个儿童时期内存在的、与年龄有关的、规律性的增长。完成这种任务需要儿童将记忆中的图片和现实知觉的图片相比较并作出决策，当图片的数量超出儿童的记忆广度时，儿童将不能在头脑中实现这种比较，因而表现为行动上的失败，即不能利用思维活动正确地支配外部行为。这种研究方法通常用于学龄前儿童和学龄儿童。

（四）N-back 任务

N-back 任务（也叫持续表现任务）是一种连续加工的任务类型，是认知神经科学研究中常用的范式。N-back 任务要求被试将刚刚出现过的刺激与前面第 N 个刺激进行比较，通过控制当前刺激与目标刺激间隔的刺激个数操纵记忆负荷。以屏幕中出现的数字倒数 3 位刷新任务为例，在计算机屏幕中央以每 1 750 ms（呈现 1 250 ms，空屏 500 ms）出现一个数字的速度，随机呈现一系列数字，要求被试不断复述最后出现的三位数字。例如，依次呈现数字 7、6、2、1、4，被试应报告的答案为：7、76、762、621、214。完全正确得 1 分，中途任何一次漏报或误报都不给分。数字系列有 5、7、9 和 11 四种长度，每一个数列中都没有相同的数字出现。在实验中数列长度随机安排，儿童不知道数列何时呈现完毕。N-back 任务往往需要较高水平的注意选择和持续注意。

二、儿童记忆的发展过程

儿童记忆发展达到高峰的时间越早，减慢或停止发展的时间也会提早；记忆发展达到高峰的时间较晚，减慢或停止的时间也较迟。

童年期儿童的记忆是在幼儿期记忆发展的基础上，在教学条件下发展起来的。儿童进入学校后需要学习系统的科学文化知识，必须有良好的记忆能力。在学习过程中，教师会提出一系列要求，让儿童记住生字、公式、法则等学习内容，以及学校的各项规则，学习活动也会促进儿童期记忆的发展。在良好的学校教育和教学条件下，童年期儿童的记忆会发生深刻的变化。外显记忆在个体一生的发展过程中，经历了一个近似倒 U 形曲线的过程，从儿童早期到青年期，如线索回忆、自由回忆和再认等外显记忆的操作，均随年龄增长而获得显著提高。在从儿童期到老年期的发展过程中，被试的内隐记忆几乎保持恒定。

（一）儿童记忆容量的发展

人们几乎不能回想起两岁之前发生的事情，这种不能回忆出年龄早期事件的现象被称为婴儿期遗忘症。有研究表明，对与年龄相称的非言语任务来说，婴儿的记忆过程与年龄稍大的儿童甚至成人之间不存在根本差异，只是他们的记忆保留时间更短些而已。如果婴幼儿能够进行记忆，那么为什么他们的早期记忆却无法保持？有研究者认为，只有在 18 ~ 24 个月时，婴幼儿形成自我认知后，才能把记忆作为个人的经验事件进行保存。个体存储信息的能力在早期开始发展，甚至婴儿和幼儿都能长久地记住一件或两件事情，在 A 非 B 任务中，9—12 月大的婴儿就表现出刷新能力。[①] 非 B 任务中，实验者当着婴儿的面把一个物体藏在 A 处，让婴儿把它找出来；然后又当着婴儿的面把物体转移，藏于 B 处，再让婴儿把它找出来。此时，9 个月以前的婴儿倾向于在先前的位置 A 寻找被藏的物体，即使他们看到物体被藏到一个新的位置 B。这时的婴儿能够保持很多信息并且进行心理加工的能力（如记住

【拓展阅读】
为什么三岁之前没有记忆

① 杨治良，孙连荣，唐菁华. 记忆心理学 [M]. 上海：华东师范大学出版社，2011：342-348.

物体大小的心理表征）还没有发展起来，还有一段很长的发展进程。学龄前儿童的再认能力好于回忆，这两种能力都随着年龄的增长而提高，儿童对某个项目越熟悉，他们回忆得越好。

　　儿童的各种记忆能力都随年龄的增长而发展，各种记忆快速发展的年龄，增长的速度和达到高峰的时期不尽相同。随着年龄的增长，外显记忆、日常生活记忆和总记忆的成绩在14岁前呈快速增长趋势，15岁后得分无明显增长；内隐记忆、自由回忆、再认记忆和记忆广度的成绩在12岁前呈连续增长趋势，13岁后得分无显著改变。我国一些研究者对7—15岁儿童的记忆能力进行研究，结果发现，对言语材料的听觉记忆能力在7—15岁持续上升，其发展峰值在13岁左右；对非言语材料的视觉记忆能力在7—11岁发展较快，在11岁左右达到峰值后不再有明显上升，这与儿童记忆从视觉形象记忆向语言材料等抽象记忆发展的一般规律相符。

（二）不同类型记忆的发展

1. 感觉记忆、短时记忆、长时记忆的发展

　　从婴儿期开始，感觉记忆几乎没有什么变化。在婴儿早期，由于负责存储记忆的脑区尚未发育充分，此时的记忆是转瞬即逝的。海马是位于大脑颞叶深处的脑区结构，它的成熟以及借由海马结构所形成的皮层结构的协调，才使得长时记忆成为可能。海马结构会在出生后的5年内持续发育。婴儿出生后第一年的下半年，大脑前额叶皮质及相关回路发展出工作记忆，即对大脑正在处理的信息进行短期存储。心理表征在工作记忆中为存储作好准备，并通过工作记忆提取。

　　小学儿童短时记忆能力随年龄增长呈上升发展趋势，7—9岁是迅速发展期。一些学者对4—15岁儿童工作记忆的发展研究表明，言语和视空间工作记忆在这个时期都呈线性发展趋势，工作记忆的第一个快速发展期在10岁左右，第二个快速增长期则在少年期。我国学者对中国小学儿童的刷新能力进行研究发现，刷新能力表现的两个快速发展期分别在6—7岁和8—9岁，小学五年级学生的记忆刷新能力优于成人平均水平。

　　工作记忆容量随着年龄的增长而增加。研究发现，3—16岁儿童的记忆容量不断增长，从3岁开始，记忆容量每两年增加一个组块，在16岁时达到7个。中央执行在8—10岁发展成熟，它能将被编码的信息转移到长时记忆中。4岁儿童一般只能记住2个数字，到12岁时，大部分儿童能记住6个数字。有研究结果表明，16—19岁组的儿童数字工作记忆广度最大，工作记忆随年龄的对数呈抛物线变化，教育因素对成年人数字工作记忆广度随年龄变化的过程有重要作用。还有研究对6—12岁小学生数字工作记忆广度的发展进行测量，结果发现，小学生的数字工作记忆广度受年龄的影响较大，随着年龄的增长（年级的提高），小学生的数字工作记忆广度不断扩大。小学阶段儿童的顺背数字工作记忆广度在9岁或9岁6个月时已接近成人的水平；倒背数字工作记忆广度还在持续发展。我国学者在2009年测量了213名8岁到成年期被试的数字、词语和视空间工作记忆广度，探查被试工作记忆广度的发展情况。结果发现，数字工作记忆广度在此期间持续增长，词语记忆广度在18岁时达到最高，视空间工作记忆广度在14—16岁达到高峰，到成年期变得平稳，不同任务的工作记忆广度具有相似的发展趋势。

　　以Baddeley工作记忆模型为基础，考察儿童语音环路、视觉空间模板、中央执行的发

展及其与复杂广度的关系，共有 225 名 6—9 岁儿童完成 9 个任务，分别测量听力广度及工作记忆的三个子系统功能。结果发现，工作记忆的各个子系统在 6—9 岁的发展速度不同，中央执行与语音环路和视觉空间模板的联系随着年龄的增长而加强。结构方程模型分析发现，中央执行与语音环路对儿童的听力广度都有显著影响，表明言语复杂广度任务既涉及中央执行功能，又涉及语音环路的存储功能。教师应当根据不同年龄儿童的记忆容量提供相应数量的记忆材料和适度的记忆要求。过多的记忆材料和过高的记忆要求是年幼儿童的记忆容量无法承载和负荷的，无法达到良好的记忆效果，而且会挫伤儿童的学习积极性和信心。一些家长片面地认为应该让儿童多学一点，对学龄前儿童提前进行小学化的学习训练，无视孩子现有的发展水平，这对儿童来说是有害无利的。

儿童在童年早期开始形成长时记忆，年幼儿童的记忆力不如年龄大一些的儿童。年幼儿童较难注意情境中的重要特征，更加关注事件的细节，而年长儿童和成人一样，通常关注事件的要点。3—6 岁和 7—9 岁儿童的记忆发展是迅速的。3—14 岁儿童的记忆发展速度具有随年龄增长而逐年递减的趋势，短时记忆在 9 岁以前得到迅速发展，在 11 岁左右处于发展的相对停滞阶段，长时记忆随年龄增长而不断发展。研究发现，儿童在韦氏记忆量表中的各个分测验成绩均随年龄增长而增长。

2. 通用记忆、情景记忆和自传体记忆的发展

儿童对早期经验的记忆较少，一般只能记住那些印象深刻的事件，这些早期的有意记忆大都比较短暂。有研究者根据记忆功能的不同，把儿童早期的记忆分为三种类型：通用记忆、情景记忆和自传体记忆。

通用记忆开始于儿童 2 岁左右，指产生一个脚本，或指没有时间、地点和细节的一个儿童熟悉的重复事件的基本轮廓。脚本中包括多次出现的情景，它有助于儿童知道应该做什么和怎么做。例如，儿童有乘坐校车去幼儿园的脚本，或者在姥姥家吃午饭的脚本。

情景记忆是指儿童对经历过的发生在特定时间和地点的特定事件的意识。年幼的儿童能更加清楚地记住新发生的事件。3 岁儿童可以回忆一年前或更早些时候去游乐园的详细情形，然而对经常性事件的通用记忆（如奶奶家的午餐）却比较模糊。由于记忆容量有限，年幼儿童的情景记忆是短暂的。除非这些事件重复发生多次后转化为通用记忆，否则情景记忆只能持续几周或几个月，然后消失。

自传体记忆是指儿童对构成个体生活史的复杂生活事件的记忆。这种记忆是特定的，持续时间较长。自传体记忆是情景记忆的一种类型，只有对儿童具有特定意义的情景记忆才属于自传体记忆。大部分人的自传体记忆通常可以追溯到 3—4 岁，有些人的自传体记忆甚至可以追溯至 2 岁。到 2 岁的时候，儿童可以描述过去发生的事情；3—6 岁的时候，儿童对过去事件的描述会更加具体和有条理，在童年中期儿童的回忆里会加入更多的背景信息和事件发生时的情境。

有研究表明，成人和儿童谈论共享经验的方式影响儿童对此经验的回忆。一项研究让 2.5—3 岁的儿童和妈妈共同参与假装游戏：野营旅行、观察鸟的探险活动、模拟冰淇淋店开幕式活动。研究发现，与自己参与游戏，或自己谈论与这些游戏有关问题的儿童相比，与妈妈一起参与并讨论的儿童，在 1—3 天内的回忆成绩更好。

（三）记忆策略的发展

有心理学家提出，个体的记忆策略是不断发展的，可分为三个阶段：第一，没有策略；第二，不能主动应用策略，但经过引导后学会使用；第三，能主动而自觉地采用策略。4—7岁儿童在自己的知识与经验范围内，会利用事物间的某些联系作为策略进行有意义的记忆，并且表现出一定程度的对策略的评价能力。其发展过程是4岁儿童处于运用策略进行记忆的萌芽阶段，大多数儿童不理解标志画片对记忆操作的意义。5岁儿童记忆策略的发展进入加速期，部分儿童虽然会发现标志画片对找到目标有益，也能加以利用，但无法说清道理，评价能力较低。6岁以后，相当一部分儿童在简单的操作中能够有组织、有计划地选用标志画片进行操作。

儿童在记忆策略的发展上表现出如下趋向：在儿童刚刚学会使用记忆策略时，他们只会在那些条件最为适合的情况下运用。当记忆材料和条件发生变化时，刚学会的儿童不能表现出使用记忆策略能力的迁移。年长的儿童在使用记忆策略方面表现出更多的主动性和创造性，能在更多样的情况下使用，表现出更多的灵活性。随着年龄的增长，儿童发展出更好的记忆策略，不仅使用记忆策略的效率有所提高，而且还能根据特定的需求进行变通。当掌握一种记忆策略后，年长的儿童更容易将其迁移到不同的情境中。儿童通常在一种任务中使用多种记忆策略，并选择不同的策略解决不同的问题。例如，利用语言中介的策略；对识记材料进行分析，找出内在规律、进行归类、建立联想（如数字"1"像小棍，数字"2"像鸭子）等系统化策略；对较长的文字材料分段背诵、突破难点等。只要具有记忆策略意识并掌握一些基本策略，幼儿记忆的效果就会有较大的改观。以下主要介绍复述策略、组织策略、精加工策略的发展。

1. 复述策略的发展

复述是主体在记忆过程中，对目标信息不断进行重复以便能更加准确和牢固地记住这些信息。例如，看到电话号码并准备拨打时，为了避免遗忘而反复默念就是在使用复述策略。

儿童复述策略发展的特点主要有以下三个：

（1）儿童进入小学以后，才会逐渐有效地使用复述策略，而且在此方面具有非常明显的进步。

（2）随着年龄的增长，小学生复述的质量不断提高，主要表现为复述方式由被动的复述模式向主动的复述模式转变。年长的儿童更倾向于使用累加（或积极）的复述模式，他们会把需要记忆的几项内容放在一起整体重复。但是年幼的儿童会使用相对消极的记忆模式，他们只会重复需要记忆的各项内容的最后一项。

（3）儿童使用复述策略的灵活性随着年龄的增长而不断发展。

2. 组织策略的发展

记忆的组织策略是指识记者在识记过程中，根据记忆材料不同的意义，将其组成各种类别，编入各种主题或改组成其他形式，并根据记忆材料之间的联系进行记忆的过程。例如，到超市要买很多东西，将要买的东西进行分门别类更有利于记忆。"组织"实质上是一种更复杂、更深层次的编码，是对信息进行更深一步的加工。儿童在进入学龄期后，其记忆的组织策略才开始明显地发展起来。9—10岁的儿童在使用记忆策略方面的能力明显高于5—6岁的儿童，这种年龄差异体现在使用记忆组织策略的数量方面和质量方面。儿童在10—11

岁时，他们记忆中群集的水平已显著高于随机（0.5）水平，这时的儿童在图片记忆中已能自发地使用组织策略，而在此年龄阶段以前的儿童则不能做到这一点。我国学者探讨小学儿童组织策略的发展后认为，小学儿童组织策略的发展可分为产生性缺损和成熟运用组织策略两个主要阶段。儿童对记忆手段和记忆目标之间的功能关系缺乏清晰的认识，不能清楚地认识策略的有效性，以及常运用自己熟悉的、简单的，同时也相对无效的策略。较差的有关记忆材料的知识基础以及较低的认识发展水平，是产生性缺损的主要原因。研究发现，对组织策略的自发性使用，5—7 岁组的比率较低，8—9 岁组开始显现，10—11 岁组的比例最高。

3. 精细加工策略的发展

精细加工策略是与组织策略相联系的一种记忆策略，具体指当主体识记一些难以归类的材料时，就在这些材料中创造出某种联系，赋予它们一定的意义，以便从中提取。精细加工策略是一种有效的编码方式，它不仅能促使新旧知识之间建立联系，而且能为提取存储在长时记忆中的内容提供有效途径。

儿童在记忆能力上所表现出来的年龄差异，在很大程度上是因为这些记忆策略水平不同。儿童使用记忆策略的能力是随年龄增长而不断发展的，学前儿童基本上不会运用记忆策略帮助记忆，8 岁左右的儿童处于运用记忆策略的过渡期，10 岁以上的儿童基本上能自发运用一定的记忆策略帮助记忆，5—15 岁是儿童运用记忆策略增长速度最为明显的时期。训练可以有效地提高儿童运用策略的能力，儿童各种记忆策略的发展不平衡，在很大程度上依赖于儿童自身的知识经验。

（四）元记忆的发展

儿童对自己记忆的了解程度如何，这是元记忆要研究的核心问题。元记忆是关于记忆过程的知识。元记忆主要包括主体对记忆活动的过程、特点以及与之相联系的自身能力等方面的了解和认识，其中包括对记忆任务的认识、对记忆策略的认识、对记忆主体的认识。5—7 岁儿童的大脑前额叶的发展是儿童元记忆能力提高的基础。研究发现，从幼儿园到小学五年级，儿童对记忆的理解稳步提高。幼儿园与小学一年级的儿童能够知道，人们学习的时间越长，记忆的效果越好；随着时间的流逝，人们会遗忘自身所学的知识；复习比初次学习容易。到了小学三年级，儿童能够知道一些人的记忆力比其他人强，一些事物比另一些事物更容易记住。一项实验研究在考察学龄前、小学一年级和小学三年级儿童对哪些因素影响记忆与遗忘的认识和理解程度后发现，在所有年龄段的儿童中，大部分参与者认为，生日聚会上的重要事件比细节更容易被记住。大部分小学一年级与小学三年级儿童以及一小部分学龄前儿童认为，近期发生的事件会影响儿童记住参加聚会人员的名单。直到小学三年级，大部分儿童才能认识到记忆会因他人的意见而歪曲，如家长强调某个朋友参加过聚会。元记忆最早出现在 4 岁儿童的身上。4—12 岁儿童在元记忆知识方面表现出非常明显的进步，但水平有限。这时儿童还不能普遍而灵活地对记忆本身的知识和技能加以掌握，因为是否具备无记忆知识取决于儿童一般知识经验的丰富程度，学校教育对促进他们的元记忆发展起着重要的作用。

元记忆分为陈述性元记忆和程序性元记忆。陈述性元记忆是个体的元记忆知识，主要指主体对记忆活动的过程、特点以及与相关的自身能力等方面内容的了解和认识。5 岁儿童对绝大多数记忆变量都有较好的理解。研究发现，大部分学前儿童不能清楚地说明记忆的目的和任务；儿童对自己记忆效果评价的准确性在进入小学后才会有明显的发展，能够意识到有意义材料易于记忆。在儿童记忆广度方面，有研究者发现学龄前儿童对自己瞬时记忆广度的预测与真实的记忆能力之间具有较大的差距，他们对自己的记忆能力有明显高估的倾向；学龄期儿童对自己记忆能力的估计已较为客观。

程序性元记忆也被称为记忆监控，是指个体对自己客体记忆的监督和调节。程序性元记忆包含记忆监测和记忆控制，记忆监测是指个体通过对接收的信息进行判断，以了解对客体记忆的难度、自己的记忆程度、记忆提取等情况并伴随相关的情感体验。记忆控制是指人们对记忆加工过程的发动或中止、确定学习时间的分配以及加工策略的选择和运用等，其中对学习时间的分配是元记忆控制在记忆加工过程中的主要功能形式之一。儿童的记忆监控能力会随着年龄的增长而不断发展，在小学阶段发展较快但水平有限。儿童能否普遍而灵活地对记忆本身的知识和技能加以掌握，取决于儿童一般知识经验的丰富程度。[①]

儿童对记忆监控可能性的认识发展得非常早，年幼的儿童不仅可以意识到个体的记忆具有不同的能量或通道，而且这些能量与通道是可以受监控的。研究者以数字和图形为实验材料，考察智力超常儿童和普通儿童在记忆监控、记忆组织特点等方面的差异，结果发现，智力超常儿童不仅在回忆量上高于普通儿童，而且在记忆速度、记忆组织、元记忆上也高于普通儿童。记忆速度和记忆组织都与记忆监控之间有着显著的相关。儿童在元记忆上的差异反映出他们在认知水平上的差异，因此，元记忆水平可以作为智力超常儿童的一个鉴别指标。

第三节   儿童记忆的培养

记忆力是一种认知能力，即智力的重要组成部分，如何根据不同儿童的特点提高记忆效率，是教师和家长共同关心的问题。

一、用目标引导记忆积极性

有意识记的形成和发展是儿童记忆中的重要质变，识记的目的和积极性直接影响儿童记忆的效果。因此，要想提高记忆效果，必须使儿童明确地意识到识记任务。儿童没有记住某些事情，常常是因为他们不了解为什么要记，也不清楚要记住什么，因而没有认真记忆。如果识记对象与儿童活动的动机有直接关系，或者识记对象是完成活动任务的手段时，儿童容易意识到识记任务。例如，在玩"开商店"的游戏时，儿童记住各种商品的名称或特征是进行游戏（扮演售货员或顾客）的必要条件，如果记不住这些，游戏就无法开展，儿童游戏的需要就不能得到满足。在这种情况下，儿童能够十分清楚地意识到识记任务，有意识记的效果自然也就提高了。

注意力对接收和加工新的信息具有很大的意义，只有被个体注意的信息才有机会进入短时记忆。如果在看书时走神，注意力不集中，那么看过的内容就很难记住，停留在短时记忆无法进入长时记忆。有些教师有时要求学生反复抄写错题，这样的作业对注意力要求不高，

---

① 林崇德，杨治良，黄希庭. 心理学大辞典［M］. 上海：上海出版社，2003：551.

学生为了快速完成任务容易只是机械地完成这项作业，但是对记忆和学习的作用并不大。有些作业对学生注意力的要求较高，这时就要减少外界刺激的干扰，提高自身的注意力。

二、用思考塑造记忆关联性

记忆本身不是一个孤立的过程，它常常包含复杂的思维活动。寓"记"于"思"，通过对学习材料的分析、理解和运用，在思维和操作过程中自然而然地记住相关内容，是提高记忆效果的有效办法。如果识记的对象是儿童活动的主要对象，那么记忆的效果也会较好，这一点已经被实验证明。在实验过程中，发给儿童 15 张图片，每张图片中央画着儿童熟悉的物体如狗、椅子、桌子等，图片右上角画着醒目的符号如△、+、○等。把儿童分为两组：一组的任务是按照物体的特点分类，如猫和狗放在一起，桌子和椅子放在一起；另一组的任务是按照符号分类，如把有"△"符号的图片放在一起。分类活动结束后，教师出其不意地要求两组儿童都说出各个图片上画的物体，结果表明，按照物体特点分类的儿童，能够平均记住 10.6 个物体，按照符号分类的儿童，能够平均记住 3.1 个物体。由此可见，儿童识记的效果依赖于操作任务。凡是操作的直接对象，尤其是多种感觉器官参加的活动，就比较容易记住。寓"记忆"于"操作中"，也是提高儿童记忆效果的好办法。

儿童的记忆效果与其情绪状态有很大关系。如果记忆的是能引起儿童兴趣的事物，那么记忆的效果就比较好；如果儿童主动进行、满怀信心地进行学习，那么记忆效果也会比较好。反过来，儿童无兴趣的、被迫的、缺乏信息的学习，其记忆效果就较差。因此，激发幼儿的学习兴趣，鼓励他们获得成绩和进步，也是培养其记忆力不可缺少的条件。

三、用策略提升记忆时效性

把所要做的事列个清单，设置闹铃提醒等都是外部记忆辅助手段的例子。除使用外部记忆辅助手段外，常见的记忆策略还有复述策略、组织策略和精细加工策略等。

1. 复述策略

复述是学习常用的一种策略，对儿童的学习有着重要的作用。在学习新的知识后，要通过复述帮助知识的记忆，并且要避免复述受到其他信息的干扰，把注意力集中到当前的复述上，不要在复述还没有完成时，又开始新的学习。德国心理学家艾宾浩斯发现遗忘在学习结束之后立即开始，而且遗忘的进程并不是均匀的。最初遗忘速度很快，以后逐渐缓慢。艾宾浩斯用无意义音节（由若干音节字母组成、能够读出但无内容意义即不是词的音节）作记忆材料，用节省法计算保持和遗忘的数量，还根据他的实验结果绘成描述遗忘进程的曲线，即著名的艾宾浩斯记忆遗忘曲线（见图 3-1）。根据这一规律，复述最好及时进行，帮助信息由短时记忆转向长时记忆，从而避免快速的大量遗忘。对于许多学生来说，同时复述很长的内容是极其困难的，相反，将很长的内容分成一小段一小段进行复述则相对容易得多。在完全无误回忆的基础上进行超额复述有利于记忆的保持，对那些必须能长期地准确回忆而且没有特别意义的操练信息最为有用。

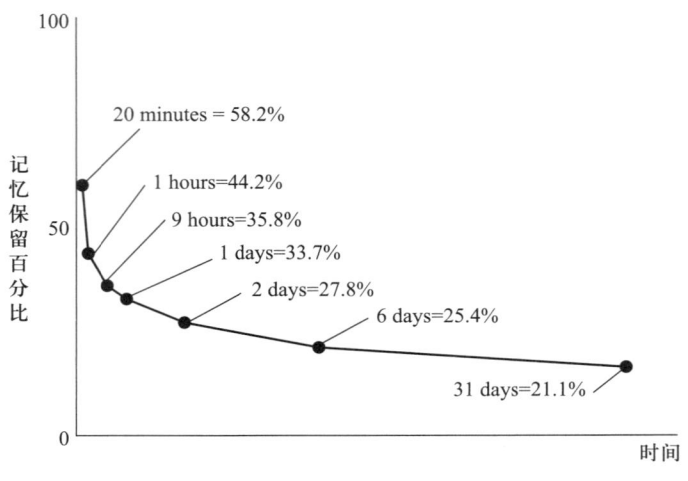

图 3-1   艾宾浩斯遗忘曲线图

2. 组织策略

组织是在头脑中将信息进行归类（如动物、家具、交通工具、服装等）以使其便于记忆。存储在长时记忆中的信息是以金字塔的结构组织的，在教学中，教师要教会学生对信息进行分类，以提高他们的记忆能力。在教学复杂概念时，教师不仅要有序地组织材料，而且更重要的是要使学生清楚这个组织性的框架。在教学中常用的组织策略有列提纲、作关系图等，教师可以在教学中将这些组织策略传授给学生，促使他们自觉地在学习中使用这些策略，从而能帮助学生更加有效地掌握知识、使用知识。

列提纲是以简要的词组写下主要观点和次要观点，也就是以金字塔的形式呈现材料的要点，每一个具体的细节都包含在高一级水平的类别中。在教列提纲的技能时，教师可先提供一个列得比较好的提纲，然后解释这些提纲是如何统领材料的，下一步再给学生提供一个不完整的提纲，分步对学生进行训练。作关系图是先指出材料的中心思想，然后图解它们之间的关系。在作关系图时，应先识别课堂上的主要观点，然后识别次要观点或支持主要观点的部分。接着标出这些部分，然后将次要观点和主要观点联系起来。最后的成果是形成一张关系图，在这个图的正中间是主要观点，次要观点围绕在主要观点的周围。儿童必须在心理发展到一定阶段的时候，才有能力掌握组织的认知策略。教师需要注意考虑学生心理发展的年龄特征，在适时的时候给予相关认知策略的教育和指导，不能"揠苗助长"，避免做无用功，儿童组织策略的训练从 10 岁左右开始为宜。

3. 精细加工策略

加工的深度影响人们长时记忆的保持程度，浅层加工在基础的水平上进行编码，如构成单词的字母，或者在中级的水平上进行加工，如单词的发音。深层加工是在单词意思的基础上进行语义编码。加工水平越深（更有意义），记忆效果越好。艾宾浩斯的研究发现，与学习无意义的材料相比，学习有意义的材料只需付出十分之一的努力。在精细加工中，儿童将记忆条目与想象的场景或故事等其他事物相联系。例如，为了记住要买柠檬、番茄酱和餐巾纸，儿童可以想象一幅画面：一瓶番茄酱放在一个柠檬上，手里拿着一叠餐巾纸擦拭洒出的番茄酱。一般而言，图片信息比语言信息更容易记住，创造视觉表象可以为编码提供另一个可能性。

人们对能与自己联系起来的信息回忆效果非常好，"与我相关"的信息既容易被深度加工，也容易被提取。学习新的内容时，建立新旧信息之间的联系，尤其是与个人意义相关的联系是一种很好的策略。例如可以通过用自己的语言记读书笔记和课堂笔记，将材料信息与已经知道或经历过的东西联系起来，结合个人或对个人关系重大的事实理解学习内容。

记忆术是一种比较有用的精细加工策略。教师可以教给学生常见的记忆术，例如位置记忆法、首字联词法、视觉联想法和关键词法等。这里主要介绍位置记忆法。位置记忆法是通过将要记忆的信息与熟悉的地点联系起来的记忆术，熟悉的、有顺序的地点或图像作为提取刺激，有利于人们进行回忆。将记忆材料转化成生动想象的能力越强，记忆能力就可能越强。位置记忆法一般适用于具体物品的记忆。例如，记住下面这些物品：苹果、牙膏、杯子、面包、卫生纸、垃圾袋。人们可以想象早上起床后，先去卫生间（卫生纸），之后去洗漱（牙膏、杯子），然后打开冰箱准备吃早饭（苹果、面包）离开家之前带走垃圾（垃圾袋）。选择特别的地方安放需要记住的物品，有利于提高记忆力。一些抽象的概念，例如"和平""平等""爱"等，也可以运用位置学习法，那就是用具体的符号代替抽象的概念。例如，用"白鸽"代表"和平"，用"天平"代表"平等"，用"爱心和箭"代表"爱情"。教师可以引导学生将记忆提取的环境和状态与编码时的环境和状态联系起来促进记忆，在头脑里再造最初学习时的场景和心境。让一个想法提示下一个，激活提取线索从而唤起自己的记忆。有研究发现，当回忆时的环境与最初编码时的环境保持一致时，被试的回忆成绩最好，因为环境本身成为提取线索。如果个体在提取线索时的状态与编码时的状态一致，那么状态本身就会成为提取线索，被试将经历事件的时刻和回忆此事件的时刻联系起来。编码和提取的情境与背景相匹配时，记忆容易从一个情境迁移到另一个情境。

四、用规律强化记忆持久性

良好的记忆不仅要识记敏捷，而且更重要的是要保持得持久，再认或再现得迅速、准确。保持和遗忘是一对矛盾，要使识记材料保持得牢固，就要防止遗忘。而复习是防止遗忘的基本方法，有效的复习应该按照遗忘的规律进行。

（一）避免机械复习

经常反复学习的知识，记忆效果越好。反复学习是指在已经能够自如复述的情况下，继续做相关练习。反复学习的时间越长，往后正确复述记忆内容的可能性就越大。一些老年人有时候还能流利地背诵学生时代的诗歌，这得益于他们年轻时的反复学习。反复学习具有提高记忆力的作用，鼓励儿童反复学习，可达到持久的记忆效果。机械复习的作用只能延长短时记忆内容的存储时间，将内容传入长时记忆的概率非常小。同样的原因，仅仅将教材上的课文阅读一遍或几遍是不行的，想要长久地记住其中描写的内容，就必须对其进行更加深入的加工。

想要掌握学习材料，可使用分散（间隔）练习的方式。当人们在一段时间内对信息进行分散编码时，记忆效果会更好。集中练习能够快速形成短时记忆，分散练习能够产生较好的长时记忆。在学习足够长的时间并掌握材料后，进一步学习会变得效率低下，将学习分散在较长的时间段中，而不是集中在短期内，这样有助于终身保持对信息的记忆。分散练习的一种有效方式是重复自测，通过提取进行练习比单纯对材料进行重复阅读效果更好，可以充分利用生活中的零碎时间练习和加强记忆。分散学习对记忆有促进作用，将学习分成多个阶段，两个学习时段的间隔较大一些，例如间隔 24 小时，对学习材料的记忆就会取得比较好的效果。学习可能会相互干扰的主题时，注意间隔时间要稍长一些，使干扰最小化。此外，还要保证充足的睡眠，在睡眠中，大脑会对信息进行重组和巩固，使其进入长时记忆。

（二）测试和复述相结合

研究表明，对学习的项目进行提取的被试在延迟测试中的成绩要远远好于那些再次学习的被试。练习测试很有效，部分原因是从记忆中提取一个信息进行测试比仅仅重新学习一遍更加能够促进随后的保持。当测试较难且需要付出巨大努力提取信息时，测试的效果通常是比较好的，这一点也符合适宜难度的假设。在对学习材料进行深度加工时，可以就听到或看到的内容积极提问并尝试回答。提出问题和随后努力回答问题的过程可以刺激个体的思维过程，促进对新信息的理解，反过来又能促进长时记忆。儿童尝试自己寻找例证理解新信息，也能达到类似的效果。

五、用活动激发记忆趣味性

（一）写反思日记

写反思日记是元认知培养的重要形式。反思过程是主体自觉地对自己的认知活动进行回顾、评价、调节、整理的过程，反思活动是认知过程中强化自我意识、进行自我监控的重要形式。自我反思的深度体现出主体自我意识、自我监控的强弱。反思日记不仅能训练儿童的元认知能力，而且可以补充、丰富、完善元认知知识和元认知体验。学生坚持写反思日记，将学习的自我监控训练由课堂延伸到课外，教师可以通过反思日记了解学生的思维、非智力因素等个体差异，及时了解教学中存在的问题，从而调整教学方法，提高教学质量。

（二）珠心算训练

珠心算是一种利用大脑的形象思维完成心算任务的活动。最初是通过双手实际拨珠进行训练，逐渐发展到模拟拨珠训练，再过渡到映像拨珠训练，最终在脑中形成珠像运动并进行计算的一种计算技能。许多专家认为珠心算有助于儿童注意力、观察力和记忆力等能力的发展。经过珠心算训练的儿童，其各项基本认知能力都高于未经过珠心算训练的儿童，特别是在心算效率、数字工作记忆广度和图形再认等方面尤为明显，主要表现在感觉记忆、短时记忆和长时记忆方面对数字记忆能力的提高，从而提高儿童对数字的记忆力；通过数字记忆力的提高到图形认知能力的提高，这种迁移可以说明珠心算练习有利于提高儿童对图形的记忆能力，对促进个体右脑的发育有一定影响。[1] 有学者探讨了珠心算训练对儿童工作记忆的影响，在训练之前，实验组和控制组的被试均接受数字广度、非词汇广度、操作广度、简单空间广度和复杂空间广度的工作记忆测验。研究结果发现，接受珠心算训练的被试在简单空间

---

[1]　山东潍坊医学院课题组. 珠心算训练对儿童心理旋转能力的影响研究 [J]. 珠算与珠心算，2020（4）：37-41.

广度上的得分显著提高。[①]

（三）音乐训练

音乐训练是一种由多个感官参与的强化活动，涉及听觉、视觉、躯体感觉、运动系统，以及与注意力、记忆等相关的认知系统。研究者采用了纵向实验，被试选取为 123 名 7—11 岁的儿童，每名儿童都进行为期 1 年的音乐训练，被试被随机分到音乐小组或第二语言小组，另设被动对照组。在训练后，采用数字跨距任务和韦氏儿童智力量表的词汇来测量结果。研究显示，与其他组相比，接受音乐训练小组的儿童记忆发展更优越。[②]

有学者采用横向和纵向的混合设计实验，被试选取 90 名儿童，每名儿童都接受 1—5 年的音乐训练。在横向研究中，对经历过不同时间长度音乐训练的被试进行言语记忆测试，结果发现音乐训练和言语记忆之间存在着显著的相关。纵向研究对刚开始进行音乐训练的被试随访一年，其中包括三组被试：有过音乐训练经历并继续接受音乐训练的，有过音乐训练经历但中断音乐训练的以及刚开始接受音乐训练的。结果发现，前测中，在言语记忆任务上有音乐经验的被试比刚开始接受音乐训练的被试表现较好，但在后测中发现，刚开始接受音乐训练的被试的成绩与有过音乐训练经历但中断音乐训练的被试成绩相当，有过音乐训练经历并继续接受音乐训练的被试成绩最好。因此，该研究说明，被试的言语记忆能力通过音乐训练得到了提高。[③]

有研究显示，接受过音乐训练的儿童要比未接受过音乐训练的儿童有更好的记忆力。被试为 40 名 5 岁学龄前儿童，研究者将被试平分为两组，实验组进行 8 次音乐训练，对照组未进行音乐训练。被试进行两次评估，经评估后发现，音乐训练会提高学龄前儿童的数字认知和工作记忆能力。[④]

此外，一些学者通过研究音乐训练改善儿童的认知控制能力，进而探讨音乐训练对大脑前额叶执行功能的可塑性。此研究结果表明，后天的音乐训练不能改善冲突的监测能力，但是能够显著改善反应的抑制能力，但这种能力不受空间方位信息的调控。因此可以说，长期的音乐训练可以改善儿童大脑前额叶执行功能。[⑤] 因为大脑前额叶功能包括记忆、判断、分析、思考、操作，所以，我们可以认定音乐训练对记忆是有影响的，起到促进作用。

六、用任务提升记忆准确性

有研究者在相关研究的基础之上，以视—空工作记忆、数字倒背和字母广度三项任务作为工作记忆训练任务，对工作记忆的训练进行研究，有三名成年被试参加实验。在训练过程中，训练任务的难度根据被试的表现和得分逐步提高。被试每天在每个任务中进行 30 个系

① 李洪玉，林崇德. 中学生空间认知能力结构的研究［J］. 心理科学，2005，28（2）：269-271.
② NIE P, WANG C, RONG G, et al. Effects of music training on the auditory working memory of Chinese-speaking school-aged children: A longitudinal intervention study［J］. Front Psychol, 2022 Jan 26; 12: 770425.
③ HO Y C, CHEUNG M C, CHAN A S. Music training improves verbal but not visual memory: cross-sectional and longitudinal explorations in children［J］. Neuropsychology, 2003, 17（3）: 439-450.
④ RICARDO D S E., MAYARA D S B., HELOISA D S F. Cognitive effects of numeracy musical training in Brazilian preschool children: A prospective pilot study［J］. Psychology & Neuroscience, 2017, 10（3）: 281-296.
⑤ 韩明鲲，吕静. 音乐训练对改善儿童前额叶执行功能的作用［J］. 中国健康心理学杂志，2013，21（4）：542-545.

统化测试的训练，每天训练将近 40 分钟。在训练前和训练后，被试分别进行工作记忆任务和基线任务的扫描。

韦斯特伯格等人采用工作记忆扫描任务，如图 3-2 所示。每个线索（红色实心圆圈）呈现 900 ms，线索之间间隔 500 ms。被试要求记住每一个点的位置和出现顺序。当最后一个线索呈现完毕之后，有 1 000 ms 的间隔，紧接着呈现 2 000 ms 的探测刺激。探测刺激为一个填有 1—5 数字的圆圈。被试的任务是判断这个探测刺激是否与之前第 3 个方格中呈现的刺激位置相同。只有当位置和顺序都一致时，被试按键回答"是"，否则被试按键回答"否"。

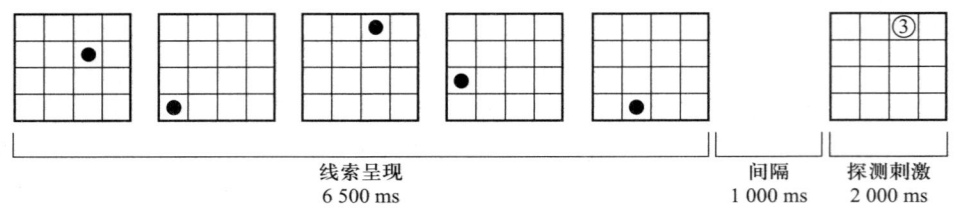

图 3-2   韦斯特伯格等人（2007）采用的工作记忆扫描任务示意图

Cogmed 工作记忆训练任务是一种促进工作记忆容量的认知训练任务。[①] 该训练范式包括三种不同的训练程序：Cogmed   JM 版本适用于学龄前儿童（4—6 岁），Cogmed   RM 版本适用于较大的学龄儿童（7—18 岁），Cogmed   QM 版本适用于成人。这些训练程序分别包括为期五周、每周五天的训练，Cogmed   RM 和 Cogmed   QM 任务每天需要完成 8 个日常训练任务（30—45 min）。学龄儿童训练（Cogmed   RM）在训练前，会有一个教学演示供参与训练的儿童进行学习，他们要从记忆中跟踪并复述一系列事件，要求受训练的个体正确回忆所呈现的系列信息。难度的增加往往通过设置更多的目标、复杂的任务和更长的训练序列实现。相对于 Cogmed   JM 训练任务，Cogmed   RM 中的任务目标更多，序列更长，任务难度更大。研究表明，记忆测试任务的训练能够影响儿童的行为表现和神经生理变化，意味着个体在完成任务时加工效率得到了一定的提高，有助于儿童更加高效地完成其他任务。

【本章小结】

记忆是个体对其经验的识记、保持、回忆或再认的心理过程。记忆具有不同的作用和划分标准，根据记忆的具体内容，可将记忆分为形象记忆、运动记忆、情绪记忆和逻辑记忆。根据保持的时间，可将记忆分为瞬时记忆、短时记忆和长时记忆。儿童记忆具有不同的测量工具，要经过不同的发展过程。儿童记忆的教育要明确记忆目的，增强记忆的积极性；让儿童在积极的思维过程和活动中识记材料；教育儿童学会运用不同的记忆策略；引导儿童按照遗忘规律进行复习和测试；通过活动训练提升儿童的记忆能力；明确记忆测试任务的训练作用。

---

① AKSAYLI N D, SALAG, GOBET F. The cognitive and academic benefits of cogmed: a meta-analysis［J］. Educational research review, 2019（27）: 229–243.

【实践·反思·探究】

1. 下课后，李老师要求班级中的所有学生复述课文。其中一个年龄偏小的学生小明，将一篇几百字的课文缩减为一句话进行了复述，这不符合李老师的要求。于是在班中其他同学都已经放学的时候，李老师让小明单独留下来，重新复述课文内容。在大约 30 分钟的时间内，小明几乎没有将自己的注意力放在课文上，而是看着同学们一个个地背着书包离开教室。随后小明又和李老师讨价还价，想要为自己争取一些可以减免的权利。在一切未果之后，他回到座位上按照李老师的要求开始背书。又过了 20 分钟，小明明显没有得到相应的学习效果。期间，李老师一直陪在教室里备课并等待。一个半小时后，小明依旧没有任何收获，李老师要求背诵的内容他没有记住，复述也无从开始。

请从儿童记忆发展与培养的角度对李老师的行为做出评价，并说明理由。

2. 教师布置数字跟读，测查儿童的短时记忆能力。方法：随机选择一些不同年龄的儿童（最好每个年龄段 3—5 人，越多越好）为测查对象，个别进行，教师按每秒 1 位数的速度读下列数字，然后让儿童复述，每组数字全部正确复述为通过。比较不同年龄阶段儿童的差异以及同一年龄段儿童的个体差异。

3 位数：263、754、185

4 位数：1538、2747、3751

5 位数：71563、34785、41562

6 位数：685127、476839、583621

7 位数：8316954、6732158、2576531

8 位数：65275431、25884719、59427963

9 位数：431675152、585471298、159794632

【推荐阅读】

1. 孙佳禾，何文广. 工作记忆、靶线索间隔时间对事件性前瞻记忆的影响 [J]. 心理研究，2023，16（3）：224-232.

2. 董会芹，张莉. 教育心理学 [M]. 北京：高等教育出版社，2024.

3. 薛苹苹. 小学儿童知觉专家化物体的整体知觉与记忆的发展研究 [D]. 金华：浙江师范大学，2022.

第四章　儿童思维发展与培养

【学习目标】

1. 了解儿童思维的概念和种类。
2. 理解儿童思维发展的一般规律和特点。
3. 应用有效策略促进儿童思维的发展。

【知识导图】

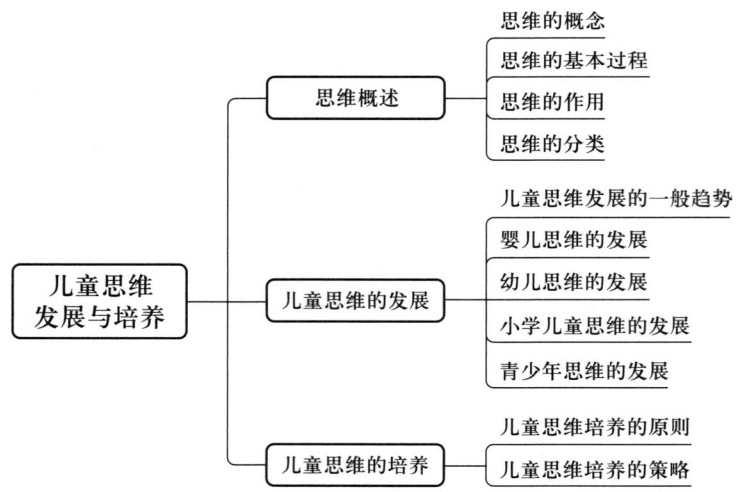

【案例导入】

亮亮4岁的时候，找妈妈要可乐喝，妈妈先是用一个宽而矮的杯子给亮亮倒了一点可乐，亮亮觉得杯子里的可乐太少了，接着妈妈把可乐倒进一只高而窄的玻璃杯中，亮亮一看就高兴了，觉得杯子里的可乐很多；但是亮亮升入小学后，妈妈开始发现"骗"不了他了。如果还是使用之前的方法，那么亮亮还会对妈妈说："我要多一些可乐！"妈妈会指着那只高而窄的玻璃杯说："那个杯子里的可乐不是多一些吗？"亮亮会说："妈妈，你不要骗我了，两个杯子里的可乐还是一样多，不信你倒回去看看。"

幼儿和小学儿童的思维发展有什么特点？应该如何培养儿童的思维能力呢？

第一节　思 维 概 述

著名物理学家爱因斯坦说过："思维世界的发展，在某种意义上说就是对'惊奇'的不断摆脱。"[①] 思维可以使人们突破感官的局限，以已有的知识经验为媒介来理解或把握没有感知过或根本不可能感知的事物，推测事物过去的进程，认识事物现实的本质，推知事物未来的发展。

一、思维的概念

思维是人脑对客观事物的本质属性以及事物之间规律性联系能动的、间接的和概括的反映，间接性和概括性是思维的重要特征。它反映的是事物的本质和事物间规律性的联系。思维同感知觉一样，是人脑对客观现实的反映。感知觉反映的是事物的个别属性、整体属性及其外部特征和联系，属于感性认识；思维反映的是一类事物共同的、本质的属性和事物间内在的、必然的联系，属于理性认识。

例如，人们经常见到刮风、下雨的天气，但这只是对这些自然现象的感知觉，即仅仅是对直接作用于感官的一些事物表面现象的认识。但如果要研究为什么会出现刮风、下雨的天气，并把刮风跟吹气、扇扇子等联系在一起，会发现它们都是空气对流；把下雨和玻璃窗上结水珠、水管"冒汗"、壶盖上滴下水珠等现象联系在一起，会发现它们都是水蒸气遇冷液化的结果。这就是深入事物的内部，把握因果关系的思维。

在认识事物的过程中，思维实现了从现象到本质、从感性到理性的转化，使人达到对客观事物的理性认识，从而构成人类认识的高级阶段。

二、思维的基本过程

思维是通过一系列复杂的心理操作实现的，思维的基本过程是人们运用概念、判断、推

[①] 爱因斯坦. 爱因斯坦论科学与教育 [M]. 许良英，李宝桓，赵中立，等译. 北京：商务印书馆，2016：120.

理的形式对外界信息不断进行分析与综合、比较与分类、抽象与概括、具体化与系统化的过程。

（一）分析与综合

分析是指在头脑中把事物的整体分解为各个部分、各个方面或各种属性加以考察的思维过程。例如，把一台计算机分解为主机、显示器、键盘、鼠标等。

综合是指在头脑中把事物的各个部分、各个属性、各种特征结合起来，了解它们之间的联系，联结成整体加以考察的思维过程。例如，把一篇文章中的各个段落综合起来，把握其中心思想。

（二）比较与分类

比较是根据一定的标准把彼此有某种联系的事物和现象加以对照，确定其异同，发现其关系的思维过程。比较是在分析与综合的基础上进行的，为了比较某些事物，首先，要对这些事物进行分析，分解出它们不同的部分、属性和方面。其次，要把相应的部分、属性和方面联系起来加以比较。最后，确定和发现事物的异同。教学中常用的比较有两种形式：一种是纵向比较，即遇到难以理解的材料时，可以把它与以前学习过的材料进行比较；另一种是横向比较，即同时把两种材料进行交错比较。

分类是在比较的基础上，根据事物或现象的本质属性或显著特征，把它们区分为不同种类，以揭示事物的一定从属关系和等级系统的思维过程。在教学中运用分类，有助于学生明确某些概念的含义，掌握事物和现象的本质属性或显著特征及事物和现象之间的从属关系。例如学生在掌握数的概念时，先把数分为实数和虚数，又把实数分为有理数和无理数，再把有理数分为整数、小数和分数等。

（三）抽象与概括

抽象是在思想上总结出各种事物与现象的共同特征与属性，舍弃其个别特征和属性的过程。例如，我们通过对各式各样的笔进行分析、比较，从它们的各种属性或特征中抽取出"能书写""是工具"是笔的一般的、本质的属性，这一结论就是通过抽象得到的。

概括是在头脑中把抽象出来的事物共同的、本质的特征综合起来并推广到同类事物中，使之普遍化的思维过程。例如，我们把笔的一般的、本质的属性"能书写""是工具"综合起来，从而认识到"笔是书写的工具"，并把这个特征推广到各式各样的笔中的思维过程就是概括。①

（四）具体化与系统化

具体化是指在头脑中把抽象、概括出来的一般概念、原理与理论同具体事物联系起来的思维过程。具体化可以使人更好地理解知识、检验知识，使认识不断深化。例如，在教学中引用具体事例解释说明理论问题或应用一般原理解决特殊问题。

系统化是指在头脑中把学到的知识分门别类地按照一定程序组成层次分明的整体系统

---

① 朱智贤，林崇德. 思维发展心理学［M］. 2 版. 北京：北京师范大学出版社，2002：10-17.

的过程。例如，生物学中将动物分为脊椎动物和无脊椎动物，脊椎动物分为鱼类、两栖类、鸟类等，无脊椎动物分为原生动物、肠腔动物等，这就是人在头脑中对动物进行系统化的过程。

三、思维的作用

思维的作用具体有以下三个：

（一）思维的发生发展使人的认识过程产生质变

思维是人类认识活动的核心。思维一旦发生，就不是孤立地进行活动。由于思维的参与，知觉不只是单纯反映事物的表面特征，而成为在思维指导下的理解的知觉，儿童的知觉也就复杂化。以空间知觉为例，思维的参与使儿童能够使用空间参照物，例如根据一个固定的物体判断其他物体的远近。又如儿童认识图画能力的概括化，就是思维在感知图画中作用的不断加强。丁祖荫提出的儿童认识图画的初级阶段——认识个别对象阶段和认识空间联系阶段，主要是对图画中对象的直接感知；后来的发展阶段——认识因果关系阶段和认识对象总体阶段，则是依靠思维进行的认识活动。思维的参加对其他认识过程的影响也是同样的。

【拓展阅读】
无意识思维
理论

思维的产生使儿童的认识过程发生重要质变：知觉不再单纯地反映事物的外部特征，而开始反映事物的意义和事物之间的联系；记忆不再是无意记忆，开始出现有意识记、意义识记、语词记忆；思维自身的概括性和间接性使儿童认识事物的能力大大提高。例如，人类虽然还没有完全搞清楚宇宙形成的奥秘，但可以根据宇宙中存在的种种现象以及相关的知识经验来推测它的形成原因，同样医生可以根据体温、验血结果、心电图与病人的自述等诊出相关疾病及作出预后的诊断。

（二）思维的发生发展使人的情感、意志和社会性行为得到发展

情绪情感过程与认识过程有着密切的联系，思维的发生发展使儿童的情绪活动越来越复杂化和深刻化，并出现了高级情感，如道德感。这些情绪和情感都与儿童对有关事物的理解密切联系。例如，随着儿童思维的发展，他们懂得关心别人，具有同情心，同时也会根据他人对自己的态度作出适当的情绪反应。

思维的发生发展使儿童出现了意志行动的萌芽，儿童开始明确自己的行动目的，理解行动的意义，从而能够按照一定的目的实现行动。思维的发生发展，也使儿童开始理解人与人之间的关系，理解自己的行为所产生的社会性后果，如具有责任感，出现说谎和诚实的行为等。思维的影响并不局限在认知领域，它还渗透到情感、社会性和个性等发展领域。思维的发生发展使儿童的个性开始萌芽；使儿童的情感逐渐深刻化；使儿童能够对自己的行为独立作出决断而逐渐摆脱对成人的依赖；使儿童对自己行为的后果产生认识，萌发责任感和自制力；使儿童对他人的理解、对自己与他人的关系有了新的认识；使儿童的同情心、自我意识有进一步发展。

（三）思维的发生发展促进儿童个性的形成

思维的发生发展使儿童的认识过程、情感过程和意志过程都发生质的变化，儿童在兴趣、爱好、动机、自我意识、能力等方面都得到发展，促进儿童个性的形成。儿童通过思维活动，拓展自己的生活空间，对外部世界和自己都有更深的认识，正是在这一过程中，儿童逐渐认识自己和他人，形成自己最初的个性。

四、思维的分类

依据不同的划分标准，可以将思维划分为不同的类型。

（一）直观行动思维、具体形象思维和抽象逻辑思维

根据思维的凭借物和解决问题的方式不同，可以把思维分为直观行动思维、具体形象思维和抽象逻辑思维。

1. 直观行动思维

直观行动思维是凭借直接感知，伴随实际动作进行的思维活动。也就是"手和眼的思维"。实际动作是直观行动思维的支柱。在直观行动思维中，思维活动往往发生在实际操作中，借助触摸、摆弄物体而产生和进行。例如，幼儿常常借助手指进行数数，实际活动一旦停止，他们的思维便立即停下来。成人也有直观行动思维，例如，技术工人在对一台机器进行维修时，会一边检查一边思考故障的原因，直至发现问题排除故障为止，在这一过程中，直观行动思维占据主要地位。不过，成人的直观行动思维是在经验的基础上，在第二信号系统的调节下实现的，这与尚未完全掌握语言的幼儿的动作思维有着本质区别。

2. 具体形象思维

具体形象思维是运用已有的表象进行的思维活动，表象是具体形象思维的支柱。例如，要考虑走哪条路能更快地到达目的地，便需在头脑中出现若干条通往目的地的路的具体形象，并运用这些具体形象进行分析、比较作出选择。在解决复杂问题时，鲜明生动的具体形象有助于思维的顺利进行。艺术家、作家、导演、工程师、设计师等职业都离不开高水平的具体形象思维。学生需要具体形象思维理解知识，具体形象思维是他们发展抽象思维的基础。

具体形象思维具有三种水平：第一种水平的具体形象思维是幼儿的思维，它可以反映同类事物中的一些直观的、非本质的特征；第二种水平的具体形象思维是成人对表象进行加工的思维；第三种水平的具体形象思维是艺术思维，它是一种高级的、复杂的思维形式。人们通常所说的具体形象思维指的是第一种水平。

3. 抽象逻辑思维

抽象逻辑思维是以概念、判断、推理的形式达到对事物的本质特性和内在联系认识的思维。概念是抽象逻辑思维的支柱。概念是人类反映事物本质属性的一种思维形式，抽象逻辑思维是人类思维的核心形态。科学家研究、探索和发现客观规律，学生理解、论证科学的概念和原理，日常生活中人们分析问题、解决问题等，都离不开抽象逻辑思维。小学高年级学生的抽象逻辑思维得到迅速发展，初中时，抽象逻辑思维已开始占据主导地位，初中阶段一些学科中的公式、定理、法则的推导、证明与判断等都需要运用抽象逻辑思维。

儿童思维的发展，一般都需要经历直观行动思维、具体形象思维和抽象逻辑思维三个阶段。成人在解决问题时，上述三种思维往往是相互联系、相互补充、共同参与思维活动的。例如我们在进行科学实验时，既需要高度的科学概括，又需要展开丰富的联想和想象，同时还需要在动手操作中探索问题症结所在。

（二）直觉思维和分析思维

根据思维是否有明确的思考步骤和思维过程中意识的清晰程度，可以把思维分为直觉思维和分析思维。

1. 直觉思维

直觉思维是未经详尽分析就迅速对问题答案做出合理的猜测、设想或突然领悟的思维。直觉思维具有快速、跳跃的特点。例如，医生听到病人的简单自述，迅速做出相关疾病的诊断；公安人员根据作案现场的情况，迅速对案情作出判断；学生在解决简单的题目时，未经逐步分析，就对问题的答案作出合理的推测、猜想等，都用到了直觉思维。

2. 分析思维

分析思维即逻辑思维，是遵循严密的逻辑规律，经过逐步推导，对问题解决做出明确结论的思维。例如，学生解几何题时，会经过多个步骤的推理和论证；医生面对疑难病症时，会对病人做多项检查、会诊分析等，都用到了分析思维。

（三）聚合思维和发散思维

根据解决问题时的思维方向不同，可以把思维分为聚合思维和发散思维。

1. 聚合思维

聚合思维又称求同思维、集中思维、辐合思维，是把问题所提供的各种信息集中起来得出正确的或最优的答案的思维。聚合思维是一种有方向、有范围、有条理的思维。例如，学生从各种解题方法中筛选出一种最佳解法，工程师在多种实施方案中经过筛选和比较找出最佳方案等，都用到了聚合思维。

2. 发散思维

发散思维又称求异思维、辐射思维，是从一个目标出发，沿着各种不同途径寻求多种答案的思维。例如，数学学科中的一题多解，科学研究中对某一问题提出多种设想，教育改革中多种方案的提出等，都用到了发散思维。利用发散思维的方式解决问题，可以产生许多解决问题的方案，至于哪种方案是最优解，则需要检验。

聚合思维与发散思维都是智力活动不可缺少的思维，都带有创造的成分。其中，发散思维最能代表创造性的特征。

（四）常规性思维和创造性思维

根据思维品质的不同和创新成分的多少，可以把思维分为常规性思维和创造性思维。

1. 常规性思维

常规性思维是指人们运用已获得的知识经验，按惯常方式解决问题的思维。例如，学生按例题的解题思路解决练习题和作业题，利用学过的公式解决同一类型的问题等就属于这一类思维。常规性思维的创造水平相对较低，对原有的知识不需要进行明显的改造。

2. 创造性思维

创造性思维是指以新异、独创的方式解决问题的思维。创造性思维依赖过去的经验和知识，通过排列组合把它们组织形成全新的东西。例如，技术革新、发明创造、教学改革等所用到的思维都是创造性思维。

第二节   儿童思维的发展

随着年龄的增长，动作、形象和语词在儿童思维中的地位和作用不断变化，儿童的思维也随之发生变化，并且形成了各个年龄阶段的特点。

一、儿童思维发展的一般趋势

从思维发展的方式看，儿童思维发展的趋势是由直观行动思维到具体形象思维，最后到初步的抽象逻辑思维。

（一）直观行动思维

直观行动思维是在对客体的感知中、在自身与客体相互作用的行动中进行的思维。动作和感知是直观行动思维的工具，活动过程即思维过程。儿童最早出现的处于萌芽状态的思维，就是直观行动思维。儿童最初的思维与其动作的发展是分不开的，儿童早期动作的发展具有重要的心理学价值。动作是直观行动思维的起点，是解决问题的概括性手段，也是直观行动思维的手段。

1. 直观行动思维的产生

直观行动思维是在儿童的感知觉和有意动作，特别是一些概括化动作的基础上产生的。儿童在摆弄物体的过程中，同一动作往往会产生同一结果，多次重复后，动作和结果之间就会在头脑中形成固定联系，以后在类似的情境中，儿童如果想要得到这个结果，那么就会自然而然地使用这种动作，此时这种动作可以说是已经具有概括化的有意动作。例如，儿童经过多次尝试后，通过拉桌布的动作拿到了放在桌子中间位置的玩具。如果儿童下次看到放在垫子上的娃娃，那么就会毫不犹豫地通过拉垫子去拿娃娃。也就是说，这种概括性的动作会成为儿童解决同类问题的手段，即直观行动思维的手段。儿童有了这种能力后，就可以说其有了直观行动思维。

2. 直观行动思维的特点

（1）直观性和行动性

直观行动思维实际上是"手和眼的思维"：一方面，思维离不开对具体事物的直接感知；另一方面，思维离不开人自身的实际动作。离开感知的客体，脱离实际的行动，思维就会随之中止或者转移。有的儿童离开玩具就不会做游戏，玩具发生变化后游戏马上中止的现象等，都是直观行动思维特点的体现。因为直观性和行动性是指儿童的思维与其感知和动作密不可分，所以直观行动思维活动的典型方式是"尝试错误"，处于这个阶段的儿童很难预见、计划自己的行动。例如，两三岁的儿童只有看见盆里的水和船，才会想到玩划船的游戏。一旦盆、船等在儿童眼前消失，他们对玩划船游戏的意识和动作也就不复存在。由此可见，直观行动思维的过程是依据当时具体的情境和动作展开的，因此直观行动思维一开始就表现出它的直观性和行动性。

（2）初步的概括性

直观行动思维的概括性除表现在动作中外，还表现为感知的概括性。儿童常以事物的外部相似点为依据进行知觉判断，例如，儿童自己的叔叔是医生，看到穿白色大褂的年轻人也会喊叔叔，要人家抱；儿童有了推动小汽车向前跑的经验之后，凡是看到带轮子的东西就会叫"车车"，要推着玩；等等。尽管这种概括性反映的只是事物之间简单的、表面的相似之处，但毕竟也是对事物之间关系的一种认识，是对事物特性进行初步比较的结果。这一阶段的思维绝不是没有价值、可有可无或是可笑的。事实上，直观行动思维一方面使儿童的动作得以协调，另一方面可以从时间和空间上组织客体。皮亚杰说，直观行动思维直到学龄时期，也仍然是"概念智力"（抽象思维）的一个基础。[①]

（3）缺乏行动的计划性和对行动结果的预见性

由于直观行动思维是和感知、行动同步进行的，所以在思维过程中，儿童只能思考动作所触及的事物，只能在动作之中而不能在动作之外思考。因此，儿童既不能计划自己的行动，又不能预见行动的结果。思维不能调节和支配行动，这是只有直观行动思维才有的特点。

（4）思维的狭隘性

直观行动思维是以儿童的感知为基础，以具体动作为工具进行的，思维的对象仅仅局限于当前直接感知和相互作用的事物，因此十分狭窄。突破这种局限的唯一途径是改变思维的方式，具体形象思维的形成实现了第一次突破。

（二）具体形象思维

1. 具体形象思维的产生

具体形象思维主要表现在幼儿期，它是介于直观行动思维和抽象逻辑思维之间的一种过渡性思维方式。幼儿的活动范围扩大，感性经验增加，语言变得丰富，为具体形象思维的发展创造了有利条件。

具体形象思维是指依靠事物的具体形象和表象进行的思维。随着幼儿经验的增加、动作的熟练，一些试误性的无效动作逐渐被压缩和省略，转而被经验代替。于是在解决问题的过程中，头脑中的表象可以代替一些实际动作，幼儿在遇到问题时可以不再试误，而是先在头脑中搜索表象，以便采取相应的有效动作。由此可见，具体形象正是直观行动在思维中重复、浓缩而成的表象。随着年龄的增长，幼儿的表象也日益发展和丰富，表象在思维中所占的成分越来越多，于是产生了具体形象思维，幼儿不再依靠动作而是依靠表象进行思维，思考和解决问题的动作开始分离，其内部表象已经可以支配外部行动。最终，具体形象思维成为幼儿的主要思维方式。从某种意义上讲，具体形象思维标志着真正的思维的产生，此时思维真正由"手的思维"转为"脑的思维"。

---

① 邓赐平. 皮亚杰发生认识论视角下的儿童思维与智慧发展［J］. 心理研究，2020，13（4）：291-311.

2. 具体形象思维的特点

（1）思维动作的内隐性

在直观行动思维中，儿童在解决问题时，多采用尝试错误法。当用直观行动思维方式解决问题的经验积累多了以后，幼儿不再依靠一次又一次的外显动作的实际尝试，而开始依靠行动条件和行动方式的表象在头脑中进行思维操作。思维动作从外显向内隐的转变，不是单纯的位置变换，而是质的变化，意味着思维已从它的原始状态中分离出来成为"心理"活动。从此，思维开始摆脱与动作同步进行的局面，可以调整到行动之前进行，于是，它开始对行动具有调节和支配功能，使"三思而后行"成为可能。虽然缜密的思考是逻辑思维的"专利"，但思考在前、行动在后却是从具体形象思维开始的。

（2）具体形象性

具体形象性表现在幼儿的思维内容中是具体的。幼儿的头脑中充满了颜色、形状、声音等生动的形象，他们需要依靠事物在自己头脑中的形象进行思维。所以，一般来说，幼儿容易掌握代表实际物体的概念，如"桌子""椅子""汽车""飞机"等，不易掌握抽象概念，如"家具""交通工具"等，而且幼儿常常难以理解抽象的语言。

（3）表面性

年幼的儿童往往会把皮球和苹果放在一起，理由是它们都是圆形的；他们也常常会把葡萄和茄子放在一起，理由是它们都是紫色的。由此可见，年幼儿童的思维只是根据具体接触到的事物的表面特征来进行的。因此，其思维往往只反映事物的表面联系，而不反映事物的本质联系。

（4）绝对性

由于具体形象思维的内隐性和具体形象性，因此思维所能把握的往往是事物的静态，而很难把握那种稍纵即逝的动态和中间状态，因此幼儿认识和理解事物，都是持"非好即坏""非黑即白"的绝对化认识，往往缺乏相对的观点。

（5）自我中心性

无论是直观行动思维，还是具体形象思维，都是以自己的直接经验为基础的思维，这就使得它们都带有自我中心性。即二者往往都是从自己的身体、动作或观念出发，以自我为认识的起点或原因的倾向，而很难从客观事物本身的内在规律以及他人的角度认识事物。

"三山实验"是皮亚杰为了解幼儿是如何理解他人头脑里的认识问题而设计的，是幼儿自我中心思维的典型例证。"三山实验"的过程如下：在一个立体沙丘模型上错落摆放三座山丘，先让儿童从前后、左右不同的方位观察这个模型，然后让儿童分别看四张从前后、左右四个方位所拍摄的沙丘照片，再让儿童指出，和自己站在沙丘不同方位的另外一人（实验者或其他儿童）所看到的沙丘情景与上面哪张照片的内容一样。前运算阶段的儿童无一例外地认为他人在另一个角度看到的沙丘和自己所站的角度看到的沙丘是一样的。"三山实验"的具体过程如图 4-1 所示。这个实验证明，儿童缺乏从他人的角度看待事物的能力。

图 4-1   "三山实验"过程图

具体形象思维的自我中心性还伴随其他一些特性，主要有如下三点：

第一，不可逆性。也就是单向性，是指儿童不能转换思维的角度。例如，向幼儿提问："你有姐姐吗？"幼儿回答："有，我姐姐是安妮。"过了一会儿又问："你的姐姐安妮有妹妹吗？"幼儿摇头："没有。"也就是说，幼儿只从自己的角度看安妮是姐姐，而不知道从姐姐的角度看自己是妹妹。由于缺乏逆向思维的能力，幼儿很难获得物质守恒的概念。幼儿不懂得一定量的物体，其外部特征既可以改变，又可以变回原来的状态，形状的改变并不影响其具有的量的稳定性。

第二，拟人性（泛灵论）。具体形象思维的自我中心性常常使幼儿由己推人。幼儿自己有意识、有情感、有言语，会以为万事万物也和自己一样。因此，幼儿常常有一种看待事物的独特眼光和一颗敏感、善良、充满幻想的心灵。例如，向幼儿提问："太阳会动吗？"幼儿答："太阳会动，我走它也走，我转它也转。太阳是不是也会跟着你？"又问："太阳为什么会动呢？"幼儿答："因为人走动的时候它也走。"接着问幼儿："太阳为什么会走呢？"幼儿答："因为太阳在听我们说什么。"最后问幼儿："太阳活着吗？"幼儿答："太阳当然活着，要不然它不会跟着我们，也不会发光。"

第三，经验性。幼儿的思维是根据自己的生活经验进行的。例如，妈妈对幼儿说："喝生水会生病。"幼儿会往鱼缸里倒开水，并告诉他人："这样鱼就不会生病了。"

（三）抽象逻辑思维

抽象逻辑思维是指用抽象的概念，根据事物本身的逻辑关系进行的思维。抽象逻辑思维是人类特有的思维方式。严格地说，学前儿童尚不完全具备这种思维方式。但在学前晚期，儿童开始出现抽象逻辑思维的萌芽。例如，前面曾介绍"体积守恒"方面的两个实验，说明幼儿往往会根据所看到的某些现象判断橡皮泥和水的体积，大部分幼儿看到橡皮泥和水的形状变了，就认为它的体积也变了。但实验发现，大班的某些幼儿已能摆脱形象的干扰，做出正确判断，但他们讲不出更多的道理，只知道："这还是原来那块橡皮泥。""这还是那杯水。"思维水平更高些的幼儿也只会说："这块橡皮泥变大了，但比原来的那块薄了。""杯子里的水变矮了，但杯子变粗了。"他们还不懂得"底面积×高＝体积"的道理。所以说，在学前晚期，儿童开始出现抽象逻辑思维的萌芽，自我中心的特点逐渐消除，即开始"去自我中心化"。儿童学会从他人以及不同的角度考虑问题，获得"守恒"的概念，开始理解事物的相对性。

儿童思维的发展是按照直观行动思维—具体形象思维—抽象逻辑思维的顺序发展起来的，这个发展顺序是固定的、不可逆的，但这三种思维方式并不是相互排斥、互不相容的。事实上，它们在一定条件下往往相互配合、相互补充。在幼儿的思维结构中，明显地具有三种思维方式同时并存的现象，这时在其思维结构中占优势地位的是具体形象思维；当遇到简单、熟悉的问题时，儿童能够运用抽象逻辑思维；当遇到的问题比较复杂、困难程度较高时，儿童就会运用直观行动思维。

有研究者进行了一项实验，研究幼儿的直观行动思维、具体形象思维、抽象逻辑思维的关系和发展过程。实验要求幼儿想办法利用杠杆，以取得用手拿不到的糖果。实验设置了三种条件：第一种条件，实验室的桌子上放有实物杠杆，使幼儿能以直观行动思维的方式解决问题；第二种条件，提供有关物体形象的图画，使幼儿没有利用实际行动解决问题的可能，可以依靠具体形象思维进行思考；第三种条件，既无实物，也无图形，只用口头言语布置任务，要求幼儿在言语的抽象水平上思考。同年龄的幼儿用三种思维方式完成任务后，比较他们的完成情况。这项研究显示，不同年龄的幼儿解决问题的水平是不一样的，小班幼儿大多是在直观行动水平上解决问题，而中班幼儿和大班幼儿逐步学会在词的水平上解决问题。

二、婴儿思维的发展

从皮亚杰的观点来看，婴儿思维处于认知发展的感知运动阶段。婴儿的思维较为简单，主要通过外显的、物理性的动作及感觉理解这个世界。例如，婴儿身旁如果有个布娃娃，那么他们就会拿起来做喂布娃娃吃东西的游戏，当布娃娃被拿走后，游戏就会停止。当婴儿骑在竹竿上面的时候，会想到骑马的活动，等把竹竿丢掉了，骑马的活动就停止。直观行动思维离不开婴儿对客体的感知和动作，是婴儿早期出现的萌芽状态的思维。婴儿的思维在分类、推理方面都有所发展。

（一）分类能力的发展

婴儿分类能力的发展主要表现在两个方面，即对图形的辨识和对物体的区分。

1. 对图形的辨识

有研究者曾做过一项实验，将悬挂在床上方的各种图形和系在婴儿腿上的绳子连接起来，3个月大的婴儿通过系在腿上的绳子，可以拉动有条形图案的玩具卡片。结果发现，不需多久，婴儿会在看到相同条形图案的时候继续踢腿带动绳子。但是如果改成环形、人脸、方格等其他图案，婴儿就不再做相同的动作。这说明3个月大的婴儿可能具有对这些图形进行辨识的能力，从而能够对这些图形进行归类，并与自己的踢腿动作相联系。有些研究则是通过去习惯化的方法对婴儿的这种归类能力进行确认。

2. 对物体的区分

1岁以前的婴儿对物体的区分多是基于感性，即基于物体相似的整体外观或物体的明显部分；[①] 2岁婴儿对物体的区分开始变成概念性的，即基于共同的功能和行为。虽然物体外形上的差异并不大，但是一两岁的婴儿已经能够对鸟和飞机加以区分。在游戏中，一两岁的婴儿是给物体进行分类的积极分子。面对所呈现的一系列物体，12个月大的婴儿只是触摸物体而不会将其归类，而16个月大的婴儿就可以将这些物体归为单一的类别。到了18个月左右，婴儿能将这些物体分为两类，他们采用的方式是触摸、分类和其他游戏行为。例如，14个月大的婴儿在看过实验者用杯子给玩具狗喂水后，同时给婴儿呈现小兔和摩托车，其通常只会给小兔喂水。当实验者示范给摩托车喂水后，14个月大的婴儿会坚持选择给小兔喂水。婴儿的这些行为表明他们能区分某类行为只适合某些类别的物体或动物，而不是其他物体。

（二）推理能力的发展

推理是由一个或几个已知的判断推导出未知结论的思维过程。推理是思维的基本形式，

---

① RAKISON D H, BUTTERWORTH G E. Infants' use of object parts in early categorization [J]. Developmental psychology, 1998, 34（1）: 49-62.

逻辑思维主要通过推理进行。儿童逻辑思维的发展，主要表现在其判断推理能力的发展。要使儿童的智能得到更好的发展，应该在认识自然的过程中发展他们的概括和推理能力。有研究表明，当 18 个月的婴儿看到他人没有顺利地完成某个动作时，会推论他人的动作意图并在模仿的时候做出完整的动作，而不是做出观察到的未完成的动作。这说明婴儿不仅能够认识他人的意图，而且能够对他人的意图进行推理。①

1 岁左右时，儿童的类比推理能力开始萌芽，10 个月大的婴儿已经可以参照父母解决问题的方式解决类似的后续问题。在某个实验中，10—12 个月的婴儿需要越过障碍（一个盒子）获得一个自己不能直接拿到的玩具。为了拿到玩具，婴儿需要移开障碍（一个盒子），拉动一块布以拿到上面的一条绳子，拉动绳子后得到玩具。实验要求婴儿解决几个类似的问题，如改变玩具的种类，改变障碍物的形状，改变绳子的颜色、质地等。当实验者向婴儿示范了解决问题的方法后，婴儿也能同样通过类比顺利拿到玩具，这表明婴儿已经具有类比推理能力。②

三、幼儿思维的发展

随着儿童年龄的增长，动作、形象和语词在其思维中的地位和作用不断变化，这些内容的变化使儿童的思维也随之发生改变，并且形成各个年龄阶段儿童思维的特点，幼儿思维的发展离不开动作、形象（表象）和语词。

（一）动作和语言关系的变化

思维和语言相联系。但儿童最早的思维却不是依靠语言，而是依靠动作进行的。他们在实际的动作中概括事物的共同属性和相互关系，也用实际动作解决思维课题。例如，请一个小朋友想一想："怎样才能把放在桌子中央的玩具拿下来？"听到任务后，儿童没有任何"想"的表现，而是马上去"拿"玩具。儿童会伸长胳膊拿玩具，拿不到后，儿童会围着桌子转一圈，然后踮起脚尖，再伸长胳膊去拿玩具，但还是拿不到；儿童试着扯动桌布，桌子上的玩具向自己这边移动了一点，儿童马上用力一拉，玩具就到了手边。儿童最早的思维就是这样依靠动作进行的。随着儿童言语的形成和发展，动作在思维中的作用和地位逐渐下降，语言的作用逐渐增加。

有学者做过这样一个实验：要求小、中、大班幼儿用零散的拼图板拼成完整的形象，并让他们在拼图前说出自己想拼成什么。拼好图案后，再让幼儿说明自己拼成了什么、是怎样拼的。各年龄的幼儿表现很不相同：小班幼儿在拼图之前往往说不出自己要拼什么，他们拿到拼图板后马上动手摆弄，偶尔拼凑出一种图形，就会非常惊奇或者好像突然有所发现地喊道："哈！雨伞！我拼了把雨伞！""机器人！"拼出来的图形像什么，小班幼儿就会说自己拼了什么，但说不出是怎样拼成的。中班幼儿在开始行动之前，只能笼统地说出自己想要拼什么，拼的过程中常常有言语活动伴随，即边拼边说。拼成之后，中班幼儿能比较完整地说

① MELTZOFF A N. Understanding the intentions of others: re-enactments of intended acts by 18-month-old children [J]. Developmental psychology, 1995, 31（5）: 838–850.

② CHEN Z, SANCHEZ R P, CAMPBELL T. From beyond to within their grasp: the rudiments of analogical problem solving in 10-and 13-month-olds [J]. Developmental psychology, 1997, 33（5）: 790–801.

出自己拼的是什么，但不能详细地说明拼的过程。大班幼儿在动手之前，已经能完全用语言说出自己想要拼什么和怎样拼，并能按照自己的言语讲述行动。

从这一实验可以看出，随着儿童年龄的增长，动作和语言在其思维过程中的作用和相互关系不断变化。首先，动作在前，言语在后，思维依靠动作进行，言语只是行动的总结。其次，一边行动一边言语，动作和言语紧密联系，似乎是用语言总结每一步动作的同时又计划下一步动作。最后，言语在前，动作在后，思维主要依靠语言进行，用言语计划行动，动作实现计划。总之，在儿童思维发展的过程中，思维对动作的依赖逐渐减少，对语言的依赖逐渐增加。

（二）形象（表象）和语词关系的变化

为什么年龄越小的儿童越是主要依靠动作思维？因为动作总是有对象的，必须用一定的物体进行，而物体又是具体的、有形的，能够看得见、摸得着。用动作进行思维时，也在借助和依靠事物形象的帮助。中班幼儿可以逐渐摆脱对动作的依赖而思考，但思维的工具仍然不是抽象的概念（语词），而是与所思考的问题有关的事物的具体形象（表象），这影响甚至支配着幼儿对事物的认识。

【微视频】
守恒实验

有学者曾做过这样一个实验：给幼儿看两块体积和形状都一样的橡皮泥，等幼儿确认两块橡皮泥一样大以后，当着他们的面，改变其中一个的形状（如把泥球按扁），再问幼儿："现在两块橡皮泥是否还是一样大？"许多幼儿回答说："不一样了，因为你把这块按扁了，它就变大了。"由此可见，形象影响幼儿的判断。随着言语的发展，在幼儿的思维中，形象（表象）和语词的相互关系也会逐渐发生变化。起初，语词和形象（表象）是紧密相连的，形象（表象）的作用超过语词的作用。这种情况表现在很多方面，幼儿所能理解的语词，往往都是有具体事物或生活经验作支柱的。对于抽象的、高度概括的语词，幼儿常常不能理解或者给予"具体的"理解。例如，当一个幼儿听到成人说"黑暗的旧社会"一词时，会问："在黑暗的旧社会里，人们白天上街是不是还得带手电筒啊？"在幼儿的头脑中，"黑暗"等于夜里，漆黑一片。随着幼儿长大，语词的作用逐渐加强，并摆脱表象、形象的束缚，开始成为独立的思维工具。但是总体来说，形象在幼儿思维中始终占据优势地位。[1]

四、小学儿童思维的发展

小学阶段是人的思维发展的重要时期。从进入小学起，儿童就开始正规的学习活动，系统地掌握人类关于自然和社会的知识经验，自觉地服从和执行集体的行为规范。新的学习活动对儿童提出了新的要求，从而引起小学儿童思维发展的种种新的需要，与小学儿童已达到的原有心理结构、思维水平之间产生矛盾，构成小学儿童思维发展的动力。在教育的影响下，这些矛盾的不断产生和解决，推动小学儿童的思维不断向前发展。

---

① 雷雳. 发展心理学［M］. 4 版. 北京：中国人民大学出版社，2020：122-125.

（一）从具体形象思维逐步向抽象逻辑思维过渡

儿童思维的发展遵循着质量互变这一辩证规律。在小学阶段，儿童的思维由具体形象思维为主发展到以抽象逻辑思维为主，这是一个质变的过程。但思维发展过程中的每一个质变都不是突然发生的，而是通过新质要素的逐渐积累和旧质要素的逐渐衰亡和改造实现的。小学儿童的思维由具体形象思维向抽象逻辑思维过渡不是自发实现的，而是在新的生活环境和教学条件的影响下实现的。小学儿童的思维由具体形象思维到抽象逻辑思维的过渡，存在着一个明显的关键年龄。思维过渡的关键时期大约发生在小学四年级（10—11 岁）。如果教育得当、训练得法，那么这一转折期可以提前到小学三年级。如在一项思维训练的纵向研究中，接受训练的实验班到三年级下学期，平均有 86.7% 的小学生达到了测定的较高级水平，而未经训练的对比班到五年级有 75% 的小学生达到这个水平。[①]

刚进入小学的儿童，其思维还离不开事物的具体形象，也就是说，他们还要借助具体事物的表象解决问题。有经验的教师会发现这样一个事实：当儿童对抽象的数学运算感到困难时，只要教师用直观教具加以演示或用形象的语言加以提示，那么学生就能较快领悟，得到正确答案。例如，刚开始学加法时，如果对小学儿童进行提问"1 + 1 = ？"儿童可能无法立刻回答出来，但如果教师先给儿童一块糖，然后再给儿童另一块糖，问"现在一共有几块糖"，学生可能马上就能够回答出共有两块糖。

初入小学的儿童，其思维虽然保持具体形象的特点，但这并不意味着他们的思维没有任何抽象概括的成分。小学儿童的思维如何从以具体形象思维为主向以抽象逻辑思维为主过渡呢？这里以一个实验为例具体说明。在一个关于"儿童对物体运动速度"的认知发展研究中，小学儿童在理解"速度＝路程／时间"这一抽象关系时，会经历这样一个过程：6—7岁的儿童在比较两辆车速度的快慢时，只是依据单一的空间因素，如哪个车停在前面，哪个车的速度就快；或只依据单一的时间因素，如哪个车先停下，哪个车的速度就快。以后，儿童能逐渐看到空间和时间两个方面的因素，但也只能从外部形象判断，不能整合其中的关系。只有这样，儿童才能真正抽象出"速度＝路程／时间"的关系，主动采取各种策略解决问题，他们的思维也会逐渐达到抽象概括的水平。

在小学儿童思维的发展过程中，具体形象的成分和抽象逻辑的成分不断发生变化，当面对不同难度、不同学科、不同思维的任务时，其思维发展也会表现出不同的水平。例如，在数学学习中，小学儿童的思维已经达到较高的抽象水平，可以离开具体的事物进行抽象的思考，但在历史的学习中，小学儿童的思维却停留在具体形象的水平上，对历史发展规律的理解还感到较大的困难。又如，当小学儿童已经掌握整数的概念和运算方法后，就不需要具体事物的支持；而当小学儿童开始学习分数概念和运算方法时，如果没有具体事物的支持，那么就会感到很大的困难。

（二）思维的基本过程日趋完善

1. 分析和综合的发展

儿童的分析和综合能力是在活动中形成的，由在直接感知的条件下进行分析综合向在表

---

① 林崇德. 小学儿童数概念与运算能力［J］. 心理学报，1981，26（3）：289-298.

象和概念的基础上进行抽象的分析综合发展。

　　幼儿在解决问题时，往往只注意事物的某一点或某一个方面，不能同时注意和思考更多的方面，这种倾向称为思维的中心性。著名心理学家皮亚杰做过一个试验：他给幼儿看两个形状、大小完全一样的玻璃杯，杯中装着同样多的水，让幼儿确认两个杯子中的水同样多之后，将其中的一杯水倒在另一个扁平的杯子中。之后让幼儿判断此时两个杯子中的水是否一样多，幼儿往往认为这两杯水是不一样多的。这说明幼儿在解决问题时，容易考虑事物的单一因素，他们的分析综合能力相对较差。到小学阶段，儿童已能同时考虑液面降低和杯子变宽等多种因素，而且知道一个维度——液体高度的变化可以由另一个维度——液体宽度的相应变化来补偿，这种倾向称为思维的脱中心化。这说明小学儿童的分析综合能力得到了提高。

　　小学低年级儿童只能在直接观察事物的条件下进行分析综合，例如，儿童在学习计算时，总是会用数手指或数事物进行。这时儿童还不能脱离具体事物在头脑中进行分析和综合。随着儿童知识经验的积累，在教学条件的影响下，小学中高年级的儿童已能在表象和概念的基础上进行抽象的分析和综合。

　　2. 比较和分类的发展

　　如果想要找出事物的相同点和不同点，那么就需要比较。研究发现，4—5 岁的幼儿逐渐能够找出物体的相应部分，并进行比较。他们能够首先学会寻找物体的不同之处，其次学会寻找物体的相同之处，最后学会寻找物体的相似之处。小学低年级儿童在进行比较时，常常不善于分清事物的本质和非本质的特征。在解决具体任务时，往往不善于用比较的方法解决问题。在教育的影响下，到小学中高年级，儿童的比较能力逐步发展和完善起来。这时，儿童不仅能对具体事物的异同进行比较，而且能比较抽象事物的异同；不仅能对事物的明显差别进行比较，而且能对事物的细微差别进行比较。例如，有研究者对小学一、三、五年级的学生比较具体实物、字形、词义和课文内容异同的能力特点进行研究，结果表明，小学儿童比较能力的发展具体表现为：从区分具体事物的异同到区分抽象事物的异同；从区分个别部分的异同到区分许多部分关系的异同；从直接感知条件下进行比较到运用语言在头脑中引起表象条件下进行比较。

　　分类是人类思维活动的重要方法之一。分类是把具有相同特征的事物归在一起，分类能力的发展是逻辑思维能力发展的一个重要标志。在 20 世纪五六十年代，皮亚杰和英海尔德研究了儿童的分类问题，从分类标准方面将儿童分类能力的发展分为三个阶段：第一阶段，分类标准不固定，经常变化。2—5.5 岁的儿童处于这一阶段，儿童在分组时很少考虑刺激物之间的相似性，反而多利用刺激物之间的描述性关系；第二阶段，逐步按照一个固定标准分类。5.5—7 岁的儿童处于这一阶段，儿童会按照刺激物之间的相似性进行分类；第三阶段，分类标准固定。7—12 岁的儿童处于这一阶段，有了"持久等价"的思想。这说明，只有到小学阶段，儿童才能按照稳定的标准分类。研究发现，小学生对字词概念的综合性分类能力具有明显的年龄特点。如朱智贤等人研究发现，小学二年级学生可以完成对自己熟悉的具体事物的字词概念的分类，低中年级小学生基本上不具备组合分析分类的能力，从四年级起个别学生出现组合分析分类的表现，五年级起组合分析分类能力有较明显的发展。[①]

---

① 　朱智贤，钱曼君，吴凤岗，等. 小学生字词概念综合性分类能力的实验研究［J］. 心理学报，1982，27（3）：302-310.

3. 抽象和概括能力的发展

小学儿童的概括能力随年龄的增长逐渐发展，但发展的过程时快时慢，对不同任务的认知发展是不同步的。一些有关小学儿童语词概括和数概括的研究证明，儿童能从对事物外部特点的概括（形象概括）发展到对事物本质属性的概括（抽象概括），从对简单事物的概括发展到对复杂事物的概括。例如，卢婉君的研究发现，7—12 岁儿童抽象概括能力的发展趋势为：从先学会概括实物，发展到概括实物图片，再发展到概括词汇、成语、句子和故事。在概括时，从开始只会概括事物表面的、形象的、非本质的特征，逐渐发展到概括事物内在的、本质的特征。[①]冯申禁等人的研究发现，二至五年级儿童在概括三组包含不同因素的材料时，有不同的水平。儿童对数的概括能力的发展也表现出类似的发展趋势。[②]林崇德的研究表明，小学儿童数概念的发展趋势为，7—8 岁儿童基本处于具体形象概括水平，8—10 岁儿童处于从具体形象概括向抽象概括过渡阶段，大部分 10—12 岁儿童达到初步本质抽象概括水平。[③]

五、青少年思维的发展

青少年时期是儿童身心发展逐步趋于成熟的时期，到青年初期，人的思维能力基本接近成人的水平。抽象逻辑思维在青少年的思维中占据主导地位，它的主要特点是：从经验型的抽象逻辑思维（依赖感性经验的直接支持才能进行的抽象逻辑思维形式，在初中阶段表现突出）逐渐向理论型的抽象逻辑思维（依据抽象概念和命题进行的逻辑思维形式，在高中阶段表现突出）转化，并向初步辩证逻辑思维发展，思维趋于成熟。

（一）抽象逻辑思维逐渐占优势

青少年期儿童的抽象逻辑思维处于优势地位，从经验型向理论型过渡。在少年期的儿童思维中，逻辑思维成分已经在一定程度上占有相对优势，在具体思维和抽象思维密不可分的统一关系中，抽象思维日益占据重要地位。而且，随着抽象思维的发展，具体思维也不断地得到充实和改造，青少年的具体思维是在和抽象思维的密切联系中进行的。

1. 思维具有假设性

青少年能通过假设演绎进行思维，即能摆脱具体事物的限制，运用概念、提出假设、检验假设进行抽象逻辑思维。研究表明，初中生在面临智力问题时，并不是直接得出结论，而是先挖掘隐含在问题材料情境中的各种可能性，再用逻辑分析和实验证明的方法对每一种可能性予以验证，最后确定哪一种可能性是事实。例如，同时给小学生和初中生布置一个两难问题——是否用手术去除脸部的一个缺陷，不同的医生提出的观点不同，让他们分别选择相信哪个医生。初中生用未来的可能性决定结论，小学生用现在的情况（如在学校会不会受到歧视）决定答案。因此，对初中生来说，他们已经认识到现实只是包含在由事实与假定构成的总体中的一个子集，它通常并不直接出现在人们面前，而需要用逻辑方法加以搜寻。初中

① 卢婉君. 小学儿童语词抽象概括能力的发展［J］. 应用心理学，1986，6（2）：24-27，5.
② 冯申禁，宋钧，佟乐泉. 儿童运用归纳法概括句组内词语能力的实验研究［J］. 心理学报，1980，25（2）：226-234.
③ 林崇德. 小学儿童数概念与运算能力发展的研究［J］. 心理学报，1981，26（3）：289-298.

生已具有了这种建立假设及检验假设的能力，他们的思维相对童年期更加具有深度、广度、精确性和灵活性。7—11 岁小学儿童的思维也具有逻辑性，他们具备了通过假设思考和解决问题的能力，但是这种假设是通过客观事实提出来的。到青少年时期，儿童会发展并建立"与实际相反"命题的能力。这种变化使青少年的思维重点从"真实"向"可能"转移，在解决问题和理解逻辑时采用假设与推论进行，这是儿童思维发展的质变。

2. 思维活动中自我意识或自我监控能力的明显化

思维活动中的自我意识或自我监控，是指为了保证达到预期目的，在思维过程中将思维个体作为意识的对象，积极地、不断地对其进行定向、控制和调节的能力。随着青少年的年龄增长，其自我控制能力不断提高，基本规律从局部监控到整体监控、从他控到自控、从不自觉到自觉再到自动化，这使思维活动具有内省性。思维监控的发展是青少年思维发展的一个显著特点，也是其思维发展趋于成熟的一个标志。

3. 创造性思维迅速发展

创造性思维是指重新组织已有的知识经验，提出新的方案或程序，并创造出新的思维成果的活动。小学儿童虽然也能进行假设，但他们的思维建立在真实事物的基础上，而青少年作出假设的思维却是针对可能性，并不关心是否真实。因此，青少年假设的、形式的、反省的抽象逻辑思维可以跳出思维的惯性，创造性思维或思维独立性获得迅速发展。

（二）辩证逻辑思维不断发展

辩证逻辑思维开始于少年期，但这时儿童的抽象逻辑思维主要是经验型的，因此只能说存在某些辩证思维因素，而青年初期学生的思维则是理论型的。这种理论型的抽象逻辑思维的发展，必然导致辩证逻辑思维的发展。理论型的抽象逻辑思维包含具体与抽象的统一、归纳（从个别到一般）与演绎（从一般到个别）的统一，从而可以用全面的、运动变化的、统一的观点分析问题、解决问题，为辩证逻辑思维的形成和发展创造良好的条件。相比小学儿童，青少年除能够对具体事实进行操作外，还能够对可能性进行操作，甚至会运用逻辑进行推理。如一个 8 岁儿童想"知道"什么事，他们只是简单地发现事实；而青少年则更可能寻找具有相对性的、不确定的知识。

第三节　儿童思维的培养

儿童思维的发展主要通过教育来培养，思维能力属于认知能力，即智力的核心组成部分，从大量思维能力超常儿童的实例以及对他们的研究发现：思维能力出众是他们共同具有的一个显著特征。要培养思维能力超常的人才，就要从小培养儿童的思维能力。

一、儿童思维培养的原则

（一）互动性原则

儿童的思维是在通过自身与周围环境中的人、事、物相互作用的活动过程中得到发展的。互动性作为儿童教育的基本表现形态，贯穿儿童的生活之中，因此成人要善于营造师生交流、生生互动、儿童和情境互动的积极有效的氛围和条件；要积极运用和创造环境，为儿童提供多样的有利于发现问题、分析问题和解决问题的活动教具、学具、游戏材料；要善于引导儿童与成人、儿童与儿童之间的探索、发现、讨论，充分进行双向甚至多向互动，使彼此在交流过程中通过碰撞迸发出新的思维火花，萌生更多解决问题的新思路和新想法。

（二）启发性原则

启发性原则是要求成人遵循儿童的认识规律和心理发展水平，采取多种有效的方法引导他们提高学习的主动性、自觉性和积极性，设计和组织能够激发儿童思考、灵活动脑的活动，善于在活动中通过设置问题情境引导儿童积极探索、独立思考，在解决问题的过程中生动活泼地学习和获取知识，从而使他们初步掌握一定的方法，发展分析问题和解决问题的能力。

（三）创造性原则

创造是积极大胆地想象和独立创新的过程，是善于思考、不断调整解决问题的角度、策略和方法，追求更好、更快、更新的一种思维方式。创造离不开主动求异的智力活动，创造性不仅表现为对经验的改组和运用，而且是一种力求创新的意识体现和不断发现的积极心向。所以，创造性既是一种智力特征，又是一种人格特征，一种积极进取的精神状态。培养儿童的创造性思维就是要培养他们具备不断创新的意志，形成一种不断进取的精神状态，同时引导他们掌握必要的探索策略和解决问题的方法，最后使他们具备一种创造性的人格特征。

二、儿童思维培养的策略

（一）创设问题情境，调动儿童思维的积极性

思维总是从提出问题开始的。好奇、善问是儿童的天性，同时也提供了促进儿童积极思考的机会。当儿童遇到自己不明白的问题时，他们会直接向教师或者同伴表达自己的疑惑，并发起提问。因此，教师要常常关注儿童的困惑，根据儿童的提问了解不同儿童的发展水平，因为儿童的生活经验不同，所以他们的提问也各不相同，教师要鼓励和支持儿童探索问题，寻求答案。如果儿童的疑惑是相同的，那么教师可以鼓励儿童集体讨论，共同探索寻找答案。当儿童在讨论和寻找答案的过程中出现分歧时，教师要适当地引导，逐渐使儿童达成共识。问题解决后，教师依然可以提出新的问题让儿童产生疑惑和分歧，使他们在新的疑惑和分歧中继续解决问题。教师要重视儿童的疑惑和分歧，使儿童在疑惑和分歧中不断解决问题，长此以往，儿童的思维能力会不断提高。

儿童能否有动脑的积极性，是否对问题进行思考，依赖一定的问题情境。儿童只有在生活和活动中遇到问题，产生好奇心，或意识到必须要想办法解决问题时，才会引发积极的思维活动。好的问题情境既要为儿童的学习提供认知停靠点，又要激发他们动脑探索的积极心向。

在儿童的生活和活动过程中，成人要注意选择那些源于现实生活、有利于建构儿童故事结构和培养创新精神的、容易激发儿童探究心理的、符合儿童心理特点和发展水平的、难度适中的、富有启发性的问题情境，以此调动儿童思维的积极性，引发他们对问题的注意和思考，有效激发他们积极寻找答案的愿望，达到培养儿童思维能力的目的。

心理学研究认为，"听会忘记，看能记住，做才能更好地理解"。儿童喜欢活动，活动中蕴含着从观察到思维、从认识到操作、从想象到创造等多种教育契机，因此成人要让儿童在各种游戏和活动中，通过不同的动作和表达方式（拼拼摆摆、撕撕折折、涂涂画画、说说讲讲……）把认知、情感和行为等各种能力整合起来，让儿童在玩耍中快乐地认知、感受、思考，展开丰富的联想，碰撞出创造的火花。成人应引导儿童大胆地想象和创造，鼓励他们勇于实践和创新，让他们的创造意识和自信心在每一次成功的活动体验中得到增强。

生活活动是儿童活动的主体部分，儿童在生活活动中不断获得成长。同时，因为儿童的思维是在问题情境中发生和发展的，所以教师应该在生活活动中为儿童创设自然的问题情境，发展儿童的思维能力。生活活动看似是简单的生活常规，与儿童的思维发展没有明显联系，但是对儿童的思维发展来说，生活活动是一种隐性课程。首先，生活常规训练使儿童形成一种常规思维模式，知道在什么时间做什么事情，儿童完全可以独立进行，不再需要教师的提醒。其次，生活中的问题可以提高儿童的问题解决能力。教师可以利用生活中的突发问题，让儿童独立思考并解决，例如，发现卫生间的水池漏水，应该怎么办？教师应该鼓励儿童合作解决这一问题。儿童可以集体讨论解决问题的方法：第一步，把卫生间地面上的水擦干净；第二步，及时告知维修工人卫生间存在的问题；第三步，观察维修工人如何修理水管。具体的计划者和实施者的角色分配由儿童自己决定，教师可以适时指导，主要目的是让儿童进行集体思考，并知道如何解决问题。儿童在解决问题的过程中逐渐提高思维能力。

（二）提高语言水平，促进思维的发展

语言是思维的有机创造，它扎根于思维之中，并且从思维中不断地发展起来。因此，要想发展儿童的语言能力，就应该不断地发展他们的思维能力，离开思维单独地发展语言是不现实的。由此可见，思维对语言发展具有重要价值。处在人类社会中，个体是无法离开语言的，语言的发展能够促进思维的灵活性与敏捷性，所以，思维与语言是相辅相成的。思维是抽象的，需要借助语言反映儿童思维的发展情况，教师应该重视儿童的语言发展。

对教师来说，一方面，教师要珍惜儿童主动表达的机会，当儿童主动与教师交谈时，教师应该有足够的耐心倾听，善于发现儿童表达的关键内容，以及表达是否顺畅、清晰。另一方面，教师要创造机会让儿童自主表达，在集体教学活动中，教师应该让儿童有表达自己想法的机会，尽量关注每个儿童的不同表现；在日常生活中，教师可以寻找机会与性格内向的儿童主动交谈，在交谈的过程中让他们主动表达。例如，入园和离园时，有的幼儿到园较早或者离园较晚，这时班级中的幼儿较少，教师可以利用这个时间与幼儿聊聊他们在家中或者在园中发生的有趣的事情。无论是在教学活动中还是生活活动中，教师都应该给予儿童表达的机会。儿童在表达时，词汇的丰富程度、语言的流畅程度以及清晰程度等都能反映儿童思维的发展情况，教师可根据儿童的语言表达情况，有针对性地锻炼儿童的思维能力，使儿童在语言发展的过程中逐渐提升其思维能力。

语言是思维的工具。语言不仅用于思维的过程，而且记录思维的成果。要发展儿童的思维，尤其是抽象逻辑思维，必须帮助他们掌握丰富的词语。成人应通过各种活动帮助儿童正确地认识事物、丰富词汇，学会正确理解和使用各种概念，发展语言表达能力，只有这样，才能促进儿童的思维从具体的事物和情境中解放出来，由具体形象思维向抽象逻辑思维转化。例如，引导儿童多读课外读物，参加讲演会、辩论会，画黑板报、手抄报等，都可以发展儿

童的语言。其中较为重要的是，通过语文教学发展儿童的言语。有一位小学语文教师曾用下列六种方法发展儿童的语言，收到了良好的效果：（1）重视引导学生正确理解词语，通过形象的语言和实物图画等帮助学生理解词语的意义，尽可能不使用以词解词的方法。（2）开展联绵构词训练，扩大学生用词的眼界。如教师写出一组字，让学生联绵组成十几个词。（3）训练学生把话说完整。教师使用"××真勇敢""同学们……"这样的句式让学生补充完整，使学生养成说完整句子的习惯。（4）训练学生描写观察过的事物，要求既能说得出，也要写得出。（5）要求学生根据一篇文章进行缩写训练，用简明的词句表达复杂的思想。（6）养成默读的习惯，在默读全文后写出段落大意、主题思想等。上述这些方法，对发展学生的语言，尤其是内部言语，起了非常重要的作用。

（三）结合思维的过程，训练儿童的思维

在活动中培养儿童的分析和综合能力，是发展思维的有效途径。在不同的思维发展阶段，儿童的分析和综合水平也不相同。因为儿童的典型思维是具体形象思维，所以对事物的分析和综合离不开事物的具体形象和特点。为此，成人要通过引导儿童观察具体事物，运用多种感官充分感知事物的每个方面和每个特点，学习对事物的具体特征进行分析和综合，例如，通过观察蜡光纸、报纸、餐巾纸三种不同的纸张在水里的下沉速度，可分析得出纸张的下沉速度与纸张吸水的速度和程度密切相关。吸水越快、越多的纸张在水中下沉的速度就越快。儿童通过观察可以学会对具体的事物进行分析和综合。

另外，儿童在思维发展初期还不善于对物体进行一一对应的比较，主要表现为儿童此时还不善于表达物体之间的相应部分，因此成人可以带领他们先学会寻找物体的不同之处，接着学会寻找物体的相同之处，之后学会寻找物体的相似之处，然后对物体的相同之处进行概括和判断，并在此基础上尝试按照不同的标准对物体进行分类，以此促进抽象逻辑思维的发展。对小学一年级的儿童来说，在教 10 以内的加减法时，可先引导学生比较 1—9 这九个自然数，找出它们的共同点，即都是单位数，不同之处是它们所包含的个数不同，这就会用到比较、概括等逻辑方法。又如在教学具体运算时，教师可以先让学生学习看图运算，把 3 只小鸭和 1 只小鸭加起来……然后撇开具体事物，要求把"3＋1＝？"计算出来，这就是抽象逻辑思维的运用。至于应用题的计算等，可以训练儿童的不同思维方法，关键在于教师要有意识地、循序渐进地在教学中把这些方法教给学生。

（四）重视训练创造性思维

创造性思维是指以新异、独创的方式解决问题的思维。创造性思维具有流畅性、灵活性、新颖性和精密性等特点，是人类普遍具有的心理能力，但存在着个别差异。对一个问题寻求多种答案的发散思维在人们创造性思维的生成过程中起着特殊的作用。心理学家力求发现更多方式对人们的创造性思维能力作客观的测量。创造性思维能力在学前儿童中已经显露并不断地向前发展，在进入小学之前达到高峰。但学前儿童的创造性思维能力又是脆弱和不稳定的，成人不恰当的干预容易使儿童受到压抑，思维得不到相应的发展。家长和教师必须要了解儿童，认识儿童，提供合适的环境气氛，并运用各种可能的教育手段积极引导，以培养儿童的创造性思维能力。自由画作、创造性游戏等活动是发展儿童创造性思维的基本手段。

　　为了促进儿童创造性思维的发展，我们可以发展和使用一些独特的教育手段。儿童的创造性思维主要是由他们所生活的社会环境培养出来的，我们应该在学校、家庭和整个社会形成一个鼓励创造性思维的环境，使它成为儿童得以在创造性思维方面成长的整个生活背景。[①]心理学的有关研究指出，具有创造性思维的人如果发现自己在思想上和行动上偏离了常规，那么往往会感到压力，从而产生焦虑和不安。罗杰斯曾经指出，有利于创造性发展的两个一般条件是心理安全和心理自由。心理安全是指人们在进行创造活动时的安全感，其意识到在发展自身的异样创造行为时，是受到社会赞许的，不会招来他人的非难和责备。心理自由是心理安全的结果，它是指一个偏离常规的人无需对自己进行伪装，压抑、歪曲或隐藏自己的思维，可以无拘无束地发展和表达自己的真实思想和行为。为了培养儿童的创造性思维，在家庭、幼儿园中打造一种鼓励创造性的环境和气氛是极其重要的。由于儿童创造性思维的脆弱性和不稳定性，家长和教师要从儿童的心理特点出发，成为儿童创造思维的鼓励者。这里我们提出以下五点建议：

　　（1）鼓励儿童的好奇心。儿童大多对周围的环境和事物都是感到新鲜、好奇的，他们在自身所处的环境中积极地活动，不断用身体的各种感官探索周围的一切事物，积累各种知识和经验，从而发展自身的能力。我们不应以成人的目光看待儿童，不能因儿童活泼、爱动、好问的天性而对他们作出种种禁止和限制。

　　（2）允许儿童犯错误。儿童出于好奇而犯错误是经常发生的事情，如不小心损坏了一只闹钟或一个新的电动玩具，儿童的本意只是想探究闹钟或玩具里面究竟是什么样子的。对儿童的这类错误，成人要采取开明和宽容的态度，单纯的惩罚只能阻碍他们的创造性的发展，重要的是要教育儿童从错误中学习，儿童只有通过正反两个方面的教育才能变得成熟起来。

　　（3）鼓励多样性、首创性，培养独立性。儿童的思维发展水平不一，动作反应也各有快慢，教师要敏感地意识到儿童的个体差异，要允许他们的思维按照自己的速度前进，培养儿童的独立性。家长和教师要警惕过度的教育，避免剥夺儿童独立活动的机会，否则会扼杀儿童的创造性。

　　（4）成人的鼓励要符合现实的认知。如同以严厉的态度对待儿童的错误一样，如果成人要求儿童的每个判断都符合实际，那么就会压抑儿童的创造精神。创造性思维跟一般思维的不同之处是，它有想象特别是创造想象成分的参与，能够结合个体的以往经验，在想象中构造创造性的新形象或提出新的假设，这是使创造活动顺利进行的关键。学前儿童的生活经验还不够丰富，头脑中储存的表象的数量和质量都不及年龄大的儿童，这就限制了他们的想象能力的发展。为了发展儿童的创造性思维，必须丰富儿童的生活经验，积极组织儿童参与各种活动，教师和家长要在活动中有意引导儿童广泛和仔细地观察、比较和体验，以便在儿童头脑中形成丰富、准确和鲜明的表象。

　　（5）鼓励儿童与具有创造性思维的人接触，发挥家长和教师的榜样作用。成人可以向儿童讲授科学家、发明家的故事，组织儿童拜访发明家和技术革新人员，激发儿童的创造动机，是培养创造性思维的有效手段之一。

　　总之，儿童思维能力的提升不是一蹴而就的，需要教师加以重视并在生活活动、游戏活

①　RUSS S W. Play, creativity and adaptive functioning: implications for play interventions ［J］. Journal of clinical child psychology, 1998, 27（4）: 469-480.

动和教学活动中有意识地、持之以恒地培养，儿童的思维能力才会循序渐进地得以提升。只有教师对培养儿童的思维能力引起重视，潜移默化地提升家长的重视程度，这样才能共同促进儿童的全面发展，使儿童未来的发展更加顺畅。

【本章小结】

　　思维是人脑对客观事物的本质属性以及事物之间规律性联系能动的、间接的和概括的反映。思维的基本过程主要有分析与综合、比较与分类、抽象与概括、具体化与系统化。思维可以使人的认识过程产生质变，使人的情感、意志和社会性行为得到发展，促进儿童个性的形成。根据不同的划分标准，思维可以分为直观行动思维、具体形象思维和抽象逻辑思维，直觉思维和分析思维，聚合思维和发散思维，常规性思维和创造性思维。儿童思维方式的一般趋势是从直观行动思维过渡到具体形象思维，再到抽象逻辑思维；婴儿思维的发展主要表现为分类能力的发展和推理能力的发展；幼儿思维的发展主要包括动作和语言关系的变化以及形象（表象）和语词关系的变化；小学儿童思维的发展是从具体形象思维逐步向抽象逻辑思维过渡，思维的基本过程日趋完善；青少年思维的发展，抽象逻辑思维逐渐占优势，辩证逻辑思维不断发展。在儿童思维的教育中，儿童思维的培养原则是互动性原则、启发性原则、创造性原则。儿童思维培养的策略主要有：创设问题情境，调动儿童思维的积极性；提高语言水平，促进思维的发展；结合思维的过程，训练儿童的思维；重视训练创造性思维。

【实践·反思·探究】

　　下面是张老师利用西红柿、鸭梨、橄榄来指导学生掌握和运用"果实"这一概念的教学过程。

　　教师：大家看看这些果实，它们的颜色一样吗？

　　学生：不一样。西红柿是红的，鸭梨是黄色的，橄榄是绿色的。

　　教师：它们的形状都相同吗？

　　学生：形状也不同。西红柿是圆形的；鸭梨像个大窝头；橄榄是椭圆形的，小小的。

　　教师：那么它们的味道相同吗？

　　学生：不同。

　　教师：是的，上面所有这些果实的颜色不同，形状不同，味道也不同。但为什么它们都叫"果实"这个相同的名字？可能它们有类似的地方吧？想一想，它们有哪些共同点呀？

　　学生：它们叫"果实"是因为它们都是很好吃的东西，我们常常吃它们。

　　教师：好吃的东西多着呢。例如，你们常常吃馅饼，馅饼也很好吃，这样说来，馅饼也该叫"果实"了。

　　学生：不是。馅饼不是"果实"。"果实"是从植物中长出来的，馅饼却不是。

　　教师：对的，果实是从植物中长出来的。但是根、茎、叶、花也都是从植物中长出来的，我们怎么把它们跟果实区分开来呢？（学生不能回答）好，让我们把果实切开来，好好

地看一看它们里面有些什么？（教师让一个学生切开了西红柿、鸭梨和橄榄，并在学生中间传看）

学生：我知道了，我猜到了，它们有相同的地方，它们里面都有种子，而且种子的形状也不一样。

教师：对啦。所有的果实都是有种子的。我们用笔把这些果实和它们的种子画下来，并记下这个结论。（教师指导学生画图并检查学生记下的结论，随后让学生看苹果、花生、葡萄，学生把它们切开或剥开后，也都找到了种子。所有这些都是"果实"，教师把这个结论写在黑板上）

教师：果实是由什么长成的？

学生："果实"是由花长成的。

教师："果实"对植物有什么用呢？

学生："果实"里有种子，种子是用来繁殖植物的。（这个结论，教师写在黑板上，学生也都记了下来）

最后，在教师的指导下，学生知道了"果实"这个概念的内涵，懂得了果实是植物由花长成的含有种子的那一部分，种子是用来繁殖植物的。教师还布置了作业题：要求学生再说出一些果实的名称；要学生回家把黄瓜和白薯切开来看看，里面有什么东西？并思考黄瓜和白薯是不是果实。

通过上面的教学活动，分析儿童思维的基本过程。

【推荐阅读】

1. 边玉芳，张瑞平. 儿童发展心理学［M］. 杭州：浙江教育出版社，2015.
2. 伍新春，张军. 儿童发展与教育心理学［M］. 3版. 北京：高等教育出版社，2020.
3. 李施漫，肖开勇. 学前儿童发展心理学学习指要［M］. 重庆：重庆大学出版社，2024.

第五章　儿童言语发展与培养

【学习目标】

1. 了解言语的相关概念和言语获得的理论。
2. 理解不同阶段儿童言语发展的特点。
3. 掌握培养儿童言语能力的方法。

【知识导图】

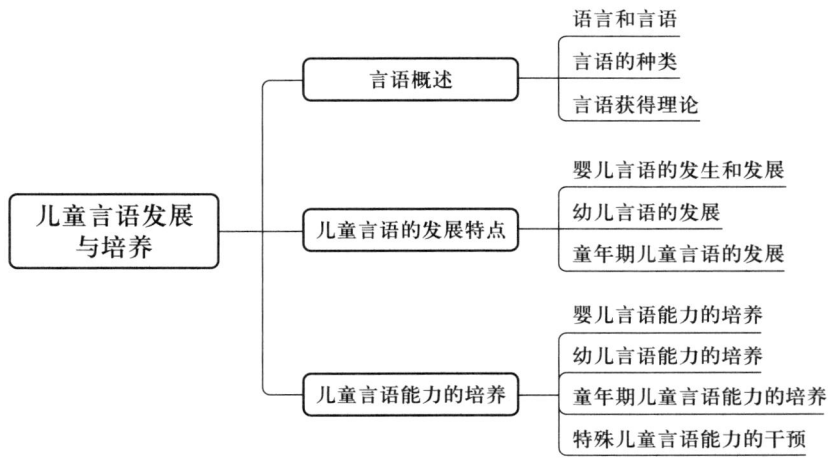

【案例导入】

一个 1 岁多的婴儿喜欢与成人玩"点点说说"的游戏。婴儿的家里有一张挂图，奶奶经常指着图上的小动物或者水果告诉婴儿它们的名称。有一天婴儿拉着爷爷来到挂图前，模仿奶奶指着图案的样子，咿咿呀呀地向爷爷表明自己想要玩游戏的意图。婴儿指着西瓜的图案，爷爷很配合地告诉婴儿这是"西瓜"。婴儿又换了一个图案，爷爷说这是"月亮"。但是婴儿却没有移开手指，而是一直指着这个图案。原来婴儿发现爷爷说错了，直到爷爷说出正确答案，婴儿才换到下一个图案。婴儿继续指向许多新的图案，爷爷又一次故意说错了，婴儿开始着急地咿咿呀呀大喊，并且示意爷爷去找奶奶。为什么婴儿在会说话之前也能识别不同的言语信息呢？通过学习本章的相关内容可以解决这个疑问。

第一节   言 语 概 述

语言与言语既是人与人之间重要的交流方式，也是文化传承与传播的重要媒介。因为语言和言语的存在，人类才得以不断进步，先进的科学技术、优秀的文化艺术、前辈流传下来的经验与技能才能得到发扬与传播。言语发展是儿童心理发展过程的重要内容之一。儿童时期是人们掌握和运用语言、发展言语能力的重要时期，这有助于提高个体对知识与经验的接受能力和了解客观环境的认知能力，促进个体思维水平的提高和智力的发展。

一、语言和言语

（一）语言的概念

人们对语言概念的理解可以追溯到古希腊时期，柏拉图认为语言是"命名"。亚里士多德认为口语是心灵经验的符号，书面语是口语的符号，语言是用词语表达意义，意义来自约定。19 世纪关于语言概念的研究，总体来说并没有超脱语言是约定俗成的框架。到 20 世纪，语言学成为一门独立的学科，并获得长足发展。索绪尔、乔姆斯基、萨丕尔等人认为语言是社会产物，具有社会属性。

语言是具有一定规则的、用来表情达意的完整的符号系统。语言以词为基本单位、以语法为构造规则，具有音、形、义三个特点。构成语言的词汇和语法是社会集体意志所决定的，语言是人类社会历史发展的产物，属于社会现象，是全民性的交际工具，不仅是人们表达思想、情感和进行交际的重要工具，而且是人类进行思维活动的武器。任何人要表达自己的思想感情，只有运用现实生活中那套约定俗成的、具有一定规则的口头和书面语言符号系统，才能为社会所接受。①

---

① 岑运强，石艳华. 二十年来语言和言语问题研究述评［J］. 汉语学习，2008（4）：69-76.

（二）言语的概念

言语是指人们对约定俗成的语言符号系统的掌握和运用的过程。个体运用某种语言表达思想、情感或与他人进行交际的过程就是言语过程，如人们日常的交流指导、通信、写作等。言语过程也包括说话、书写等表达过程，以及听说、阅读等感受和理解的过程，所以，言语过程是一种心理活动，属于个体的心理现象。随着年龄和经验的增长，儿童的思维不断发展，促使儿童言语不断发展。进入学校后，儿童接受教师的专业指导，不仅口头语言不断发展，而且还掌握了书面语言，内部语言也得到了发展。[①]

（三）语言和言语的区别与联系

语言和言语既有区别，也有联系。语言是一种符号和规则，是一种社会产物和交际工具，如汉语、英语、日语、俄语等。人们在谈论语言时侧重对语音、词汇、语法等知识的掌握。言语是个体运用语言的过程，是一种基于个人能力的行为。在进行言语活动如演讲时，同一个人可以用不同的语言，但不论用中文还是用英文演讲，都是在进行言语活动。由此可见，语言与言语互为前提、互为因果。首先，语言离不开言语。任何一种语言都必须通过人们的言语活动，才能发挥它作为交际工具的作用，都必须从言语中汲取新的要素才能不断发展。其次，言语也离不开语言。任何个体只有借助语言中的语音、词汇和语法结构，才能正确地表达自己的思想和情感，并借此接受他人言语活动的影响。

二、言语的种类

按外部化特征和内部化特征的不同，言语可分为外部言语和内部言语。

（一）外部言语

外部言语是指言语互动的过程或结果具有外显表现的言语，是具有一定的社会性、能被他人感知的言语形式，包括口头言语和书面言语两种。口头言语是指个体凭借自己的发音器官发出声音以表达思想与情感的言语，如聊天、辩论、授课等。口头言语具有合作性、情境性、简略性、反应性。书面言语是指个体借助文字表达自己的思想或借助阅读接受他人思想的言语形式，如阅读、写作等。书面言语具有展开性、随意性、计划性。它是一种看得到的书写出来的言语。书面言语比口头言语出现得晚，儿童是在掌握口头言语的基础上掌握书面言语的。书面言语用文字表达思想，可以超越时间和空间的限制，它要求有正确的书写形式，符合语法规则，具有一定的连贯性等。一般书面言语的掌握是在儿童入学后才开始的，书面言语和口头言语相辅相成、相互促进。

（二）内部言语

内部言语是指一种由个体自问自答或是在自己思考时所使用的言语活动。它与外部言语不同，是一种内隐言语，无法用来直接与他人进行交流，但却积极地参与和调节个体的外部

---

① 彭小虎，王国锋，朱丹. 儿童发展与教育心理学［M］. 上海：华东师范大学出版社，2014：83.

言语活动。内部言语是与逻辑思维、独立思考、自觉行动有更多联系的一种高级言语形态。个体在思考问题时常用内部言语进行，这是在心中说话的默语，他人无法听到，但是自己可以知道自己的声音。内部言语的主要特点是：先说后做或先想后做，对自己所要说或所要做的思想活动本身进行分析综合，用批判的态度对待自己的思想内容和思维活动。[①] 如在一场重要会议发言之前，发言人在头脑中整理发言内容的过程就是使用内部言语，它具有隐蔽性和简略性。

三、言语获得理论

心理学家开始探索言语发展过程时发现，儿童能够以惊人的速度学会如此复杂的符号系统。在 5 岁以前，儿童已经知晓并能够使用绝大部分的语法结构。毫无疑问，在儿童言语习得的问题上值得人们探索。在关于儿童如何做到的问题上，经验论者和先天论者展开了论战。经验论者认为，言语的学习是通过教育获得的，如中国的儿童会说中文，英国和美国的儿童会说英语，法国的儿童会说法语等。但先天论者指出，全世界的儿童在大致相同的年龄表现出相似的言语能力，这种普遍性表明，言语是一种生理上预设好的活动。此外，还存在着一种中间观点，大多数当代学者认为，言语的习得受交互作用影响，言语活动反映出儿童的生理倾向、认知发展和环境特点之间复杂的相互影响。下面详细介绍关于言语获得的不同理论。

（一）环境决定论
1. 模仿说

模仿说认为儿童言语是对成人言语的模仿和临摹，是对成人言语的简单复制和翻版。这个观点由阿尔波特首先提出，并在 20 世纪中期之前十分流行。但是随着时间的推移，模仿说逐渐被人们质疑。假如儿童是通过模仿成人的言语而习得语法规则的，那么儿童的言语应该可以还原成人的言语。然而儿童最早说出的许多句子都表现出很大的创造性，例如儿童会用"碗空了"来表示自己吃完饭了，这在成人的言语中不会出现，所以儿童不是通过模仿习得。而且当儿童努力模仿成人的言语时，他们会把语句压缩，以符合自己当前的语法能力水平，例如，成人说："看，小猫在爬树。"儿童会说："猫爬树。"[②] 因此，模仿说的不足之处逐渐被批判。

2. 强化说

1957 年，斯金纳提出，因为儿童的正确言语得到强化，所以他们学会了正确地讲话。斯金纳认为，成人强化婴儿咿咿呀呀的声音中类似单词的那些语音，这样就提高了这些声音被重复的概率，由此塑造了儿童的言语。之后，成人又相继对儿童组合单词和制造语句的行为进行强化，这促使儿童言语获得进一步发展。强化说把言语的获得看作刺激—反应—强化的过程，在这个过程中，儿童对刺激做出反应，成人对儿童正确的反应给予强化，或者是口头表扬，或者是给予物质奖励，这增加了儿童的正确反应比例，久而久之，儿童

① 伍新春，张军. 儿童发展与教育心理学［M］. 3 版. 北京：高等教育出版社，2020：82.
② BLOOM L, HOOD L, LIGHTBOWN P. Imitation in language development: if, when, and why［J］. Cognitive psychology, 1974, 6（3）: 380−420.

就习得了言语。

强化说曾经产生了非常大的影响，但是其理论也存在许多不足之处。如果成人真的"塑造"了儿童的言语，就像斯金纳说的那样，那么他们应该一直在表扬或者强化儿童合乎语法的言语。但是仔细分析母亲和儿童的对话后，研究者发现，母亲是否给予儿童赞许，主要是看儿童所讲的内容是否真实（语义），而不是语法是否正确。如果儿童盯着一头牛说"它牛"，语法上虽然错误，但是母亲可能会给予赞许："对了！"但如果儿童说"有只狗"，语法虽然是正确的，但事实是错误的，母亲可能会纠正："错了，这是牛！"这些发现质疑了强化说的观点，即父母通过直接强化合乎语法的言语塑造了儿童的语法。

（二）遗传决定论

1. 先天论

根据先天论者的观点，人类习得言语是生理发展的必然结果，这一观点源自语言学家诺姆·乔姆斯基。乔姆斯基认为，即使是看起来最简单的语言结构，对认知不成熟的婴幼儿和学前儿童来说，也是极其复杂的，他们既不能通过父母的教授学会，也不能通过简单的试误过程发现。乔姆斯基提出，人类独一无二的语言习得机制——一个与生俱来的语言处理器，可被言语输入激活。这个语言习得机制包含通用的语法，或者说是所有语言共用的规则，所以不管儿童听到的是哪种语言，他们都会获得足够多的词汇量，并将单词组合成新的、受规则限制的言语，并理解他们听到的许多话语。这些推断代表了一种理论，即儿童自己建构言语并应用于交流。在处理不同言语的输入过程中，儿童的语言理论将逐渐变得复杂，直到与成人所用的理论非常接近。

如今人们普遍同意，言语学习受到生理因素的影响，但是许多学者对先天论提出质疑。先天论者对自己所提出的先天普遍语法和规则，以及言语习得的内部装置，并没有作出解释。先天论者将语言发展归因于语言习得机制等神秘力量，很多设想并没有事实依据。

2. 自然成熟说

以勒纳伯格的观点为代表的自然成熟说者认为，人类获得言语的决定因素是遗传素质。人类的大脑不同于动物，具有其他动物没有的专门管理语言的区域，这就可以解释为什么语言是人类所特有的。语言是人类大脑逐渐成熟的自然产物，当大脑的一些功能达到成熟的程度时，就能为言语的获得作准备状态了。只要受到一些适当的条件激活，那么就能使潜在的准备状态转变为现实的言语，因此言语的能力得到了显露和发展。自然成熟说还认为，基于大脑的成熟有一定的关键期，言语的学习与获得也有一定的关键期，如果过了这个关键期，那么即使给予大量训练，个体也难以获得言语。

自然成熟说有一定的科学性，例如，大脑中管理语言的中枢区域和语言关键期的提出，均得到了科学上的证实。但是自然成熟说否定了外界环境对语言的影响，仅看到了先天和成熟对言语发展的作用，是有一定缺陷的。

（三）交互作用论

交互作用论认为，后天习得论者和先天论者在某种意义上都是正确的：语言的发展来源于成熟、认知发展和不断变化的语言环境之间复杂的相互作用。全世界的儿童以同样的方式讲话，并在许多方面表现出言语普遍性，这是因为他们都是同一种属的成员，拥有许多共同的体验。儿童并不具备与生俱来的特殊语言知识或处理技能，而是随着高度复杂的大脑慢慢成熟，使儿童在大致相同的年龄发展出类似的想法，这些想法促使儿童用自己的语言表达出来。研究显示，认知发展和语言发展之间存在联系。婴儿说出口的第一批词语，都集中在他们曾经接触的物体上或者曾经参与过的活动中，也就是说集中在他们所理解的某些经验上。

皮亚杰的认知发展理论认为，儿童的言语获得是主体和客体相互作用的结果，大脑认知能力的发展也促进儿童言语能力的发展，而知识结构的发展是主客体相互作用的结果。人类的大脑慢慢成熟，使儿童拥有了越来越多的知识，他们就有了更多可谈论的内容。但是，合乎语法的规则是在社交需要中产生的，儿童要表达自己，就必须将已获得的词汇组织起来，成为他人可理解的言语，儿童发现精妙语法的原因要归功于语言环境的作用。

第二节　儿童言语的发展特点

有的婴儿在学会走路之前甚至就可以说话了，世界各地的儿童在短时间内就掌握了本民族和本国的语言，尤其在认知能力还未成熟的情况下。在短时间内取得这样的成就令人惊讶。儿童从几个单独而无意义的发音起步，逐渐发展出数千个有意义的听觉符号，最后这些符号按照一套语法规则组合起来，就产生了无数的信息。随着时间的推移，青少年对语言的掌握和运用越来越精炼。

一、婴儿言语的发生和发展

（一）言语准备期
婴儿在掌握语言之前，有将近一年的言语准备期。言语准备期一般指从婴儿出生到其能说出第一个具有意义的词语之前的时间。言语准备期主要包括以下三个阶段：

1. 简单发音与单义结合阶段（0—3 个月）

在简单发音与单义结合阶段，婴儿主要通过发出单个的、简单的音节与成人进行沟通。婴儿出生时的哭声"wa"，是婴儿第一次使用自己的发音器官，也是其发出的第一个响亮音节。随后婴儿由于生存需要、生理需要和原始社会性交往的需要而使用特定的声音进行信息的沟通与交流。最初婴儿发出的声音与后元音 a、o、u、e 等相似，2 个月后婴儿发出的声音还会逐渐增加，可以发出 h、k、p、m 等音。随着交往的增多，婴儿的说话需求越来越强烈，主动发出的声音随之增多，婴儿可以发出一些较清晰的声音，如 a、lai、ye、wa 等。从这些语音所表达的意义看，基本上都是由原始社会性交往的需要引起。婴儿的需要获得满足后便进入舒适状态或专注其他事物，由此可见语音表达的意义简单，容易为成人所理解。[①]

2. 连续音节与情境意义结合阶段（4—8 个月）

连续音节与情境意义结合阶段的明显变化是婴儿开始活跃起来，对说话的兴趣非常强烈，说话时无意义的连续音节迅速增加。此阶段婴儿经常发出重复的连续音节，并且还能将辅音和元音简单地结合在一起，如 ma-ma-ma、la-la-la、ba-ba-ba 等。此阶段的语音

---

① 曹碧华，李红. 0—18 个月婴儿言语发展的个案分析［J］. 学前教育研究，2009（11）：32-36.

具有情境意义的特点，即婴儿会在不同的情境下发出不同的声音，如婴儿在有困意或没有安全感时会哭着发出"ma-ma"的求援声，随着母亲的出现，婴儿的哭声会消失，并转哭为笑。除此之外，婴儿还会为改变当前情境而主动表达，如只有父亲在一旁哄婴儿睡觉时，有的婴儿会放声大哭，嘴里连续发出"bu-yao-ba-ba，yao-ma-ma"的声音（与"不要爸爸，要妈妈"相似），直到母亲走来才不再哭喊并慢慢入睡。此阶段后期，婴儿逐渐开始理解成人的言语，能够将成人所说的话与要表达的意思联系在一起。例如，当母亲说"猫猫"时，婴儿会用自己的眼睛寻找小猫。

3. 学话萌芽与词义结合阶段（9—12 个月）

九个月大的婴儿到达咿呀学语的高峰期，婴儿会连续发出不同的音节、还会变换音调，一些姿势在婴儿与他人的交流中起着辅助作用，如注视物品、手部的抓握动作等。除此之外，婴儿开始模仿成人简单的言语，学习新的语音，并开始习得词语。在此阶段，婴儿所习得的词语均具有某种特定意义，是在一定的生活情境中主动发出的，如在进食时最初说出的"蛋蛋""吃""奶奶"等；此阶段婴儿虽然只能说出少数的词语，但对成人言语的语义理解能力显著提高，且能理解的词语和句子的数量远远多于自己所能说出的词语。到 12 个月大时，婴儿已能将生活中经常接触到的事物与相应的名称一一对应起来，并用不同的姿势回答成人不同的提问。

（二）言语发展期

1 岁左右的婴儿开始可以说出逐渐被成人理解的词，这意味着婴儿开始进入言语发展期。在这期间，婴儿的生活环境逐渐复杂化，接触的事物变多，与周围人们的交往也不断增加，这些都在促进婴儿言语的发展。

1. 词汇的发展

随着婴儿年龄的增加，婴儿的词汇量呈线性增长。10—15 个月的婴儿每个月能掌握1—3 个新的词汇，随着年龄的增加，婴儿掌握词汇的速度也逐渐加快，19 个月大的婴儿已经能说出 50 个词。[①]19—21 个月时，随着词汇逐渐增加，婴儿出现"词语爆炸"的状况，掌握词汇的速度逐渐加快，在此阶段婴儿平均每个月可以掌握 25 个新词。婴儿的词汇理解水平在 17 个月和 20 个月时增长最快，12—16 个月大的婴儿早期能理解最多的是名词，尤其是与人相关的名词和无生命物体的名词，其次便是动词；[②]对各种关系词，婴儿掌握得相对滞后，这是因为婴儿这时的思维发展水平还处于感知运动阶段。

2. 句子的发展

（1）单词句

单词句，即一个词表示一个句子的意思。婴儿在 1—1.5 岁开始说出第一批有意义的单词，这标志着婴儿不再被动地使用某一单词，而是理解了单词的意义，并主动在情境中正确地使用此单词。婴儿在使用单词句时表达的意思往往比该词的原有意义更加丰富，如婴儿说"妈妈"时，可能是想要妈妈过来，也可能是饿了想让妈妈喂奶。同时，婴儿在使用同样的单词时，不同的语调可以表达不同的意图。

---

① 肖少北，申自力，袁晓琳. 儿童发展与教育心理学［M］. 北京：科学出版社，2016：91.
② 陈柳月. 汉语婴儿早期词汇发展及评估［D］. 杭州：浙江大学，2013：35-36.

（2）电报句

心理学家布卢姆发现，在单词句和之后的句子有一个重要的中断，那就是幼儿不知道怎样基于词法和句法连接词语。[①] 婴儿摆脱一句话只使用一个单词的限制后，他们获得了创造由规则制约的句子的能力。在此阶段，幼儿使用名词、动词、形容词，将两个词或三个词组合在一起，如"妈妈抱""宝宝饭饭"等，较少使用连词、介词等虚词。虽然此句式比单词句所表达的意思更加明确，不过因为其形式不够完善而且是断断续续的，所以又叫作电报句。

（3）简单句

简单句是指具有一个主语和一个谓语且功能完整的词语，分为没有修饰成分和有修饰词两类。幼儿在说出电报句的时候也会说出少量简单句，这些简单句虽然结构完整但却没有修饰词。但随着年龄的增加，婴儿很少会说没有修饰词的简单句。2.5 岁婴儿的简单句中会出现简单的修饰词，3 岁左右的婴儿开始使用较为复杂的修饰词。这时婴儿说出的句子与成人的语法越来越接近，他们开始使用一些句法或者语法上的功能词，婴儿在使用的过程中会出现一些错误，他们可能会简化或者泛化词义，误用代词和用错否定词，等等。但所有这些错误都是普遍语法允许的，遵从共同的语言原则。

二、幼儿言语的发展

（一）语音的发展

随着发音器官的成熟和词汇量的积累，进入幼儿园后的幼儿，发音能力快速提高，发音也越来越准确。除此之外，幼儿的发音正确率还与其所处的环境有关。在同一方言地区，城市幼儿与乡村幼儿的发音正确率之间存在较大的差异，这可能与幼儿的教育条件或者家庭环境有关。在幼儿的发音中，韵母的正确率相对于声母来说较高一些。声母的正确率低主要是因为幼儿的生理发育不够成熟，不能灵活运用发音器官，并且还没有熟练地掌握一些发音方法，这些现象在幼儿 4 岁之后会得到显著改善。因此，3—4 岁是幼儿言语发展的飞跃期，如果在该时期幼儿接受到正确的语言教育，他们大约可以学会世界各民族语言的不同发音。

随着年龄的增长，幼儿的语音意识水平也不断提升。这主要表现在他们不仅会注意自己的发音，努力练习自己不会发的音，而且还会对他人的发音感兴趣，喜欢帮助他人纠正发音。但是如果他人指出了自己的发音错误，那么幼儿会不开心，还会回避一些难发的音。

（二）词汇的发展

1. 词汇数量不断增加

3—6 岁是幼儿词汇量增长最快的时期，之后词汇的增长率呈逐年递减的趋势。中央教育科学研究所幼儿教育研究室测量统计了我国北京、兰州、天津等 10 个城市 2 000 名幼儿的词汇量，得出的结果是：3 岁幼儿掌握的词汇量约为 1 000 个，3—4 岁幼儿的词汇

---

① 顾雪芬. 中国婴幼儿前语言阶段和单词句阶段的语言习得：陶陶早期语言的个案研究［J］. 首都师范大学学报（社会科学版），2000（S3）：143–151.

量约为 1 730 个，4—5 岁幼儿掌握的词汇量约为 2 583 个，5—6 岁幼儿掌握的词汇量约为 3 562 个。

2. 词类范围不断扩大

随着幼儿掌握的词汇数量增加，幼儿掌握的词类范围也逐渐扩大，主要体现在词的类型和词的内容两个方面。

第一，在词的类型方面，相较于虚词，幼儿掌握实词更加快速准确，尤其是在幼儿言语发展初期，幼儿掌握实词和虚词的比例约为 9：1。在实词中，幼儿会优先掌握名词，其次是动词，最后是形容词和其他的实词。随着幼儿年龄的增长，掌握实词的比例会逐渐下降，掌握虚词的比例开始上升。

第二，在词的内容方面，幼儿会先掌握一些与日常生活和自身息息相关的词汇，再逐渐过渡到离生活相对较远的词汇；从具体的词汇过渡到抽象性、概括性较高的词汇。以名词为例，幼儿最先掌握的名词都是与生活相关的，如人称类、日常用品类、动物类，但是一些与日常生活距离较远的词汇，如政治类、军事类等都是随着年龄的增长而逐渐积累起来的。

3. 积极词汇不断增加

积极词汇是指幼儿不仅能够正确理解词汇的意义，而且还能在正确的情境中使用此词汇。受认知发展水平的限制，幼儿不能正确地理解和使用所有的词汇，会存在对词义理解具有扩张或缩小的现象，如幼儿会使用"狗狗"代称所有全身长毛、有四只脚和尾巴的动物，或仅使用"椅子"一词代指家里某个具体的椅子。随着年龄和词汇量的不断增长，幼儿对词汇本身含义的理解也逐渐加深，他们不仅开始了解词的表面意义，而且还能够理解词的转义。

（三）句子的发展

1. 句子结构的发展

（1）从简单到复杂，从不完整到完整

幼儿在学习句子的过程中，首先出现的是单词句，然后逐渐发展成由两个词组成的结构不完整的电报句，而后又发展为语法结构完整的简单句，最后才会出现结构完整、层次分明的复合句。复合句是由两个或几个意思相关联的简单句组合起来的句子，如幼儿吃完饭希望得到表扬时，会说"我吃得很干净，是吧？妈妈"。随着年龄的增长，虽然幼儿使用复合句的比例会增加，但主要还是使用简单句。

（2）从无修饰语到有修饰语

幼儿最初使用的简单句只包括主语和谓语，没有修饰语。随着词汇量的积累，幼儿开始使用修饰语，并且句子的长度也逐渐增加。研究表明，3 岁幼儿在使用句子时，有修饰语的句子达到了 50% 左右，6 岁幼儿使用的有修饰语的句子达到了 90% 以上。

2. 句子的理解

幼儿在能够准确地表述出句子以前，已经掌握了语句的含义。幼儿对语句的理解是受多种因素影响的，以往的科学研究证实，句子主语、宾语名词的特性及其他的组成形式会影响幼儿对语句的认识。幼儿理解句子时会采用一些策略，如语义策略、词序策略和非言语策略。3 岁之前婴儿主要使用语义策略，他们只重视几个实词，不理解句子的结构，会将这些实词组合成发生的事件。3 岁之后幼儿开始使用词序策略，这时幼儿会将自己听到的话按照

"名词—动词—名词"的顺序排序，并将其理解为"动作者—动作—动作对象"，从而从这样的句子结构中获得信息。

（四）言语表达能力的发展

1. 口语表达能力的发展

（1）从自我中心言语向社会性言语过渡

【拓展阅读】
"幼儿自我中心言语"的心理现象分析

皮亚杰指出，幼儿的言语可以分为自我中心言语和社会性言语。自我中心言语又称自言自语，它是属于自己的，不为周围人所理解。有研究者将自我中心言语分为与任务无关的言语、与任务有关的言语和低语。有研究表明，儿童的自我中心言语最初是与任务完全无关的言语，逐渐发展到与任务有关的言语，如自我指导性言语，最终表现为内部言语的外部表现，如低语和其他人听不到的喃喃自语。随着幼儿认知能力的发展，幼儿自我中心言语水平也在不断提升。在幼儿3—4岁时，自我中心言语的发展达到顶峰，随着幼儿的成长，使用自我中心言语的次数不断减少。到幼儿期末期，自我中心言语被社会性言语所代替。社会性言语是指幼儿能和他人交流思想，有一定的倾听者，并能注意到倾听者的观点。在社会性言语中，幼儿将自己的想法与他人进行沟通，并且关心他人的反应。幼儿言语从自我中心言语到社会性言语过渡的过程是与其思维的"去自我中心化"同时进行的。

（2）从情景性言语向连贯性言语过渡

情景性言语是与特定的场景相联系的，在具体的情景中，幼儿一般会想到什么说什么，没有事先计划。3岁之前婴儿在说话时往往是具有情景性的，表现出断断续续、缺乏逻辑性的特征，但是婴儿在说话时会用各种手势和动作相配合以辅助自己。随着年龄的增长，幼儿说话逐渐变得连贯，直到幼儿期末期，才能够较为连贯地进行叙述，但其叙述还不够完善。言语的连贯性是幼儿思维逻辑性发展的重要标志之一。如果言语表达的连贯性差，那么幼儿的抽象逻辑思维发展水平就会很低。

2. 言语表达技能的发展

（1）说话技能的发展

在前语言阶段，幼儿已经学会用手势进行沟通和交流。3岁时，幼儿的言语表达技能发展到较高水平，对有效沟通的情境十分敏感，能够自主选择交流情境，有效引起对方的注意。4岁幼儿的言语表达技能进一步发展，他们学会在确定谈话内容和形式时考虑听者的情况。5岁以后的幼儿开始学会适应这种技能，并根据所处的具体情境调节自己的言语。

（2）听话技能的发展

在幼儿期，幼儿的听话技能得到一定的发展。有研究表明，4—4.5岁的幼儿，即使说话者的话语提供的字面意义的线索很少，幼儿也能推断出他们的意图。但总体而言，幼儿的听话技能还是相对匮乏的，他们无法准确理解成人话语中的讽刺意图和玩笑话。这一现象主要表现在幼儿经常会把成人的反面话语当作正面话语理解。

三、童年期儿童言语的发展

儿童在进入小学之前，就已经掌握了运用母语进行沟通交流的能力。虽然他们能够用比较丰富的口头词汇表达自己的想法，但是在讲述过程中存在着不连贯、逻辑性不强的问题。入学后，随着语文课的开设和教学环境对儿童言语提出更高的要求，儿童无论是口头言语、书面言语还是内部言语都得到了进一步发展。

（一）口头言语的发展

1. 在对话言语发展的基础上，儿童的独白言语迅速发展

口头言语主要包括对话言语和独白言语两种形式。对话言语是指儿童与他人进行交往的言语活动。独白言语是指儿童单独进行的言语活动。在学前时期，幼儿主要使用对话言语。当儿童进入小学之后，随着自我介绍、回答问题等情境的要求，儿童使用独白言语的比例大大上升。在这些情境下，加上语文课的专业学习，儿童的独白言语得到迅速发展，占据了对话言语所具有的主要地位。

2. 儿童入学后口头言语发展出现退步现象

有的儿童在学前期，其言语具有丰富的语调，在描述事物的时候绘声绘色，十分具有感染力和表现力，但在进入小学之后，其口头言语反而变得单调、平淡，缺乏情感色彩。这主要是因为这时的儿童开始注重言语的发音和内容的组织，所以产生了这种现象。只要经过教育者的科学指导，该现象就会很快消失，儿童言语也将向更高水平发展。

（二）书面言语的发展

书面言语是指儿童借助文字表达自己的想法或通过阅读接受他人思想的影响。书面言语出现在口头言语之后，在儿童进入小学后才真正发展起来。它有更高和更严格的要求，容易超越时空的限制，长久地传播和保存。书面言语需要经过精心组织，要求儿童进行深思熟虑的分析，它是一种复杂而真实的思维活动。小学生书面言语能力是我国公民语文能力的重要组成部分。[①]

童年期儿童书面言语的发展主要体现在识字、阅读、写作等方面。

1. 识字

识字作为一种认识活动，是儿童在头脑中将汉字的形、音、义建立统一联系的过程。[②]儿童是在口头言语的基础上学习汉字，他们对汉字的音和义比较熟悉，但是对字形的掌握相对困难，并且有些字的结构非常相似，初入学的儿童容易写错字。经过调查研究发现，小学生识字具有以下特点：（1）儿童的识字量具有明显差异。儿童所在的年级越低，识字量的波动性越大，优劣两极的差异越明显。（2）儿童识字存在回生现象，主要包括不识字、不会写和写错字。儿童的年级越低，回生率越高；儿童的年级越高，回生率越低。回生现象主要与汉字本身相关，如字出现的频率低、结构不规则而且笔画多等，同时汉字大多数又是在课上学习的，如果课后没有及时巩固，时间一长儿童就忘记了，导致学习过的汉字又变成生字，需要再进行新的学习。[③]

① 李姝雯，李曼丽. 儿童书面言语的因果表达及逻辑思维特征研究：一项基于 1 800 名小学生作文的分析［J］. 华东师范大学学报（教育科学版），2021，39（11）：59-72.
② 姚林群，李杨茹，刘畅. 小学生识字与写字能力：要素、水平及评价指标［J］. 教育测量与评价，2022（6）：80-90.
③ 唐鸽鸽. 小学低年段"识字回生"的原因分析及解决路径［J］. 新课程研究，2021（18）：99-100.

2. 阅读

阅读是一个复杂的过程，也是儿童从看到的言语向说出的言语过渡的过程。朗读和默读是阅读的基本方式。朗读是口头言语和书面言语的结合，默读是内部言语和书面言语的结合。两者是相互联系的，儿童首先掌握了朗读，为默读的发展准备了条件；反之，朗读又可以作为检查儿童默读成果的重要手段。

儿童完全掌握阅读要经过以下三个阶段：

（1）分析阶段。这个阶段的儿童在阅读时不能读出完整的句子，常常是一个一个字或者一个一个词来读，读的过程中会有许多停顿，主要是因为儿童的知识经验有限，对许多字和词还没有熟练地掌握。

（2）综合阶段。这个阶段的儿童在阅读时会出现念错句子或对句子理解不准确甚至错误的现象。究其原因，儿童在分析阶段经验的基础上，着急读出整个词或句子，但是没有准确地分析词或句子的组成，导致对词或句子的感知和发音不能与其理解结合在一起，从而产生上述现象。

（3）分析综合阶段。儿童在前两个阶段的基础上，不仅分析能力和综合能力都得到了发展，而且能在阅读时将读出的音与对词和句子的理解相结合，从而迅速而准确地由看到的言语向说出的言语过渡。

3. 写作

写作是书面言语的高级形式，主要是指儿童从说出的词向看到的词过渡。写作要求儿童能够清楚连贯地表达自己的想法，并且能让他人理解。由于一年级的儿童还没有学会按照语法规则说话，因此更谈不上写作。入学后，教师对儿童实施严格的书面言语训练，耐心引导儿童将言语作为自己的学习对象，学习使用恰当的词和句子表达自己的想法。

儿童写作能力的发展要经过以下三个阶段：

（1）准备阶段，又称口述阶段。在此阶段，儿童主要进行看图说话、口头造句等。口头言语是书面言语的基础，儿童具备连贯且流畅的口头言语对其写作极为重要，教师要重视该阶段。

（2）过渡阶段。过渡阶段可以分为两个方面：一方面，从口述向笔述过渡，即儿童能将自己的口头言语转化成书面言语，这是完成写作的关键过程。这个过程重在将口头言语进行修改与完善，使口头言语的外化质量更高、更好；[①]另一方面，从阅读向写作过渡，如模仿作文（读课文《燕子》，模仿作者的行文写一篇作文）、改写或缩写。

（3）独立写作阶段。这是写作中较为困难的一个阶段，这个阶段的儿童可以独立思考，确定主题和选材，计划如何进行写作。

（三）内部言语的发展

内部言语是指不出声的言语活动，要求儿童先想后做或先想后说，要对自己想说或想做的思想活动进行综合分析。内部言语的发展进程可以从儿童外显的自我中心言语的数目中表现出来。儿童出声的自我中心言语的数目越少，言语内化的程度就越高，内部言语的结构特

---

① 钟真祥. 心理活动外化为书面言语之路：结合教学实践谈作文三级转换理论的应用［J］. 现代教育科学，2010（8）：72–73.

征也就越明显。^① 儿童进入小学后，无论是课上回答问题还是复述课文等都需要自己先仔细地思考，再进行回答和表述，这就促进了儿童内部言语的发展。

儿童内部言语的发展要经过以下三个阶段：

（1）出声阶段。刚入学的儿童大多处于此阶段，他们还不善于思考问题，通常会借助外部言语帮助自身。例如，一年级儿童在做数学题时，经常会把自己的思考过程说出来，出声的言语内容和书写内容是同步的。这样出声的言语能帮助儿童检查自己的思维活动，是内部言语发展的第一阶段。

（2）过渡阶段。在此阶段，教师发挥着引领作用，面对简单的题目时，不要立刻让儿童回答，而是提示他们"好好想想，再回答"，此时儿童学会了短时间的无声思维。之后教师再给儿童提供复杂困难的题目，让儿童能够进行较长时间的无声思维，促进儿童内部言语的发展。

（3）无声思维阶段。随着年龄的增长，学习内容逐渐复杂化，这对儿童的抽象思维和独立思考问题的能力提出了更高的要求，也促进了他们内部言语的发展，内部言语逐步占据主导地位。但儿童在阅读和算术中遇到困难时，还会依靠外部言语的辅助。这说明内部言语的发展在小学时期并没有完善，在人的一生中，它会不断地发展和完善。

第三节　儿童言语能力的培养

儿童的言语能力并非与生俱来，是在社会生活环境与教育的影响下形成与发展的，言语的获得是学习的结果，与智力发展也有着密切关系。儿童言语能力的发展对儿童的认知、情感和社会性发展有着重要影响，言语能力的培养在儿童的心理发展中有着极为重要的意义。因此，我们必须十分重视儿童言语能力的培养。

一、婴儿言语能力的培养

言语发展是婴儿心理发展过程中的重要内容之一，是人类心理交流的重要工具和手段，在婴儿认知、情感和社会性发展中起着重要作用，对儿童以后的心理发展有着深远而重大的影响。^② 婴儿期是儿童口语发展的关键时期，加强婴儿的言语训练十分重要。

（一）良好的言语环境是婴儿言语发展的关键

成人的口型、音调和表情会对婴儿的言语发展产生潜移默化的影响，为婴儿提供良好的言语环境是至关重要的。首先，父母的言语应文明、规范、准确、流畅，成为儿童学习言语的榜样。其次，父母应经常与儿童交流，为他们创造更多说话的机会。最后，让儿童多听成人的谈话，使他们可以通过模仿成人运用语言的方式来学习词汇和发展自己的言语能力。当然，在儿童面前，成人要注意选择积极的谈话内容，以免对儿童产生不良影响。

---

① 杨华. 从原始言语到内部言语：《思维与言语》的辩证法思想解读［J］. 天津外国语大学学报，2012，19（1）：9-14.
② 林崇德. 发展心理学［M］. 3 版. 北京：人民教育出版社，2018：172.

（二）丰富婴儿的生活内容，引导婴儿观察

生活是言语的源泉。婴儿通过各种感官直接感知生活，从而对周围世界产生认识，并逐渐发展言语能力。婴儿的言语发展与他们对周围事物的观察和认识密不可分。婴儿从掌握事物的名称到能够叙述某个事物的过程，都是从观察和认识开始的。在观察过程中，成人的讲解可以帮助婴儿获得具体的知识，促进他们思维和说话能力的发展。因此，家长应积极引导婴儿观察和认识各种事物，拓宽婴儿的认知范围。同时，多给婴儿接触大自然的机会，例如，带婴儿出去玩时，可以教给他们一些与自然景色或季节相关的词汇，这对丰富婴儿的语言和发展其言语能力非常有益。

（三）利用早期阅读促进婴儿言语能力的发展

早期阅读是指婴儿从口头言语向书面言语过渡的前期阅读准备和前期写作准备。成人可以为婴儿提供适合的图书，书中的内容最好是婴儿熟悉的日常事物。同时成人要经常与婴儿一起阅读，并提出一些简单的问题引导婴儿回答，以提高他们的语言表达能力。此外，成人还可以培养婴儿在睡前倾听文学作品如诗词、童话故事等的习惯，并坚持不懈地进行，这不仅有利于婴儿学习文学语言，而且还可以有效挖掘婴儿的记忆潜能，促进婴儿言语能力的发展。

（四）鼓励同伴交往，帮助婴儿正确使用言语

成人要为婴儿提供和创造与同伴交往的机会，并鼓励这种言语运用的模式。同伴间不仅通过言语进行交流，还通过肢体语言、表情和声调等交流。婴儿可以通过模仿同伴的肢体语言、表情和声调等来表达自己的意思，进一步促进自身言语能力的发展。与此同时，成人还要及时发现婴儿言语中的问题，并通过示范、讲解等方式帮助婴儿改正这些问题。

二、幼儿言语能力的培养

（一）倾听能力的培养

1. 教师要树立良好的倾听榜样

《3—6岁儿童学习与发展指南》强调了教师语言文明的重要性："注意语言文明，为幼儿作出表率。"当幼儿表达意见时，成人应蹲下来，与他们保持眼神交流，并耐心听完他们的发言。教师应该专注地倾听每个儿童的发言，无论他们说得对错与否，流利与否，都要用心倾听。对于那些喜欢发言但容易离题的幼儿，教师不能表现出厌烦情绪，而是要耐心地听完他们的发言，必要时进行适当的引导，帮助幼儿形成良好的倾听习惯。

2. 利用游戏培养幼儿的倾听习惯

教师和家长在日常生活中经常强调："注意听讲！""你听清楚了吗？""你真的听到了吗？""你一定要听话，明白吗？"这种强硬的要求不仅不能让儿童养成倾听的习惯，而且还会给他们带来负面情绪和压力。采用游戏的方式，如辨音游戏、传话游戏等，让儿童自发地产生倾听的兴趣，在愉快的游戏氛围中发展倾听能力并养成倾听习惯。

3. 通过讨论与评价发展倾听能力

教师和家长应当鼓励儿童积极参与话题讨论，并学会评价其他小朋友的发言。例如，"刚才的小朋友说了什么？""你认同他的观点吗？"引导儿童养成良好的倾听习惯，在静心倾听他人讲话、全神贯注地理解对方意思的基础上，真正融入话题讨论并对他人的发言进行评价，从而形成良好的倾听能力。

（二）口语表达能力的培养

1. 创设轻松愉快的言语氛围，让幼儿愿意表达

在教学中，教师可以采取多样化的方式引导幼儿表达。如可以利用绘画、手工制作等活动形式激发幼儿的表达欲望，告诉幼儿每种作品都有无数的表达方式，每个人都可以有自己的想法和看法，要勇敢表达。同时，教师的态度也是非常重要的。教师应该尽量保持耐心、温和的态度，不要嫌弃、挑剔和批评幼儿的表达。即使幼儿的表达有错误，也应该及时给予肯定和指导，让幼儿感受到自己的表达是被尊重和接受的。教师还可以利用一些小游戏来训练幼儿的表达能力，如"描述一下自己的周末""说出最喜欢的动物"等。这样不仅可以提升幼儿的表达思维能力，而且还能培养他们的言语表达能力。

2. 加强幼儿言语训练，让幼儿能够表达

首先，教师对学前儿童言语进行有计划的训练是很重要的。教师可以准备一些幼儿平时说不清楚的物品，例如小布狮子、小柿子、扣子、娃娃穿的裤子、玩具兔子等，在游戏中纠正他们的发音，让幼儿在游戏中学习。教师还可以教幼儿唱儿歌、说顺口溜等，让幼儿有更多语言练习的机会。其次，教师应该采用正确的言语训练方法。在教学中，教师讲话要准确、流利、声音洪亮、语调自然、情感鲜明、表情自然。教师要指导幼儿多听多说，多看多读，增强言语输入和输出的能力。

3. 丰富幼儿生活经验，让幼儿善于表达

现实生活是言语发展的基本源泉。幼儿园可以创设各种不同的游戏和活动，如绘画、手工、跳舞、游戏等，让幼儿在玩耍中获得快乐和乐趣。家长和教师还可以带领幼儿参观有趣的地方，如博物馆、动物园、海洋馆等，让幼儿亲身体验不同的文化和自然景观，给他们更多的自然体验和亲密接触。这些多样化的活动，不仅能够开阔幼儿的视野，拥有更加丰富的生活经验，提高他们的认知表达能力，而且能够让幼儿在互动中与他人交流，提高其社交能力和团队协作能力，使幼儿更加善于表达自己的想法和情感。

（三）早期阅读能力的培养

《3—6岁儿童学习与发展指南》加大了早期阅读在儿童语言教育中的比重，凸显了早期阅读在儿童语言发展与教育中的重要地位。这主要体现在：首先，早期阅读的目标定位更加全面准确，依据儿童阅读心理发展规律，呈现阶梯式的特点；其次，细化了早期阅读的年龄阶段目标，使早期阅读更具针对性和有效性。由此可见，幼儿时期是个不可错过的"黄金阅读期"，在这个特殊时期，我们有义务培养孩子的阅读兴趣，帮助其建立良好的阅读习惯。

1. 为幼儿提供适合其年龄特点的读物

一般来说，幼儿的阅读材料应该是具有启发性、趣味性和适应性的，可以帮助他们拓宽

知识面、提高语言表达和理解能力。不同年龄段的幼儿需要选择不同类型的阅读材料。例如，对于3—4岁的儿童，应该选择图画书、童话故事等简单明了的阅读材料；而对于5—6岁的儿童，应该选择绘本、连环画等具有一定阅读难度的阅读材料。除此之外，家长和教育工作者也应该关注对幼儿阅读的引导和指导，在幼儿活动的场所为他们提供随手可取的书籍或其他文字游戏材料，使幼儿随时随地有机会接触书和文字。提供的图书要具有多样性，让幼儿接触不同题材的读物。家长和教育工作者要尽可能地为幼儿提供各种阅读机会，与幼儿一起分享阅读的乐趣，培养幼儿的阅读兴趣和阅读能力，为幼儿言语能力的发展打下坚实的基础。

2. 使用正确的指导方法，培养幼儿的阅读能力

（1）朗读体验法。成人应经常为幼儿朗读故事或者诗歌等，通过潜移默化的熏陶培养幼儿的阅读能力与倾听能力。如可以每天安排一个固定的时间为幼儿朗读，这不仅可以建立密切的关系，而且还可以培养幼儿良好的阅读习惯。

（2）观察理解法。成人在与幼儿一起看书时，不仅要引导幼儿认真倾听，而且还应引导他们认真看画面，通过画面帮助幼儿理解故事内容，培养幼儿的观察能力。

（3）交流感受法。成人在给幼儿讲完一个故事后，应就这个故事的内容与幼儿进行有目的地交谈，以此了解幼儿的理解程度。在交流时，应以幼儿说为主，成人注意倾听，及时引导幼儿，使之既能紧紧围绕故事主题，又能联系到自身或周围的生活。

三、童年期儿童言语能力的培养

（一）激发兴趣，优化教学手段，培养口语表达能力

培养儿童的口语表达能力有一个非常重要的方面，那就是要提升儿童的心理素质，帮助他们克服公开演讲的心理障碍。教师可以让儿童从大声朗读开始，增强儿童的胆量。逐渐建立班级常规交流机制，鼓励儿童发言，让他们变得敢于表达。特别是在中高年级，应该注重培养儿童的心理素质，让他们有信心讲出自己的想法。在课堂上，教师可以使用多媒体手段创设情境，营造和谐、民主、互动的谈话氛围，激发他们言语表达的激情。除此之外，兴趣是培养儿童口语表达能力的重要催化剂。只要儿童对某个话题或主题感兴趣，他们就会更愿意学习和表达。因此，在课堂上，教师应该努力为儿童创造有吸引力的学习环境，让儿童能够欣赏到不同的文化、艺术和科学等领域的知识和信息，激发他们的兴趣。

（二）注重阅读，丰富积累，提升言语表达能力

阅读教学要注重语言的积累、基本技能的训练，为儿童言语表达能力的提升提供丰厚的物质基础。教师指导儿童读书，必须要有目的、有要求、有层次。首先，要求儿童读准字音，扫除读音障碍，边读边想，圈画生字，标记疑问处。阅读目的要明确，儿童能够在阅读的过程中仔细认字、积极思考。其次，要求儿童整体感知课文，由儿童提出问题或由教师抛出问题，让儿童带着问题进行充分阅读，自主思考，使自身的口语表达更加规范。最后，启发儿童理解自己所阅读的内容，全情投入，融自身感情于语言文字的描写叙述中，以准确感受语言文字所表达的意境和思想感情。

（三）将言语能力的培养和思维能力的培养结合起来

从生理角度来看，言语与思维之间有一定的联系，培养儿童的言语能力在一定程度上也能够有效促进儿童智力的发展。如果儿童在言语表达的过程中能够做到边说边想，那么这个过程既可以促进儿童内部思维的提升，又可以训练儿童的口头表达能力，这对儿童的思维、观察力与注意力等能力的发展都起到促进作用。应当注意的是，在结合言语能力训练发展儿童思维能力时，不能只考虑基于言语概念的逻辑思维，也不能只考虑基于表象的形象思维和直觉思维，而应当将人类的这三种基本思维形式结合起来培养。

四、特殊儿童言语能力的干预

儿童的言语障碍是阻碍其发展的重要因素。为了帮助特殊儿童克服困难、提高言语能力，干预和治疗是必不可少的。儿童常见的言语障碍主要有构音障碍、嗓音障碍、语流障碍和言语发育障碍。

【拓展阅读】
有语言障碍的学龄前儿童的综合动物辅助和植物辅助生态疗法

（一）儿童构音障碍及其干预

构音障碍是指说话的语音有省略、替代、添加、歪曲、声调错误或含糊不清等现象，并因而导致沟通困难。[①] 在构音障碍的情况下，词汇、语义和语法方面基本保持正常，因而整个言语功能还可以相对保留。构音障碍是儿童言语发展中最为常见的语言问题，因为每个音素都有一定的发音部位和方法，它对唇、舌、齿、鼻、喉等的活动都有严格的要求；而儿童的这些器官的活动尚在发育完善中，容易在构音的方法及位置、气流的方向及强度、彼此动作的配合方面发生偏差，导致音素、音色发生改变。儿童对构音技能的掌握需要一个相当长的过程，尤其是一些难发的声音，儿童可能要到六七岁才能完全掌握。所以，幼儿中存在的许多构音问题都是生理性的，只要没有特定的原因，会自然地得到矫正。但是，由于特定的原因，有些儿童的构音问题可能会持续下去，并固定下来成为病理性的问题，也就形成了构音障碍。

构音障碍的干预方式主要有以下六种：

1. 构音器官操练

构音器官操练主要是使会活动的构音器官具有适合于构、发不同声音的运动灵活性，这是训练工作必不可少的一项内容。

2. 相似声音的辨别训练

相似声音的辨别训练主要是训练儿童听清楚自己的错误发音和正常发音之间的区别。很多情况下，儿童就是因为分辨不清两者的区别，才会出现构音障碍，例如在 in 和 ing、an 和 ang 等之间相互替代。成人在对儿童的声音进行干预时，应该十分重视辨音练习。

3. 单独训练完全不会发的音

对儿童完全不会发的声音，需要借助不同的方法，单个地教给儿童。如模仿法，是从听觉（或加上视觉）上给儿童示范正确的发音，讲清发音要领，请儿童跟着模仿。有时候可能

---

① 王辉. 特殊儿童教育诊断与评估［M］. 南京：南京大学出版社，2007：50.

需要机械辅助的方法：利用手指或压舌板，把儿童的唇或舌导入必要的位置。

4. 训练儿童把握辅音之间的差异

有些相互替代的辅音之间有一定的共性，由于受到共性的干扰，因此儿童很难把握它们之间的差异，容易将它们混淆。若能在讲清声音之间共性的基础上，让儿童把握它们的差异，他们就能较为容易地克服混淆现象，如送气辅音和不送气辅音，舌尖前音（平舌音）和舌尖后音（翘舌音）。

5. 训练儿童掌握好复合韵母

音节中复合韵母出现的问题，一般是因为儿童还没有把它们念熟练。解决这类问题的方法主要是训练儿童把复合韵母掌握好。

6. 选择适当的拼读方法

音节拼读方法不当也会造成构音问题。根据音节的结构特点，选择适当的拼读方法，能够有效地预防和矫正构音障碍。如声母、韵头（介音）韵腹、韵尾齐全的长音节——liang、chuan、tiao 等，应该利用声介合母和韵母连读的方法，即先把声母和韵头拼读熟练，再和余下的韵母相拼，即 li-ang、chu-an、ti-ao。这样就不会把介音漏掉了。

（二）儿童嗓音障碍及其干预

嗓音是说话的声音。嗓音障碍是指嗓子在音高、音强、音色和音长等基本特性方面的各种异常表现。具有嗓音障碍儿童的嗓子可能和其年龄、性别及所处的环境不相符合，很容易引起别人的注意，从而干扰其正常的言语交往活动。关于嗓音障碍的干预有以下四个要求：

1. 重视预防

儿童的嗓音问题多是功能性的，只要注意儿童在各种场合中的用嗓卫生，并提供良好的嗓音榜样，特别是对教师来说，要减少表现出不良的嗓音特点，这样就能够大大减少嗓音障碍的发病率。

2. 查找原因，对症下药

对有嗓音障碍的儿童进行干预之前，要先分析原因。如果是器质性的问题，那么应先让儿童接受医学治疗；如果是与个性有关的问题，那么应让儿童先接受心理治疗；如果是环境因素造成的问题，那么可先考虑改变环境因素，之后再对儿童的嗓音障碍本身进行干预。

3. 强调耐心和理解

嗓音障碍虽然多是暂时的、可逆的，但是干预的效果会相对较慢，容易出现反复。成人的耐心和理解比积极的治疗更为重要。

4. 创造良好的训练氛围

创造良好的训练氛围就是要营造一种不过分紧张的气氛，既能让儿童积极、努力地参加训练，又不能让他们过分地紧张。成人要注意的是，不宜在儿童中开展"看谁的声音响"的比赛。

（三）儿童语流障碍及其干预

语流障碍主要是指口吃。语流障碍大多发生在儿童 3—5 岁时，因为这时是儿童学习独立构句说话的阶段。为了表达思想，儿童要在自己的词汇库中寻找需要的词语，然后经常重复它们。如果没有出现特殊的情况，随着儿童的发展，那么这种正常的生理现象会自然地消失。在特定的情况下，有些儿童可能在词首的声音上发生阻塞和重复，由此下去，儿童可能会发展成为语流障碍。干预语流障碍不仅要消除错误的言语节奏，形成正确的说话技能，而且更为重要的是要解决儿童的心理和行为问题。因此，儿童语流障碍的干预工作要注意言语矫正和心理治疗的结合。

1. 心理治疗

心理治疗旨在培养儿童良好的情感和意志品质，克服言语恐惧、害羞、没有信心等现象，使儿童学会在交谈时保持镇静、平和和从容。基本的心理治疗方法是与儿童进行推心置腹的言语交流。

2. 采用慢速说话的方式

慢速说话是干预语流障碍的首选方法和策略。慢速说话对儿童的言语活动具有全面的调节作用，成人可以教儿童学习慢速、从容、轻声、流畅、连贯、协调地说话，有助于儿童学会正确的说话方法但是也有一定的难度，应循序渐进地进行。例如，可使用长句分段法，即成人与儿童在做慢速说话练习时，可以适当地把句子分成节，各节之间安排停顿吸气，这样儿童就容易流畅地说出来。

3. 不急于言语矫正，采取积极措施促进儿童言语发展

幼儿和小学低年级儿童的语流障碍多处于初期阶段。这时他们尚未意识到自己的言语问题和所产生的言语恐惧及戒备心理，不需要正式的矫治工作。这个阶段，重要的是成人对儿童语流障碍的反应。无论在何种情况下，都要尽量减少让儿童对自己言语问题的注意，尽可能防止或减缓语流障碍对其精神的影响。要耐心、和蔼地与有语流障碍的儿童说话，不要急于纠正其言语错误，顺其自然反而有助于其问题的解决。在儿童可能出现语流障碍的时间、场合，应该少让他们说话，或者不要急切地让他们说话。同时，需要采取一些积极的措施，有目的地促进其言语能力，特别是言语表达能力的发展。

（四）儿童言语发育障碍及其干预

言语发育障碍是指中枢神经发育迟滞所致的言语障碍，主要表现为言语开始得晚、发展得慢，在词汇、语法和语音等方面达到的水平低，对言语的理解和表达有困难。言语发育障碍干预工作的重心应该是发展儿童的言语理解能力和表达能力。

1. 结合认知活动丰富其词语

儿童的言语发展是和认识世界的活动交织在一起的。在儿童各种不同的认识活动中，有对言语的迫切需要，这种需要便于儿童学习言语，特别是他们对词语的理解。

2. 结合交往活动进行言语表达练习

有计划地结合交往活动让儿童进行言语表达练习，使儿童能够学习正确地利用词语表达自己的思想。同时要注意训练儿童的言语运动技能，尤其是具有表达性言语发育障碍的儿童。要对儿童的构音器官，主要是会活动的构音器官，进行适当的练习，使其具有适合构发不同声音的运动灵活性及协调性。

3. 调动儿童的积极性

在各种练习中应该尽量使用游戏，如抢答题目、找朋友动作演示比赛等。除此之外，还可以利用行为矫正法。

【本章小结】

　　本章主要探讨儿童言语发展的特点与培养策略。言语是指人们对约定俗成的语言符号系统的掌握和运用的过程，与语言既有区别又有联系。按外部化和内部化特征，言语可以分为外部言语和内部言语。关于言语的获得有不同的假设，主要有环境决定论、遗传决定论、交互作用论三种言语获得理论。儿童言语发展分为三个阶段：婴儿期、幼儿期和儿童期。儿童每一个阶段的言语发展都有不同的特点，整体来看儿童的言语水平是不断提高的。随着年龄的增长，儿童掌握的词汇量由少到多，句子由单词句逐渐发展到复杂句。进入小学后，儿童写作能力得到发展，也逐渐学会了内部言语。但是儿童的言语发展不是一条直线，而是一个复杂的非线性过程，有时会出现停滞或倒退的现象，只要经过教育者的科学指导，该现象就会很快消失，促进儿童言语向更高水平发展。最后，本章介绍了婴儿、幼儿和童年期儿童言语能力的培养方法以及特殊儿童言语能力的干预方法。对于婴儿来说，良好的言语环境和丰富的生活内容是关键，同时通过早期阅读和同伴交往也可以促进其言语发展。幼儿时期，培养倾听能力可以通过教师榜样、游戏和讨论评价来实现；口语表达能力可以通过创设愉快的氛围、言语训练和丰富经验来提高；早期阅读能力则需要提供合适的读物，并使用正确的方法进行指导。在童年期，激发兴趣、优化教学手段和注重阅读都能够提升儿童的口语表达能力，并将言语能力和思维能力结合起来。针对特殊儿童，介绍了构音障碍、嗓音障碍、语流障碍和言语发育障碍的干预方法。总之，通过多种方法和适当干预，可以有效培养和提升儿童的言语能力。

【实践·反思·探究】

　　1. 早上起床后，小明在脑海中想，今天早上要吃什么早餐呢？然后内心有个声音回答说："妈妈一定会做西红柿鸡蛋面。"接着又一个声音对此进行了否定："不，爸爸说要买豆浆、油条当早餐。"

　　于是小明去问妈妈："妈妈，今天早上是吃豆浆和油条吗？"妈妈回答："不是的，爸爸没买到豆浆、油条，今天早上吃小笼包。"

　　问题：

　　（1）请结合上述案例，分析内部言语和外部言语的不同特征。

　　（2）根据上述案例思考，如何促进幼儿内部言语的发展。

　　2. 天天是一名一年级的小学生，他的言语特点是在每个词汇的末尾省略一些音位，舌位偏前。例如，在看到一只漂亮的狗时，天天会说"漂列（亮）的斗（狗）"。这些问题严重影响了天天的言语清晰度以及日常的学习和生活。

　　问题：

　　（1）根据自己所学的知识与日常经验，分析造成天天言语障碍的原因可能有哪些。

　　（2）针对天天的言语发展情况，请你提出几点有效的干预措施。

【推荐阅读】

1. 彭小虎，王国锋，朱丹. 儿童发展与教育心理学［M］. 上海：华东师范大学出版社，2014.

2. 沈雪梅. 学前儿童发展心理学［M］. 北京：北京师范大学出版社，2023.

3. 曹碧华，李红. 0—18个月婴儿言语发展的个案分析［J］. 学前教育研究，2009（11）：32-36.

第六章 儿童情绪发展与培养

【学习目标】

1. 了解儿童情绪的概念和类型。
2. 理解儿童情绪发展的一般规律和特点。
3. 应用有效策略促进儿童良好情绪的发展。

【知识导图】

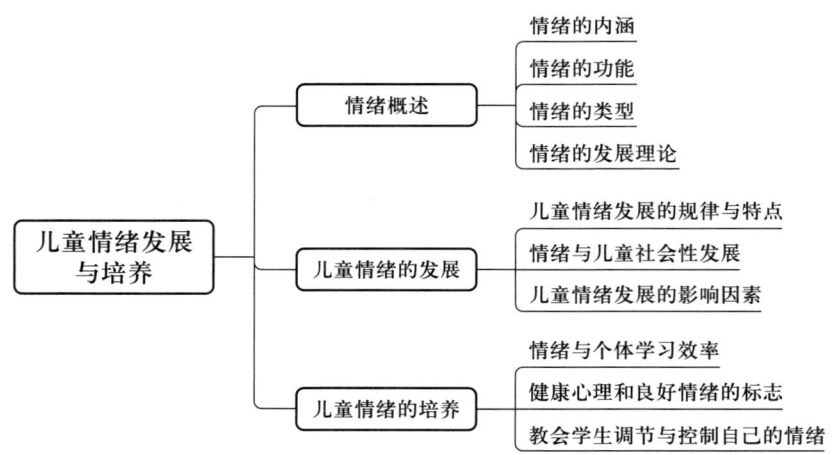

【案例导入】

苗苗从出生后就一直和妈妈在一起。3岁时，苗苗到了上幼儿园的年纪。上幼儿园的第一天，刚到幼儿园门口，苗苗就开始大哭起来，抱着妈妈不肯松开。幼儿园老师抱过苗苗，把她带到游戏室，陪着苗苗玩了一会儿玩具后，苗苗就不哭了。但妈妈有些不放心，便悄悄地从窗户那里往教室中看。苗苗一回头，无意中看到了妈妈，于是又大哭了起来。妈妈见状后就赶紧离开了。几天后，苗苗逐渐适应了幼儿园的生活，在幼儿园中玩得很高兴。过了一段时间，幼儿园又新来了一个小朋友，这个小朋友不停地哭着找妈妈，惹得苗苗和其他小朋友都跟着哭了起来。

1. 刚上幼儿园的苗苗为什么会出现这样的情况？
2. 其他的小朋友为什么会跟着一起哭呢？

第一节　情　绪　概　述

情绪是个体心理活动中的重要心理成分，是表达个体内心状态的心理过程，是个体适应社会的有效手段。个体在生活中时时体验着情绪，如有时高兴、有时伤心、有时焦虑、有时愤怒……通过情绪表达着个体对纷繁复杂的客观世界的看法和态度。

一、情绪的内涵

（一）情绪的概念

情绪是个体对客观事物的态度、体验及相应的行为反应，是以个体的愿望和需要为中介的一种心理活动。当客观事物或情境符合个体的需要和愿望时，能够引起积极的、肯定的情绪；当客观事物或情境不符合个体的需要和愿望时，就会产生消极的、否定的情绪。例如，饥饿的人得到美食时，会感到愉快、满意；人们失去自己心爱的东西时，会感到伤心、痛苦；人们通过努力获得成功时，会感到自信、自豪；人们在工作中出现失误时，会引起内疚、苦恼，等等。由此可知，情绪是个体体验到的主观感受，是对客观环境的主观反映。

情绪与动机之间存在联系，二者的英文单词有一个共同的词根"mot-"，这个词根来源于拉丁语 motus，其意义为"运动"。情绪的含义中保留了这层意义，可以视为一种特殊的指向外部的动机。情绪能提升个体的唤起程度，将情绪的注意力指向对个体产生影响的人、事、物，并使个体趋近或者回避它们。因此，情绪是一类特殊的动机，能够帮助个体注意重要情境（通常是外部情境）并对其作出反应，也有助于个体与他人进行沟通交流。[①]

（二）情绪和情感的联系与区别

情绪和情感存在密切联系。在现实生活中，人的情绪和情感是彼此难以分离的两种心理

---

① 津巴多，约翰逊，麦卡恩. 津巴多普通心理学：第8版［M］. 傅小兰，等译. 北京：人民邮电出版社，2022：411.

现象，因此，人们时常把情绪和情感通用。一般来说，情感是在多次情绪体验的基础上形成，并通过情绪表现出来；情绪的表现和变化受到已经形成的情感的制约。例如，当人们做某件喜欢的工作的时候，总是会从中体验到轻松、愉快的感觉，久而久之，就会逐渐爱上这一行业；反过来，在人们对工作建立起深厚的感情之后，会因工作的出色完成而欣喜，也会因为工作中的疏漏而伤心。可以说，情绪是情感的基础和外部表现，情感是情绪的深化和本质内容。

情绪和情感是两种相互联系而又相互区别的主观体验，其区别主要体现在以下三个方面：

第一，情绪和情感与个体的不同需要相关。情绪始终与个体的生理需要、机体活动、感知觉相关联，情感更多地与个体的社会性需要、社会认知、理性观念及观点相关联。情绪为人和动物所共有。达尔文在《人类和动物的表情》一书中提出，情绪是与人类和非人类结构与功能的其他方面一同进化出来的，是一种由遗传得来的、对自己的生活情境作出反应的特定心理状态，是大脑功能高度化协调的模式。尽管由于自身需要的社会化，人的情绪不同于动物的情绪，但在其表现形式上仍带有许多原始的动力特征。情感仅为人类所有，带有显著的社会历史制约性，是个体社会化过程中的重要组成部分与标志。

第二，情绪具有情境性和表浅性，情感具有稳定性和深刻性。情绪总是随着不同的情境或一时需要的出现而产生，也随着情境的变迁或需要的满足而减弱或消失。例如，早晨出门时阳光明媚，人们会感到心情愉快；如果遇到刮风下雨的天气，可能人们就会感到烦躁。情感是基于个体对主观和客观的概括而深入的认知和一贯的态度，常被看作个性的结构或个性的表现，因此具有稳定性和深刻性。例如，人们的爱国情感不会因为情境的变化而改变。

第三，情绪常具有冲动性和外在性，情感则较为内隐和深沉。情绪一般由具体的情境引起，且伴随明显的外在表现，如欣喜若狂、手舞足蹈、暴跳如雷等，一旦发生，人们往往一时难以控制。情感经常以内隐的形式存在或以微妙的方式表达出来，但始终处于个体意识支配的范围内。

（三）情绪的成分

情绪是一种混合的心理现象，每种情绪都由四种成分构成：认知解释、生理唤醒、主观感受和行为表达。

1. 认知解释

情绪的产生是基于个体对事件与感知觉的认知解释，包括对情境有意识地识别与解读。由此可知，对事件的认知解释需要神经系统的参与，包括中枢神经系统和周围神经系统。通过感觉系统对内外环境的信息编码和周围神经系统的信息输入，中枢神经系统（主要包括脑干、丘脑、下丘脑、海马、杏仁核、脑垂体、蓝斑、松果体和前额叶皮层等）处理接收的信息，对内外环境信息作出认知解释——这种解释可能是有意识的也可能是无意识的。例如，当人们买彩票中了大奖时，可能会把彩票中奖的概率问题解释为运气好；当人们在考试中取得优异成绩时，可能会把自己的考试的优异成绩归功于自己的努力。

2. 生理唤醒

情绪产生时会伴随明显的生理反应，即生理唤醒。生理唤醒涉及人体广泛的内脏和内外分泌腺等器官。在情境中，个体受到外界刺激的影响，神经系统被激活，进而激起内脏和腺体作出反应。具体表现为：

（1）内脏器官的变化。不同的情绪表现，会发生不同的内脏器官变化，如当高兴、愉快时，心跳节律正常，呼吸平稳；当恐惧或愤怒时，心跳和脉搏加快，呼吸加快而短促，甚至出现间歇或停顿，血压升高，血糖提高，血液含氧量增加；当痛苦时，血管容积缩小；等等。

（2）内外分泌腺的变化。不同情境引起的情绪表现会引发腺体分泌不同种类和数量的激素，以调节身体反应。例如，在激烈紧张的情绪状态中，由于去甲肾上腺素分泌的增加，引起血糖、血压升高，肌肉紧张度增加，胃肠蠕动增快，因此使机体处于应激状态；在焦虑、抑郁的情绪状态中，外周血管收缩，血糖下降，肌肉松弛，消化腺活动下降。

3. 主观感受

情绪的体会主要是主观感觉的产生。个体各种情绪的主观感受可能有着多种来源。一种是大脑对身体唤起状态的觉知，另一种来源于对以往相似情境中身体的唤起记忆。例如，当某件事获得成功后产生高兴情绪时，大脑可能会提取出以往取得成功时的身体状态记忆，包括心跳加速等的感觉，大脑存在的这种以往的身体状态记忆称为情绪化的"身体表象"，也有研究者称其为躯体标记。[1]

研究发现，镜像神经元系统是情绪主观感受的另一种来源。当个体看到他人处于某种情绪状态中时，个体大脑中特定部分的脑回路会得到激活，使自身也感受到相同情绪的躯体标记。[2] 多项研究结果支持这个推测，其中最有趣的是一项关于热恋情侣的积极情绪的研究。在研究中，研究者同时扫描情侣双方的大脑，发现当其中一人有不愉快的经历时，另一个人的情绪相关脑区也会出现大体一致的变化。

4. 行为表达

情绪的行为表达通常被称为表情。例如，当看到一条体型硕大的狗向自己扑来时，个体会激活自身的"应激或逃跑"等身体机能，可能会产生哭喊、吼叫、身体僵硬等反应。这些表情是在情绪状态发生时身体各部分的动作量化形式，具体包括面部表情、姿态表情和语调表情。表情特别是面部表情是人际交往的一种重要工具。表情具有先天性，有些面部表情似乎在很大范围内都是相似的，代表着相同的意义，而与个人生长的文化无关，即情绪表达存在文化通用性。保罗·埃克曼认为，全世界的人都能运用和理解相同的基本"面部语言"，人类共享一套固有的情绪表达模式，会调用相同的面部肌肉运动，微笑通常表示高兴，皱眉则表示难过，这在全世界范围内都是相同的。

表情具有社会制约性，情绪表达具有一定的社会价值。因此，在什么情况下表示何种情绪是人们后天学会的，情绪表现明显地受文化因素的影响。例如，研究者发现，在亚洲文化中，人们多教育孩子要控制自己的情绪反应（尤其是消极情绪），而在欧洲文化中父母多鼓励孩子要开放地表达自己的积极感受。因此，一般来说，人们更擅长判断本文化人群的情绪，不太擅长判断其他文化群体的情绪。

【拓展阅读】
面部表情的
内在含义

面部表情是指通过整个面部肌肉变化表达的各种情绪状态。人的面部是非常能表达情绪的，人们常说的"愁眉苦脸""眉开眼笑""喜上眉梢"等，都是面部表情的体现。如高兴时，额眉平展、面颊上提、嘴角上翘；生气时，眉毛下拉、向内紧缩，双眼变得窄而细，眼神严

---

[1] DAMASIO A. Feelings of emotion and the self[J]. Annals of the New York academy of sciences, 2010, 1001（1）: 253-261.

[2] NIEDENTHAL P M. Embodying emotion [J]. Science, 2007, 316（5827）: 1002-1005.

厉而冷酷，双唇紧闭，嘴角向下，鼻孔张开。面部表情能精细地表达不同性质的情绪，因此是鉴别情绪的主要标志之一。[①]

姿态表情是指面部以外的其他身体部分的表情动作，包括手势、身体姿势等，如人在痛苦时捶胸顿足，愤怒时摩拳擦掌，高兴时手舞足蹈，等等。关于姿态表情的研究相对较少，早期的研究表明身体动作只显示情绪强度，近年来的研究发现身体动作和姿势也传达特定的情绪信息，人体运动的几种模式系统地发生在对特定情绪的描述中，从而使情绪分化。[②] 近几年的研究发现，与中性身体相比，身体表情使用更大的神经区域网络，这些区域负责行为观察和准备、情绪处理、身体处理和整合等过程。来自典型神经研究和掩蔽范式的结果表明，潜意识层面对身体姿态的处理依赖这些区域的一个特定子集。[③]

语调表情通常叫作言语表情，主要是通过言语中的声调、节奏和速度等变化表达情绪。如兴奋时语调高昂，语速快；焦虑时语调低沉，语速慢。不同的文化背景下，人们对面部表情的情感感知进行广泛的研究，但对从声音线索中推断情感的能力却知之甚少。一篇文章报告了在欧洲、北美洲和亚洲的九个国家和地区中进行的一项研究的结果，该研究是关于由专业演员制作的声音情感描述，包括愤怒、悲伤、恐惧、快乐和中性声音。对情绪的推断结果显示，所有国家被试推断的平均准确率为66%。这表明在不同的文化背景中，声音表达存在着相似的推理规则。结果还显示，不同国家被试间的推断准确率差异较大，例如德国被试的准确率为74%，而印尼被试的准确率为52%，这一结果充分说明，尽管使用无语言的语音样本，但随着语言不同程度的增加，准确性有所下降。由此得出结论，文化和语言特有的副语言模式可能会影响解码过程。[④] 有研究结果表明，来自面部、声音和身体的情绪信息都是相互影响的，身体动作和姿势往往会突出和强化面部和声音所表达的情绪。

二、情绪的功能

在对情绪进行了介绍之后，需要思考的是人们为什么会有情绪，情绪对人们的作用是什么。设想一下，如果人们不能体验、理解和表达情绪的话，那么会对日常生活产生怎样的影响？

（一）动机和唤醒功能

由于人们拥有将情绪记忆与场景联系在一起的能力，因此在日常生活中，个体会表现出多种多样的情绪，如获得成功让人们高兴、做错事让人们感到担忧，等等。情绪通过唤醒个体对于正在经历或想象中事件的行为发挥动机作用，并且情绪会引导并维持个体的行为直至达到特定的目标。

---

① EKMAN P. Facial expression and emotion [J]. American psychologist, 1993, 48 (4): 384–392.

② DAEL N, MORTILLARO M, SCHERER K R. Emotion expression in body action and posture [J]. Emotion, 2012, 12 (5): 1085–1101.

③ GELDER B D, BORST A D, WATSON R. The perception of emotion in body expressions [J]. Wiley interdisciplinary reviews cognitive science, 2015, 6 (2): 149–158.

④ SCHERER K R, BANSE R, WALLBOTT H G. Emotion inferences from vocal expression correlate across languages and cultures [J]. Journal of cross-cultural psychology, 2001, 32 (1): 76–92.

通常情绪有积极和消极之分，并因此引起趋近或回避的倾向。高兴与喜悦等积极情绪促使个体趋近，这些情绪使得人、物或场景充满吸引力。例如，人在为人父母后，会尽己所能地保护孩子。与之相反，大多数消极情绪（恐惧、厌恶）与回避行为有关，例如，看到大狗时，我们会感到害怕，会做出逃离行为。

由此可知，情绪是动机的源泉之一，是动机系统的基本成分。它能对人进行生理唤醒，激发人的行为。赫布认为唤醒水平与工作绩效之间存在倒 U 型曲线关系，[①] 这一曲线预测太低或太高的唤醒水平都会损害工作绩效。如果个体接受的生理刺激过少，那么可能会无法有效地组织行为；如果受到的刺激过多，那么情绪也会压倒认知。

因此，情绪的一个重要功能是激励个体向着目标前进。由情绪环境引发的生理唤醒可以使个体达到最高的工作绩效水平。但应当注意的是，不能让自己的情绪过于激烈，否则会使个体的工作绩效下降。

（二）适应功能

情绪是有机体适应生存和发展的一种重要方式。例如，动物遇到危险时产生的呼救，就是动物求生的一种手段。

情绪是人类早期赖以生存的手段。婴儿与成人之间就是通过情绪传递信息、进行交流。情绪直接反映人们的生存状况，是人们心理活动的"晴雨表"，如通过愉快表示处境良好，通过痛苦表示处境困难。人们还通过情绪和情感进行社会适应，如用微笑表示友好，通过察言观色了解对方的情绪状况，以便采取适当的、相应的措施或对策等。总之，人通过情绪了解自身或他人的处境，适应社会的需求，得到更好的生存和发展。

（三）组织功能

情绪是一个独立的心理过程，有自己的发生机制和发展过程，它具有组织其他的心理活动的功能，具体表现在对积极情绪的协调和消极情绪的破坏、瓦解。中等强度的愉快情绪，有利于提高认知活动的效果。而消极的情绪，如恐惧、痛苦等，会对认知活动的效果产生负面影响，消极情绪的激活水平越高，认知活动的效果越差。当人们处在积极、乐观的情绪状态中时，易注意事物美好的方面，其行为比较开放，愿意接纳外界的事物。而当人们处在消极的情绪状态中时，容易失望、悲观，放弃自己的愿望，有时甚至产生攻击性行为。

有研究回顾了负面情感对思维和行为的益处的证据，[②] 认为所有的情感状态都具有组织功能。大量的实验表明，负面情绪可以提高记忆力、减少判断错误、提高积极性，并产生更有效的人际交往策略。这些研究结果可以用双重过程理论来解释，即积极情绪会促进更多的同化和内部处理方式，而消极情绪则会促进更多的包容和外部思维策略。研究发现，处于消极情绪中的人可能不容易犯判断错误，对目击者的歪曲更有抵抗力和动力，对社会规范更敏感，更善于制作高质量和有效的说服信息。

---

① HEBB D O. Drives and the CNS（conceptual nervous system）[J]. Psychological review, 1955, 62: 243–254.

② JOSEPH P F. Don't worry, be sad! on the cognitive, motivational, and interpersonal benefits of negative mood [J]. Current directions in psychological science, 2013, 22（3）: 225–232.

总之，情绪状态与个体的记忆、社会判断、认知等过程相关。[①] 这可能是因为个体在加工和提取信息时，那些和当前情绪一致的内容表现出选择性的敏感，这些材料容易受到注意，得到深入加工，并建立更为细致的联系，进而影响个体的认知和社会判断。

（四）社会功能

情绪在人与人之间具有传递信息、沟通思想的功能，这种功能是通过情绪的外部表现即表情来实现的。表情是思想的信号。在许多场合，人们只能通过表情来传递信息，如用微笑表示赞赏，用点头表示默认，等等。表情也是言语交流的重要补充，如手势、语调等能使言语信息表达得更加明确或确定。情绪的适应功能也是通过信号交流作用来实现的。

从社会水平看，情绪在社交活动中拥有广泛的功能。作为一个积极的社会黏合剂，情绪能够使个体贴近他人，例如，当他人给出微笑和挥手的表情和动作时，个人也会靠近；作为一种消极的社会防水剂，情绪能够使个体远离他人，例如当他人暴怒时，个体会不自觉地后退。因此，个体所体验的情绪对自身在社会中的行为有着重要影响。

当个体高兴时，是否会在社交中冒更多的风险？当个体悲伤时，是否更为谨慎？研究者研究情绪对亲社会行为的影响发现，当个体处于最佳健康状况时，他们更愿意做出各种助人行为。当个体为自己的过失感到内疚时，他们更愿意在未来提供志愿帮助，从而减少内疚。当个体回忆起他们曾经拒绝过他人时，他们的情绪会变得更加消极；当他们拒绝的人是一位好朋友、家庭成员或伴侣时，消极的情绪感觉会更加强烈。

三、情绪的类型

（一）基本情绪与复合情绪

从生物进化的角度看，情绪可分为基本情绪和复合情绪。

基本情绪是人与动物所共有的，在产生的基础上有着共同的原型或模式，它们是先天的。但大多数研究者认为，基本情绪的种类并不太多。每种基本情绪都具有独立的神经生理机制、内部体验和外部表现，并具有不同的功能。复合情绪是由两种及以上基本情绪组合而成的情绪复合体。

基本情绪研究最早起源于达尔文的研究，盛行于埃克曼和福瑞森在新几内亚的研究。埃克曼等（1982）通过使用典型情绪面部表情的静态照片，提出了六种基本情绪，包括高兴（happiness）、悲伤（sadness）、愤怒（anger）、厌恶（disgust）、恐惧（fear）、惊讶（surprise）。卡罗尔·伊扎德认为存在六种基本情绪：兴趣、快乐、悲伤、愤怒、厌恶和恐惧。保罗·埃克曼研究了可以被普遍识别的面部表情，提出了七种基本情绪：愤怒、厌恶、恐惧、快乐、悲伤、轻蔑和惊奇。在罗伯特·普拉特切克的研究中，他让人们对大量的情绪词条进行评分，对评分结果的数学分析表明存在八种基本情绪——期待、快乐、信任、恐惧、惊讶、悲伤、厌恶和愤怒，每种基本情绪又可以根据强度上的变化而细分。如，强度高的愤怒是狂怒，强度低的愤怒是生气。多学科跨文化研究中，Jack 等人（2016）的数

① FORGAS J P. The role of emotion in social judgments: an introductory review and an affect infusion model（AIM）[J]. European journal of social psychology, 2010, 24（1）: 1–24.

据揭示了四种潜在的、文化上常见的面部表情模式（喜、怒、哀、惧）。[1]

我国学者 Gu 等人（2019）提出了情绪三原色学说，认为基本情绪是由神经调质调节的内部状态，这些内部状态在外部表现为特定的刻板行为，如本能，这被认为是古老的生存机制。该学说认为，人类有三种基本情绪：快乐、悲伤、恐惧和愤怒，这四种基本情绪分别具有不同的单胺类神经递质基础：去甲肾上腺素（norepinephrine，NE）与应对压力事件的"战斗或逃跑"反应有关，多巴胺（dopamine，DA）参与奖赏机制，五羟色胺（serotonin，5-HT）与惩罚有关如图 6-1。此外，这四种基本情绪与三种核心情绪有不同的关联：奖励（快乐）、惩罚（悲伤）和压力（恐惧和愤怒）。这些核心情感类似于三种原色（红、黄、蓝），因为它们以不同的比例组合在一起，从而产生更复杂的"高级"情感，如爱情和审美情感。我们将我们提出的情绪模型称为"基本情绪的三原色模型"。[2]

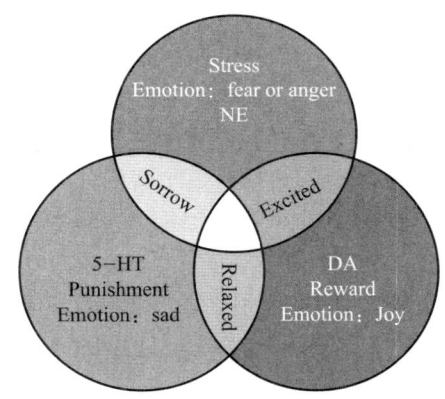

图 6-1 基本情绪的三原色模型

尽管研究者试图以不同的方法探索人们的基本情绪种类究竟有多少，但得出的结论相似。这说明人们的基本情绪数目有限，但复合情绪的数目相对较多，意味着基本情绪能够复合出大量新的情绪，例如恐惧和期待复合在一起就会产生焦虑情绪。

（二）情绪状态分类

情绪的表现形式多种多样，依据发生的强度、持续时间和紧张度，可以将情绪状态划分为心境、激情和应激。

1. 心境

心境是一种微弱、平静而持久的情绪状态，它具有弥漫性和感染性，可以使人的整个精神活动都染上某种情绪色彩，也称为心情。不同心境的持续时间有很大差别：某些心境可能持续几个小时，而有些心境可能持续几周、几个月或更长时间。

引起心境变化的因素是多种多样的，包括自然环境因素、生理因素、社会因素、个人因素等。自然环境因素，如不同的时令和季节，会使个体产生不同的心境。春暖花开的季节会让人们产生愉快的心境，寒冬腊月或炎热酷暑容易让人们产生烦躁的心境。生理因素，如身体状况，如果个体的身体健康，那么心情也会愉悦；如果个体的身体有所不适，那么心情就会烦躁不安或伤心难过。社会因素是引起心境变化的重要因素，因为心境的持续时间一般依赖于引起心境发生改变的客观刺激的性质，如具有重要意义的事件的成功，在一段时间内会使个体处于积极愉快的心境中，而工作、学习中的挫折或亲人的离世往往会使个体产生较长时间的消极心境。个体的个人因素对心境有重要影响，同一事件对某些人的心境影响较小，而对另一些人的影响则较大。有的人经常处于朝气蓬勃的心境之中，有的人经常处

[1] JACK R E, SUN W, DELIS I, et al. Four not six: revealing culturally common facial expressions of emotion.［J］. Journal of Experimental Psychology: General, 2016, 145（6）: 708−730.

[2] GU S, WANG F, PATEL N P, et al. A model for basic emotions using observations of behavior in drosophila［J］. Frontiers in Psychology, 2019, 10, 781−793.

于抑郁愁闷的心境之中；有的人即使处在极为不利的条件下仍然保持乐观主义心境，有的人在生活平顺的情境中却经常感到悲伤。这主要是受到个体的思想、观点、理想和世界观的影响形成的。

心境在个体的生活中具有重要意义。积极的、良好的心境能使人精神振奋、乐观地对待困难和挫折；消极的不良心境会使人精神萎靡、意志消沉。心境在学习中的作用主要体现在两个方面：一是对记忆的影响，二是对行为的影响。有研究指出，相比消极心境，积极心境会使学习者有更好的记忆效果。在良好的心境中，人们会感到情绪高昂，追求有乐趣的、充满欢乐的活动，更乐于帮助他人；而在沮丧的心境中，人们会在思想和行为上对周围的事物表现出更多的不满和敌意。其中，个体的人格因素对心境有着重要的调节作用。

2. 激情

激情是一种爆发式的、猛烈而时间短暂的情绪状态。激情通常是由个体生活中的重大事件、对立意向的冲突、过度的兴奋或抑制所引发的。暴怒、狂喜、悲痛、绝望等都是激情的表现。

处于激情状态的人，会出现认识范围缩小、分析能力受到抑制、自我控制能力减弱等现象。这是因为激情往往伴随着明显的生理变化和外部行为表现。例如，暴怒式激情的人全身肌肉紧张，双目怒视，咬牙切齿，紧握双拳等；狂喜式激情的人眉开眼笑，手舞足蹈等；极度的恐惧、悲痛和愤怒可能导致个体精神衰竭、木然不动或涕泪横流。这些激情状态与强烈的刺激在大脑皮层上引起的强烈兴奋扩散，或引起普遍性抑制状态有关，这两种状态都会使大脑皮层的调节与控制作用减弱，因而皮质下神经中枢显著活跃，使得动作、语言、内脏器官和腺体发生剧烈变化。当激情的强度大于理智的思考和判断时，个体就会减弱或失去控制自己的能力，做出不顾后果的行为。

虽然在激情发生的时候，个体很难用意志加以控制。但是个体却可以预先防止激情的发生，使这种情绪达不到突然爆发的程度。这就需要个体善于控制自己的激情，做自己情绪的主人，培养坚强的意志品质，提高自我控制的能力。

3. 应激

应激是指人对某种意外的环境刺激所作出的适应性反应，是由出乎意料的紧急情况所引起的急速变化而高度紧张的情绪状态。它处于个体的需要与适应能力之间，看二者是否能够保持平衡，人对环境中的各种因素进行认知评价，分析将会发生的威胁、伤害或失败，判断是否有能力应付困难。人格所处环境或个体内部的需要一旦超出机体组织系统的适应能力，个体就会产生应激反应。例如，高速行驶的汽车突然发生故障时，司机作出的反应就属于应激反应。

应激状态会引起机体产生一系列生物性反应，如肌肉的紧张度、血压、心率、呼吸以及腺体活动等。这些生理变化会引起两种不同的心理反应：一是积极的心理反应，它使人注意力集中、思维敏捷、精力旺盛，能够顺利应对危机；二是消极的心理反应，它会使人的认识中断、不知所措、肌肉僵直、行为混乱。

四、情绪的发展理论

假设某天早晨，儿童在上学的路上遇到一只一直狂叫的狗，并且向儿童扑来，儿童肯定会感到恐惧。那么，儿童身体内的什么过程产生了恐惧的情绪？恐惧情绪是来源于"糟糕，我遇到危险了"的念头，还是因为个体意识到自己心跳加快、内脏收缩？长期以来，心理学家都在争论情绪、认知和生理反应之间的关系，并提出了相应的情绪理论。

（一）詹姆斯－兰格理论

在心理学的早期发展阶段，威廉·詹姆斯提出，情绪的产生是由生理反应引起的。詹姆斯认为，我们因为哭泣而感到难过，因为攻击而感到愤怒，因为颤抖而感到恐惧。儿童面对扑过来的恶犬时的反应，詹姆斯认为，儿童不是因为恐惧而逃跑，而是因为逃跑而感到恐惧。但詹姆斯并不认为情绪仅仅是生理感受，而是认为情绪需要将认知和生理感受结合在一起，生理感受就是指个体的情绪。詹姆斯说："如果知觉没有引发身体状态的变化，那么知觉就只具有认知的形式，苍白而黯淡，全无情绪的温热。如果真是如此，那么我们看见恶犬时，只是判断最好逃跑，但我们并不能真正地感觉到恐惧。"[1]

【拓展阅读】
自主神经系统与情绪

在同时期，丹麦心理学家卡尔·兰格也提出了相同的观点。兰格认为，情绪是内脏活动的结果。他强调情绪与血管变化的关系，以饮酒和药物为例说明情绪变化的原因，酒和药物都是引起情绪变化的因素，它们能够引起情绪变化，是因为饮酒和药物都能引起血管的活动，而血管的活动受自主神经系统的控制。自主神经系统的支配作用加强，血管舒张，产生愉快情绪；自主神经系统的活动减弱，血管收缩，产生恐惧情绪。

詹姆斯和兰格在情绪产生的具体描述上虽有不同，但基本观点相同，即刺激引起生理反应，而生理反应进一步导致情绪的产生，因此称为詹姆斯－兰格理论。如图6-2所示。

刺激	⟹	生理唤醒	⟹	情绪
（蛇）		（颤抖、心跳加速）		（恐惧）

图6-2　詹姆斯－兰格理论

（二）坎农－巴德理论

沃尔特·坎农和菲利普·巴顿反对詹姆斯－兰格理论的观点，并提出三点质疑：第一，机体的生理变化，在各种情绪状态下并无太大差异，因此根据生理变化很难分辨各种不同的情绪；第二，机体的生理变化受自主神经系统的支配，这种变化的速度相对比较缓慢，不足以说明瞬息变化的事实；第三，机体的某些生理变化可由药物引起，但药物只能激活生理状态，而不能产生某种情绪。因此，坎农认为情绪的中心不在外周神经系统，而在中枢神经系统。

坎农和巴顿认为，个体的行为和内脏发生变化的速度远远慢于个体作出情绪反应（如面临危险时的感觉）的速度，所以前者不可能引发后者。他们还提出，生理变化的种类有限，而人类的情绪却变化多端。在他们看来，对情境的认知评估会同时产生情绪感受与生理反应。基于此，坎农和巴顿提出情绪的丘脑学说，认为当刺激引起的感觉信息传到皮层时，释放到经常处于抑制状态的丘脑中心，唤醒丘脑过程，导致特定模式的情绪产生。丘脑同时向大脑皮层和身体的其他部位输送神经冲动，神经冲动向上传至大脑产生情绪的主观体验，向下传至交感神经引起机体的生理变化，所以身体变化和情绪体验同时发生。这种观点称为坎农－巴顿理论，如图6-3所示。

---

[1]　吴瑶瑶. 对身体变化的感知就是情绪：詹姆斯情绪理论探究［J］. 学术交流，2021（3）：32-41.

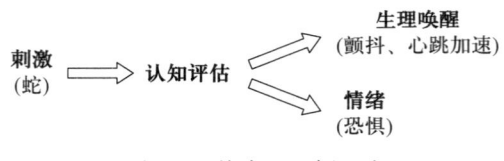

图 6-3   坎农－巴顿理论

（三）两因素情绪理论

正如之前提到的，机体只需在脑海中想象某些场景，就可以唤起各种情绪，例如少部分学生只要想起考试就会引发焦虑情绪，并且越是想象考试失败的可怕结果，就越会感到焦虑。基于此，斯坦利·斯坎特提出了两因素情绪理论，认为认知在情绪中扮演着重要角色。斯坎特认为机体感受到的情绪既取决于机体对内部生理状态的评估，又取决于机体对所处外部环境的评估。当两种因素发生冲突时，就可能会产生奇怪的结果。例如，根据两因素情绪理论，习惯喝不含咖啡因的咖啡的人意外喝到含有咖啡因的咖啡后，可能会错误地认为由咖啡因引起生理唤起时源自某种情绪。如图 6-4 所示。

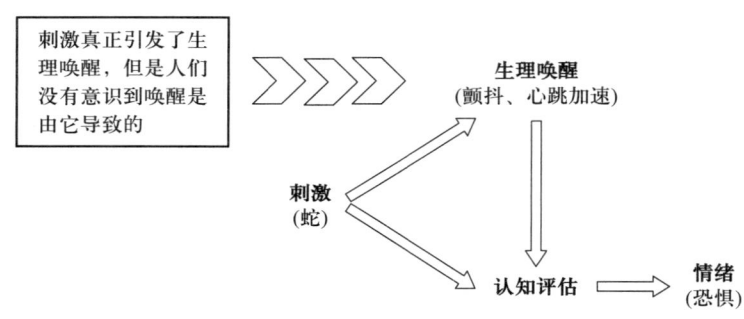

图 6-4   两因素情绪理论

那么，在什么情况下，个体较容易混淆自己的生理反应和情绪呢？在正常情况下，外部事件能够证实个体的生理反应，这一过程并不需要进行复杂的解释。例如，闻到异味而感到厌恶，见到老朋友而感到喜悦。但是，如果个体体验的生理唤起的来源并不如此明显（如锻炼、气温或药物），情况会怎样呢？当有许多刺激竞相吸引个体注意时，个体会很容易在这样的复杂环境中作出错误归因，就像卡普兰奴吊桥实验。此外，当环境中存在有关个体生理唤起的误导信息时，错误归因也很容易发生。例如，如果个体在不知情的情况下喝了含有咖啡因的饮料，变得兴奋起来，就很难对出现此种情绪状态的真实原因作出正确判断。

> **知识拓展**
>
> ### 卡普兰奴吊桥实验
>
> 卡普兰奴吊桥位于加拿大不列颠哥伦比亚省温哥华的卡普兰奴河谷上，是温哥华最古旧的旅游胜地之一，始建于 1899 年，距离桥底下的嘉碧兰奴河约有 230 m 高，全长约 137 m，是世界最长最高的步行天桥。
>
> 实验共选取两座桥进行研究，采用被试间设计，即一组男性被试在安全稳固的桥上进行，另一组男性被试在摇摇晃晃、跨越深谷的吊桥（卡普兰奴吊桥）上进行。在实验

中，一位极具魅力的女性主试站在人行桥的一头，对刚刚走过桥的男性被试（他们对实验目的毫不知情）提问。研究者假装研究风景对个体创造力的影响，要求被试看图片写一个简短故事。研究中女性主试告诉被试，如果他们想要知道这一研究的更多信息，可以打电话给她。正如假设的那样，那些走过吊桥的男性被试（假设他们因为走过摇晃吊桥而有着更强的生理唤醒）写出的故事，比那些走过安全稳固桥的男性被试写出的故事包含更多的性意象，并且前者打电话给女性主试的人数要多出后者四倍。显然，走过吊桥的男性被试误以为自己是因为女性主试的吸引力而产生了兴奋情绪。

第二节　儿童情绪的发展

情绪是个体对客观世界的主观态度，对个体的身心发展具有重要意义。本节主要讨论儿童情绪的发展规律与特点，以及情绪发展在儿童社会性发展中的作用。

一、儿童情绪发展的规律与特点

儿童的情绪是何时出现、如何发展的？他们能够像成人那样体验和表达快乐、悲伤、爱国、审美等情绪情感吗？研究表明，有半数以上的母亲认为自己 1 个月大的婴儿至少有五种明确的表情：好奇、惊讶、快乐、愤怒和恐惧。有人会说这只是骄傲的母亲从自己孩子的行为中读取了过多的信息，但现在有可靠的证据表明，即使是年龄很小的婴儿也会有情绪。在人一生的发展中，小学阶段是儿童情绪发展极为重要的阶段，在这个阶段中，如果对儿童的教育引导得好，那么就能为儿童情绪的有效调控和积极情绪的发展奠定一个良好的基础。

（一）儿童情绪发展的阶段性

在生命早期，儿童就表现出一定的情绪，儿童情绪的发展主要表现在情绪表达、情绪的识别与理解两个方面。儿童的情绪发展必须要经历社会化的过程，才能逐渐形成自我调节机制。每个社会都有一系列的情绪表达规则，规定各类场合下可以表达哪些情绪，不可以表达哪些情绪。例如，许多儿童在收到长辈的礼物时都会表示高兴和感谢，即便这些礼物并不是他们想要的，这些儿童也会掩饰自己的情绪。情绪表达的规则有点类似语言的应用规则：儿童必须学习并运用它们，从而能够与他人相处并获得他人的认同。

而儿童进行情绪识别与理解主要依赖于社会参考。在 7—10 个月时，婴儿开始关注自己的父母对于不确定情境的情绪反应，并依此调整自己的行为。随着年龄的增长，这种社会参考越来越频繁，并且扩展到父母以外的人。例如，学步儿童会观察同伴在接近或逃避一个新的事物或环境之后的情绪反应，再调整自己的行为。并且随着年龄增长，儿童能够谈论情绪后，关于情绪体验的家庭对话将有助于儿童更好地理解自己和他人的感受。研究发现，在情感体验上和父母有更多交流的 3 岁儿童，3 年后在小学阶段能够更好地理解他人的情绪，更好地解决与朋友的争执。对他人情绪的识别与理解具有重要的社会意义。理解他人情绪产生的原因是共情的一个重要促进因素，共情会促使儿童区帮助和安慰那些情绪低落的伙伴。

心理学研究表明，儿童情绪发展具有明显的阶段性，主要表现在以下两个方面：

1. 情绪规则和评价标准掌握的阶段性

刚出生时，婴儿表现出最简单的初级情绪，这是由先天的生物遗传因素所决定的，在不同文化中的表现以及人们对题目的理解也大致相同。到 2 个月大时，婴儿开始出现社会性微笑，这主要是在抚养者与婴儿之间的互动中产生的，此时抚养者对婴儿的积极反应感到欣喜，并给予微笑，[①] 通过学习过程（或认知发展）获得社会性情绪。快到 2 岁时，幼儿开始出现复杂情绪，如尴尬、害羞、内疚、嫉妒和骄傲等。到 3 岁时，幼儿能够更好地评判自己表现的优劣，他们在成功地完成一项困难任务后开始表现出骄傲，也会在未能够完成一项简单任务后表现出羞愧。

此外，从学龄期开始，儿童获得了绝大多数的社会性情绪，并且从这一阶段开始，儿童才可能完全内化众多的规则和评价标准，从而在没有外部监督的情况下，为自己的行为感到骄傲、羞愧或内疚。但稍晚出现的情绪对儿童行为有不同的意义。例如，内疚是因为机体无法做到对他人的某些义务，更关注自身的不当行为所带来的人际后果，可能还会主动接近他人来补偿自己的伤害行为；[②] 而害羞更多的是对自我的关注而非对他人的关注，导致儿童对自己的消极关注，使得他们试图回避他人。[③] 在整个小学阶段，儿童对社会所认可的表达规则有越来越清楚的认识，更了解哪些情绪应在特定的社会情境中表达，或哪些情绪应该加以抑制。

研究还发现，在母子互动中，母亲的积极情绪表达得越多，其子女往往能越好地掩饰自己的失望和其他消极情绪。但是，简单的规则也需要花费大量时间才能完全掌握。许多 7—9 岁的儿童（尤其是男孩）在收到一件令人失望的礼物时，还是很难完全掩饰他们的失望而装作很兴奋的样子。如图 6-5 所示，随着年龄增长，在收到令人失望的礼物时，儿童能更好地表现出积极的情绪反应。甚至许多 12—13 岁的儿童受到同伴嘲讽和权威成人阻挠时也无法克制自己的愤怒。

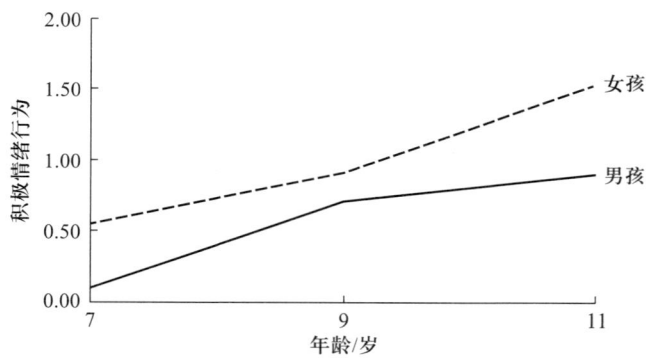

图 6-5   不同性别儿童面对失望礼物时的积极情绪行为 [④]

① LAVELLI, MANUELA, FOGEL, et al. Developmental changes in the relationship between the infant's attention and emotion during early face-to-face communication: the 2-month transition. [J]. Developmental psychology, 2005, 41（1）: 265−280.

② TANGNEY J P., MILLER R S, FLICKER L, et al. Are shame, guilt, and embarrassment distinct emotions? [J]. Journal of personality and social psychology, 1996, 70（6）, 1256−1269.

③ TANGNEY J P, DEARING R L, Salovey P. Shame and guilt [M]. New York: Guilford Press, 2002: 121−124.

④ SAARNI C. An observational study of children's attempts to monitor their expressive behavior [J]. Child development, 1984, 55（4）: 1504−1513.

2. 情绪调节的阶段性

情绪调节既是人类适应社会生活的关键机制，又是个体社会性发展的重要方面。有的时候，有效的情绪调节是为了维持和加强个体的感受，而不只是抑制。例如，家长往往会关注并有意维持年幼儿童在伤害他人或违反规则后感受到的不安，这是因为他们希望儿童能对导致自身不安的原因有新的认识：对受害人的伤心感到同情并对此有所作为；对自己的行为感到内疚从而减少其发生频率。另外，父母还希望儿童维持和增强对自己成就的自豪等情绪唤醒。因此，对儿童情绪的有效调节包括对情绪唤醒的抑制、维持和增强，以使儿童能积极应对所面临的挑战，和谐地与人交往。[1] 儿童的情绪调节随着年龄的增长而发展，主要表现在独立性、随意性和复杂性方面。[2]

儿童情绪调节的独立性发展主要表现在从利用他人的外部线索帮助到逐渐依靠自己的内部情绪资源进行调节。在成长早期，儿童的情绪调节主要依赖外部的调节，在这一阶段，儿童依赖成人给予的行为影响以获得重新平衡；在第二阶段，更加具体形式的情绪线索调节着婴儿和照料者之间的互动；随着儿童的发展，儿童情绪的自我管理、自我调整、自我控制和自我协调的能力增强。儿童调节情绪的追踪研究表明，年龄越小的儿童，越依赖外部线索调节情绪，而且照料者提供越直接的支持，儿童调节情绪的能力发展就越快。儿童的情绪调节到青少年期一直在发展。研究发现，青少年（14—19岁）对自己情绪控制能力的知觉会影响他们社会生活的许多方面。例如，相对来说认为自己能在公共场合较好地控制自己的表情和情绪的青少年会做出更多亲社会性行为，更容易抵制同伴压力，对同伴也更有同情心。

儿童情绪调节的随意性常常表现为根据具体的情境选择情绪调节策略。儿童情绪调节的随意性发展还表现为，随着年龄的增长，儿童逐渐能根据社会期望调节情绪。例如，一项关于儿童的访谈研究发现，绝大多数儿童认为，对悲伤，寻求支持是最好的情绪调节策略；对于愤怒和羞愧，解决问题是最好的情绪调节方法；对于创伤感，远离创伤源是最好的情绪调节方法；等等。儿童认为，愤怒会引发接受者更多的恐惧、愤怒和疏远，悲伤会引发接受者更多的悲伤和安慰。另有研究发现，五六岁的儿童更能够从他人的角度考虑问题，更能够通过协商而不是攻击来解决问题，而且对年龄小的同伴会提供更多的关心和帮助，更愿意和教师合作。

儿童情绪调节策略的复杂性表现在内在的感情体验和外部的表情分离。有研究表明，随着儿童情绪调节的分化，儿童可能更多地考虑自身表情活动的后果，学会控制愤怒和悲伤等负性表情。

总之，随着年龄的增长，儿童的情绪调节策略越来越丰富，所运用的手段越来越灵活，情绪调节的能力也越来越强。

（二）儿童情绪发展的一般特点

进入学校后，生活环境的变化对儿童提出了社会性较强的各种要求，儿童逐渐学会整合内外部线索理解他人的情绪，进一步遵守规则。自我意识的情绪与行为的"对错""好坏"标准的内化联系更加紧密。儿童情绪的自我调节策略

【拓展阅读】
幼儿情绪发展评估量表

---

[1]　COLE P M, MARTIN S E, DENNIS T A. Emotion regulation as a scientific construct: methodological challenges and directions for child development research [J]. Child development, 2004, 75（2）, 317–333.

[2]　蒋长好，石长地. 儿童情绪调节的发展及其影响因素 [J]. 首都师范大学学报（社会科学版），2009（4）：129–133.

更加多样和复杂。儿童情绪的移情反应增强，对他人的情绪体验逐渐有所了解。这一时期是儿童情绪发展的关键期，儿童情绪在内容、深刻性、可控性和稳定性等方面都获得进一步发展。

1. 儿童情绪的内容不断丰富

情绪的丰富性即情绪种类的多样性。个体的情绪与其需要紧密联系，儿童的情绪也与其需要密切相关。进入小学后，随着生活空间的扩大，人际互动的增多，儿童的活动需要、认知需要、交往需要和成就需要等不断产生和发展，从而带动儿童情绪丰富性的发展。

多样化的活动能够丰富小学儿童的情绪。在学习活动中，丰富的学习内容不断丰富儿童的情绪。同时，学习的结果会引发小学儿童许多不同的情绪体验，学习的效果好或者取得成功，儿童会产生自信、愉快的情绪，学习的效果差或者不够成功，儿童会产生失望、遗憾的情绪。这类情绪伴随着儿童的小学时期，如果处理得好，产生好的学习效果会引发愉快、自信而不自负的情绪；产生不好的学习效果会使儿童更加发奋、努力、毫不气馁，形成良性发展。如果处理得不好，会形成恶性循环，乃至长期受到困扰。

小学儿童在各种活动中，体验着各种各样的社会关系。良好的社会关系会使儿童体验团结、友爱等积极情绪，而不良的社会关系会使儿童体验孤独、嫉妒、自卑等消极情绪。文体、公益活动以及劳动会使儿童获得快乐等美好心境，当然从中也会有因成败体验而带来的不同情绪反应。

2. 儿童情绪的深刻性不断增加

情绪的深刻性是针对情绪的产生所涉及事物的本质程度而言的，如果个体的情绪是依据事物的本质而产生的，那么这种情绪就是深刻的；如果个体的情绪是依据事物的表面特征而产生的，那么这种情绪就是浅表的。

随着社会性需要的发展，小学儿童的情绪体验日益深刻。例如，同是产生惧怕的情绪，学前儿童可能是怕黑、怕打针等，小学儿童主要是怕做错事会受到批评，怕考试成绩不够理想等；同是愉快，学前儿童可能是由于得到喜爱的玩具、糖果等，小学儿童主要是在考试中获得较好的成绩，得到表扬，为社会、集体做了好事等。

除此之外，小学儿童情绪的深刻性还表现在评价人和事的时候，开始使用一定的道德标准。例如，学前儿童喜欢谁或不喜欢谁，主要是从自我出发或从具体关系出发；小学儿童逐渐学会从一定的道德标准出发，确定自己喜欢谁或不喜欢谁。

3. 儿童情绪的可控性不断增强

情绪的可控性是指情绪的抑制或改变的随意性。它与情绪的深刻性紧密相关，具有深刻性的情绪往往也会有可控性。

小学高年级学生与低年级学生在课堂上的情绪表现截然不同而又十分有趣，例如，多数小学六年级学生的情绪"基本一致"，表现为平静、认真；而许多小学一年级学生的情绪则各不一致，有的平静、认真，有的在生气，有的在激动地叫喊，有的在愤怒地挥手，有的在兴奋地大笑不止……这两种截然不同的场景表明，前者意识到情境和任务的需要而努力控制自己的情绪，后者则根据自己的需要随心地表露情绪。但到了小学三年级后期，最迟小学四年级的时候，小学儿童的课堂情绪表现会出现"基本一致"的现象，这个过程就是情绪的控制过程。

在小学低年级学生的身上经常可以看到学前儿童容易冲动、外露、可控性比较差的情绪特点。例如，小学低年级学生在玩得入迷的时候，会忘记做家庭作业；小学低年级学生的情绪容易表现出来，他们的喜、怒、哀、乐等情绪会比较明显地表露于面部，高兴时哈哈大笑，不高兴时垂头丧气，面部表情常常是他们情绪的"晴雨表"。随着儿童情绪深刻性的发展，其情绪的可控性也逐渐获得发展。

4. 儿童情绪的稳定性不断增强

情绪的稳定性是指情绪在一定的时空范围内长时间保持相对不变的特性。整个小学阶段，儿童的情绪带有较大的情境性，容易受具体事物和具体情境的支配。如有的小学低年级学生回答不出教师的问题时会哭，生动形象的课堂教学会引起他们不同的情绪。小学低年级学生的情绪是短暂的、爆发性的，像破涕为笑、转悲为喜、脸上挂着泪水又笑起来等现象会常常出现。在与同伴的交往中，小学低年级学生常常会因为一点儿小事而友谊破裂，但破裂的情绪很快又能够得到恢复。

虽然小学低年级学生不善于控制自己的情绪，但与学前儿童相比，他们的情绪已逐渐内化，小学高年级学生已能意识到自己的情绪表现以及随之可能产生的后果，并且控制和调节自己情绪的能力也逐渐加强。随着儿童对学校生活的适应，他们的情绪逐渐稳定下来，小学低年级学生尚未面临升学、求职等压力，因而其基本情绪状态一般是平静、愉快的。随着儿童知识经验的丰富、抽象思维能力的发展以及自我意识水平的提高，他们情绪的稳定性逐渐增强、情绪的情境性减少、情绪的选择性提高，逐渐产生较长时间影响自身整个行为的情绪体验。到了小学中高年级，同伴之间不会因为一点儿小事就友谊破裂；也不会因为学习上的成败而表现出强烈而持久的情绪反应。

二、情绪与儿童社会性发展

情绪在儿童早期的社会性发展中起着重要作用。在生命早期，婴儿的情绪表现具有影响抚养者行为的交流功能。例如，婴儿的哭泣会引起抚养者的注意；婴儿出现的微笑或好奇表情，能够使抚养者明白婴儿愿意并渴求与抚养者建立社会关系；婴儿后来出现的恐惧或伤心表情暗示婴儿感到不安全或情绪低落，需要被照顾。婴儿的愤怒情绪表示抚养者正在做让他们感到不高兴的事情，而愉快则是告诉抚养者他们希望能继续现在的交往或愿意接受新的挑战。这样，婴儿既通过情绪反应适当地促进自己的社会接触，也帮助抚养者根据婴儿的需要和目标调整其行为。

同时，儿童对他人情绪的识别和理解有利于推断自己在各种情境下的行为和情绪反应，社会参照能让儿童迅速获得这类知识。例如，妈妈焦虑的表情和语调会让儿童明白，锋利刀子是危险的，遇到后要及时避开。抚养者的表情会引导儿童对某些事物的评估表达出自己的情感，他们的情绪表达中包含的信息会促进儿童对其生活的世界的理解。

这主要是因为获得情绪的能力对儿童的社会能力至关重要。社会能力是指个体在社会交往中保持与他人积极关系的同时，达成个人目标的能力。情绪能力与社会心理学中的情绪智力（用情商表示）等概念相关。情商涉及感知情绪、运用情绪促进思维、理解情绪和管理情绪。[1]

---

[1]　BRACKETT M A, MAYER J D, WARNER R M. Emotional intelligence and its relation to everyday behaviour [J]. Personality and individual differences, 2004, 36（6）: 1387-1402.

发展心理学家所研究的情绪能力包括情绪表达能力、情绪理解能力和情绪调节能力。情绪表达能力是指有更多的积极情绪表达，消极情绪较少；情绪理解能力是指能够准确识别他人的情感及其出现的原因；情绪调节能力是指将自己的情绪体验、表情调整到能达成个人目标的适当水平。[1] 研究发现，情绪能力的这些成分与儿童的社会能力相关。例如，多数时候表现出积极情绪、较少表现出消极情绪的儿童往往更受教师的喜欢，也更容易和同伴建立友好关系。情绪理解能力较强的儿童往往会被教师认为有较强的社会能力，他们也更容易交朋友，并在班级内建立良好关系。[2] 相反，那些正常调节自身情绪（如愤怒）有困难的儿童，则常遭到同伴的拒绝，也可能存在过于冲动，缺乏自我控制，不恰当的攻击、焦虑、抑郁和社交退缩等适应问题。

三、儿童情绪发展的影响因素

在人际交往和协商中，个体要采用大家都能理解的情绪表达策略以达成共识。社会情境向个体提供了对事件、人与人之间的关系、自己和他人的行为、个体的主观体验（生理状态和情感状态）作出解释的"常模"，对其情绪发展具有重要意义。许多研究都说明，儿童在不同情境中获得各种团体如家庭、同伴群体、小团体等的情绪常模，并且随着年龄产生发展变化。亲子交往、同伴交往是学龄儿童情绪发展所必须面临的主要社会情境，以下从这两个方面介绍一下儿童情绪发展的研究状况。[3]

（一）亲子交往中的儿童情绪发展

亲子关系是一种非对称的、亲密的两极关系。父母的知识、社会权力都远远超过孩子，他们对儿童情绪发展的重要作用是显而易见的。父母不仅是儿童的依恋对象，而且是认知和情绪"专家"。因此，父母对儿童一般具有两种作用：不仅是儿童情感需要的安慰者和支持者，而且是其情绪发展的教育者和指导者。在童年期的很长一段时间内，当儿童感到焦虑或悲伤的时候，父母一直都是儿童身边主要的安慰者和支持者，在儿童自身不能处理情绪困扰时，父母帮助他们进行情绪调节。父母对儿童的悲伤或挫折作出及时反应，能够缓解儿童当前的低迷情绪，并能从长远意义上帮助儿童抑制消极情感，以控制可能引起他们沮丧的不良情境。如果父母在这种情况下忽略了儿童的情绪体验，会促使儿童发展分心、转移注意的策略，最终限制儿童的相关情绪发展。依恋方面的研究表明，父母能否对儿童发出的情绪信号作出即时反应对其情绪发展有很大影响，对父母的安全依恋能促进儿童对消极情绪以及混合情绪的理解；对父母具有不安全依恋的儿童容易对同伴的意图作出具有敌意的归因。

父母在学龄儿童的情绪发展中持续扮演着重要角色，随着儿童长大，他们对父母的依赖逐渐减少，到青少年期其作用则迅速减弱。多数学龄早期男孩在听到鬼怪故事感到害怕时，仍然需要父母的情感支持；多数小学儿童在研究者呈现的假想父母关注其情绪反应的故事

[1]   DENHAM S A, BLAIR K A, DEMULDER E, et al. Preschool emotional competence: pathway to social competence? [J]. Child development, 2003, 74（1），238−256.

[2]   CLAIRE, HUGHES, JUDY, et al. 'When I say a naughty word'. A longitudinal study of young children's accounts of anger and sadness in themselves and close others [J]. British journal of developmental psychology, 2002, 20（4）: 515−535.

[3]   王涪蓉. 国外父母情绪回应对儿童情绪发展影响研究述评 [J]. 陕西学前师范学院学报，2022，38（8）：62−72.

中，仍然表现出真正的情绪如生气、焦虑、难过和痛苦等，尤其是年幼的学龄儿童，他们把母亲看作愤怒表达的最佳对象，在自身缺乏调节技能时表达出愿意接受帮助的情绪。从小学二年级开始，儿童对父母的这种单边的信任和情绪支持感开始有所改变，他们预期对他人的愤怒表达会得到父母的不赞同反应。到青少年期，儿童对父母曾经有过的这种情感信任和依赖完全改变：八年级的青少年不愿意在父母面前显示他们的愤怒或难过情绪，并预期这样做会得到消极反应；八年级的女生认为在某些情境下应该掩饰自身情绪的表达，更愿意把同伴作为真正情绪表达的对象。这既体现出青少年情感发展的日益成熟和独立，也反映出亲子关系在这一阶段发生了显著的变化，需要双方共同努力适应。

作为"情绪专家"，父母会教育儿童如何处理日常情绪事件。父母告知儿童他们对情绪事件的评价，帮助儿童针对情绪体验使用相应的情绪标签，使用情绪表达的文化或亚文化规则（这也是情绪的三种成分）。这主要通过家庭中父母和儿童的"情感对话"进行，这种生活中几乎每天都在上演的"功课"大大提升了儿童对各种情绪的理解能力。研究发现，母亲在讨论家庭成员的情绪上花的时间越多，其3岁孩子的情感观点采择能力越好，学前儿童的情绪理解能力越好。如果18个月大的儿童听到关于感受方面的谈话比较多，那么该儿童2岁的时候就比那些听到相关话题比较少的同龄儿童更爱谈论自己和他人的感受；在家庭对话中听到较多关于情感话题的3岁儿童，到6.5岁时能更好地识别他人的情感，而且这一现象与儿童的语言表达能力、家庭中的谈话总量无关。如果父母对情绪的教导和预警是误导性的，那么儿童在童年中期对情绪就会产生扭曲的理解，例如会倾向于认为引起其愤怒的同伴具有敌意的意图。有研究者发现，早期的情绪理解与幼儿、一年级儿童的道德认知水平有关。[①] 这些研究结果表明，如果儿童在较多地谈论情感话题的家庭中长大，不仅有利于他们更好地理解他人的情绪和感受、发展社会交往技能，而且还可能有利于他们表现出良好的道德情绪。[②] 情感对话为儿童提供了接触自身文化、亚文化（或家庭）的情绪表现规则的机会，宏观上不同的社会环境和带有地域特色的教养风格给儿童的情绪发展打上了深刻的文化烙印。

总之，相对儿童来说，父母在认知和情绪上更为成熟，他们对儿童情绪的理解一方面可以做出比较全面的把握和导向，另一方面又容易为自己的角色所局限。在某些情况下，儿童还有可能反过来成为父母的支持者。由于亲子之间客观存在的非对称关系，因此儿童被要求遵守文化规定的关于情绪评价、情绪体验和情绪表现的规则，偏离常模的情绪表现（如愤怒爆发）可能不被欣赏，父母也不能理解儿童的某些情绪反应。例如，父母担负着为儿童的健康成长提供充分保障的责任，这使得他们在儿童玩兴奋刺激但可能比较危险的游戏时不得不采取控制措施；同时父母又有着作为成人的特权，因而不可能完全告诉儿童自己的真实想法。一些认知、情感相对成熟的儿童有可能会安慰遇到麻烦的父母。这些都是从亲子交往的角度出发，研究儿童情绪发展应该考虑的内容。

---

① DUNN J, BROWN J, MAGUIRE M. The development of children's moral sensibility: individual differences and emotional understanding [J]. Developmental psychology, 1995, 31（4）: 649-659.

② 尚思源，苏彦捷. 道德认知、道德情绪与亲社会行为的关系：来自元分析的证据 [J]. 科学通报，2020，65（19）：2021-2042.

（二）同伴交往中的儿童情绪发展

相对亲子关系而言，同伴关系是对称性的，交往双方具有平等的社会地位和行为权力，因而同伴关系对儿童的情绪发展具有广泛而深远的影响。第一，同伴之间具有更多的相似性，随着认知水平的同步提高，同伴更有可能理解对方的情绪发展，彼此扮演着协商者的角色，逐渐形成较为成熟的情绪调节策略。例如，在日常交往中，同伴会从同样的社会认知水平和道德水平进行讨论，面临同样的成长过渡期和生活事件，在学校和教师眼中具有大致相当的角色，因而彼此之间能做到相互支持和指导。第二，同伴之间可以形成群体、小团体或是友谊关系，从而抑制或加强其情绪体验。群体的形成使得儿童在同伴面前避免单独表现出愤怒或是恐惧情绪，而是在和伙伴们一起玩游戏时变得更加有趣或者在看到某种可怕的场景时加强彼此的恐惧情绪。作为一个群体，儿童和青少年形成了一种有着独特情绪规则的文化，他们对诸多情绪事件有着类似的评价，构成了其情绪表现的同伴常模。

在和同伴交往、协商的过程中，儿童不断学会通过适当的认知策略调节自身情绪。一项研究采用儿童愤怒调节策略问卷考察了 130 个 9—13 岁儿童的情绪调节策略，[①] 结果显示：年长儿童比年幼儿童更多地采用"沉默处理"，并转移注意力，远离让他们生气的同伴；在向同伴寻求社会支持上不存在年龄差异。有研究发现，[②] 当受到不认识的同伴挑衅时，六年级儿童比二年级儿童更容易作出沉默反应、显示中性的面部表情以及耸肩。还有研究发现，[③] 当被问到同伴引起他们愤怒怎么办时，越来越多的年长儿童表示他们将避免直接对峙，并且越来越懂得转移注意力，这会减轻他们的痛苦体验。几乎 100% 的 10 岁儿童认为，认知回避是一种能够减少他们的愤怒或难过情感的有效方式，这一比例比学前儿童、青少年以及成人都大。对四五岁的幼儿来说，他们还可能会通过担负更多的社交责任和表现出更积极的情绪来应付愤怒情境。在一项对学龄儿童的社会认知研究中，当主人公受到同伴伤害时，远离被认为是最好的策略；当主人公受到同伴羞辱时，问题解决被选为最好的策略。远离和问题解决都不需要对同伴表现出消极情感，情绪可以说是内隐的；而外显化、情绪爆发则被一致认为是最坏的策略。更进一步来看，大多数小学低年级儿童都已经知道，他们表现出来的情绪不必与自己感受到的一致，也即表现出"情绪外壳"。尽管这些"情绪外壳"使得儿童情绪表达的真实性减少，但却是积极的，多数情况下意味着儿童能够控制主观情感的表达。研究结果表明，随着社会认知能力的发展，学龄儿童对情绪的控制和调节能力逐渐增强，他们学会减少愤怒的表达，以便和同伴的冲突观点进行协商或是形成新的观点，尤其是年长儿童更趋向于采用能达到目标而不破坏人际关系的方式来应对情绪冲突。

同伴交往将无可避免地形成同伴群体，现代的同伴群体似乎倾向于抑制许多不同情况下的情绪表达。伙伴们拒绝不服从情绪表达规则的儿童，如经常爆发愤怒、对其他儿童的失败

---

① VON SALISCH M. Children's emotional development: challenges in their relationships to parents, peers and friends [J]. International journal of behavioral development, 2001, 25（4）: 310-319.

② UNDERWOOD M, HURLEY J, JOHANSON C, et al. An experimental, observational investigation of children's responses to peer provocation: developmental and gender differences in middle childhood [J]. Child development, 1999, 70（6）: 1428-1446.

③ MURPHY B C., EISENBERG N. Provoked by a peer: children's anger related responses and their relation to social functioning [J]. Merrill palmer quarterly, 1996, 42（1）: 103-124.

不能共情、对他人的成功嫉妒等都会招致同伴的拒绝。这种同伴拒绝即便非常短暂，也将是一个很强的刺激，促使儿童服从同伴行为标准。因此，在同伴常模的压力下，对许多情境中的多数情绪表现出冷静的姿态是非常有必要的。例如，在社会压力要求下，男孩的某些情绪常模可能跟女孩不一样。有研究证明，青春期男孩比同龄女孩更加确信，如果同伴在场时自己表现出愤怒或难过，那么会被同伴看低或嘲笑；学龄期男孩比女孩更多地选择不对同伴或教师表现出愤怒。在一项实验室观察中，10 岁、12 岁儿童面临挑衅时都能保持相当的镇静，年长儿童表现出更多的中性面部表情和沉默反应，更少的消极手势，尤其是女孩。这种同伴压力与儿童"情绪外壳"的形成是有关系的。例如，一个 10 岁男孩会说："当你难过的时候，你应该面带微笑，与其他人待在一起，并试着像在正常情绪下一样。"在另一些场合中，表现得过于泰然自若会对儿童产生消极影响，例如顺从的行为模式与 6—8 岁儿童缺乏自信以及长期的伤害行为有关，因而在面临同伴挑衅时，采取保持冷静的策略并不总是有效，还应该表现出适当的自信。在众多同伴的围观中，儿童学会自我表现和印象管理技巧，这对公共生活来说是非常重要的。

同伴群体的这种抑制作用可能与一定时期内父母还是儿童的主要交往对象，而同伴关系不及亲子关系亲密有关。有研究发现，学龄儿童只有在强度达到极端时才会把他们的焦虑、伤害告诉他们的同伴，或者将那些外部可见的情况（如受伤流血）告知同伴。[①] 小学儿童认为，如果他们在同伴面前表现出难过或是痛苦会得到比在父母面前时有同样表现更多的消极反应。在愤怒情绪上也存在类似的情绪表现规则。

总体来看，还需要更加深入、细致地考察儿童在各种具体情境下的各种不同情绪的同伴常模及其发展。可能是因为日常学习、生活实践的需要，研究者往往更加关注同伴交往中的消极情绪及其调节，突出同伴群体对情绪表达的抑制作用，而关于积极情绪及其常模的研究还不多见，同伴群体对情绪表达的促进作用还缺乏足够的实证研究。在体验积极情绪时，是否也要表现得比较冷静呢？同伴世界中一些曾经受到许可的积极情绪表达，随着年龄增长可能会受到越来越多的限制。由于儿童的许多情绪表达都可能会受到同伴群体的嘲笑，因此应注意防止同伴群体中形成抑制性的乃至令人窒息的气氛。反过来，同伴群体是否会加强儿童个体在某些情境下的情绪体验呢？这应该是肯定的。例如，一个儿童的恐惧感可能会传递给同伴，引发并加强群体的恐惧感；同伴一起玩游戏，从中体会到的快乐情感应该会比儿童个体玩游戏时的要多。这些预期还有待进一步的实验研究。

第三节　儿童情绪的培养

在儿童期，儿童的情绪表现出独特的发展特点，并且在其社会性发展中具有重要作用，但在教育中如何培养儿童良好情绪的形成呢？本节的重点内容是阐述情绪与个体学习效率的关系、教会儿童调节情绪的方法。

---

① SAARNI C. Children's understanding of the interpersonal consequences of dissemblance of nonverbal emotional-expressive behavior [J]. Journal of nonoverbal behavior, 1988, 12（4）: 275–294.

一、情绪与个体学习效率

情绪对个体学习效率或工作效率的影响，是增加还是降低？耶克斯－多德森定律认为，操作与唤醒水平之间的曲线关系，随着操作的难易和情绪的高低而发生变化。个体操作困难的代数问题的最佳状态，处于较低的激动水平；个体操作初等算术技能的高峰，处于中等激动水平；个体操作简单方程式的高峰，处于较高的激动水平。这说明学习的内容越困难，学习效果越容易受到较高激动水平的影响。在个体高度愤怒或过分高兴时，解答问题的效果不佳；个体较为简单的操作，在高度激动水平上效果较佳；而个体的一般操作，在中等激动水平上效果更好。

情绪对学生学习效率产生影响的一个主要中间变量是教师，其中教师的感染力是一个重要因素。教师的感染力是教师以自己的个性影响学生所表现的情绪力量。教师通过情绪的感染，使学生体验到愉快、振奋的情绪，引起他们对这一类行为和活动的模仿或重复。教师利用表扬或批评也能唤起学生相应的情绪体验，对学生的行为起到巩固、调整和校正的作用。特别是教师运用自己的感染力使学生感到亲切与善意，向学生提出要求时就易于为学生所接受，成为学生推动自己前进的动力。许多学习困难学生的转变大多开始于教师的"动之以情"，这正说明了教师感染力的重要性与必要性。

情绪学习主要是对客观事物的态度和情感评论的学习。在教学或教育活动的过程中，教师带有个人情绪的评论，班组受到的表扬、奖励与批评，竞赛的成功与失败……都会使学生获得各种不同的情绪体验。这种经验不仅有助于学生借助有关的情绪记忆映像去推动学习进展和提高学习效果，而且有助于学生通过移情来正确地对待交往。

在学习过程中，特别是学习一种新材料的最初阶段，学生如果是由于迷惑不解而体验到某种程度的紧张并引起中等程度的焦虑，那么往往有助于激发积极探索的热情。具有感染力的教师，不仅善于使学生在学习中产生必要的冲突与挫折，而且还要以自己的自信心、克服困难的乐观情绪去启发和感染学生，使他们增强解决问题的勇气和摆脱由挫折造成的消极情绪。

二、健康心理和良好情绪的标志

首先，健康的心理和良好的情绪能够正确地反映一定环境和情境的影响，使学生善于表达自己的感受。有些学生会为集体的荣誉而欢乐，为个体学习成绩的降低而愧疚。如果一个学生对损害集体声誉的行为不感到羞愧或愤慨，对个体学习取得的成就不感到欣喜，那么其就不可能坚持进步与努力向上。学生的情绪不论是积极的还是消极的，都应当允许表达，情绪的压抑对学生的身心健康都是有害的。

其次，健康的心理和良好的情绪能使个体反应的强度与引起情绪的刺激强度相适应，个体情绪过度强烈和过度抑制都是不正常的。

再次，个体情绪反应的时间应随着引起情绪的客观情境的转移而有所变化。当引起愉快、欢乐情绪的客观情境已经转移而在进行另外一项活动时，学生仍然沉浸在愉快、欢乐的情绪之中。这种情绪是不适当的，因为长时间陷入消极情绪会影响学习或活动的效率。

最后，情绪反应的特点应与年龄阶段相适应。例如，虽然青少年期是学生情绪最易激动的时期，但青少年控制情绪和保持情绪稳定性的能力已比学龄前或学龄初期的儿童大大提高了。如果一些中学生的情绪控制能力仍停留在小学生的水平上，那么就值得教师注意并采取相应的教育和治疗措施。

三、教会学生调节与控制自己的情绪

（一）教会学生保持适宜的情绪状态

教会学生调节情绪的紧张度，就要使他们学会按照自己的意愿形成适宜的情绪状态。林则徐曾将写有"制怒"二字的条幅挂在墙上，用来控制自己的情绪，这是用语词防止或缓和自己不当情绪的一种方法。有时回忆过去被激怒带来的不愉快，或想起某人善于自制的形象时，也有助于约束自己的情绪。由于过度的脑力劳动引起的紧张情绪，可以通过身体活动，如散步、打球、骑自行车等使神经达到平衡或松弛。这些方法都有助于保持适宜的情绪状态。

（二）丰富学生正确的情绪经验

1. 保持适宜的情绪状态

学生的情绪状态直接影响到其学习效果和身心健康，因此，教师应该帮助学生保持适宜的情绪状态，以提高学习效果和促进身心健康的发展。

首先，教师应该关注学生的情绪状态，及时解决学生的情绪问题。在学生出现焦虑、紧张、烦躁等负面情绪时，教师应进行适当的疏导和鼓励，同时提供积极的心理支持和安慰。

其次，教师应当鼓励学生学会放松自己，以缓解压力和负面情绪的影响。在课堂上，教师可以引导全班学生进行简单的呼吸训练，帮助学生降低心理压力、保持身心平衡。同时，教师还可以鼓励学生进行一些放松游戏或活动，如音乐欣赏、运动、插花等，以帮助学生缓解情绪压力，保持愉悦、平和的情绪状态。

再次，教师应该为学生提供积极的帮助和建议，以增强其应对压力和困难的能力。在面对学习和生活上的问题时，教师可以引导学生积极思考解决方案，并鼓励他们主动寻求帮助、寻找正能量的支持。

最后，教师还应该创造情感温馨、体验丰富的教育环境，以营造良好的情感氛围。在课堂上，教师应当关注学生的情感需求，通过表扬、鼓励、分享等方式，营造积极向上的情感氛围，激发学生向上进取的精神。

总之，教师应该关注学生的情感需求，帮助学生保持适宜的情绪状态。这将有助于提高学生的学习效果和身心健康的发展，同时还有助于促进其人格发展和生涯规划的顺利实施。

2. 丰富并端正学生的情绪经验

学生的情绪体验与其人格、心理健康及生涯发展密切相关，因此，教师应当关注如何丰富并端正学生的情绪经验，以帮助他们建立积极健康的情感世界。

首先，教师可以通过课堂教学创造情感投射的情境。例如，在语文课堂上，教师可以选取富有情感元素的文本进行朗读、分析和解释，引导学生深入感受文本中的情感体验，并用创作的方式表达出来。

其次，教师应重视培养学生的情感表达和理解能力。教师可以采用情感交流活动，鼓励学生表达自己的情感体验，了解他人的情感需求，促进情感沟通和协作。对表达不够灵活的学生，教师可以采用情感启发的方法，如情感连线和情感画板等。

再次，艺术教育也是丰富学生情感经验的重要途径。艺术作品可以让学生感受到美，增强审美情感，同时也能够挖掘和表达自己的情感和思考。教师可以引导学生欣赏不同类型的艺术作品，同时鼓励他们创作自己的作品。

最后，教师还应注意打造积极、健康的情感氛围，以营造良好的情感环境。在课堂上，教师应树立正确的情感价值观，鼓励学生向上、关心他人、体谅他人，以营造积极向上、团结一心的情感氛围。

总之，教师应重视学生情感发展，给予学生丰富多彩的情感经验，以帮助他们建立积极健康的情感世界，促进其人格发展、心理健康和生涯发展。

3. 引导学生从多角度看待问题，使他们的情绪向正确的方向发展

学生的情绪是他们的内心状态和心理感受的反映，如何引导学生的情绪向健康、正确的方向发展是教师工作中重要的一部分。

首先，教师应该鼓励学生从多角度看待问题。不同的人可能对同一个问题有不同的看法和感受。通过引导学生从不同的视角和角度去思考问题，他们可以更全面地了解问题的本质和影响，避免过分主观或片面的情绪反应。例如，在面对考试失败时，教师可以引导学生从自身努力是否充分、学习方法是否正确等多个方面进行分析，帮助他们找到问题的根源，并寻找改进的办法。

其次，教师要帮助学生认识到事情并非一成不变。教师可以通过讲述一些历史事件、名人的经历或者身边的例子来说明事情是会发生变化的。这样可以帮助学生摆脱一味消极的情绪，认识到困难和挫折只是人生中的一部分，他们有能力和机会去改变和克服。例如，可以告诉学生世界上很多成功人士都经历了失败，在他们的坚持努力下最终取得成功。

再次，教师还应该引导学生培养积极的情绪管理方式。学生可以通过运动、音乐、绘画、阅读等方式来实现情绪的调节和释放。教师可以组织一些适合学生的活动，如户外活动、文娱比赛等，让学生有机会体验积极的情绪和快乐的状态。

最后，教师应该成为学生情绪管理的榜样。如果教师本身能够保持积极乐观的态度，并善于解决问题和面对困难，那么学生也会受到影响并逐渐形成同样的态度和处理方式。

总之，引导学生从多角度看待问题、认识到事物是会发生变化的，培养积极的情绪管理方式以及成为学生情绪管理的榜样，都是教师引导学生情绪向健康、正确的方向发展的重要策略。这样可以帮助学生更好地应对生活中的问题和挫折，建立积极健康的心态与情绪。

【本章小结】

情绪是个体对客观事物的态度体验及相应的行为反应，是以个体的愿望和需要为中介的一种心理活动，是个体心理活动中重要的心理成分，是表达个体内心状态的心理过程，也是个体适应社会的有效手段。每种情绪都由认知解释、生理唤醒、主观感受和行为表达四种成分构成。情绪的表现形式多种多样，依据情发生的强度、持续时间和紧张度可以将情绪状态划分为心境、激情和应激。在生命早期，儿童就表现出一定的情绪，儿童情绪的发展主要体

现在情绪表达、情绪的识别与理解两方面；儿童情感的发展主要指儿童品德的形成。在教育中，要掌握学生良好情绪的标志，并教会学生调节情绪；帮助学生形成良好的道德信念。

【实践·反思·探究】

有一个小学高年级学生写信说：我觉得自己碌碌无为，还会给他人带来麻烦。我的性格比较内向，不太爱说话。我也想像他人一样，性格开朗，善于言谈，但我却不知应该与身边的同学说些什么。我觉得自己所想和所要说的内容与其他同学不一样，所以我不愿与其他同学说话，这种心情一直困扰着我。我会反复思量自己做错的事、他人也许并不在意的事，并因而感到难过，处于苦闷状态。在晚上睡觉时，我会想起一天里发生的事，如果有不顺心的事，那么我就难以入睡。但晚上睡不着，白天上课会打瞌睡，影响上课的效果。我感到非常痛苦，也总是处在压抑、郁闷的情绪中。我想向您倾诉，我应该怎么办。

1. 请结合所学知识，分析上述学生的主要问题是什么。
2. 分析上述学生产生这些问题的原因可能是什么。
3. 如果你是收信人，你将如何给该学生回复？

【推荐阅读】

1. 袁加锦，张祎程，陈圣栋，等. 中国情绪调节词语库的初步编制与试用［J］. 心理学报，2021，53（5）：445-465.

2. 徐家华，周莹，罗文波，等. 人类情绪发展认知神经科学：面向未来心理健康与教育［J］. 中国科学：生命科学，2021，51（6）：663-678.

3. 何蔚祺，李帅霞，赵东方. 群体面孔情绪感知的神经机制［J］. 心理科学进展，2021，29（5）：761-772.

第七章 儿童社会性发展与培养

【学习目标】

1. 了解儿童社会性发展的概念和内容。
2. 理解儿童社会性发展的一般规律和特点。
3. 掌握测量儿童社会性发展的方法。
4. 掌握促进儿童社会性发展的策略。

【知识导图】

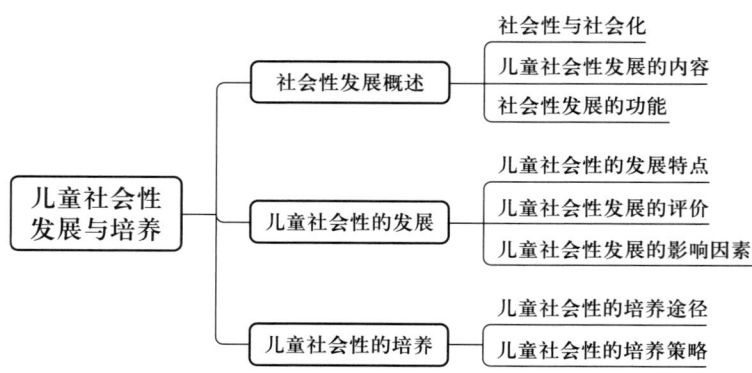

【案例导入】

在社会实践课上，儿童选择自己喜欢的工作岗位进行角色扮演，嘉嘉的新"职业"是"护士"，她不停地询问并记录班里小朋友的身体情况，帮助"周医生"把吃过药的小朋友送回班里；诺诺和小琳是"老师"，她们的职责就是照顾小朋友梓梓、萱萱，带他们一起游戏，小心翼翼地帮助他们走完楼梯。处于社会性行为敏感期的儿童用心体会着这些职业，他们渴望更多地认识社会、了解社会规则、学习社会行为，更加直接地体会社会性情感。

第一节　社会性发展概述

在大千世界中，人类并不是唯一具有社会性的生物。生物的自然性和社会性并不是单一存在的，而是相互作用的，例如蜜蜂，作为典型的社会性昆虫，蜂后负责产卵并维持蜂群的秩序，工蜂负责哺育幼蜂、采蜜、酿造蜂蜜等。如果把蜜蜂放在孤独的环境中，它们就不能存活。社会性是个体不能脱离社会而孤立生存的属性，儿童生活在一定的社会环境中，受到诸多社会环境因素的影响，其社会性发展涉及的内容非常广泛。

一、社会性与社会化

（一）社会性的概念

要探讨儿童社会性发展的内涵，首先要理解社会性的概念。社会性是相对于自然性而言的。一般来说，自然性是所有生物与生俱来的，是生物本能的表露，不会随着其成长而转化。社会性是人的社会特性发展和演变的结果。社会性是指与人交往、参与社会生活，融入社会所需的特点、能力以及自我的认同品质。它是和平相处、解决矛盾的技巧，是驾驭或掌握公共资源的能力。幼儿通过与社会接触，使外在于自己的社会行为规范、准则内化为自己的行为准则。[1] 社会性与个性不同，个性与遗传关系密切，且一旦形成就比较稳定，不易改变。社会性往往不如个性稳定，因为社会性的形成是个体不断养成社会行为方式、习得社会技能的一种结果，更多地受个体所处文化背景而不是遗传的影响。

总而言之，社会性是一种静态形式，是作为社会成员的个体为了自我发展和适应社会生活所应具备和表现出来的心理和行为特征及符合社会规范的典型行为方式，是社会性发展不断建构的结果。相比较而言，社会性发展是一个动态的过程，主要通过社会化对个体施加一定的社会影响，使个体逐渐具备社会性。[2]

（二）社会化的概念

在以往儿童社会性发展的相关研究中，社会性与社会化经常以相同的含义交替使用。随

---

[1]　唐婉贞. 贵州省农村学前留守儿童社会性发展现状及建议［J］. 赤峰学院学报（自然科学版），2017，33（24）：66-67.

[2]　冯维. 小学心理学教程［M］. 重庆：西南师范大学出版社，2014：62-63.

着研究的深入，越来越多的研究者对这两个概念进行了区分。社会性是个体的社会特质变化发展的结果，社会化注重描述个体的社会特质变化和发展的过程，强调个体对社会的适应及社会特质的变化，更加注重个体向社会接近、融入的一个发展过程。

　　社会化的研究主要从人类文化传承、个体的个性形成和发展以及社会角色的角度入手。社会化可以界定为个体在特定的文化和社会环境中，掌握相应的知识、技能和行为规范，形成适应社会文化的人格，承担一定社会角色的过程。在这种进化的过程中，个体将逐渐形成适应社会文化环境的社会性，不断学习自身所处的文化或者社会中的标准、价值和公众所期望的行为。

　　因此，在儿童社会化的研究中，学者们更加关注家庭、学校、社会等方面对儿童社会化过程中的作用机制，例如，不同的群体、政治、经济、文化、法律等环境对儿童社会化过程的影响。社会性发展的研究更加关注个体社会性的演变过程，例如心理规律与遗传、环境、智力特征、情绪等因素之间的差异。简单来说，社会性发展的研究对象是个体身心特征的变化与社会性之间的关系，研究视角更加侧重个体。社会化过程的研究对象是大环境特征与个体社会化的关系，研究视角更加侧重个体所处的大环境。

二、儿童社会性发展的内容

　　社会性发展是发展心理学的一个研究领域，主要根据个体与环境的相互作用看待个体心理特征及行为的变化发展。儿童的社会性发展指儿童在外界环境的影响下，在成人陪伴及同伴交往过程中逐渐适应社会规则而发展出社会需要的角色、价值观等，并在此基础上形成社会心理特征。儿童社会性发展所包括的成分及不同成分之间的相互关系由社会技能、社会认知、社交行为、自我意识、人际关系、道德品质等内容构成，这些成分之间相互作用，是一个多层次关联的综合结构。

（一）社会技能

　　根据班杜拉的社会学习理论，社会技能是可习得的社会接受行为，指在一定的社会情境下，个体与他人积极互动。[1]社会技能保证个体在特定的情境中以社会接受或尊重、同时使个人受益、双方受益或他人受益的方式同他人进行相互作用。社会技能对于儿童在学业和同伴交往过程中的成功密切相关。可以说，社会技能是评估儿童社会性发展的一个核心内容。

　　社交技能包括个体的各种行为，有语言和非语言技能，从眼神交流和身体的不同姿势到开始对话和解决问题的技能。这些技能可以通过社会互动和对他人的观察进行学习。高水平的社交能力可以预防儿童的消极同伴关系和精神疾病的发生。社交技能在学校中的重要性尤其明显。儿童在学校取得成功的基本社交技能包括倾听他人、遵守课堂规则、遵照教师的指示、寻求帮助、与同伴合作以及在冲突情况下控制情绪。社交能力可以缓解儿童的心理问

① GRESHAM F M, ELLIOTT S N, VANCE M J, et al. Comparability of the social skills rating system to the social skills improvement system: content and psychometric comparisons across elementary and secondary age levels [J]. School psychology quarterly, 2011, 26（1）: 27-44.

题，是预测儿童学业成绩的关键因素。[①] 也就是说，具有适应性社交技能的学生可以通过加强自我调节、有效沟通、解决问题和提升社会意识更好地处理学校中的学业和人际压力。

（二）社会认知

社会认知是指在社会刺激感知、处理、解释和反应基础上的一组复杂的心理能力，[②] 这些能力共同支持发展适当的社会技能和适应能力。个体的社会认知经历了从婴儿期到成年期的漫长发展。社会认知涉及各种心理过程，包括个体对自己与他人的行为状态、行为动机和行为后果认识判断的过程，对社会环境中的家庭、学校、国家等的认知，对公共规则、交往规则等社会规则的认识和理解，使个体能够利用这些心理过程成为社会群体的一部分。从社会认知的角度来说，个体通过接收各种社会信号了解世界。这类信号包括面部表情，如个体对危险的恐惧和厌恶，以及眼睛的注视方向。这些信号在婴儿的发育中尤为重要。例如，社会参照是指婴儿参照母亲的面部表情决定是否接近一个新物体的现象，因此可以通过观察他人进行学习。此类信号是在发送者和接收者之间自动地和无意识地发生的。在没有意识到刺激的情况下，儿童可以通过观察他人对刺激的回避，表现出害怕的情绪。儿童也可以通过成人的指导对社会情境下的刺激进行反应，有教育意义的刺激会让儿童收获更多。这种识别社会情境下的指令并从中学习的能力，是一种高级的社会认知能力，个体可以从文化中习得。

（三）社会行为

社会行为是社会心理学的研究对象，是指个体对社会刺激产生的外显或内隐的反应，[③] 主要包括个体受他人或团体的影响而产生的行为，主要表现在表情、语言、预期、动作、活动等方面。与个人的行为不同，社会行为虽是个体表现出来的，却属于群体性的行为，如从众、社会态度等。群体的共同行为，如合作与竞争等积极心理状态的表现，也属于社会行为的一种。社会行为受社会规律所制约，是人类特有的一种高级心理机能积极状态的表现。亲社会行为与攻击性行为是儿童社会性发展中较为常见的两种社会行为，也是个体社会性发展的两个重要指标。亲社会行为与攻击性行为是两个相互对立的行为模式，亲社会行为是积极的社会行为，攻击性行为则是消极的社会行为。

1. 亲社会行为

亲社会行为是指人们所表现出的谦让、帮助、合作和分享，是为了他人利益而做出自我牺牲的一切有助于社会和谐的行为及趋向。[④] 亲社会行为是个体在社会道德标准的约束下，自觉自愿做出有益于他人、集体或社会的行为，如合作、帮助、分享、捐赠、同情。按情境的不同进行划分，可以分为两类：一类是紧急情境下的亲社会行为，即对实施亲社会行为的个体生命没有威胁的情况下出现的亲社会行为，如救落水、救火等见义勇为行为；另一类

① MACCANN C, JIANG Y, BROWN LER, et al. Emotional intelligence predicts academic performance: a meta-analysis [J]. Psychol bull, 2020, 146（2）: 150−186.
② FRITH C D. Social cognition [J]. Philosophical transactions of the royal society b-biological sciences, 2008, 363（1498）: 2033−2039.
③ 林崇德，杨治良，黄希庭. 心理学大辞典：下 [M]. 上海：上海教育出版社，2003：1073.
④ 肖凤秋，郑志伟，陈英和. 亲社会行为产生机制的理论演进 [J]. 心理科学，2014，37（5）：1263−1270.

是非紧急情境下的亲社会行为，即对实施亲社会行为的个体不会产生危害，如搀扶他人等。按动机的不同进行划分，可以分为两类：一类是完全亲社会行为，即个体不追求任何利益自觉自愿地帮助他人；另一类是部分亲社会行为，即个体帮助他人，同时也希望对方能够为自己提供帮助。[①]

2. 攻击性行为

攻击性行为是个体社会化过程中表现出来的一种消极的社会行为，是指有意伤害他人身体与精神的行为。攻击性行为具体包括身体侵犯、言语攻击、关系欺辱。身体侵犯主要指利用身体的一些部位或者其他武器攻击他人；言语攻击指的是通过嘲笑、讽刺、诽谤、谩骂等对他人进行人身攻击；关系欺辱指的是通过恶意造谣和社会拒斥等方式使他人在社会关系中处于不利地位。[②]

攻击性行为的影响因素主要有生物因素、认知因素、家庭因素、社会因素。在生物因素中，攻击性行为与个体的雄性激素水平显著相关，这在一定程度上可以解释为什么男性的攻击性行为大多要高于女性。攻击性行为也与遗传有关，但基因并不是攻击性行为产生的决定性因素，遗传的作用会在后天的环境中不断放大，进而产生攻击性行为。认知因素中，社会认知是攻击性行为发生的一个重要调节因素。个体对面临的情境做出何种解释，是其后发生行为的重要基础。在家庭因素中，父母的教养方式、父母的榜样作用、家庭结构、亲子关系等都与个体的攻击性行为显著相关。父母采用暴力方式教育儿童，经常在儿童面前争吵呈现冲突以及离异的单亲家庭、疏远的亲子关系，都会促进儿童攻击性行为的产生。社会因素中，社会文化及传媒对儿童攻击性行为的形成有重要作用。电视、电影、网络视频、电子游戏等媒体中的暴力内容对儿童起着潜移默化的影响。儿童缺乏鉴别是非的能力，容易盲目效仿。早期具有更多接触社会文化及传媒暴力内容的儿童在学校中常对同学充满敌意，缺乏助人等亲社会行为。

（四）自我意识

自我意识是人类意识的最高形式，是人的意识的本质。自我意识是指个体对自身心理、生理和社会功能状态的知觉和主观评价，是个体对自身、他人、社会等的意识活动，也是在个体与同伴、家庭、社会相互作用的动态过程中形成的比较稳定的心理结构。[③] 自我意识主要包括自我认识、自我体验、自我监控三个成分。其中，自我认识是自我意识的认知成分，包括自我感觉、自我概念、自我观察、自我分析和自我评价等；自我体验包括自尊、自信、自我效能等有关自我意识的情感内容；自我监控则是自我意识对个体行为、态度等的调节，包括自我监督、自我控制等。

自我意识在儿童期发展迅速，4—5岁、7—8岁属于儿童自我意识发展迅速的时期，在9岁之后儿童个体的自我意识产生明显的性别差异。儿童的自我意识与社会性发展存在着显著相关。社会影响是人的心理发展的外因，而自我意识是心理发展内因的核心成分。儿童个体通过实践，使自我意识得到发展，不仅能更好地认识自然、社会和自身，而且能更好地改造自然、社会和自身，并使社会化成为一个越来越具有自觉性、创造性的过程，在心理发展

① 肖玉娟. 共情视角下青少年亲社会行为研究综述［J］. 心理月刊. 2023，4（18）：233-236.
② 丁新胜. 儿童攻击性行为及其矫正［J］. 南阳师范学院学报（社会科学版），2004（11）：97-99.
③ 刘晓华，徐改玲，甄龙，等. 儿童自我意识的发展变化特征［J］. 精神医学杂志，2012，25（3）：185-187.

上充分体现出主体性。儿童的社会化过程不但表现为社会性发展，同时促进自我意识的发展，推动整个心理的发展。

个体的自我意识发展受到个体自身因素、家庭因素、学校因素的影响。在儿童个体的自身因素中，性别差异较为明显。研究发现，女性的自我意识发展早于男性，但男性在自我意识发展中存在的问题要少于女性。儿童个体的自我意识随着年龄的增长逐渐成熟，且在不同的年龄段存在显著差异。在家庭因素中，父母的文化程度、职业、教育方式等均对儿童个体自我意识的建立起着非常重要的作用。除此之外，家庭收入、地域差异等也会对儿童个体的自我意识发展造成影响。在学校因素中，教师的态度、学生的学习成绩、同伴关系、朋友数量会对儿童的自我意识有明显影响。[①]

（五）人际关系

人际关系是指在社会情境下，个体与他人互动过程中表现出的关系状态，是个体在共同的活动中彼此为满足各种需要而建立起来的相互间的心理关系。在人际交往的过程中，儿童成长不同阶段的重要他人（即重要的有关人员）也不一样。例如，婴幼儿的重要他人是婴幼儿的养育者。在儿童时期，由于儿童的社会活动对象主要是家长、同伴、教师，因此儿童的人际关系主要表现为亲子关系、同伴关系和师生关系。

1. 亲子关系

由于家庭是儿童生活的主要场所，也是发生亲子关系的主要场所，是儿童情感依靠、认知资源的港湾，因此对儿童的健康成长非常重要。亲子关系是指父母与其亲生子女、收养子女或过继子女之间形成的双向性人际关系。有研究者指出，亲子关系主要有四种类型：多关心—多管束，少关心—多管束，少关心—少管束，多关心—少管束。其中，少关心—多管束为较差的亲子关系。亲子关系的好坏在早期一般受儿童自身气质类型和家庭环境的影响；还受父母与子女相处时的感情投入、时间和频率、家庭结构的完整性等因素的影响。父母对子女的态度和养育方式是影响亲子关系的主要因素，特别是在子女年幼时更是如此。婴儿从出生起就和成人开始了应答性交往，但亲子关系尚不稳定；6—8 个月大的婴儿对母亲表现出明显的依恋，标志着亲子关系的建立。亲子关系的好坏不仅直接影响亲子双方的身心健康，而且也将影响其以后形成的各层次的人际关系。[②]

2. 同伴交往

同伴交往是指年龄相同或相近的儿童之间的一种共同活动并相互协作的关系，或者主要是指身心发展水平相当的个体间在交往过程中建立和发展起来的一种人际关系。[③] 随着年龄的增长，儿童逐渐淡化对父母的依恋，与同伴建立亲密的友谊关系成为儿童的重要目标之一，同伴关系变得越来越重要。儿童的同伴交往是儿童与同伴通过彼此接触展开互动的过程，它对儿童的社会性发展发挥着积极作用。

儿童同伴交往的特点是可以建立相对密切和稳定的友谊。对 3—5 年级小学生进行调查

① 王丽，李廷玉. 影响儿童自我意识发展有关因素的研究进展［J］. 中国儿童保健杂志，2011，19（3）：246-248.
② 林崇德，杨治良，黄希庭. 心理学大辞典：下［M］. 上海：上海教育出版社，2003：933.
③ 毕晓平. 国内儿童同伴关系研究回顾［J］. 中国教育研究论丛，2005（00）：783-785.

发现，78% 的被调查者至少有一个互选的好朋友，55% 的被调查者有一个最好的朋友。[1]美国心理学家塞尔曼对儿童友谊进行了专门研究，[2]他根据儿童对友谊的理解，将儿童的友谊发展分为五个阶段：第一阶段（3—7 岁），即时性玩伴关系。在这一时期，儿童的友谊往往与物质属性和接近程度有关，他们会在短期内保持玩伴关系，但很难建立稳定的友谊。第二阶段（4—9 岁），单向帮助阶段。在该阶段内，儿童对友谊的认识是玩伴要帮助和服从于自己。一旦儿童发现朋友不对自己提供帮助，那他们就不再是朋友了。第三阶段（6—12 岁），双向帮助阶段。儿童对友谊的互动有一些了解，但功利性的表现会很明显，与玩伴之间不能共患难。第四阶段（9—15 岁），亲密的共享阶段。儿童已经能够认识到友谊的连续性和共享性，并能与对方分享秘密、讨论计划和相互帮助。儿童的友谊一旦形成，就具有高度的排他性和专属性。第五阶段（12 岁以后），自主的、相互依赖的友谊阶段。儿童相互之间提供心理支持和精神力量，其特点是彼此获得认同。这是儿童友谊发展的最高阶段。

在与同伴的交往中，儿童会通过观察、模仿甚至冲突，开始在真正意义上学习到一些社交技能，这将为其今后的社会性发展奠定基础。相关研究表明，随着年龄的增长，儿童与自己年龄相同或相仿的同伴的交往次数会逐渐增多。[3]良好的同伴关系不仅有利于儿童自我概念和人格的发展，而且儿童在与同伴交往的过程中，可以更好地发展自己的个性，能够自由地选择自己的伙伴，这本身就是一种成长。在与同伴交往时，儿童以自己现有的认知、经验和想法主动探索新事物、适应新规则，与其他同伴进行社会互动，无形中使自己的社会性得到更好的发展。

3. 师生关系

师生关系是教育教学领域中的基本核心、重要的人际关系之一，是教育改革中的重要变革因素，是师生和谐发展、提升教育质量的关键性因素。在儿童的学校生活中，师生关系是对儿童社会性发展影响最大的因素，师生关系的优劣直接影响儿童在校的生活质量及儿童社会性的发展。

儿童的师生交往存在三种类型：（1）亲密型，指师生之间能否亲密相处、相互接纳的态度和行为；（2）冲突型，指师生之间是否经常具有情绪、行为上的冲突；（3）反应型，指师生之间是否具有情绪、认知上的主动反应。研究发现，在亲密型的师生交往中，学生与教师之间的亲密情感联系较多、冲突较少，二者具有相互信任、相互接纳的关系；在冷漠型的师生交往中，学生与教师之间的亲密情感联系较少、冲突较多，学生对教师较为冷漠、在与教师交往时往往敏感多疑；在冲突型的师生交往中，学生与教师之间的冲突最多，但与教师有一定的情感联系。良好的师生关系不仅可以促进青少年的心理健康，也能在一定程度上提高学生的学习成绩，由此可见，师生关系的重要性颇大。[4]

[1]   PAKER G, ASHER S R. Friendship and friendship quality in middle childhood: links with peer group acceptance and feelings of loneliness and social dissatisfaction ［J］. Developmental psychology, 1993, 29（4）: 611.

[2]   SELMAN R L. The development of interpersonal competence: the role of understanding in conduct ［J］. Developmental review, 1981, 1（4）: 401−422.

[3]   ELLIS S, ROGOFF B, CROMER C C. Age segregation in children's social interactions ［J］. Developmental psychology, 1981, 17（4）: 399−407.

[4]   张超. 师生关系和学习投入对学习绩效的影响 ［J］. 心理月刊, 2022（10）: 68−73.

从生态系统观来看，对儿童青少年心理健康影响最大的环境因素是家庭和学校，随着个体年龄的增长，师生关系在中小学生的社会关系网络中的地位日渐突出，是个体学校适应的重要影响因素。良好的师生关系有利于中小学生形成积极的情感体验，发展良好的个性，形成较高的社会适应能力。

（六）道德品质

道德品质指在社会环境下，个体对社会道德现象的反应，由道德认知、道德意志、道德情感、道德行为等因素构成。具体内容详见第十二章。

三、社会性发展的功能

在个体与社会环境、社会事物的相互作用下，社会性发展对个体社会化和实现个别性方面起到促进作用。个体社会化的促进体现在个体获得社会认可的心理特征和行为方式方面，如建立及维持与他人的关系，根据社会规范和社会标准调整自身的行为，逐步成为社会接纳的成员，这是一种整合性功能，在此功能下可以保证个体维持与他人、社会之间的联系。如果缺乏整合功能，将导致人际冲突，认知技能和情感上的欠缺。除此之外，社会性发展可以促进个体在社会意义下的个性发展。个体的个别性包括气质、性格、自我意识，以及在社会范围内形成的个人社交圈。个体需要把自身的特征与人际关系的要求协调一致，确定自身在社会生活中的方向，适应外界要求的社会角色。这种分化功能可以帮助个体获得不同社会定位和社会角色的成就感，而分化功能失败会使个体产生失望、麻木等情绪甚至引发社会混乱。

第二节　儿童社会性的发展

对儿童社会性的培养，必须从其发展特点入手，了解其中的变化规律，结合儿童社会性发展的相关影响因素，才能探索出适当的培养策略。在现实生活中，为了更好地促进儿童社会性的发展，基于对人际关系和社会能力等方面培养的需求，尤其是运用科学的方法进行测量，可以为一些社会性发展不足（如社会技能缺陷等）的儿童提供有效干预的重要方法。

一、儿童社会性的发展特点

总体而言，儿童的社会性是随着年龄的增长而发展的，但儿童社会性各个组成部分的发展却存在一定的年龄和性别差异。

（一）儿童社会技能的发展特点

今天是小学入学的第一天，朵朵看着崭新的课本、明亮的教室、亲切的老师，心里开心极了。放学后，她拉着妈妈的手，不停地告诉妈妈她今天交了多少个好朋友，每个好朋友的模样、名字，她都说得一字不差。这时，她看到班里的亮亮走在自己前面，便大声喊了亮亮的名字，亮亮吓了一跳，朵朵被亮亮逗得哈哈大笑。

作为社会性发展的重要能力，儿童的社会技能对其社会适应、主观幸福感等方面有着非常深远的影响。相关研究发现，[1][2] 年龄越小的儿童，在拒绝他人的时候表现得越直接，而随着年龄的增长，儿童移情表现的评价较低。7 岁儿童比较容易接受教师的批评、指导，此阶段是培养儿童社会技能的良好时机。由于 7—8 岁是儿童进入小学的前两年，因此他们的社交焦虑水平高于 9 岁的儿童。社交焦虑是一种较为消极的情感，在一定程度上会降低儿童的主观幸福感，也是不良社会适应状态的指标之一。在人际行为技能上，儿童的社会技能随着年龄的增长而发展。10—12 岁男孩的人际行为技能分数高于 9 岁时的分数，11—12 岁女孩的人际行为技能分数也明显高于 9—10 岁时的分数。女孩在 9 岁、11 岁的时候，其人际行为技能的发展较男孩更好。在环境行为技能、自我相关技能方面，10—12 岁儿童的发展好于 9 岁儿童，相对于 9 岁的儿童，10 岁、12 岁儿童的任务技能也发展迅速。从性别的角度看，女孩的社会技能发展明显好于男孩。因此，需要鼓励使用社交技能来促进参与学术，社会和学校活动，这有助于提高学生的主观幸福感。[3]

（二）儿童社会认知的发展特点

儿童对自我、他人、社会关系、社会规范以及对他人的情感、行为意图、态度动机等的认识开始的时间并不统一，发展也不是匀速的。总体而言，儿童先从认识他人到认识自我，再到认识自我与他人的相互关系；儿童从认识情绪到认识行为，再到认识心理状态；儿童从认识身体到认识心理，再到认识社会。儿童在同一年龄段，不同方面的发展水平也是不同的。

有心理学家认为，相对儿童的自我中心化，观点采择能力是儿童社会认知发展的核心内容。[4] 观点采择能力是指儿童可以区分自己与他人的观点并且可以根据相关信息对他人观点作出准确推断的能力，也就是可以设身处地地理解他人的能力。[5] 通过观点采择能力可以预测儿童对友谊、权威、同伴以及自我的推理水平，促进儿童社会认知各方面的整合，因而儿童的观点采择能力决定着其社会认知和社会性发展的水平。

6—12 岁儿童的观点采择能力的发展呈上升趋势，并随着年龄的增长而发展。6 岁儿童已经初步具备一定的社会观点采择能力，6—7 岁儿童的观点采择能力水平明显上升，7—8 岁儿童的观点采择能力水平又明显下降。由于 9 岁的儿童逐渐"去自我中心化"，对他人态度的推断能力也逐步提升，因此 9 岁以上的儿童的观点采择能力水平明显提高。在社会观点采择维度下，10 岁、12 岁儿童的社会认知水平无差异，在情感社会观点采择维度下，10 岁儿童的社会认知水平高于 12 岁儿童。

---

① 候彦宇. 小学生主观幸福感研究综述［J］. 小学时代，2019，（35）：29-32.
② SALAVERA C, USAN P Relationship between social skills and happiness: differences by gender［J］. Invironmental research and publish health, 2021, 18（7929）: 1-9.
③ SALAVERA C, USAN P Relationship between social skills and happiness: differences by gender［J］. Invironmental research and publish health, 2021, 18（7929）: 1-9.
④ SANTROCK J W. Life-span development［M］. 5th Ed. Madison, Wis: Brown & Benchmark Publishers, 1995: 321-323.
⑤ SELMAN R L. Level of social perspective taking and the development of empathy in children: speculations from a social-cognitive viewpoint［J］. Journal of moral education, 1975, 5（1）: 35-43.

　　有研究者提出社会信息加工模式，①指儿童在其社会交往中对各种社会性刺激赋予一定的意义，并作出相应反应的过程。儿童的社会信息加工过程包括五个方面的内容：（1）译码阶段，感知社会信息并选取有意义信息；（2）解释阶段，将获得的信息与已有经验进行对照并解释信息意义；（3）搜寻反应阶段，个体对某一情境线索作出解释之后，便要去寻找可能的行为反应事物；（4）反应评估阶段，对反应计划进行评价；（5）执行反应阶段，儿童在前四个阶段的接触过程中做出真正的行为。儿童社会信息加工水平随着其年龄的增长而增长，年龄较大的儿童的社会信息加工模式比低幼儿童的复杂，并且与其社会行为密切相关。

　　在人际压力情境下，儿童的执行反应能力强于其他阶段的能力，译码阶段的能力得分最低。儿童对他人行为意图的判断和归因加工能力不足，仍处于善恶、有意无意的两极半段阶段。儿童对他人意图的水平受到其抽象思维的影响，儿童期的思维仍处于具体形象思维阶段，抽象逻辑思维得到初步发展，因此其译码水平与思维发展水平是一致的。10—12岁的儿童对他人意图表现出一定的客观性，认识到他人行为存在的各种可能。而在执行反应阶段，儿童倾向于采取有效性的行为而非他人喜欢、接受的行为方式，因此其对人际的情绪反应认识不足，对个人行为的后果预期比较模糊。在性别方面，儿童在执行行为阶段，男女之间差异显著。儿童的言语能力早于其他认知能力，并出现明显的性别差异：6—12岁的女孩在言语技巧上比同龄男孩运用得更为熟练。尤其在小学四年级，女孩的言语能力明显优于男孩。因此在译码阶段，女孩的得分也高于男孩。

【拓展阅读】
儿童采择观
点的六个发
展阶段

（三）儿童社会行为的发展特点

　　儿童与父母、同伴、教师等交往的社会互动过程，会出现各种各样的社会行为。下面从被社会赞许、支持的亲社会行为，以及为社会拒绝、控制的攻击性行为的发展特点展开。

　　1. 儿童亲社会行为的发展特点

　　班里新来的学生是个特殊儿童，他腿脚不便，上下楼梯需要有人搀扶。好几次，张韦都主动地牵着他的手上下楼梯。对此，教师在大家面前表扬了张韦，肯定了他看到同学的困难，觉察到他人的需要，做出的助人行为。于是，第二天班里有更多的儿童去搀扶新同学。

　　儿童亲社会行为的表现无处不在，作为儿童社会性发展的一个重要方面，它是如何发展的，研究者对此进行了大量的探索。儿童在2岁之前就已经表现出亲社会行为，并随着年龄的增长而增长。有研究者记录了1岁儿童在困境中表现出安慰他人、参与家庭任务和帮助成年人完成无法完成的任务的能力，②结果表明，到2岁时儿童已经能够理解他人的目标和意图并实现了某种形式的移情。

　　亲社会行为的发展多与个体的认知、移情、个性、年龄、性别、文化因素和情境等因素相关。在认知因素中，观点采择、亲社会推理、道德判断是研究者的主要研究方面。观点采择是一种社会认知技能，代表个体具有的把自身观点与他人观点相区分和比较的能力与倾向。通过两难情境研究得出亲社会推理的阶段模式，一般来讲，随着年龄的不断增长，儿童

---

① DODGE K A, RABINER D L. Returning to roots: on social information processing and moral development [J]. Child development, 2004, 75（4）: 1003-1008.
② LISZKOWSKI U, CARPENTER M, STRIANO T, et al. 12-and 18-month-olds point to provide information for others [J]. Journal of cognition and development, 2006, 7（2）: 173-187.

的推理水平在不断提高。通过道德判断的两难任务发现，个体的道德判断水平越高，其亲社会行为越多。移情是个体觉察他人的情绪反应与他人产生情感共鸣的能力，移情能力越高，个体越有可能表现出亲社会行为。在个性因素中，个性品质与亲社会行为有关，利他及他人取向的个性特质在一些场景中会促进个体的亲社会行为。开朗外向的个性与亲社会行为高相关，焦虑、神经过敏的个性与亲社会行为低相关。在年龄与性别因素中，随着年龄的增长，个体的亲社会行为明显增多。个体的分享行为、助人行为、安慰行为等都存在明显的年龄差异。在文化因素中，个体的亲社会行为受到文化因素的显著影响，例如群体文化中的人比个体文化中的人有更多的亲社会行为。在情境因素中，个体的亲社会行为也存在着性别差异，例如有研究发现，在非紧急情况下，女性更加乐于助人，在紧急情况下，男性更加乐于助人。

儿童的亲社会行为会随着年龄的增长而变化。有研究者发现，1—2岁是儿童分享行为的快速增长期，2—3岁儿童的分享行为则有所下降，[1]5—8岁的学龄儿童由于自我意识增长的需要，越来越关注教师和他人的评价，因此他们的分享行为和助人行为开始增多，7—10岁儿童中有77%的儿童愿意和他人分享，这一时期的儿童以物品分享和游戏分享为主，学习分享和心理分享并不重要。而11岁之后，物品分享和游戏分享逐渐让位于学习分享和心理分享。[2]

2. 儿童攻击性行为的发展

对5—7岁儿童的研究表明，欺凌者、受害者和欺凌受害者表现出截然不同的社会行为模式。欺凌者表现出高水平的攻击性行为，并且在身体和语言上都具有攻击性，他们的合作性和亲社会性较差，但同时他们也善于交际，通常在其团队中发挥领导作用。低龄儿童的欺凌者在身体上更具攻击性，随着年龄的增长，儿童对身体攻击的使用普遍下降。欺凌者在性别上也存在差异，女孩更有可能使用关系型攻击，男孩则表现出更多的身体攻击，而女童欺凌者比男童欺凌者更容易受到排斥，这可能是由于女性对攻击性行为的普遍接受程度较低。[3]有调查显示，在被拒绝的儿童中，有50%被归为具有攻击性的儿童。在一组三年级至六年级的学生中，被拒绝的儿童被认为在自己所在的班级中更具有攻击性行为。据报道，测量男孩攻击性行为的稳定性系数为8岁之后保持稳定，但是随着时间的推移，其稳定系数会逐渐减小。

受害者则表现出相反的行为方式，他们无论是在身体上还是言语上都不具有攻击性。他们在合作行为方面得分很高，尤其是年龄较大的受害者，但与欺凌者和不参与调查的儿童相比，他们更缺乏领导才能，性格非常顺从。此外，受害者比同龄人更多地表现出退缩行为，一方面，他们更喜欢一个人玩（看似自愿），另一方面，他们通常是孤立的，没有人和他们一起玩。退缩行为可能是导致儿童容易遭受伤害的众多因素之一，退缩也可能是负面同伴经

① BATSON C D, BATSON J G, TODD R M, et al. Empathy and the collective good: caring for one of the others in a social dilemma [J]. Journal of personality and social psychology, 1995, 68（4）: 619–631.
② BRADMETZ J, GAUTHIER C.The development of interindividual sharing of knowledge and beliefs in 5–to 9-year-old children [J]. The journal of genetic psychology, 2005, 166（1）: 45–53.
③ PERREN S, ALSAKER F D. Social behavior and peer relationships of victims, bully-victims, and bullies in kindergarten. [J]. Journal of child psychology and psychiatry, 2006, 47（1）: 47–57.

历的结果，甚至有可能是适应性的。[1]

（四）儿童自我意识的发展特点

当儿童开始掌握"我"这个词时，其自我意识就已经发生了质的变化，儿童开始认识到自己是一个主体而不是对象。当儿童说"我会自己做"时，其独立性开始大大提高。随着年龄的增长，他们逐渐学会评价自己。先是以成年人对儿童行为的评估为准则，而后学会了自我评估，这就是最初的道德判断。

儿童自我意识的发展过程是不断社会化的过程。儿童自我意识的起点是个体区分主体与动作，萌芽期表现为知道自己的名字，可以把名字理解为自己的信号，掌握"我"这一代词，这就是儿童自我意识开始发展的标志。人们通常认为随着儿童年龄的增长，他们的自我意识会逐渐提高，但事实上并不是这样。研究发现，儿童自我意识的发展趋势是变化的，从小学到初中逐步下降，高中后显著上升。[2] 小学阶段是儿童获得自我意识的重要阶段，在 9 岁左右达到一个平衡点，之后儿童的自我意识开始从外部转向内部，如出现自我批判现象。12 岁之后会经历自我认同感的混乱阶段，儿童的自我意识由具体向抽象发展，自我评价、自我控制能力不稳定，呈现下降的趋势，11—14 岁达到自我意识发展的最低点。[3] 此外，儿童自我意识的发展也存在着性别差异。10—13 岁是男女生自我意识差异最明显的阶段，女生更加注意自己的言行举止，更容易察觉自身的情感状态，对待学习的态度也要优于男生。

儿童自我意识发展的过程是他们不断社会化的过程，而自我意识的成熟往往标志着个性的基本形成。自我意识本身是一个多维度的复杂的心理系统，可以划分为不同的种类，[4] 见表 7-1。

表 7-1　儿童自我意识的分类

角度	种类	含义
形式	自我认识	个体对主体以及主客体关系的认识，主要包括自我概念与自我评价
	自我体验	个体对评价结果是否符合自己需要时所产生的情绪体验，主要包括自尊感
	自我调控	个体对自己的心理活动和行为进行自觉的、有目的的调整与控制，主要包括自我控制和自我教育
内容	生理自我	个体对自己生理特征的认识、体验和调控
	社会自我	个体对自己社会特征的认识、体验和调控
	心理自我	个体对自己心理特征的认识、体验和调控

① WALTER J P, ALEXANDER G. Control of human behavior, mental processes, and consciousness [M]. New York: Psychology Press, 2000: 62-64.

② FREEMAN W H. Self as narrative: the place of life history is study in the span [M]. New York: State University of New York Press, 2000: 1.

③ KILIC B G, ERGUR A T, OCAL G. Depression, levels of anxiety and self-concept in girls with Turner's syndrome [J]. Journal of pediatric endocrinology & metabolism, 2005（11）: 1111-1118.

④ 郭亨杰. 心理学 [M]. 上海：上海教育出版社，2001：120-121.

续表

角度	种类	含义
时间	过去的自我	个体对自己过去行为表现的认识、体验和调控
	现实的自我	个体对自己现在行为表现的认识、体验和调控
	将来的自我	个体对自己将来行为表现的认识、体验和调控

（五）儿童人际关系的发展特点

随着儿童年龄的增长，父母对儿童的控制权会逐渐转给儿童自己。相关研究表明，5—12 岁儿童的父母比学前时期与儿童互动（如亲子阅读、一起游戏等）的时间减少了一半，面对儿童的行为，父母在管理方面也逐渐转向更复杂的问题处理，如学习问题、家务参与、同伴交往、家庭与学校间的问题等。有研究者认为，父母和儿童的关系可以分为父母控制（儿童 6 岁以前）、共同控制（儿童 6—12 岁）、儿童自控（儿童 12 岁以后）。尽管儿童在进入小学后与父母的关系会发生相应的变化，但儿童与父母仍然保持着亲密关系，这种亲密关系对儿童日后的成长影响深远。例如，不安全依恋的儿童无法正常建立与看护者之间的交流关系，无法形成良好的心理安全机制，儿童会产生消极不安的心理体验，导致心理问题的产生。

除亲子关系外，同伴关系也是儿童重要的社会关系之一，是其实现社会化的重要途径。相关研究发现，6—8 岁的儿童对于友谊这一亲密的同伴关系只能认识到外在的行为特征，随着年龄的增长才能逐渐认识到内在的情感特征。在 9—12 岁这一阶段，亲密性成为一种内在的心理需要，儿童更倾向于和善于保守秘密、对自己好的儿童发展同伴关系，对年纪相仿的同伴在交往过程中产生的信任感会增加儿童的同伴接纳程度。父母为四年级的儿童提供了最主要的社会支持，到七年级时，儿童同性别的朋友提供的社会支持与父母相同，随着年级的增长，同伴友谊会逐渐取代父母成为最重要的社会支持，且同伴友谊的稳定性也在增强。[①] 相对于男孩，女孩在同伴关系中更倾向亲密感的获得，男孩更强调群体地位和支配性。在社会化的过程中，女孩会比男孩出现更频繁的亲密行为，而男孩表现出更多的控制性行为。虽然在儿童中期，女孩的同伴友谊水平高于男孩，但到了青春期后期，男孩与女孩的友谊亲密性具备相同水平。

师生关系是儿童在学校生活中最为基本的人际关系。儿童师生关系的发展有明显的年龄特点。6—7 岁儿童的师生关系更多地呈现为亲密型，到 10 岁左右开始呈下降的趋势。9 岁、11 岁的儿童多处于冲突型的师生关系中，从 12 岁开始，冷漠型的师生关系出现明显的下降。由于儿童社会认知水平的提高，儿童逐渐带有批判的眼光看待教师，开始客观地评判教师的行为方式。随着年龄的增长，儿童越来越希望得到认可、尊重和平等对待，10—11 岁儿童的师生关系是发生变化最大的阶段。与男孩相比，女孩更喜欢与教师交往，更愿意与教师保持良好的师生关系。

---

① POULIN F, CHAN A. Friendship stability and change in childhood and adolescence [J]. Developmental review, 2009, 30（3）: 257–272.

二、儿童社会性发展的评价

对儿童社会性发展的评价多采用观察法、问卷法、投射法、访谈法等方式。

（一）观察法

在与儿童社会性发展有关的研究中，观察法可分为自然观察法和模拟观察法。

1. 自然观察法

自然观察法也叫直接观察法，是通过观察儿童在日常生活情境中的行为表现评定儿童社会技能的一种方法，是生态效度较高的一种社会技能测评方法。自然观察法主要包括三个关键性成分：（1）在自然情境中，当行为发生时对其进行观察和记录；（2）观察者必须经过训练；（3）允许观察编码者对行为描述系统进行最低程度的主观推理。[①] 使用观察法时，观察者要统计儿童某些行为（例如，加入游戏或在同伴发起游戏时表现出的行为反应）发生的频次，记录时间段（例如，哭的时间长短、和同伴玩耍的时间长短），或做事件取样记录（例如，儿童出现某种要观察的行为时，记录该行为的预兆和结果）。

2. 模拟观察法

模拟观察法（或角色扮演）的具体做法是，设计一个包括自然环境中各种条件的模拟活动，让儿童想象情境的真实性并对此情境做出反应，然后对儿童的反应进行评定。在角色扮演的时候，儿童脱离自己的角色，扮演另一个角色，并做出与此人的观点相应的行为反应，这样能发展儿童对他人观点和行为的选择能力；同时也能发展其从他人的观点或角度审视自身行为的能力。[②]

（二）问卷法

在儿童社会性发展的评价中，问卷法一般将一个或多个假设性的社会情境问题编制成标准化问卷，让儿童根据每种陈述的感受程度进行评价，回收问卷数据并进行统计分析。心理学家编制了许多量表用以测量儿童的亲社会行为。阿姆斯登和格林伯格于 1987 年编制的《父母与同伴依恋问卷》[③]（inventory of parent and peer attachment，IPPA）包括信任、沟通和疏离三个维度的自我报告量表，在研究中运用较多。父子依恋和母子依恋两个分问卷，每个分问卷各 15 个条目，其实疏离维度的条目为反向计分，得分越高亲子依恋关系越安全。[④] 对于小学阶段的儿童，格雷欣和埃利奥特编制的《社会技能改进系统评级量表》（Social skills improvement system：rating scales，SSIS-RS），可以较好地评估小学适龄儿童的社交和问题行为。SSIS-RS 是一份综合问卷，用于测量合作、主张、责任、自控、内化、外化、多动，可以产生一个总的社会技能得分和一个总的问题行为得分。46 个项目的社会技能评分

---

① MERREL K W. Assessment of children's social skills: recent developments, best practices, and new directions [J]. Exceptionality, 2001, 9（1/2）: 3-18.

② 王美芳. 儿童社会技能的发展与培养 [M]. 北京：华文出版社，2003：291-293.

③ ARMSDEN G C, GREENBERG M T. The inventory of parent and peer attachment: individual differences and their relationships to psychological well-being in adolescence [J]. Journal of youth and adolescence, 1987, 16（5）: 427-454.

④ 陈友情，张绍贞，曾钊滢，等. 中学生网络成瘾中心症状及其与亲子依恋和人格的网络关系 [J]. 中国心理卫生杂志，2023（9）：787-794.

可以评估儿童在与同龄人和成年人互动时的适应社会技能，如解决冲突、遵守社会期望（如礼貌、轮流）、自助和有效沟通。内化量表（共 10 个条目）主要检查内部情绪功能，包括抑郁、焦虑和社交退缩症状；外化量表（共 12 个项目）侧重检查外向型情绪行为，包括攻击、多动、冲动和情绪调节不良。陈会昌编制的《3—9 岁儿童社会性发展量表》[1]包括社会技能、自我概念、社会认知、社会适应能力、社会性情绪等七个维度，可以有效地反映3—9 岁儿童的社会性发展状况，适合在我国不同地区、不同类型的城乡家庭中应用。

在儿童社会性发展评价方面，问卷法大致可以分为自评和他评两种形式。例如，《儿童欺负问卷》中文修订小学版，[2]主要针对二年级以上的小学生，采用以班级为单位的集体施测方式，儿童匿名作答，遵循自愿性原则，不必在问卷上写上自己的名字。而他评方式的问卷多以同伴提名、教师评定和家长评估为主，主要测查儿童在社交友谊质量、社会行为表现等方面的发展。

在国内影响较大的同伴提名量表是陈欣银等人修订的国外学者编制的《班级戏剧量表》。[3]在测试时，首先发给每个儿童一本小册子，其中包括描述各种行为的 30 个角色（即30 个项目），以及全班同学的名单，当主试读完一个角色的描述后，每个儿童都在自己的小册子上选取 1—3 个最能扮演这一角色的人并打上"√"。当所有的角色都勾好后，每个儿童被同学提名的次数经标准化后就被用来计算他 / 她在各个项目上的得分。

当教师评定儿童社会性发展的时候，较有影响的量表是《儿童行为教师评定量表》，[4]此量表主要用于评定儿童的攻击性行为和亲社会行为。该量表使用三级评定（"不符合""有时符合""完全符合"），每个项目都反映儿童在班级中表现出的某种行为的程度。

当家长对儿童的社会性发展进行评估时，可采用《儿童长处与困难问卷》，[5]该问卷要求父母根据儿童过去六个月的行为回答量表中给出的描述。该问卷共有 25 个条目，包括情感症状、注意缺陷多动障碍、品行问题、同伴交往问题、亲社会行为五个维度。总体困难维度的分数由情感症状、注意缺陷多动障碍、品行问题和同伴交往问题四个维度得分相加获得。每个条目按照 0—2 分进行三级评分，分别为"不符合""有点符合""完全符合"。

（三）投射法

投射法的基本程序是通过给儿童呈现假设的故事情境，与儿童交谈，获得其在这些特定故事情境中的投射反应。测评时的情境设置和问题设计旨在引出儿童在各个步骤中的加工过程。从这种思想出发，比较常见的是故事（借玩偶道具演示生活场景）和图片（不同的分离场景）材料，因此就出现了两类投射法：故事投射法、图片投射法。这两类投射法还衍生出了一些变式。通过投射法可以将儿童依恋分为四种类型：安全型、矛盾型、焦虑型、无组织型。故事投射法可利用相关评分表、玩偶、录像等进行判断，而图片投射法则是借助从图

① 陈会昌. 儿童社会性发展量表的编制与常模制订 [J]. 心理发展与教育，1994（4）：52-63.
② 张文新，武建芬. Olweus 儿童欺负问卷中文版的修订 [J]. 心理发展与教育，1999（2）：8-12, 38.
③ 陈欣银，KENNETH H R，李丹，等. 中国和西方儿童的社会行为及其社会接受性研究 [J]. 心理科学，1992（2）：3-9, 66.
④ LADD G W, PROFILET S M. The child behavior scale: A teacher-report measure of young children's aggressive, withdrawn, and prosocial behaviors [J]. Developmental psychology, 1996, 32（6）：1008-1024.
⑤ GOODMAN R. Psychometric properties of the strengths and difficulties questionnaire [J]. Journal of the American academy of child & adolescent psychiatry, 2001, 40（11）：1337-1345.

片、相关评分表获取的语言和非语言信息记录进行判断。

（四）访谈法

访谈法是指研究者通过与研究对象的交谈收集有关对方心理特征与行为的数据资料的研究方法。最为典型的是儿童依恋访谈[①]，该访谈专门为学龄儿童设计，是一个涉及儿童和依恋对象之间关系的半结构化访谈。编码内容包括语言信息和非语言信息，量表得分在期望值以上的儿童归为安全型，其他三种类型为矛盾型、回避型、无组织型。

三、儿童社会性发展的影响因素

影响儿童社会性发展的因素主要有个人因素、家庭因素、学校因素。在个人因素中，个体的人格、气质、年龄、性别等都会对儿童的社会性发展产生影响；在家庭环境中，亲子关系、家庭成员亲密度、父母教养方式、同胞关系等因素会对儿童的社会性发展产生影响；在学校环境下，同伴关系、教师会对儿童的社会性发展产生影响。

（一）个人因素
1. 人格与气质

儿童最初的气质类型差异会影响父母对其做出不同的反应，而这种反应模式可能使儿童出现不安全依恋、社会退缩等行为，以致影响儿童情绪社会性健康发展。还有资料表明，困难型和启动缓慢型儿童的行为问题和社会生活能力低下的检出率显著高于易养型儿童，学龄前儿童的气质特征对其行为表现和社会生活能力有重要影响。因此，随着年龄的增长，儿童的气质将会受环境及教养的影响而发生一定程度的改变，又因气质具有感情特性，使其在成为儿童人格发展的重要基础的同时，同样是儿童情绪社会性发展的重要影响因素。气质特征对儿童的社会适应能力同样具有重要影响：易养型和中间偏易养型儿童的社会适应能力有较大可塑性。[②] 研究表明，不同年龄儿童气质的某些维度与他们的亲社会行为倾向存在相关关系，并且儿童的气质和亲社会行为倾向可能存在因果关系。

2. 年龄与性别

随着儿童年龄的不断增长，其社会性也随之发展。3—6 岁儿童的社会认知和自我意识逐渐发展，同情心和利他特性呈现均衡发展，7—9 岁儿童的社会性发展出现停滞状态，3—4 岁是儿童社会依恋发展的关键期，5—6 岁是儿童社会适应和社会认知发展的关键期。有学者认为，儿童社会性的形成和发展是个体在社会生活中通过接受教育和社会影响逐渐习得。个体社会性的形成和发展是一个终身的历程，在不同的年龄阶段有着不同的任务和内容，其社会性的品质和发展的关键期也不同。

有关性别差异伴随的心理抑郁与负性情绪的社会性发展的研究表明，男女生会因为父母

---

① SHMUELI-GOETZ Y, TARGE M, FONAGY P, et al. The child attachment interview: a psychometric study of reliability and discriminant validity [J]. Developmental psychology, 2008, 44（4）: 939-956.

② 陈灵. 学龄前儿童气质、智能与社会适应能力的相关分析 [J]. 中国学校卫生，2006，27（5）: 406-407.

对其的教育方式不同而有不同的情绪社会性发展。[①] 有学者的研究进一步表明，男女社会角色、父母对子女的期望值，以及生理因素中性激素分泌等方面的不同，使男生较女生的社会性发展水平高，女生与男生相比更加安静，因而女生能够更多地感受到父母的喜爱和关怀，较少受到父母的惩罚与训斥。[②] 男女儿童在遵守社会规则和攻击性上的差异达到极其显著的水平，在社会认知、自我意识、同伴关系及发展总分上的差异达到显著水平。

（二）家庭因素

1. 亲子关系

亲子关系是儿童与父母之间建立的一种人际交往关系，也是家庭中居于核心地位的一种主要家庭关系。亲子关系尤其是母亲与儿童的关系一直被视为儿童社会性发展的一个重要影响因素，在一定程度上决定着儿童的社会性表现，这一观点已被证实。和睦、融洽的亲子关系会促进儿童亲社会行为的发展，而冷漠、敌对的亲子关系往往会导致儿童的反社会行为。除此之外，家庭体系的稳定和变化，亲子互动关系的好坏，同样会影响儿童的自我意识。

研究显示，与父母经历过温暖和积极回应关系的儿童更有可能发展与他人的关系，并倾向于识别和回应他人的感受和需求。同时，与主要照顾者建立的安全依恋关系会支持积极关系模式的内化，这有利于儿童亲社会行为的发展。[③] 从这个角度看，儿童积极的依恋关系经历可能通过建立基于互动互惠和共情参与的内部关系模式培养儿童的亲社会行为。在这个框架下进行的一些研究表明，安全依恋的儿童更有可能对母亲、同龄人和陌生人的压力做出亲社会反应。[④]

2. 家庭成员亲密度

亲密度是指家庭成员相互承诺、帮助和支持的程度。有研究发现，留守儿童的家庭环境与留守儿童的自尊存在密切的关系，而且前者对后者具有消极影响。也就是说，家庭的亲密度越好，儿童的总体自尊反而越低。儿童心理学家哈特维克认为，宁静愉快家庭中的儿童与气氛紧张及冲突家庭中的儿童在个性方面有很大不同。同样，家庭生活不融洽、破裂家庭与儿童患有精神心理疾病之间存在必然联系。研究发现，儿童发育延迟、攻击性行为与家庭亲密度低相关，儿童胆小焦虑与家庭组织秩序低相关。有研究显示，家庭的亲密度较低，家庭成员之间缺乏沟通和交流，不利于儿童学习交往技能，容易使儿童出现攻击性行为及外化问题行为。此外，在良好的家庭情感氛围中，儿童的情绪体验会比较积极；相反，在不好的家庭情感氛围中，儿童会感到压抑，体验到消极情绪。

3. 父母教养方式

研究发现，学习困难儿童的社会性发展诸方面与家庭资源相互作用，家庭资源中的家庭心理环境、父母教养方式与学习困难儿童社会性发展诸方面具有一定的因果联系。[⑤] 接受民

① GARSIDE R B, KLIMES-DOUGAN B. Socialization of discrete negative emotion: gender differences and links with psychological distress [J]. Sex roles, 2002, 47（8）: 115-128.
② 陈欣，杜建政. 父母教养方式与内隐攻击型的关系研究 [J]. 心理科学，2006，29（4）: 798-801.
③ GRUSEC J E, HASTINGS P D. Handbook of socialization: theory and research [M]. New York: Guilford Press, 2007: 649-650.
④ DENHAM S A. Mother-child emotional communication and preschoolers' security of attachment and dependency [J]. The journal of genetic psychology, 1994, 155（1）: 119-121.
⑤ 俞国良. 学习不良儿童社会性发展与家庭资源因果关系的研究 [J]. 心理科学，1998（4）: 341-345，384.

主型教育的儿童比接受宽容型和专制型教育的儿童社会性得分高。[1] 宽容型教育方式给予儿童较多自由，对其社会适应能力发展有一定好处，但也会导致其社会性发展不成熟。采取专制型教育方式的父母，会对儿童过多干预、过分保护，这在一定程度上会限制儿童自我意识的发展。有学者比较了城市家庭和农村家庭的教养方式，发现民主型教育方式是最为理想的教育方式，父母的文化水平和学习掌握家庭教育知识的程度，是影响其选择教育方式的主要因素。

4. 同胞关系

同胞关系对儿童社会性发展来说是一把双刃剑。积极方面具体表现为：积极的同胞关系可以提高儿童的社会认知能力和人际交往能力，这种影响甚至超过父母对儿童的直接影响。[2] 在家庭结构中，父母与子女之间存在等级关系，而同胞与儿童则是同级关系，儿童可以通过模仿哥哥、姐姐帮助妈妈做家务得到表扬这一行为获取妈妈对自己的赞赏。而且同胞之间的关系越亲密，儿童受到的影响就会越大。消极方面具体表现为：如果同胞之间的关系恶劣，在他们的关系中存在许多攻击行为，那么儿童发展出现问题的概率将会增加。所以父母需要引导儿童建立与同胞亲密友好的关系。

（三）学校因素

1. 同伴关系

同伴关系是影响儿童社会性发展的重要因素之一，它是指同龄或相近年龄儿童之间共同活动并相互协助的关系。同伴关系对儿童社会性发展具有潜在影响，和谐的同伴关系有利于儿童获得各种知识技能，特别是有利于儿童社会认知能力的发展。首先，同伴关系能够满足儿童团体归属感的需要，有助于发展儿童的自我意识。其次，通过发展同伴关系可以满足儿童成就感的需要。儿童正是在与同伴交往的过程中，逐步学会如何与他人沟通和合作，如何理解与宽容他人，如何关心、爱护与帮助他人，这些都有助于儿童的社会性发展。

同伴交往为儿童提供了大量同伴交流、同伴协商、彼此讨论沟通的机会，儿童能够在一起讨论物体的多种用途或问题的多种解决方式，这些都非常有助于儿童扩展视野，丰富知识，提高自身思考、操作和解决问题的能力。有朋友的儿童通常表现得更好，他们比没有朋友的儿童更能适应社会，更具社交能力，更善于交际和亲社会，具有较高的自尊，不太可能孤独。[3] 有更多朋友的儿童会有更多的亲社会行为，个性更加幽默，即使考虑到他们的群体接受度和在同伴中的地位，也更不可能嘲笑别人或对他们发号施令。[4]

2. 教师

教师对儿童积极的社会强化会促进其获得各种新技能。儿童喜欢模仿学习并进一步认同教师的行为，把教师对待事情的态度、持有的信仰、生活的价值观等作为他们自己生存发展的参照系。在幼儿园中，儿童学会辨别、理解他人的观点、情感、态度，遵守规则与道德要

① 关颖，刘春芬. 父母教育方式与儿童社会性发展［J］. 心理发展与教育，1994（4）：47-51.

② 洪伟. 同胞关系对儿童社会性发展的影响［J］. 少年儿童研究，2019（2）：44-48.

③ NEWCOMB A F, BAGWELL C L. Children's friendship relations: a meta-analytic review［J］. Psychological bulletin, 1995, 117（2）: 306-347.

④ GEST S D, GRAHAM-BERMANN S A, HARTUP W W. Peer experience: common and unique features of number of friendships, social network centrality, and sociometric status［J］. Social development, 2001, 10（1）: 23-40.

求，相互帮助，从自我中心转化成以他人和社会为中心。教师对学生的支持和关爱会对儿童良好的社会性发展起到促进作用，反之，教师对学生过于严厉的控制和训诫则不利于儿童对学校生活的适应，这一结论基本上得到研究的普遍支持。在学业表现方面，教师对学生的关心和支持有利于提高学生的学习动机，可以正向预测学生的学业成绩，并且能够增强学校对学生的吸引力。[①]

教师的自我效能感同样对儿童的社会性发展具有重要意义。教师的自我效能感是指教师对教育价值、做好教育工作与积极影响儿童发展的教育能力的自我判断、信念与感受。自我效能感强的教师，对自身教育能力与自身对儿童的影响力具有积极的信念，对教育事业和儿童都表现出极大的热情和兴趣。在教育过程中，自我效能感强的教师能自觉地调控自身的教育行为，敏锐地觉察和判断哪些方面有利于激发儿童的兴趣，哪些方面不利于提高儿童的积极性和学习效果，并使教育活动和教育行为适合儿童的发展水平与需要。

教师期望会影响教师在授课和接触学生时的行为表现，同时这种行为表现能够被儿童接收、感知和理解，使儿童在一定程度上改变他们的行为和自我期待，以符合教师对他们的期望，进而影响其社会性发展。在关于教师期望行为和学生自我意识之间的联系的研究中，发现教师期望和学生自我意识之间存在正相关。教师期望在培养儿童创造力方面也起到重要作用，教师对儿童的积极期望，会让儿童更加肯定自己在创造力方面的能力，有助于儿童社会性的发展。

第三节　儿童社会性的培养

儿童期是个体社会性发展的关键时期，个体的许多基本生活技能、行为规范等都是在此阶段习得的。儿童由于所接触的社会化环境不同，例如学校、家庭、大众媒体等，其社会化结果各有迥异。儿童社会化偏差问题的出现，要求我们不但要尽可能消除对其产生不良影响的因素，还应采取有效的方法促进儿童社会性的发展。

一、儿童社会性的培养途径

基于行为主义、认知心理学等相关理论，一些有助于儿童社会性发展的训练方法慢慢进入大家的视野。这些方法包括移情训练法、归因方式训练法、心理行为训练法、团体绘画辅导等。尤其是针对社会性发展不足的儿童，这些方法的效果尤为显著。

（一）移情训练法

移情训练是通过提高儿童设身处地为他人着想的能力，引起共鸣的一种方法。[②] 这种方法有利于儿童摆脱自我中心，促进他们彼此之间建立良好的同伴关系。有研究者通过对儿童进行为期一个月的情境讨论移情训练和角色扮演移情训练，使用即时后测和延缓后测让被试

① 郭伯良，王燕，张雷. 班级环境变量对儿童社会行为与学校适应间关系的影响 [J]. 心理学报，2005（2）：233–239.

② 张文新. 儿童社会性发展 [M]. 北京：北京师范大学出版社，1999：357–365.

分享奖品和玩具的做法来检测两种不同的移情训练方法的效果。实验结果发现，无论哪种移情训练方法均可有效促进儿童分享行为的发展。[1]

在日常生活中，家长可通过对儿童进行移情训练来培养儿童的亲社会行为。家长在对儿童进行移情训练时要注意以下三点：第一，移情的基础是家长自己有深刻的体验，创设的情境是儿童熟悉的社会内容，符合儿童的年龄特点；第二，不断变换移情对象的身份，以训练儿童获得对各种不同人物的情感体验，扩大移情的对象范围；第三，在移情训练中，家长要与儿童一起进行训练，家长的移情能力和态度将影响整个移情效果。在进行移情训练时，可以采用角色扮演移情训练，即儿童和父母互换角色扮演，也可以采用构建游戏的方法，即让儿童使用各种构建材料，通过想象和造型活动构造建筑物的形象游戏，如搭积木。

学校也应善于应用移情训练法促进儿童亲社会行为的发展，使他们建立良好的同伴关系。教师可以运用角色扮演训练，通过创设一定的情境，让儿童既扮演分享者又扮演被分享者，设身处地地亲身实践他人的角色。这样可以使儿童更好地理解他人的处境，体验他人在各种不同情况下的内心情感。还可以通过讲故事、编故事，创造相关情境，利用儿童以自我为中心的特点，通过情感换位让儿童以自己的情绪去理解他人的情绪，以自己的情感体验去理解他人的情感需要。移情训练不能只停留在对情绪的理解和分享上，还应对儿童进行良好的行为教育，引导儿童用自己良好的社会行为去关心他人。同样，教师的移情能力和对待移情训练的态度也能影响儿童的移情训练效果，因此，教师在使用移情训练法时，自己也要投入真情。

（二）归因方式训练法

归因方式训练法是指通过一定的训练程序，使学生掌握归因技能，消除归因偏差，形成从自身内部挖掘原因的归因风格。成人引导儿童更多地从自身寻找原因，注重对事件的过程进行评价，形成内控型归因风格，将有助于儿童与他人建立良好、积极的关系。有研究者对中小学生的归因训练进行了实验研究，结果发现，归因训练可使学生的成败归因、期望变化和情感反应向积极方面转化。[2] 相关研究发现，效果比较突出的归因方式训练法有团体发展法、强化矫正法、观察学习法。[3]

1. 团体发展法

团体发展法是以集体讨论的形式进行，小组成员（一般为 3~5 人）在一起分析讨论出现某种行为的原因，并由 1 名受过专门训练的教师或管理人员对每个人及整个小组的情况作比较全面的分析，引导小组成员作归因。然后，每个人填写归因量表，要求从一些常见的备择原因中选出与自己行为最有关系的因素，并对几种主要因素所起作用的程度作出评定。教师或管理人员对其归因和评定及时作出反馈，指出归因误差，鼓励儿童形成比较符合实际的、积极的归因模式。

① 魏玉桂，李幼穗. 不同移情训练法对儿童分享行为影响的实验研究［J］. 心理科学，2001（5）：557–562，638.
② 韩仁生，王毓珣. 中小学生交往成败的归因特点与归因训练［J］. 教育理论与实践，2008（10）：62–64.
③ 李幼穗. 儿童亲社会行为及其培养［J］. 天津师大学报（社会科学版），1999（2）：29–33，78.

2. 强化矫正法

采用强化矫正法进行归因训练时，先让儿童在规定时间内完成具有一定难度的任务，然后要求儿童根据任务完成情况（成功或失败）在归因量表上作出选择。每当儿童作出比较积极的归因时，随即给予鼓励或奖励（即强化），并对那些很少作出这类归因的儿童给予暗示和引导，促使他们形成比较正确的归因倾向。强化矫正法比较简便易行，特别适用于儿童，其关键是要掌握和灵活运用适当的引导和奖励方法。

3. 观察学习法

在使用观察学习法进行归因训练时，先让儿童看几分钟有关归因训练的录像片。在录像片中展现儿童在完成任务后进行归因的情况，成功完成任务和失败的顺序是预先确定的。每当儿童完成任务的效果较好时，就给予纪念品奖励并显示绿灯，录像片中的教师告诉大家："他做对了，说明他有助人的精神。"每当儿童完成任务的效果不好时，不给予纪念品奖励并显示红灯，录像片中的教师告诉大家："他做错了，说明他需要更加努力才能做对。"在训练时，可以让儿童多次观看录像片，以强化观察学习的效果。在运用观察学习法时，应该使录像片中的儿童特征（如性别、年龄等）与接受训练的儿童尽可能相似，所从事的任务也应与受训者的实际学习任务相一致，但难度逐步提高，并在观看录像后，让儿童重复类似的任务。这样能够促使儿童把观察学习的效果，更好地迁移到其日常学习活动中。

家长在教育儿童的过程中，要引导他们学会合理归因，将成败的关键归为个人的努力，不断进行归因训练，帮助儿童增强自信，发展积极的社会认知。当儿童有同伴冲突时，家长可以从认知角度改变他们不正确的交往归因方式，让儿童先停下来，思考并选择合适的解决冲突的方式，改善同伴关系，帮助儿童与他人建立良好的同伴关系。

学校要注重对学生的归因训练，积极开展一些讲座，让学生改变以往不适当的归因方式，从而形成正确的归因方式。教师也可以通过自身的学习，组织儿童开展一些小活动，或将游戏活动的形式纳入自己的教育内容，利用身边的真实事件（如儿童间发生的冲突）引导儿童学会合理的归因方式。在与学生的交往过程中，教师应正确使用言语评价，对有困难的学生可降低要求，帮助学生取得点滴进步，使其树立信心，消除自卑与恐惧心理，提高交往动机。

（三）心理行为训练法

心理行为训练法是一种运用认知心理学的知识，通过创设情境，借助心理行为训练手段，用以提升受训对象的心理素质和心理健康水平的心理学方法。[①] 心理行为训练需要创设情境，让儿童在不同的情境中扮演各种角色并进行活动和体验。除此之外，还要引导儿童完成各种活动，体验分享的过程。团体心理训练法的内容包括问候、沟通、情绪控制、感受表达、问题解决等。团体心理训练的结果显示，受训学生的积极社会技能水平得到了大幅提高，消极社会技能得分有了明显降低。因此，建议家长和学校要重视心理行为训练，特别是对那些消极社会技能得分较高的学生要进行及时、科学的训练，引导学生尽早掌握积极的社会技能。

在日常生活中，家长要多与儿童沟通，倾听儿童的心声，儿童感受到家长的爱和陪伴，

---

① 孙远刚. 团体心理行为训练技术概论［M］. 北京：研究出版社，2017：9.

乐于和家长进行良性沟通，从而能够健康成长。家长要学会和儿童换位思考，每当想要做一个决定或者和儿童交流时，要考虑这个决定和话语如果发生在自己身上会怎么样，这样就不会忽略儿童的感受，也不会轻易伤害儿童的自尊心。

学校也要重视对学生的心理行为训练，一方面，开设心理健康教育课程，与社会技能训练相结合，加强理论与实践的联系；另一方面，班主任、科任教师、心理教师可以结合德育、课程教学和心理训练等各种途径，广泛开展心理行为和社会技能训练。学校心理咨询教师通过班主任的观察、科任教师的反馈、学生的反映等途径快速掌握学生的不良行为或消极情绪，继而，可以组织相应的训练活动，心理行为训练可以在课堂上进行，也可以利用课外实践进行，具体并有针对性地调整这些学生的消极行为和情绪。

（四）团体绘画辅导

团体绘画辅导主要是在团体辅导过程中运用绘画艺术疗法的一种心理辅导过程。近些年在学校的课堂和咨询室中，团体绘画辅导应用日益广泛。儿童常常通过他们的图画形象来展现自己内心的焦虑、恐惧和绝望，同时也表现他们的适应能力和快乐的感情，儿童可以在绘画中表达自我。[①] 绘画成为儿童抒发自身情绪和情感的一个媒介，达到与外界沟通的目的。有国内学者在对留守儿童进行心理辅导时发现，对留守儿童进行绘画艺术干预能改善留守儿童的人际关系，有利于其社交能力的发展。[②]

在日常生活中，家长要多关注儿童的行为，多带儿童接触自然、参加活动。除此之外，还可以让儿童给家长画画、讲故事，在游戏的过程中抒发情感。儿童有烦恼时，可以和父母一起画画，然后彼此交流分享、换位思考，从而更好地促进亲子关系。

学校可以进行一些团体绘画的活动课程，以此丰富心理健康教育课程的形式。在对学生的绘画作品进行分析的时候，教师需要切实考虑学生的心理感受，避免片面、直接的评价给学生造成伤害。在分析绘画作品的过程中，教师要客观地进行分析，并对学生进行适当的鼓励，善于发现作品中的积极方面，并扩大积极因素，鼓励学生向积极健康的方向思考。此外，教师还要关注和发现学生的实际心理诉求，引导学生思考、了解和认识自身的心理情况，促进学生的心理健康成长。

二、儿童社会性的培养策略

儿童的社会性教育旨在培养儿童良好的社会性和自我概念，对儿童的一生都有重要影响。良好的社会性教育不仅能提高儿童与他人交际的能力，而且能使儿童在学习与成长的过程中有效地应对各种问题和挑战。下面将从不同角度对儿童社会性的培养提出相关策略。

（一）构建儿童社会性发展的环境

1. 提倡民主型家庭教养方式，创建平等、和谐、融洽的家庭氛围

家庭是儿童社会性发展的第一个场所，家庭内的社会资本（如教养投入、父母期望、亲

---

① 张寒玉. 留守儿童心理辅导中的绘画疗法［J］. 宿州教育学院学报，2015，18（5）：168-169.

② 刘中华. 宁波"留守儿童"心理健康与绘画艺术治疗［J］. 宁波大学学报（人文科学版），2008，21（1）：135-140.

子间的情感支持等）是对儿童健康成长最早的也是终身的一个影响因素。[1] 首先，在家庭中，家长要努力创建平等、和谐、融洽的氛围，不要对儿童进行过多的干涉和过分的保护，尽量让儿童能够自主决定自己的行为，给予其一些自主权，努力挖掘儿童性格中的积极因素。此外，家长应该在家中为儿童建立规则，赏罚分明，对儿童遵守规则的事情给予奖赏，精神奖励的作用比物质奖励更加高效持久，家长应该抓住契机，运用恰当的语言对儿童的行为进行肯定，对儿童不遵守约定的行为予以惩罚。[2] 其次，家长要尊重儿童，在对儿童进行教育的时候，应平等地和儿童交谈，使儿童感受到家庭的温馨，愿意与家长交流，以形成稳定的人格。[3] 因此，家长要树立正确的教育观，坚持科学的教养方式，促进儿童社会性发展。[4]

2. 建立平等、和谐、安全的学校人际环境，促进儿童社会性发展

首先，学校教育要因材施教，根据儿童发展的个性化差异，鼓励其发挥特长，并且提供适应儿童不同爱好、才能的活动。[5] 其次，教师在儿童的学习与生活中扮演着举足轻重的角色，儿童学习的基本途径就来自教师的言传身教。[6] 一方面，教师应该系统地掌握儿童的身心发展特点与规律，采用适宜的方式引导儿童进行同伴交往，例如，在儿童落单时，教育儿童积极主动地融入群体活动；在发现有儿童被欺负时，要能够运用恰当的语言和行为向儿童表达关心。随着儿童社会交往能力的提升，儿童在与人交往或加入群体时会更加自信，从而更乐于参与社交，形成良性循环。另一方面，教师应该发挥榜样示范的作用，在班级团体活动中注重社交礼仪做好表率，例如，如果儿童充当了教师的小帮手，那么教师应该及时表示感谢。教师的社交表现会对儿童产生潜移默化的影响，因此，教师要严于律己，在对儿童进行教育之余，自身也应该发挥好榜样示范作用。[7] 最后，教师要懂得尊重儿童，关心爱护他们，让儿童在平等、和谐、安全的学校人际环境中成长。教师之间能够友好、和谐、愉快地相处，这会给儿童安全温暖的感觉，使他们在不自觉中进行学习和反馈。

3. 帮助儿童发展同伴关系和友谊

与同伴进行交流互动是儿童获得社会性发展的重要方法。在同伴交往的过程中，儿童可以学会表达自我、解决矛盾、获得成就感。教师要定期开展混龄活动，打破班级和年龄的界限，让儿童有更多的机会参加群体活动。在活动中，教师要指导儿童与同伴互帮互助，让儿童学会和不同能力、不同年龄、不同性格的儿童相处，学会与他人交往的技能。同伴之间的相互模仿对促进儿童的社会性发展有着重要价值。[8] 儿童在与同伴交往的过程中，会逐渐被周围的环境所感染，从而遵守各项规则，学会与他人协调和配合，也渐渐建立自信，学会尊重别人。随着儿童年龄的增长、活动范围的扩大，同伴交往在其生活中扮演着越来越重要的

① 琚晓燕，张晨轩. 隔代教养对农村儿童社会性发展的影响：兼论父母教养投入的调节作用 [J]. 中国青年社会科学，2022，41（2）：77-84.
② 程秀兰，沈慧敏. 3～6 岁城乡幼儿社会性发展水平及其回应策略 [J]. 陕西学前师范学院学报，2021，37（7）：53-62.
③ 黎文艳，张莉. 家庭教育方式对幼儿社会性发展的影响研究 [J]. 教育观察，2020，9（48）：63-65.
④ 张东燕，高书国. 现代家庭教育的功能演进与价值提升：兼论家庭教育现代化 [J]. 中国教育学刊，2020（1）：66-71.
⑤ 魏子瑜. 学校教育对儿童社会性发展影响因素研究 [J]. 科教文汇（中旬刊），2010（17）：1，7.
⑥ 吴远祯. 幼儿园环境对幼儿社会性发展的影响研究 [J]. 才智，2019（19）：145.
⑦ 程秀兰，沈慧敏. 3～6 岁城乡幼儿社会性发展水平及其回应策略 [J]. 陕西学前师范学院学报，2021，37（7）：53-62.
⑧ 李梦雪. 谈谈如何促进幼儿的社会性发展 [J]. 幸福家庭，2021（15）：90-91.

角色，对其社会性发展日益产生重要的影响。^①在儿童交往中，给儿童提供与同伴交谈或游戏的机会，帮助儿童发展言语表达的技能与理解他人的能力，一旦儿童之间发展起友谊关系，家长和教师需要做到尊重儿童之间的友谊，并与他们严肃讨论和友谊相关的概念与原则，例如，当你的朋友做出伤害你的行为时，你该怎么办。

（二）鼓励儿童的亲社会行为

学校中与文化知识学习同样重要的是思想品德、道德价值和亲社会行为的学习。加强家校合作，教师要时常和家长进行沟通联系，了解家长对教育儿童的需求，激发家长的热情，使其参与到儿童的教育中来；引导儿童与同伴建立和谐的关系，教师要多创造一些机会给儿童，在幼儿园的日常生活与游戏中，加强儿童的沟通意识，鼓励儿童与他人进行互动。^②此外，教师要更新教育观念，了解儿童的个体差异性，尊重儿童的发展特点，用尊重、包容、民主和平等的理念对待每一名儿童，关注每一名儿童的成长，使儿童建立起对教师信任感和安全感。^③

家长的教育方式影响儿童的亲社会行为，良好的亲子关系是儿童形成亲社会行为的重要因素。"父母是孩子最好的老师"，家长与儿童的联系最紧密，作为儿童模仿和学习的榜样，家长应加强自身修养，在日常生活中以身作则、言传身教，给儿童树立良好的学习榜样。如果儿童经常观看家长的亲社会行为，就有利于培养自身的亲社会行为；移情有助于儿童观察和体验他人的情感，了解他人的心理，并将自己与他人换位思考，促使儿童设身处地地为他人着想，有助于儿童的人格完善和亲社会行为形成；当儿童呈现出良好的行为时，家长要及时予以适当的表扬和奖励，家长的回应会使儿童的这些有益行为得到巩固。^④例如，当儿童求助时，家长应该积极回应、主动给予帮助；在儿童收获成功或奖励时，家长要与他们一起分享喜悦；在儿童受到委屈或遭遇挫折时，家长要及时给予安慰和鼓励，保护儿童的自尊心，潜移默化地影响他们。

大众传媒是社会传播文化和道德价值的主要手段，网络、电视、电影、报纸等传播形式都对儿童的亲社会行为有着重要影响。因此，要重视社会文化的影响作用，让儿童在社会生活环境中培养亲社会行为，运用图书、电视和音响等教育手段，选择适合儿童年龄特点、思想内容健康向上、富含教育意义的艺术作品，对儿童进行教育和引导；学校、家长和社会要共同担负起监督的责任，一起净化社会大环境，积极向儿童推荐一些优秀的书籍和影视作品，使儿童能够直观地学习并接受，创造出一个有助于儿童茁壮成长的良好社会环境。

（三）引导儿童进行正确的自我评价

家长对儿童各方面的发展起着潜移默化的作用，家长应该尊重儿童的现有认知发展水平，根据儿童自我概念发展的特点，更多地引导儿童参与评价，以便让儿童尽早学会如何客观地评价自己、评价他人，从而形成积极的自我概念。家长在对儿童进行评价时，要注意进行纵向比较而不是横向比较，多发现儿童的进步和改变，而不是总把儿童与其他儿童

① 孟令云. 试论幼儿园对学前儿童社会性发展的影响［J］. 长江丛刊，2016（12）：188.
② 郦净. 培养幼儿亲社会行为［J］. 小学时代（教育研究），2014（24）：74.
③ 滕忠萍. 幼儿亲社会行为多维影响因素及"三性"培养策略［J］. 广西教育，2021（45）：14-17.
④ 周敏敏. 论儿童亲社会行为及其培养［J］. 文教资料，2018（14）：175-177.

做比较。家长在评价时，要注意前后一致，不能在儿童进步时大力鼓励，退步时严加指责，这会让儿童感到无所适从，不能对自己有一个正确的认识。此外，家长要提高自身修养，注意自己的一言一行，潜移默化地让儿童形成正确的价值观和良好品质，更好地进行自我评价。

教师的内在观念和个性特质会外化为行为，这些行为直接或间接地反映出教师对学生的信任、尊重与期望，进而影响儿童的自我意识。教师要努力提高自己的职业素养，客观、真诚地对待儿童，给予儿童客观的评价，创造一个能使儿童感受到被接纳、被关爱和被支持的友好环境，以积极的心态看待每个儿童。教师要发展与培养儿童的自我认识能力，鼓励儿童积极参与到社会交往中。让儿童通过社会交往，学会与人相处，学会正确对待他人，学会客观、公正地看待自己。此外，通过社会交往，教师还可以帮助儿童学会站在他人的角度思考与分析问题，为培养儿童的自我认识能力奠定坚实的基础。

儿童健康的自我是通过人与人之间的互动形成的。他人的积极关注或漠视会相应地使个体形成积极或消极的自我概念，而这些积极或消极的自我概念又会直接影响其对自身的正确认识和自我评价，最终表现为在学业成绩、品德发展和个体社会化方面存在差异；同伴的看法发挥着比父母更为重要的作用，同伴关系在儿童的自我概念中起着至关重要的作用。[1] 同伴是儿童进行社会比较的重要对象，教师应引导儿童关心同伴的言行，引导儿童在群体进行横向和纵向的对照，得出相应的自我评价，这也是儿童认识自己、提高自我评价能力的重要途径。

（四）培养儿童的心理弹性

在和睦的家庭氛围中，儿童能够获得更多的支持和赞扬，这些行为有利于儿童形成积极的自我认知，从而获得心理弹性。父母对儿童的行为要加以分析与引导，善于聆听儿童的意见。适度的热情、及时的照料、精心的抚育和温暖的支持，这样的亲子关系对儿童的心理弹性发展具有积极作用。

挫折使人产生心理痛苦，同时也给人以教育和磨砺。但挫折未必总是不好的，关键在于对待挫折的态度，要做好挫折教育，帮助和引导儿童对挫折具有正确认知。心理弹性的培养，是要引导儿童在困境中学会克服困难，培养儿童的独立品质和遇到挫折更加坚强的品格；要教会儿童正确对待挫折，不论顺境、逆境，都坦然面对，历经逆境的人会拥有更强的生命力和竞争力；给儿童充足的时间，支持并鼓励其进行独立探索和领悟，提升应对困境的能力；要多支持儿童，让儿童有机会感受成功、自我鼓励、增强信心。

家长和教师的挫折观、儿童观要保持一致，要意识到儿童有自身的主观能动性，他们在与环境的交互作用中不断构建自己的经验系统；家校的教育要求要一致，家长和教师要统一观念和行为要求，形成合力，促进儿童更好地发展。

---

① 刘凌，沈悦. 儿童自我概念的发展及其对教育的启示［J］. 辽宁教育行政学院学报，2009，26（3）：58-60.

【本章小结】

　　儿童在家庭、学校、社会等环境中了解社会、感知社会、参与社会，并且逐渐发展社会性，包括社会技能、社会认知、社会行为、自我意识、人际关系和道德品质等。整体上，儿童的社会性是随着年龄的增长而不断发展的，但是在各个方面的发展中有一定的年龄和性别差异。教育者和父母应遵循儿童自身发展规律，结合其发展的影响因素构建良好的成长环境、鼓励儿童的亲社会行为、引导儿童进行正确的自我评价、培养儿童的心理弹性来促进其社会性的发展。

【实践·反思·探究】

　　1. 小明是一个 11 岁的男孩，正在上五年级，他活泼好动，学习成绩良好但不稳定。小明的父母在外地做生意，没有时间和精力照顾他，平时主要是爷爷接送小明上学。在任课老师和其他同学的眼里，小明的性格比较外向，反应灵敏，特长也多。但他纪律意识散漫，经常闹事，对其他同学傲慢无礼，甚至有时会顶撞任课老师，因此小明在班中没有好朋友。某次课上小组讨论时，小明和其他同学发生了争吵，甚至动手推搡另一位同学。当老师批评他做得不对的地方要改正时，他说其他同学也有错，因此无心悔改。

　　2. 夏雨是一个 10 岁的女孩，正在上四年级。她的父母是外来务工人员，家庭条件相对比较艰苦。夏雨家中还有一个弟弟，因父亲外出工作很少回家，母亲忙于照顾弟弟，所以家人对其管教甚少。夏雨在学校的成绩中等偏下，性格内向，在陌生人面前讲话会脸红。夏雨在学校里的朋友较少，下课后她总喜欢独自坐在座位上发呆。由于她讲话有些口音，因此有些同学会给她起绰号并嘲笑她。夏雨上课回答问题时，如果认真回答会因为口音被其他同学嘲笑，如果回答不上来会被老师批评听课不认真，到后来夏雨即使知道答案也会站着不说。五年级时，夏雨因适应不了学校环境而转回老家上学。

　　1. 上述案例主要反映出青少年的哪些社会性发展问题？

　　2. 结合上述案例，分析小明和夏雨出现问题的主要原因有哪些。

　　3. 如何帮助小明和夏雨解决上述案例中的问题？

【推荐阅读】

　　1. 林崇德. 发展心理学［M］. 2 版. 北京：人民教育出版社，2010.

　　2. 俞国良，辛自强. 社会性发展［M］. 北京：中国人民大学出版社，2013.

　　3. 沈德立，白学军. 小学儿童发展与教育心理学［M］. 上海：华东师范大学出版社，2003.

第二编

儿童学习

第八章　儿童学习动机与策略

【学习目标】

1. 掌握学习的实质和分类。
2. 了解行为主义、认知主义和人本主义学习理论。
3. 掌握学习动机的定义、结构及分类，了解学习动机相关理论，应用学习动机理论激发儿童的学习动机。
4. 掌握学习策略的概念和典型的学习策略，了解训练儿童使用学习策略的方法。

【知识导图】

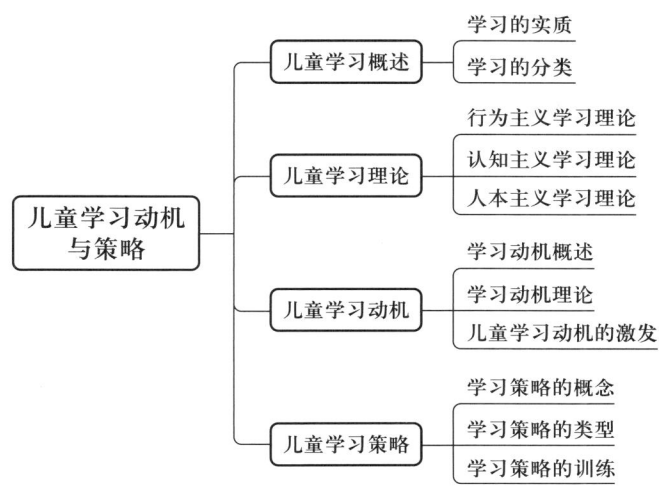

【案例导入】

　　小林是一名小学三年级的学生，他每天最大的烦恼是写作业，总是在家长的不断催促下才会写作业，而且总是写到很晚，影响了睡眠。同时，小林感觉自己不管多么努力学习，仍然不能取得满意的成绩，因此十分挫败，甚至对学习和学校产生了厌烦情绪。小林的问题归根到底是学习动机不强和采取了不合适的学习策略，那么什么是学习？如何激发小林积极的学习动机？怎样提高小林的学习成绩呢？

第一节　儿童学习概述

　　当谈到"学习"这个词时，我们首先想到的可能是学校、读书、科目、成绩等，但学习并不限于在学校，我们每个人生命中的每一天其实都在学习，那么究竟什么是学习呢？

一、学习的实质

【拓展阅读】
中国古代学者对学习的理解

　　一般来说，学习是指由反复经验引起个体心理或行为相对持久的变化。这种变化可能是有意识的，也可能是无意识的；可能是积极的，也可能是消极的。学习依赖于经验，以及在环境中得到的反馈。

　　在理解学习的本质时，要理解学习包括以下三层内涵：

　　第一，学习表现为行为或行为潜能的变化。这种变化有时是外显的、可观察到的行为变化，如小学生学习了加减法后，到超市购买东西的时候可以计算相应的费用；有时是个体内部心理结构的变化，即内部经验的改建与重组，如知识经验、态度的改变，具有一定的内隐性。例如，两名小学生接受跳绳训练，一名学生认为"跳绳很难，不喜欢跳绳这项运动"，另一名学生觉得"跳绳很好玩，通过训练能够在比赛中获胜"。这两种态度不能马上通过外显的行为观察到，但会影响儿童以后的行为选择。

　　第二，学习由经验所引起的行为改变相对持久。个体学会了骑自行车、滑轮滑等技能后，在很长时间内都能够"保持"学会的技能。即使一段时间不骑自行车，但需要骑车的时候还是可以做到的。但要注意的是，不能将个体的一切行为变化均视为学习，有些行为的改变可能是由于个体身体机能的成熟和发展，有些可能是由于药物、疾病或疲劳等因素，这样的变化不能视为学习。

　　第三，学习是由反复经验引起的，是后天的习得性活动。学习是个体适应生存环境的重要机制，且学习不仅能够使个体适应环境，还能够改造环境。学习引起的行为变化是由后天的练习、实践或经验产生的，而不是先天的。后天习得的经验而产生的学习有两种形式：一是正式学习，如在学校中的学习，即教师有计划地引导学生进行学习；二是非正式学习，多在偶然的生活经历中出现，如儿童在观看电视节目时会了解到自然界的危险与奇异。

二、学习的分类

学习是一种复杂现象，不同的研究者从不同的角度、理论模型、研究方法出发，对学习进行了各种分类，下面介绍三种比较有代表性的学习分类。

（一）加涅的学习分类

美国教育心理学家加涅认为，人类的学习现象十分复杂，不能用一种理论解释全部的学习现象，必须对学习进行分类研究。因此，加涅提出了学习层次分类和学习结果分类。

1. 学习层次分类

加涅根据由简单到复杂、由低级到高级的学习情境，把学习分为八类：

（1）信号学习。这是最简单的学习，指对某种信号刺激做出一般性和弥散性的反应。

（2）刺激–反应学习。这种学习使一定的情境或刺激与一定的反应相联结，并得到强化，进而学会以某种反应获得某种结果。

（3）连锁学习。这种学习是指学习联合两个或两个以上的刺激–反应学习，以形成一系列刺激–反应学习的联合。许多动作技能都是由一系列简单的动作组成的，如跳箱子，从助跑、踏板、起跳到落地。

（4）言语联想学习。这种学习是指形成一系列言语单位的联结，即言语单位构成联结的连锁学习。例如，将词语组合成句子。

（5）辨别学习。这种学习能识别许多不同的刺激并作出不同的识别反应。例如，比较两种事物的异同。

（6）概念学习。这种学习是指学会认识一类事物的共同特征或属性，并对同类事物的抽象特征做出反应。

（7）规则学习。规则学习是指明确两个或两个以上概念之间的关系，从而形成多个概念的联合的学习。例如，对数学、物理、化学等学科中定律、定理的学习。

（8）问题解决学习。这种学习是指学会运用原理或规则解决问题，即高级规则的学习。

以上八个层次的学习，后一种学习类型是前一种学习类型更加复杂的表现，前者向后者发展，后者是前者的继续和提高。后来，加涅对八个层次的学习分类进行了修正，把前四类学习合并为连锁学习，把概念学习扩展为具体概念学习和定义概念学习两类，这样学习就可以分为：连锁学习、辨别学习、具体概念学习、定义概念学习、规则学习和问题解决学习。

2. 学习结果分类

加涅认为，教学不仅要考虑学习的情境或过程，而且要考虑学生通过学习获得的学习结果，主要有以下五种：

（1）言语信息。言语信息是指学习者掌握以言语信息形式传递的内容，能够进行"陈述"的知识。有关事物的名称、时间、地点、定义和特征等方面的事实性信息均属于言语信息，例如"2021年是中国共产党建党100周年"。

（2）智力技能。智力技能是指学习者能够运用符号或概念与环境交互作用的能力，按学习水平由低到高依次为辨别、具体概念、定义概念、规则、高级规则（解决问题），后一级别智力技能的学习要以前一级别智力技能的获得为前提。

（3）认知策略。认知策略是指学习者调控自身的注意、记忆和思维等内部心理过程的技能。认知策略与智力技能的不同之处在于智力技能是运用符号处理问题的能力，指向学习者的外部环境；而认知策略是自我控制与调节的能力，支配学习者应对环境时其自身的行为，例如对自身行为的反思，运用策略更加有效地学习。

（4）动作技能。动作技能是指通过练习使学习者能够依据一定的规则协调自身动作的能力，例如写字、唱歌、打球、操作仪器等。

（5）态度。态度是指学习者获得对人、对事、对物等的反应倾向，是一种内部状态，被称为情感领域的学习。学校不仅要教授学生知识和技能，而且要培养学生爱国、合作、分享、责任感等社会赞许的态度，以及热爱学习、积极探索、自尊自信等有利于个人发展的态度。

加涅提出的学习结果分类，五种学习结果之间不存在等级关系，不受学科限制。基于加涅的学习结果分类，教师能够明确教学目标，为教学设计提供依据。

（二）奥苏贝尔的学习分类

美国认知心理学家奥苏贝尔从两个维度对认知领域的学习进行了分类。从学习者的学习方式出发，可将学习分为接受学习和发现学习；从学习材料与学习者已有知识的关系出发，可将学习分为机械学习和有意义学习。接受学习是将学生要学习的概念、原理等内容以结论的方式直接呈现，主要是教师讲授、学生接受的形式。发现学习是指学生要学习的概念、原理等内容不直接呈现，需要学生通过独立思考、探索、发现获得。机械学习是指当前的学习没有与学生已有的知识结构建立某种有意义的联系。有意义学习是指当前的学习与学生已有的知识结构建立起实质性的、非人为的、有意义的联系，如弄清概念之间的关系。这两个维度之间彼此独立，即接受学习和发现学习既可以是机械学习，也可以是有意义学习。在学校情境中，学生学习的方式主要是有意义的接受学习。奥苏贝尔的学习分类举例如图 8-1 所示。

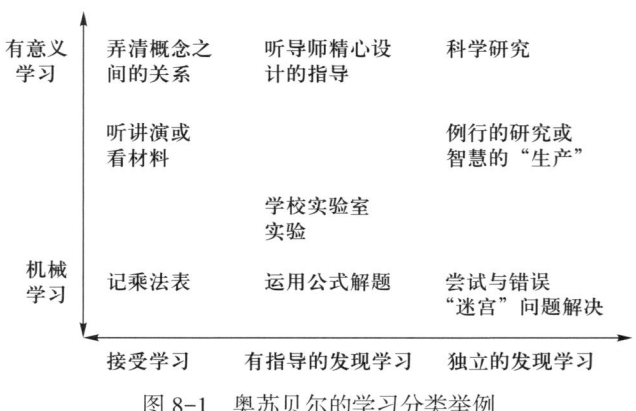

图 8-1　奥苏贝尔的学习分类举例

奥苏贝尔还根据学习内容的复杂程度，将有意义学习分为三类，分别是符号学习、概念学习和命题学习。

（1）符号学习。符号学习又称为表征学习，指学习单个符号或一组符号的意义，或者学习符号本身代表什么。符号学习主要是对词汇进行学习，学习某个单词代表的具体意义。例如汉字的学习、英语单词的学习等。当然，符号学习不限于语言符号，也包括非语言符号，如实物、图像、图形等。符号学习还包括一些事实性知识的学习，如历史科目里的历史人物、历史事件，地理科目里的地形、地貌，等等。

（2）概念学习。概念是知识的基本单位，所谓概念学习是指掌握同类事物共同的关键特征和本质属性。例如，在学习四边形的概念时，要掌握其"四条边""直线构成""内角和360°"等本质属性。概念学习必须以符号学习为基础，小学生在掌握概念时，往往是分步的，先达到符号学习水平，进而到概念学习水平。

（3）命题学习。命题学习是指学习若干概念组成的句子的复合意义，即学习若干概念之间的关系。学习命题需要先获得组成命题有关概念的意义，命题学习的意义是通过所学的新命题与原有认知结构中的适当概念之间建立起联系。例如，学习"圆形的面积计算公式是 $S = \pi r^2$"，需要先理解 S、π、r 这些符号代表什么，以及其所代表概念的内涵。由此可见，命题学习是以符号学习和概念学习为基础的更为复杂的学习。

（三）冯忠良的学习分类

我国教育心理学家冯忠良认为，根据教育系统中传递的内容不同，学生在学校进行的学习主要有以下三类：

（1）知识学习。知识学习是指个体通过与环境相互作用后获得的信息，是客观事物的特征和联系在人脑中的主观印象，让学习者构建起相应的认知结构。知识包括陈述性知识（描述性知识）和程序性知识（操作性知识），直接经验知识和间接经验知识，内隐知识和外显知识等。

（2）技能学习。技能是经过练习而形成的合乎法则的活动方式，来自学习者所做出的行动及其反馈的动作经验。技能包括动作技能和心智技能。技能学习比知识学习更为复杂，不仅包括对活动的认识，而且包括对活动或动作的实际执行。技能学习主要解决在具体实践中做什么、怎么做，以及做的效果、是否熟练的问题。

（3）行为规范的学习。行为规范是社会群体或个人在参与社会活动时所遵循的规则、准则的总称。行为规范是调节人际交往、实现社会控制、维持社会秩序的思想工具，它来自主体和客体相互作用的交往经验，是个体说话、做事所依据的标准，也是社会成员都应遵守的行为规则和准则。

学习知识、技能可以培养学生的能力，使学生学会如何做事，学习行为规范可以培养学生的态度、品德，使学生学会如何做人。学校教育的最终目的就是教会学生做事和做人，促进学生德、智、体、美、劳全面发展。

第二节 儿童学习理论

自心理学成为一门独立的学科开始，研究者们对学习的本质、学习的过程、学习的一般规律、学习动机、学习策略以及如何将学习到的内容进行迁移从而解决问题等进行了大量深入系统的研究。不同的研究者对学习的本质、过程、影响因素等有不同的观点，采用不同的研究方法，形成不同的理论流派。学习理论大体可以分为行为主义学习理论、认知主义学习理论和人本主义学习理论等。

一、行为主义学习理论

行为主义心理学家关注可被观察和测量的行为，他们认为学习存在因果机制，也就是个体对外在环境做出的回应，随着时间的推移，逐渐习得行为。影响学习的主要因素是外在环境，当环境刺激使学生的反应发生相对持久和可观察的变化时，学习就发生了。

（一）经典性条件作用理论

19 世纪 90 年代，俄国生理学家巴甫洛夫在对狗的唾液分泌实验中发现了经典性条件作用。美国心理学家、行为主义的奠基者和捍卫者华生将巴甫洛夫的条件作用理论进一步发展，应用于建立人类行为模式，以解释人类的学习。

1. 巴甫洛夫的经典性条件作用理论

巴甫洛夫发现面对食物或闻到食物的气味时，实验室的狗会自动流口水，即分泌唾液以帮助消化，他还发现每当喂狗的助手走近狗时，狗就像已经得到食物一样开始分泌唾液。这个现象引起了巴甫洛夫的兴趣，他调整了本来打算研究狗的消化过程的实验目标，而是观察狗在什么情况下分泌唾液。

（1）无条件刺激和条件刺激

巴甫洛夫在给狗喂食之前，让狗听 7 ~ 8 s 的铃声，记录狗的反应。此时的铃声是中性刺激，即狗不会对铃声产生反应，也没有唾液分泌。而当食物呈现在狗面前时，狗会自动分泌唾液。面对食物分泌唾液对狗来说是自然发生且无法控制的，不需要学习或训练，此时食物属于无条件刺激，狗分泌唾液属于无条件反射。这种由某个刺激自动引起的动物的生理反应属于无条件反射。

巴甫洛夫继续使用食物、铃声和唾液分泌这三个要素进行实验设计。在给狗喂食的同时给狗呈现铃声，让铃声与狗进食时分泌唾液建立联系，久而久之只听见铃声时狗也会分泌唾液，此时铃声从中性刺激变成了条件刺激，铃声与进食之间建立了联结，单独的铃声也能引起狗分泌唾液。这种在某个刺激和某个反应之间建立新的联结的行为属于条件反射。

（2）刺激的泛化、分化和消退

巴甫洛夫提出的条件反射被称为经典条件反射理论，他通过进一步研究区分了泛化、分化和消退。

（1）泛化。经典性条件作用一旦形成，机体对与条件刺激相似的刺激作出条件反应，这被称为条件作用的泛化。"一朝被蛇咬，十年怕井绳"就属于条件作用的泛化现象。

（2）分化。如果只强化条件刺激，而不强化与其相类似的其他刺激，那么就可以导致条件作用分化。例如，同样是铃声，让狗只对其中一种旋律作出反应，即只在这种旋律下给食物，在其他旋律下并不给食物，狗就学会了辨别铃声的旋律。

（3）消退。经典性条件作用形成后，如果反复呈现条件刺激，而不呈现无条件刺激，那么条件反应的强度会逐渐减弱甚至消失，这种现象被称为消退。例如，当狗对铃声建立条件反射后，只呈现铃声而不给狗食物，久而久之听到铃声狗也不会分泌唾液了。

2. 华生的行为主义理论

20世纪20年代，华生认为学习就是一种刺激替代另一种刺激并建立条件作用的过程，他强调刺激－反应（S-R）的联结。他提出，人出生时只有几种反射和情绪反应，如眨眼、膝跳、吸吮、行走反射等，婴儿天生就具有恐惧、爱、愤怒等基本情绪反应，所有其他的行为都是通过条件作用建立新的刺激－反应联结而形成的，在这个过程中，新生儿有限的先天反应会由于建立新的联结及经验的积累而逐渐延伸和拓展。

华生最出名且颇具争议的一项实验是用经典性条件作用原理引发了小阿尔伯特的恐惧形成实验。小阿尔伯特是一名大约9个月的健康婴儿，华生和助手最初给小阿尔伯特做了一系列基础情感测试，即让他在短时间内触摸小白鼠、兔子、小狗、有头发和无头发的面具等物品，测试结果显示小阿尔伯特对这些物品没有表现出恐惧。两个月后，小阿尔伯特再次接受实验，华生和助手将小白鼠放到他身边，小阿尔伯特试图伸手去摸小白鼠，此时小白鼠对小阿尔伯特来说属于中性刺激。当小阿尔伯特试图再次触摸小白鼠时，华生和助手在其身后用锤子敲击钢栏发出响亮刺耳的声音，吓了小阿尔伯特一跳，他大声地哭起来。随后，只要小阿尔伯特想去摸小白鼠，华生和助手就会敲击钢栏。这样的行为重复几次之后，小阿尔伯特只要一看见小白鼠，就会露出惊恐的表情，还会哭着躲避。此时小阿尔伯特将小白鼠和令人恐惧的巨响之间建立起联系，看到小白鼠就会条件反射地产生恐惧情绪反应。后期这种恐惧反应出现了泛化现象，只要带毛的动物或者玩偶出现，即便没有巨响，小阿尔伯特也会出现回避行为和恐惧反应。

根据这一实验结果，华生提出有机体的学习实质上是通过建立条件作用，使刺激与反应之间建立联结。在实际生活中，个体的许多态度、行为都是通过条件作用而习得的。例如，有的儿童不喜欢跟家长表达自己的消极情绪，当他们跟父母说起自己不喜欢某事物或某人时，父母没有理解他们的真实想法，反而会责怪他们，这种事情的频率高了，儿童渐渐地就不会跟父母表达自己的真实想法或情绪了。

（二）操作性条件作用理论

经典性条件反射关注无条件的生理和行为反应以及刺激－反应联结，但忽视了人的学习并非刻板的、非自动的或无意的。人的绝大多数学习行为是自发的、自愿产生的，并不是被动地受环境影响，而是会主动地对环境进行"操作"，桑代克和斯金纳的理论解释了人的主动性。

1. 桑代克的联结主义理论

20世纪初，"现代教育心理学之父"、美国教育心理学家桑代克从动物实验开始研究人的学习，其中最著名的实验是饿猫逃出迷笼实验。

桑代克将一只饥饿的猫放到一个迷笼里，将食物放到迷笼外面，猫可以看到的地方。迷笼中有一个踏板，猫如果踩到踏板就能打开迷笼，出门吃到食物。最初，猫在迷笼中盲目尝试，非常活跃，急于逃离迷笼获得食物。一个很偶然的机会，猫踩到踏板得以出笼门。如此反复实验后，猫在迷笼中的行为逐渐变得"目的明确"，发现踏板与笼门的关系，逃出迷笼的速度越来越快，犯错的次数也越来越少。

桑代克将饿猫逃出迷笼这一过程描述为尝试—错误—意外成功，提出了学习的尝试错误说，或叫试误说。所谓试误学习是当把个体置于问题情境时，个体不断尝试、犯错，进而获得正确反应联结的过程。据此桑代克提出了联结主义学习理论，即动物或人学习的实质在于形成刺激－反应联结，这种联结是通过反复尝试与犯错后自动形成的，不需要观念作为中介。桑代克提出的刺激－反应联结与经典性条件作用理论的不同之处在于，行为之后出现的刺激会影响未来的行为。

桑代克结合实验结果及其理论，提出了三大学习定律：准备律、练习律和效果律。准备律体现在联结建立之前，学习者要有所准备，例如兴趣或学习的欲望、动机，有助于联结的建立和强化；练习律体现在行为和新结果之间的联结由于重复的次数增多而变强；效果律体现在刺激－反应联结后，如果出现令人满意的结果，那么联结就会得到强化和重复，如果出现令人不愉快或讨厌的结果时，那么联结就会变弱或不被重复。

2. 斯金纳的操作性条件作用理论

桑代克的联结主义学习理论为操作性条件作用理论奠定了基础，美国新行为主义代表人物斯金纳的研究则系统地构建了操作性条件作用理论。

（1）应答性行为和操作性行为

斯金纳认同经典性条件反射，人的某些行为确实是由无条件刺激引发的，如摸到烫的杯子时，儿童会马上将手抽回，斯金纳将这类行为定义为应答性行为，即环境刺激引发的反射性行为。但经典性条件作用理论不能解释个体的自发行为，如学生自发的学习行为等，斯金纳将这类行为定义为操作性行为，即由机体自发的，而不是由已知刺激引发的行为。人们在日常生活中大部分的行为属于操作性行为，这些行为不取决于事先的刺激，而是被事后的结果强化。根据这两种不同的行为类型，斯金纳也区分了两种条件作用：应答性条件作用和操作性条件作用。前者对应经典性条件作用，强调刺激对引起行为反应的重要性；后者强调行为反应及其后果，也是斯金纳主要研究的操作性条件作用理论。

（2）操作性条件作用

斯金纳发明了一种学习装置叫斯金纳箱，用于在可控制的环境中对操作性行为进行深入研究。斯金纳箱的基本结构如下：箱壁的一边设有可供按压的杠杆，杠杆旁边有一个盛食物的小盒且紧靠着箱壁上的小孔，食物可以通过小孔释放到小盒里。箱内放进一只小白鼠，它可以自由活动，当小白鼠按压杠杆时，食物就会从小孔进入小盒中，小白鼠就能吃到食物。小白鼠最初没有发现按压杠杆和获得食物之间的关系，但若干次重复后，食物的奖赏结果强化了白鼠按压杠杆的行为。在这一实验中，小白鼠学会按压杠杆获取食物的反应，形成了操作性条件作用。

后续斯金纳利用斯金纳箱和白鼠及鸽子做了一系列实验，确立了行为学习的原理，并在之后的人类和动物作为被试的研究中得以证实。行为随着其后及时的结果而变化，积极的结果提高了个体做出某种行为的概率，反之消极的结果会降低该行为出现的概率。

（3）强化及分类

在斯金纳的操作性条件作用理论中，尤其强调强化的作用。所谓强化是指利用行为的结果增强行为。强化可以分为正强化和负强化。正强化是指在行为发生后呈现愉快刺激增加行为发生的概率。负强化是指在行为发生后消除厌恶刺激进而增加行为发生的概率。负强化经常被误解为惩罚。惩罚是指削弱或抑制行为发生的刺激或事件。同样，惩罚也有呈现性惩罚和撤除性惩罚之分。呈现性惩罚（也称Ⅰ型惩罚）是指在行为后呈现厌恶刺激，以减少行为再次发生的概率。撤除性惩罚（也称Ⅱ型惩罚）是指在行为后撤除一个满意刺激，以减少行为再次发生的概率。

（三）社会学习理论

20 世纪 40 年代以来，行为主义心理学家们发现儿童的一些社会性行为，如合作、竞争、互助、攻击等，并不能通过强化理论获得满意的解释，因为儿童总是有选择地进行模仿，有些儿童会表现出之前没有过的社会性行为等。20 世纪 70 年代，美国新行为主义代表人班杜拉提出了社会学习理论。社会学习理论认为，个体对学习过程起着重要作用，强调人类行为的发生是认知、环境和行为三者相互作用的结果，个体可以通过观察他人进行学习。

1. 观察学习

班杜拉认为，斯金纳的研究强调行为结果的影响但忽视了人类天生的模仿能力和替代性经验。模仿是对他人行为的效仿，替代性经验是指从他人的成败中进行学习。

班杜拉在 1965 年报告了波波玩偶实验的研究结果。班杜拉将儿童分为三组，组织他们观看了一部"榜样人物"对充气玩具波波玩偶拳打脚踢的影片，第一组看到的是"榜样人物"攻击玩偶后获得了奖励，第二组看到的是"榜样人物"攻击玩偶后受到了惩罚，第三组看到的是"榜样人物"攻击玩偶后既没有得到奖励也没有受到惩罚。然后带这些儿童到影片中的场景下，即让儿童独自面对充气玩具波波玩偶，第一组儿童对玩偶表现出最强的攻击性，第三组儿童对玩偶表现出一定的攻击性，而第二组儿童对玩偶表现出的攻击性最弱。根据波波玩偶实验，班杜拉提出，个体不仅知道如何模仿他人的行为，而且还能获知在特定情境下表现行为的后果。

班杜拉在对观察学习的进一步研究中，提出观察学习包括注意、保持、再现、动机四个过程。

（1）注意过程。这是观察学习的第一个阶段，个体需要注意榜样的行为。儿童会更加关注那些具有吸引力的、成功的、有趣的榜样及其行为，所以在课堂教学中，教师可以通过呈现清晰、有趣、新异的材料，用激励的方式引导学生尽心观察学习。

（2）保持过程。榜样行为获得了儿童关注后，为了更好地模仿，儿童需要记住榜样行为。保持过程本质上是个体进行心理演练的过程，即通过想象模仿榜样行为、通过复述或练习记忆行为的要素及程序。在教学过程中，教师可以通过设置一些作业或考试促进学生加强记忆和复习。

（3）再现过程。在该阶段中，儿童尽力使自己的行为与榜样的行为保持一致，这个过程又被称为动作复现过程。在教学中，教师应给学生充分的时间和空间进行模仿演练，反复的练习能够使动作更为流畅熟练。

（4）动机过程。这是观察学习的最后一个阶段。儿童模仿榜样的行为是因为他们认为模仿能增加被强化的机会。在教学中，教师要经常表扬学生恰当的模仿行为，进一步强化他们的良好行为。

强化在观察学习中非常重要，班杜拉认为有三种可以促进观察学习的强化形式。一是直接强化，当儿童模仿榜样的行为后，得到直接强化；二是替代强化，指儿童可能仅仅看到他人因某个特定行为受到强化，进而激发自己再现这种行为；三是自我强化，即儿童自己控制强化物。自我强化依赖社会传递的结果，社会向儿童传递某一标准，当儿童的行为表现符合甚至超过这个标准时，儿童会对自己的行为进行自我奖励。

2. 交互作用理论

班杜拉早期提出社会学习理论，强调观察学习在个体成长中的重要作用，但后期他发现单纯用行为主义的观点解释人类的学习太过局限，认为人类的学习应该放在社会情境中，并考虑诸如信念、自我觉知、期望等认知因素。

班杜拉描述了一个由个体、行为和环境之间相互作用的系统，三者相互影响、彼此联系，构建了三元交互决定论，如图 8-2 所示。在实际教学中，教师讲解知识，学生学习教师所教的内容（环境→个体），学生理解了教师的讲解，进而表现出积极的反馈，愿意在课后花更多的时间进行深入研究（个体→行为），在进行深入研究的过程中发现自己存在不懂的地方，积极与教师进行沟通并寻求解答（行为→环境）。交互决定论不仅能够构建良性循环，而且会形成恶性循环。如攻击性强的学生对其他人的行为作出消极评价，进而对他人产生攻击性行为，其后果是他人对该学生表现出消极负面的评价和对待，这一状态又强化了该学生的认知，使其表现出更大的攻击性。

【拓展阅读】
行为主义学
习理论整理
分析表

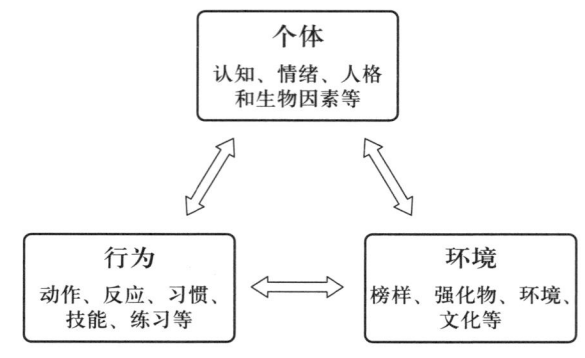

图 8-2　三元交互决定论

二、认知主义学习理论

行为主义重在强调学习是个体将刺激与反应之间建立联结的过程，学习结果体现为个体行为习惯的加强或改变。认知主义强调学习是个体积极主动的心智活动，是对外界环境刺激的内部加工过程，学习结果体现在个体自觉构建、丰富和重组内在认知表征（如知识系统）。

认知主义学习理论起源于德国的格式塔学派，该学派诞生于 1912 年，代表人物为韦特海默、考夫卡和苛勒。"格式塔"是德语"完形"的音译，该学派强调经验和行为的整体性，反对当时流行的构造主义元素学说和行为主义的刺激 – 反应理论，认为整体不等于部分之和，意识不等于感觉元素的集合，行为不等于反射弧的循环。

自 20 世纪五六十年代以来，研究者对人类复杂技能的研究、计算机行业的革命以及在对语言发展研究方面取得了巨大成就，认知主义学习理论逐渐兴起。

（一）信息加工学习理论

信息加工学习理论主要是受计算机科学的启发，用计算机类比人的认知过程，从信息接收、编码、存储和提取的流程进行分析和学习。诸多研究者为信息加工学习理论作出贡献，其中，阿特金森和谢夫林提出了记忆的信息加工模型，加涅整合了信息加工学习理论的相关模型，提出用于解释学习过程的信息加工学习理论。

记忆的信息加工模型（如图8-3所示）解释了环境信息（刺激）在感觉记忆、工作记忆（包括短时记忆）、长时记忆三个层次中是如何进行加工和存储的。环境中的信息（刺激）作用于人的各种感受器，如耳、眼、皮肤等，从而进入感觉登记过程。

感觉登记即为感觉记忆，它保留的时间很短，主要是信息（刺激）的具体形象，但几乎一瞬间就会流失。感受记忆中跟个体有关的信息因受到个体的注意，进行了知觉识别和加工，这样信息就会进入短时记忆之中。短时记忆是对新信息进行临时存储，其存储容量也有限。工作记忆的范畴比短时记忆要更大一些，是个体在执行认知任务的过程中对少量信息进行暂时加工和短时存储，是人类认知活动的核心，是学习、推理、问题解决和智力活动的重要成分。长时记忆是能持久地存储信息的记忆机制。按照存储的内容和形式不同，长时记忆可以分为情景记忆、语义记忆和程序记忆。

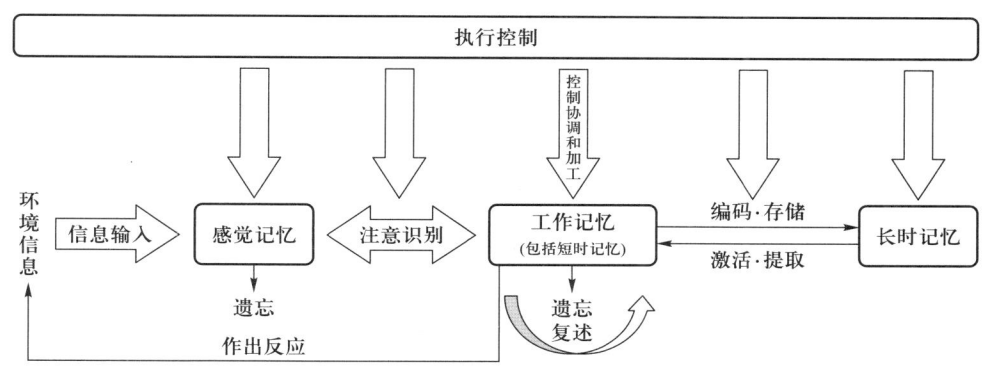

图 8-3　记忆的信息加工模型

信息加工理论的代表人物加涅认为，学习是个体的一套内部加工过程，在这个过程中，个体把环境中的刺激转化为能进入长时记忆状态的信息。这个转化过程需要按顺序完成以下八个阶段（如图8-4所示）。

（1）动机阶段。在学习之初，学习者需要调节自己的期望，一定的学习情境成为学习行为的诱因，能够激发学习动机，引发学生对达到学习目标的心理预期。

（2）领会阶段。在这个阶段，教学措施要引起学生的注意，并通过刺激引导学生的注意，使刺激情境的具体特点进入学生的认知加工过程。

（3）习得阶段。这个阶段起着编码的作用。学生对选择的信息进行加工，将短时记忆中的信息转化为长时记忆中的信息系统，以便保持得更为持久。

（4）保持阶段。学习的信息经过复述、强化之后，以一定的形式（表象或概念）在长时记忆中永久地保存下去。

（5）回忆阶段。这一阶段是信息检索和提取的过程，即通过一定的线索或程序寻找存储的知识，使其进入工作记忆。

（6）概括阶段。这一阶段是学习者把已经获得的知识和技能应用于新的情境中解决问题。

（7）操作阶段。在这一阶段，学习者将学习到的知识和技能进行应用，表现出学习的效果。

（8）反馈阶段。在这一阶段，学习者完成了新的学习任务或解决了问题，并意识到自己已达到预期目标，使学习动机进一步强化。

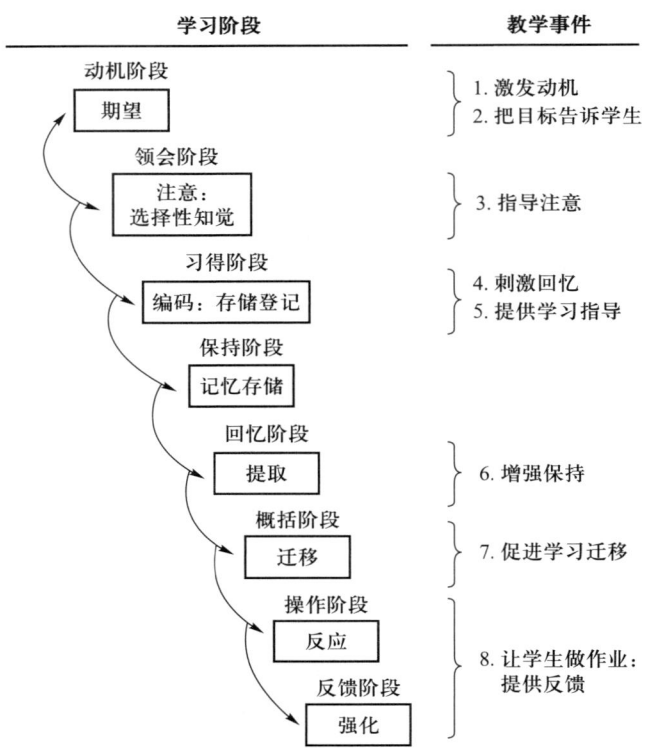

图 8-4 加涅的信息加工学习理论

加涅强调个体的学习过程一直受到外部条件的强烈影响。了解和研究学习过程的目的是为学习过程提供支持，使外部条件能在学习过程中始终与学习者的内部活动进行必要、恰当和正确的联系，从而让学习者获得满意的学习结果，并进一步增强学习动机。

（二）认知结构学习理论

认知学习理论的另一个研究取向为认知结构学习理论。认知结构学习理论与早期的格式塔理论有着更为密切的联系，该理论将人的认知看作一个整体的结构，学习就是认知结构形成和重组的过程。认知结构学习理论中比较有代表性的是布鲁纳的认知结构学习理论和奥苏贝尔的有意义学习理论。

1. 布鲁纳的认知结构学习理论

美国教育心理学家布鲁纳认为学习的本质是形成或重组认知结构，所谓认知结构是个体关于现实世界的内在编码系统。个体的学习就是将知识加以归类，形成对外界事物的感知、概括的一般方式或经验组成的认知结构，这包括三个几乎同时发生的过程，即新知识的获得、转化和评价。新知识的获得是个体运用已有的认知经验将新输入的信息与原有的认知结构（知识体系）建立联系。新知识的转化是将新知识进行分析和概括，使新知识与原有的认知结构进行重组，进而更新原有的认知结构。新知识的评价是对知识转化的过程和结果进行评价，经过对新知识的评价，个体可以了解如何处理新知识，以及在具体的情境中如何应用新知识。

在布鲁纳看来，学习任何一门学科的最终目的是让学生构建良好的认知结构系统，教学的过程就是让学生理解学科的基本结构。学生构建良好的认知结构，即个体智力发展的重要因素是对知识作出表征的能力。布鲁纳认为有三种知识表征系统，即动作、图像和符号。动作表征主要是 3 岁以下的幼儿常用的表征，幼儿靠动作认知周围世界，如爬、走、玩玩具等。图像表征，也叫映像表征，是儿童脱离具体事物进行心理运算，是认知从具体到抽象的阶段。符号表征是儿童能够运用符号解释、再现他们的世界，进入抽象认知阶段，最重要的符号系统就是语言。三种表征系统是按照顺序发展的，首先出现的是动作系统，其次是图像系统，最后是符号系统，个体到青春期时，基本掌握了三种表征系统。

布鲁纳认为学习的最佳方式是发现学习，他把发现学习定义为"凭借自己的头脑获得知识的所有形式"。比起学习的结果，布鲁纳更看重学习的过程。学生亲自发现的知识才真正属于他们自己。发现学习的关键因素是学生的内在学习动机。发现学习最能激发学生的好奇心，好奇心是学生内部学习动机的初级形式，其他外部学习动机均需要转化为内部学习动机才能够起到促进学生学习的作用。

2. 奥苏贝尔的有意义学习理论

奥苏贝尔提出了有意义学习理论，阐述了新的知识是如何被同化到人们的已有认知结构之中。在学习的分类里，本书已经介绍了奥苏贝尔提出的根据学习的方式将学习分为接受学习和发现学习，根据学习材料与学习者已有知识结构的关系将学习分为机械学习和有意义学习。奥苏贝尔认为，最佳的学习方式是有意义的接受学习。

有意义学习理论的实质是将符号所代表的新知识与学习者认知结构中已有的适当观念建立起非人为的、实质性的联系。所谓非人为的联系，即新知识与已有认知结构中的相关观念有某种合乎逻辑的合理联系。所谓实质性的联系，即新符号和这些符号代表的新观念与学习者已有认知结构中的表象、符号、概念或命题之间具有内在联系。

与布鲁纳发现学习的观点不同，奥苏贝尔认为学习应该主要通过接受的方式而不是通过发现的方式发生的。学生的学习主要是接受系统知识，在短时间内获得大量系统的知识，并进行巩固和练习。

奥苏贝尔提出"先行组织者"的教学策略，加强学习者在新旧知识间建立实质性的联系。所谓"先行组织者"或者"先行组织者技术"，是先于学习任务本身呈现的一种引导性材料，它的抽象、概括和综合水平高于学习任务，并且与学习者认知结构中已有的观念和新的学习任务相关联。

（三）建构主义学习理论

建构主义学习理论强调认知是一种包含社会性加工、环境与自我反思交互作用的协同活动，强调意义建构和社会文化互动在学习中的作用，揭示了在学习过程中学习者积极主动地基于已有知识的自我调节过程。

1. 建构主义学习理论的基本观点

建构主义学习理论并不是"一个"理论，许多研究者的理论都属于建构主

【拓展阅读】
建构主义的
寓言故事

义学习理论，虽然在理论细节上存在差异，但对知识的理解、对学习过程和学生的认知有基本的前提，即建构主义学习理论的基本观点，分别是知识观、学习观和学生观。

（1）知识观。建构主义学习理论虽然有不同的倾向，但它们都以不同的方式，在一定程度上对知识的客观性、可靠性和确定性提出了质疑。建构主义者认为，知识并不是对现实的准确表征，它只是现阶段的一种解释、一种假设，并不是问题的最终答案。对事物的认知会随着科学的发展和人们研究的深入而不断被替换掉，知识的具体内容具有动态性。

（2）学习观。建构主义者认为，学生的学习不是由教师把知识传递给学生，而是学生在一定的情境即社会文化背景下，借助他人（教师和同伴）的帮助，利用必要的学习资料，通过意义建构的方式获得知识。学习具有主动建构性、社会互动性和情境性。首先，学习是学习者主动建构内部心理表征的过程。学习者不是被动地吸收知识，而是以自身已有的知识经验为基础，通过新旧知识经验间反复、双向的相互作用，调整自己已有的知识经验结构，形成或构建新的知识经验的过程。其次，学习具有社会互动性。建构主义者强调，学习是在某种社会文化的参与和渗透下，个体内化相关知识和技能、掌握有关工具的过程。最后，学习具有情境性。在传统的教学中，学生脱离具体物理情境和社会实践情境进行学习，导致学习的知识不容易在实际情境中自然地迁移进而影响解决现实问题。建构主义者提出，学习应该具有情境性，知识和技能的学习不能脱离具体情境抽象存在，人的学习应该与具体的社会实践活动联系在一起，构建起能够灵活迁移应用的知识经验。

（3）学生观。建构主义者提出学生不是大脑空白地进入教室的，强调学生经验世界的丰富性和差异性。学生在成长和以往的学习过程中，已经积累了丰富的经验，对同样的事物有不同的认知和理解，面对新的学习任务时，难免会结合已有的知识经验，依靠自己的推理和判断认知新的事物。教学应该以学生现有的知识经验作为新知识的生长点，引导学生从已有的知识经验中"生长"出新的知识经验。

2. 建构主义取向的教与学

建构主义学习理论有广泛的应用，许多教学一线的教育者在不断地探究如何更好地将建构主义的相关理论应用在实际的教育教学中。

（1）核心思想：以学习者为中心的教学活动与体验。建构主义学习理论以学习者为中心，教师开展教学活动的出发点是帮助学生在学习情境中形成对知识的理解，形成学习的态度与兴趣，注重在教学过程中发挥学生的能动性。学习者是知识信息加工的主体、知识意义的主动建构者，能够根据自身已有的知识经验对新知识进行重构。教师不是知识的灌输者，而应该是学习者构建知识的指导者、帮助者。教学方法和教学环境也发生了变化，由在传统的课堂环境中系统、有效地讲授转变为创设问题情境，以解决实际问题为导向组织学习者探究、协商，从而促进学习者主动构建知识的意义。

（2）教学设计：在实际情境中基于问题的探究学习。教学设计不是让学习者掌握系统的知识和解题的基本技能，而是通过创设有利于学习者对所学内容进行意义建构的社会化的、真实的情境，引导学习者基于实际问题进行探究学习。杜威曾描述过探究学习的基本流程：形成解释事件和解决问题的假设→收集数据检验假设→得出结论→反思最初的问题和解决问题的思维过程。探究学习是学习者能够同时学习具体的内容和探究过程，即如何解决具体问题、评价解决方案以及分辨性思维等。

（3）学习形式：小组合作学习。小组合作学习是建构主义教学中重要的学习方式。研究发现，小组合作学习对各个年龄段学生的共情、归属感、友谊、自信、高水平推理、问题解决、对他人观点的意识、对差异性的宽容等都有积极的影响。戴维和约翰逊作为合作学习的两位发起人，对正式的合作学习进行了界定，即"学生在一节课或几周的时段内一起学习，以达到共同的学习目标、共同完成某项任务"。他们还罗列了合作学习小组的五个要素：面对面的交流、积极的相互依赖、个人责任明确、合作技能、小组活动过程。

（4）教学方法：支架式教学与认知学徒制。"支架"源于建筑行业使用的"脚手架"一词。在建构主义学习理论中，"支架"是指教师与学习者在教师的已有知识经验之间建立有意义的联结，以帮助学生学得更多。支架在教学中的三个基本特征分别是：适当支持、渐隐和转移责任。也就是通过支架（教师的帮助）逐渐把管理学习的任务由教师转交给学习者自己，随着学习者的知识和技能在逐渐增加，教师逐步撤掉支架，让学习者自己探索，引导学习者在学习过程中逐渐承担越来越多的责任。

认知学徒制是指一个经验不足的新手在专家的引导下获得知识和技能的过程。学习者在学校所学的技能与他们在校外所需要的技能有时是相互割裂的，为了改变这种不平衡的状态，许多教育者建议学校实行认知学徒制。认知学徒制有多种模式，但大多具有以下六个基本特征：① 学习者观察专家（教师）示范操作；② 学习者通过教师的训练或辅导（如提示、反馈、示范或提醒）获取外部支持；③ 学习者接受概念性支架，随着他们学习知识越来越娴熟、精通，逐渐撤掉支架；④ 学习者不断清晰地阐述其所获得的知识，进而可以用文字表达其对学习过程的理解和所学到的内容；⑤ 学习者进行自我反思，比较他们在问题解决过程中的操作与专家的操作及自己之前的操作间的差异；⑥ 学习者运用所学的知识和技能面对新的问题（教师尚未示范过），探索解决问题的新方式。

三、人本主义学习理论

人本主义心理学是 20 世纪五六十年代兴起于美国的一种心理学思潮，在 20 世纪六七十年代得到迅速发展，被称为心理学的第三势力。人本主义思潮反对行为主义的环境论，批判精神分析主义的生物决定论，认为心理学应该研究人的本性和潜能、尊严和价值，强调人性本善和个人具有自我实现的需要。人本主义学习理论强调学习者在学习内容和学习方法上要具有主动性，关注个体本身及其需求。人本主义学习理论的主要代表人物是马斯洛和罗杰斯。

1. 马斯洛的学习理论

美国心理学家马斯洛是人本主义的代表人物之一，他以性善论、潜能论和动机论为理论基础创建了系统的自我实现心理学。马斯洛提出了在现代行为科学中占有十分重要地位的需要层次理论。他最初将人类的基本需要和成长需要归纳为五个层次，之后对成长需要进行了调整，拓展为八个层次（如图 8-5 所示）。

处于需要层次底部的四种需要是个体的基本需要，也被称为缺失需要，是个体生存不可或缺的、必须得到满足的需要，自低到高包括四个层次：生理需要，包括食物、水、住所、衣物等，是个体生存最紧要、最底层的需求；安全需要，是指个体的生理需要得到满足后，就会追求安全感和稳定感，希望受到保护、有秩序、免除恐惧和焦虑；归属和爱的需要，是指个体找到自己的定位，要求与他人建立感情的联系或关系，如家庭、伙伴、朋友、爱人等；尊重的需要包括两类，一是来源于他人的尊重，包括地位、公众认可和赞誉等，甚至是名声和某些实质的控制权，二是自尊和自我感受，包括能力感、自信、独立和自主等。

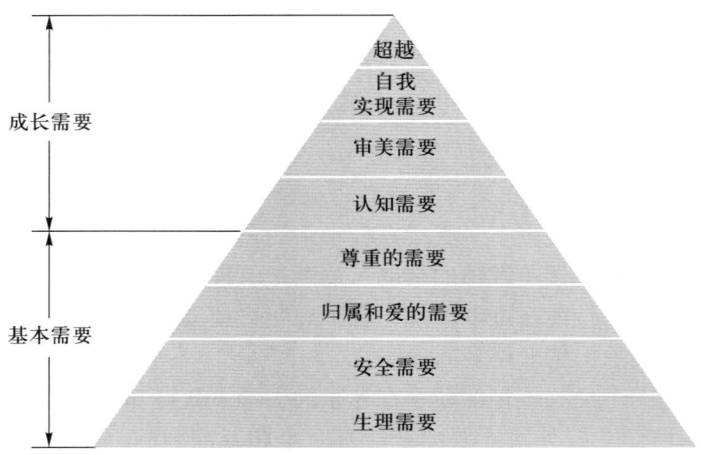

图 8-5　马斯洛的需要层次理论

　　处于需要层次上部的四种需要是个体的成长需要或高水平需要，也被称为存在性需要，是激发个体潜能以达到自我实现的需要，自低到高同样包括四个层次：认知需要，是指个体对知识和理解、好奇、探索的需求；审美需要，是指个体欣赏和寻找美感的需要；自我实现需要，是指个体追求实现自己的能力或者潜能，实现自身价值的需要；超越需要，是指个体自动地超越自我，帮助他人找到自我实现的方法并充分发挥他们的潜能。

　　根据马斯洛的需要层次理论，个体基本的需要得到满足后，他们就能应对一些挫折，不会轻易被打倒，并愿意接受挑战，进而产生健康的自尊，这种自尊不仅基于他人的赞赏，还基于现实的自我评价、个人成功的意识以及自我实现和成长的内在动机。需要层次理论提醒教师在考虑学生的学业发展之前，要先考虑他们的基本需要，如安全、住所、食物、爱和尊重是否得到满足。

　　在教育教学和学习理论方面，马斯洛关注教育的目标，以及家庭、学校教育如何实现预定的教育目标。马斯洛的性善论提出，人具有与生俱来的内在潜能，即积极向善的潜能。而教育的目标是关注个体的成长，不仅要认识到个体的当下，看到其表面和现状，而且要看到其未来能够成为什么样的人，发掘个体的潜能和内在价值。马斯洛认为，个体的自我实现是教育的终极目标，即教育应该追求让个体的潜能得以开发、人格发展完善，具有较高的独立性和创造性，最终成长为世界公民。

　　2. 罗杰斯的学习理论

　　人本主义心理学的另一个关键代表是罗杰斯，他是心理咨询家和教育改革家。罗杰斯关于教育的论述主要来源于他在心理咨询领域提出的来访者中心疗法，他据此创立了"以学生为中心"的教育和教学理论。

　　罗杰斯认为，人类自身具有解决问题和治愈自己的能力，心理治疗师的作用是帮助来访者发现并释放这些能力。在教育教学中，教师的角色就是帮助学生发现、探索其自身内在的学习兴趣和积极性，加强对自身的认识和理解。学习的过程应该是积极愉快的，教育的目标应该是促进学生发展。教师的主要任务是帮助学生增强对变化的环境和对自我的理解，使学生能够适应变化，活在当下，对世界持有开放包容的心态，敢于涉猎未知的、不确定的领域，知道如何学习，最终将学生塑造成为自由的、功能完善的人。

第三节　儿童学习动机

动机是学习的关键因素之一，教育研究者大多认可激发学生的内部学习动机是教师的关键任务之一，积极的学习动机对学生的学习具有重要的推动作用。那么，什么是学习动机？怎样激发学生的学习动机，并促进其持续不断地学习？

一、学习动机概述

在研究学习动机之前，我们要先明确动机的内涵和基本功能。动机是指激发、引导、维持某种行为的内部心理状态。动机具有三个基本功能，即激发、指向和维持。动机的"激发"会让个体开始某个行为；动机的"指向"决定了个体会做什么，指向明确的目标，使个体朝着预定的方向前进；动机的"维持"则是确保随着时间的推移，这项活动能够继续。动机就像汽车的发动机和方向盘，为个体活动提供动力，同时也调节着方向。

（一）学习动机的含义及基本结构

学习动机是指引发与维持个体的学习行为，并使之指向一定学业目标的一种动力倾向。学生的学习动机表现为推力、拉力和压力三种动力因素之间的相互作用。推力与学生的学习自觉性和兴趣有关，学生追求学业成就本身，发自内心的学习愿望，对事物有强烈的兴趣和好奇心，表现为对学习行为的推动；拉力与学生学习的外在诱因有关，儿童十分看重教师和家长的鼓励和表扬，包括物质性奖励和精神性奖励，这对其学习行为有拉力作用；压力与客观环境对儿童的要求有关，如升学的压力、考试的压力和竞赛的压力等，对学习行为有强制作用。在实际学习中，拉力和压力作为外在因素，需要转化为推力，成为内在因素而起作用。

学习动机的基本结构包括内在和外在两个方面，由学习需要与内驱力、学习期待与诱因构成。学习需要是学习动机的基本构成要素之一，指个体在学习活动中感到有某种欠缺而力求获得满足的心理，是激发个体进行学习活动的内驱力。学习需要的主观体验形式是学习愿望或学习意向，是社会、学校和家庭对学生的客观要求在学生头脑中的主观反映。学习期待是个体对学习活动所要达到的目标的主观估计。诱因是能够激起个体的定向行为，并能满足个体某种需要的外部条件或刺激。让个体产生积极的行为，实现或向着某一目标前进的刺激物称为积极诱因，如奖品、奖状等；反之，让个体产生消极的行为，离开或回避某一目标的刺激物称为消极诱因，如教师的责备等。

学生的学习行为往往取决于学习需要与内驱力及学习期待与诱因的相互作用。学习需要与内驱力是学习动机的主导成分，学习期待是形成学习动机的必要条件。学习需要是个体从事学习活动的根本动力，在学习动机中占主导地位，而学习期待和诱因则指向学习需要的满足，为学习活动提供学习目标，即学习期待和诱因使学习活动指向确定的方向，从而形成完整的学习启动机制。

（二）学习动机的种类

从不同的角度可以对学习动机进行多种分类，主要有以下两种：

1. 内部动机与外部动机

根据学习动机的来源，可将学习动机分为内部动机与外部动机。内部动机是指由个体的内在需要引起的动机，如个体的好奇心、学习兴趣等，促使个体积极主动地学习。布鲁纳认为个体基本的内在动机有：好奇内驱力，即个体的求知欲；胜任内驱力，即个体成功的欲望；互惠内驱力，即人与人之间和睦共处的需要。外部动机是指个体由外部条件（诱因）所引起的动机，如奖励、荣誉称号等，即引起学习活动的动机不是学习活动本身，而是其他因素。一般情况下，外部动机的作用时间短、强度低，而内部动机的作用时间长、强度高。

外部动机与内部动机是相互交替、相互转化的。学习动机作为推动人从事学习活动的内部动力，外界的要求、外在的力量均需要转化为个体内在的需要，才能成为学习的推动力。就像我们说的"外因通过内因起作用"一样，外部动机转化为内部动机才能对个体的学习活动产生影响。

2. 认知内驱力、自我提高内驱力和附属内驱力

奥苏贝尔将学校情境中的成就动机分为认知内驱力、自我提高内驱力和附属内驱力。认知内驱力是个体要求获得知识、技能以及发现问题、解决问题的需要，是一种直接指向学习任务本身的动机，一般表现为好奇心、求知欲、探索的行为等。在有意义学习中，认知内驱力是最重要且稳定的动机，属于内部动机。自我提高内驱力是指个体因自己能胜任某项工作或取得学业上的成就而赢得相应地位的需要。自我提高内驱力在小学生入学后显得更重要，成为学业成就动机的主要组成部分。自我提高内驱力并非直接指向学习任务本身，而是把成就看作赢得地位与尊重的根源，属于外部动机。附属内驱力是指个体为了获得或保持长辈（家长、教师等）的赞许或认可而表现出来的努力学习的需要，属于外部动机。具有附属内驱力的个体会因为家长、教师等的认可和表扬而努力学习，争取更好的成绩；反之，如果他们的努力得不到家长或教师等的认可和表扬，他们就可能会丧失学习信心，降低学习积极性。

奥苏贝尔提出，成就动机中的三个组成部分——认知内驱力、自我提高内驱力和附属内驱力，在动机结构中所占的比重会随着年龄、性别、个性、社会阶层中的地位等因素的变化而变化。在童年期，附属内驱力所占的比重比较大，儿童努力学习在很大程度上是为了获得家长、教师的表扬和认可。到了少年期和青年期，附属内驱力不仅在强度上有所减弱，而且从对家长、教师的依附转向同龄伙伴，认知内驱力和自我提高内驱力逐渐占据重要地位，学习的目的转变为满足自身求知的需要和获得相应地位与威望的需要。

（三）学习动机的特点

中小学生的学习动机有其自身的特点，可概括为如下三个方面：

1. 学习动机具有发展性

相对之后的发展阶段，小学生的学习动机比较简单，从功能角度方面来讲，学习动机的激活功能和指向功能比较明显。在动机来源中，更多的是外部动机在起作用。在成就动机中，附属内驱力占的比重较大。随着个体年龄的增长、阅历的增加，学习动机的功能、类型

逐渐丰富，学习动机的构成要素逐渐复杂，对中学生来说，可能一种或多种学习动机占主导地位，其他学习动机共同发挥作用。

2. 学习动机具有可塑性

中小学生的学习动机在学习需要的基础上，在期待和外部诱因的刺激下逐步形成发展，具有相当大的可塑性。在社会、家庭环境和教育的影响下，在家长、教师和同伴的共同作用下，结合其自身的个性、能力、经验、情境等因素，中小学生学习动机的结构、功能和性质会逐渐发展，具有较大的培养和塑造空间。

3. 学习动机具有社会性

个体的动机是对现实社会的反映，中小学生的学习动机也同样具有社会性。个体的生活经验、对学习的态度、理想信念以及人生观、世界观和价值观均能够在其学习动机和学习行为上得以体现，激发中小学生学习动机的要素难以脱离社会、文化和历史独立存在。

（四）学习动机与学习效果的关系

学习动机与学习效果之间存在直接联系吗？个体的学习动机强，学习效果就一定好吗？答案是学习动机并不能直接影响个体的学习效果。学习效果的好坏受到多种主观因素与客观因素的影响，如学生的个性特征、智力水平、能力素质、健康状况、学习基础、学习行为、学习态度、学习方法、学习习惯等。但学习动机是取得良好学习效果的直接推动力，对学习效果有积极影响。

学习动机与学习效果之间的中介变量是学习行为。其内在逻辑关系是如果个体的学习动机强，学习积极性高，学习行为良好，那么学习效果就好。学习动机是影响学习行为、提高学习效果的重要因素，但不是决定学习效果的唯一条件。因此，引导学生提高学习效果，不仅要重视学习动机的激发，也要重视对其学习行为的塑造和学习习惯的培养。

二、学习动机理论

关于动机的理论，最早的解释侧重本能论或者先天的活动模式，精神分析的创始人弗洛伊德认为人的一切行为都由一个或多个内在生物本能引发，但本能论抹杀了人类意识的存在，否定了人类行为的自觉能动性。后续的行为主义者、认知主义者和人本主义者均从不同的角度对动机进行了解释和研究。

（一）强化理论

根据行为主义对学习的观点，强化能够增加令人满意的行为。强化不仅能解释操作性行为的发生，而且也能解释动机的产生。外部提供的强化物实际上就是诱因，因此某种程度上强化论又被称为诱因论。斯金纳的强化理论比较系统地论述了强化的作用。如果个体的学习得到了强化（如教师表扬、家长奖励），那么其学习动机就会增强；如果个体的学习没有得到强化（如分数提高），那么其学习动机就减弱；如果个体的学习得到了惩罚（如遭到同学的嘲笑），那么其就会产生避免学习的动机。

动机的强化理论强调外部动机对个体学习效果的作用，研究者发现在中小学生行为很难管理的情况下，准确、谨慎地使用外部强化会对中小学生的学习动机有积极作用。但有时候对学生施加强化并不能提高其学习效果，教育者不能想当然地、机械地使用强化的方式来激发学生的学习动机。例如教师说"谁如果上课做小动作，就会被扣分"，这对不关心分数的学生来说并没有起到相应的作用。强化理论过分强调引起学习动机的外部力量，忽视了个体行为的自觉性和主动性。

（二）需要层次理论

人本主义的代表人物马斯洛提出的需要层次理论也可以用来解释学习动机。马斯洛认为人的学习动机来源于需要，所以人的学习不是外加的，而是自发的，个体本身就具有自发的成长潜力。根据马斯洛的需要层次理论，中小学生缺乏学习动机可能是由于其基本需要或缺失需要没有得到充分满足，如父母离异导致儿童归属和爱的需要得不到满足，因此教师不仅要关心学生的学习，而且要关心他们的生活，以排除影响学习的干扰因素。

在马斯洛看来，每个人都有"自我实现"的需要，这就是个体行为动机的内在源泉。所谓激发学生的学习动机，就是要创设以学生为中心的环境，营造有利于学生成长的学习气氛，发掘其自身的内在动机，满足其对归属感、胜任感、自尊、自主和自我实现的需要。

（三）成就动机理论

成就动机是促进个体学习和发展比较重要的动机。20世纪30年代，心理学家默里最早对成就动机进行了研究。20世纪四五十年代，阿特金森和麦克里兰提出了成就动机理论。所谓成就动机是在个体具有成就需要的基础上产生，是能够驱使个体追求成功的内在驱动力。成就动机会激励个体乐于从事自己认为重要的或有价值的工作，并力求取得成功。

个体的成就动机可以分为两个类型：力求成功的动机和避免失败的动机。力求成功的动机是个体追求成功和成功带来的积极情感的倾向性。力求成功的个体展现出对成就的高需求，并且相信自己会成功，通过解决中等难度的任务获取成功的体验。他们喜欢尝试有挑战性的任务，通过不断的成功增强自身进一步学习和探索的动力。避免失败的动机是个体避免失败和由失败带来的消极情感的倾向性。避免失败的个体会因为害怕失败和预期任务失败而回避相关任务，他们往往会完成一些简单的任务，或者选择难度特别大的任务，这样即使失败了也不是他们的过错。

在教育实践中，教师要认识到中小学生学习动机的个体差异性。对力求成功的学生，教师应通过给予他们新颖且有一定难度的任务，安排有竞争性的情境，严格评判标准等方式激发他们的学习动机。反之，对避免失败的学生，教师要理解他们的心理，安排无竞争或竞争不强的情境，评判标准适当放松些，在其取得成功时要及时表扬，避免在公众场合下指责其错误。

（四）成败归因理论

美国心理学家韦纳提出了成败归因理论，从认知取向的角度解释学习动机。成败归因理论关注的是个体对成功和失败的解释方式影响着其后续的动机和行为。韦纳认为，个体大多将自己成功或失败的原因从三个维度进行归纳：控制点，即学习者从个体内部（个人的能力或努力程度等）或者外部情境（任务难度或教室环境等）查找成功或失败的原因；稳定性，即学习者成功或失败的原因可能是稳定的（个人的能力）或不稳定的（考试时的心情）；可控性，即学习者是否能够控制成功或失败的原因。韦纳发现，个体在对自身的成败进行归因时，往往归结为六个责任因素：能力高低、努力程度、任务难度、运气好坏、身心状态和外界环境。将以上三个维度和六个责任因素组合起来，就组成了如表 8-1 所示的成败归因模式。

表 8-1　韦纳的成败归因模式

责任归因	控制点		稳定性		可控性	
	内在	外在	稳定	不稳定	可控	不可控
能力高低	+		+			+
努力程度	+			+	+	
任务难度		+	+			+
运气好坏		+		+		+
身心状态	+			+		+
外界环境		+		+		+

　　成败归因理论的核心假设是：人们都试图维持积极的自我形象。当学生获得成功的时候，他们往往倾向于将成功归因为自己的努力或能力这样的内部因素；而当学生遭遇失败的时候，他们会倾向于将失败归因为考试太难、运气不好等不可控的因素以及外部因素，以避免自尊受到伤害。不同的归因对学生的学习动机具有不同的影响。当学生将成功或失败的原因归结为不稳定的外部因素，如运气不好时，随后他们将不会有积极的学习行为，这不利于学习动机的提高。当学生将成功或失败的原因归结为相对稳定的内部因素时，可能会对其随后的学习行为有一定的影响。在内部因素中，重点考察能力高低和努力程度两个方面。例如，当学生将失败归因为自己缺乏能力，并把能力看作不可控因素时，其之后的学习动机和学习行为表现并不会向积极的方面发展，反而会表现出学习行为衰退的迹象；但当学生将失败归因为自身的努力程度不够时，其之后会为了提高成绩而表现出积极努力的学习状态。由此，引导中小学生将成败的原因归结为可控因素中的努力程度会对其学习动机及之后的学习行为有积极的意义。

（五）自我效能感理论

　　自我效能感理论是社会学习理论的创始人班杜拉于 1977 年提出的，该理论在 20 世纪 80 年代得到了进一步的丰富和发展。班杜拉指出，人们对于自身行为可能出现的结果做出的预测会对学习产生关键作用，因为这种预测会影响人们的目标设置、努力付出、坚持不懈、策略使用和学习韧性。由此班杜拉提出了自我效能感，用以解释人类行为的启动和改变。所谓自我效能感是个体对自己是否有能力解决一项特定任务的感知和判断。

　　班杜拉梳理了自我效能感可能的四个来源：成功经验、生理和情绪唤醒状态、替代性经验、言语说服。成功经验是个体自身的直接经验，是自我效能感最有力的来源。在某个任务中，学生在过去的类似情境中有过获得成功的经验，就会提高其自我效能感。生理和情绪唤醒状态是个体感到警觉、兴奋或紧张的生理和心理反应。当学生面对一项任务时，一定的兴奋状态会提高其效能感，但过度的紧张、焦虑状态则会降低其效能感。替代性经验是指作为榜样的其他人成功完成的行为，会对学生的自我效能感产生影响。当学生对榜样的认同感越高，榜样对其效能感的影响就越大。也就是说，当学生视为榜样的人在任务上获得成功或实现了预定目标时，其效能感也会随之提升。言语说服是以鼓舞人心的激励性言辞，或对特定行为表现的反馈。仅有言语说服无法持久地提高个体的自我效能感，但鼓励性的言辞能够推动学生付出努力，进行尝试或竭尽全力以取得成功。言语说服是否有效，取决于劝说者的可靠性、学生对其的信任程度以及其是否具有专业水平。

三、儿童学习动机的激发

学习动机的激发，是指在一定的教学情境下，利用一定的诱因，使已经形成的学习需要由潜伏状态变为活动状态，从而提高个体的学习积极性。

（一）创设问题情境，实施启发式教学

比起教师的单向灌输、学生被动接受的传统教学方式，启发式教学更能够调动学生的学习积极性。启发式教学是根据教学目标、教学内容、学生的知识水平，运用多种教学手段，采用启发、诱导的方法传授知识、培养能力，使学生积极主动地学习。实施启发式教学的关键在于问题情境的创设。问题情境是指具有一定难度，需要学生努力克服而又力所能及的学习情境。简言之，问题情境就是一种适度的疑难情境。研究发现，当学生相信通过自己的行为能成功地完成有挑战的任务时，他们会具有更强的学习动机。成就动机理论提出，中等挑战水平的学习活动或任务最能激发学生的学习动机。

创设合理的问题情境，教师不仅要熟悉教学内容，了解新旧知识间的内在联系，而且要充分了解学生已有的认知结构状态，即学习任务与学生已有知识经验之间的匹配程度。在实施启发式教学的时候，还需要注意设置合适的问题，避免过难或过易。新的学习内容与学生的已有知识经验构成适当的跨度，在其认知的最近发展区范围内，儿童通过自身的努力能够完成相应的学习任务。

（二）根据任务难度，恰当控制动机水平

美国心理学家耶克斯和多德森认为，在解决问题的过程中，如果动机的强度太弱，兴奋性过低，达不到相应的生理唤醒水平，个体的生理和心理潜能就很难发挥，解决问题的效率就会降低。而过分强烈的动机往往会让人处于一种紧张的情绪状态之中，注意力和知觉范围会变得狭窄，从而降低解决问题的效率。因此，学习动机存在一个最佳水平，在一定范围内学习效率随着学习动机强度的增大而提高，直至达到学习动机的最佳水平，之后则会随着学习动机强度的进一步增加而下降。一般来说，中等程度的动机水平最有利于学习效果的提高。同时，耶克斯和多德森还提出，学习动机的最佳水平并不是固定的，与学习者的个性、任务难度等因素有关，动机强度的最佳水平也会随着学习活动的难易程度而有所变化。从事比较容易的学习活动，动机强度的最佳水平点就会高一些，而从事比较困难的学习活动，动机强度的最佳水平就会低一些。这就是耶克斯－多德森定律，如图8-6所示。

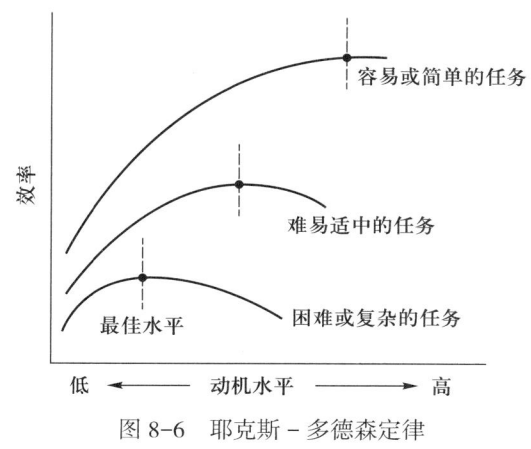

图 8-6　耶克斯－多德森定律

（三）正确指导结果归因，促使儿童继续努力

韦纳的成败归因理论表明不同的归因方式会对中小学生后续的学习行为产生巨大的影响。归因的控制源维度与个体的自尊有关，把成功归因于内部因素会使个体产生自豪感，强化学习动机，反之，将失败归因于内部因素则会降低自尊，弱化学习动机；稳定性维度与对未来的期待有关，将成败归因于稳定的因素会预期同样的结果；可控性维度则与个体的体验有关，将成功归因于可控因素能够使个体产生满意的积极情绪，但若将成功归因于不可控因素往往使个体产生侥幸心理。在韦纳提出的六项常见归因中，能力高低和努力程度是两个最为主要的因素，将成功归因于能力高低和努力程度，有助于增强学生的自我效能感，进而有利于其之后的学习和归因。

由于不同的归因方式会影响学生今后的学习动机和学习行为，因此教师应积极指导中小学生进行成败归因，这样既可以引导学生找出自身成功或失败的真正原因，教师也可以根据学生过去的成绩，从有利于其今后学习的角度进行归因。从理想角度来看，教师应鼓励学生将成败归因为内部的、不稳定的、可控制的因素。如果学生将原因归为内部的，那么他们就会对自己所得到的结果负责，由于原因是不稳定但可控的，如果作出了正确的选择并付出了必要的努力，那么学生就会期望在将来获得更好的结果。总之，无论面对成功还是失败的结果，学生归因为努力程度的因素最有利于其今后学习效果的提高。

（四）充分利用反馈信息，适度进行奖惩

关注中小学生学习动机的激发，不仅要考虑内部因素，而且要考虑外部因素的作用。外部动机的强弱与诱因关系密切，教师提供关于学习结果的反馈非常重要。教师的反馈可以让学生及时了解自己的学习结果，看到自己的进步，感受成功的喜悦，进一步加强学习动机；教师的反馈也可以让学生及时发现自己的缺点和不足，调节学习行为，改进学习策略，增强学习动机。教师利用学习结果进行反馈要掌握以下三个原则：一是反馈要明确、具体。明确、具体的反馈能让学生对自己的学习结果有更加准确的了解。二是反馈要及时。及时的反馈能够起到强化作用，如果反馈时间的间隔过长，学生就难以将二者联系起来。三是反馈要经常进行。已有研究表明，反馈能提高学生学习动机的水平，反馈的信息精细化程度越高，对学生自我效能感的促进作用越明显。

　　奖励与惩罚是对中小学生学习态度、行为和结果肯定或否定的强化方式，能够提高学生的认知水平，激发其上进心、自尊心。正确运用奖励与惩罚是激发学生学习动机的重要手段之一。一般情况下，奖励和表扬比惩罚和批评更能有效激发儿童的学习动机，但使用过多或不当则会产生消极作用。奖励与惩罚的质量比形式和数量更为重要，成功地使用奖励或惩罚的关键在于时间和方式。教师在对学生的学习行为和结果进行奖励与惩罚时，一是要及时，二是要明确具体的态度或行为，三是要考虑儿童的个体差异。例如，对自信心差的学生，教师要适当增加奖励和表扬的频率，对过度自信的学生反而要提出更加严格的要求。学习困难的学生一般会对表扬很敏感，教师应及时发现其做得好的地方并加强奖励，反之，学习成绩优异的学生对批评相对敏感，对其不足要进行适度惩罚。

第四节　儿童学习策略

　　"授之以鱼不如授之以渔"，教师在教学过程中不仅要引导中小学生学习知识和技能，更重要的是让其学会学习。学会学习就是使中小学生能够在适当的条件下使用合适的学习策略，并将所学的知识和技能加以转化，用来解决实际问题。

一、学习策略的概念

　　学习策略是指学习者为了提高学习的效果和效率，有目的、有意识地制订有关学习过程的复杂方案。学习策略有以下四个基本特点：一是主体性，学习者为了完成学习目标而积极主动地使用相应的学习策略。二是有效性，学习策略是有效学习所必需的，它能够提升学习的效果和效率。三是过程性，学习策略在学习过程中使用。学习者在学习过程中，先学习什么内容再学习什么内容，使用什么学习方法，达到什么程度就是对学习策略的使用。四是程序性，学习策略是一种特殊的程序性知识，由各种规则构成，即学习者知道如何完成学习任务的知识。不同的学习活动有不同的学习策略。

二、学习策略的类型

　　研究者从成分和层次等方面对学习策略进行了多种分类。迈克卡等人把学习策略分为三种类型：认知策略、元认知策略和资源管理策略。

（一）认知策略
　　认知策略是指信息加工的一些方法和技术，有助于人们有效地从记忆中提取信息，包括复述策略、精细加工策略和组织策略。
　　1. 复述策略
　　复述策略是指为了在工作记忆中保持信息，而运用内部语言在大脑中重现学习材料或刺激，以便将注意力维持在学习材料上的方法。复述策略是信息存储的重要手段，以下从六个方面探讨如何更加有效地使用复述策略。

（1）有效利用有意识记和无意识记。有意识记是一种有目的的、需要付出意志努力的识记。在有意识记中，明确识记的意义能够激发并维持个体学习活动的积极性，这对识记结果有重要作用。在教学时经常需要学生进行有意识记，教师要有意识地增强学生对学习目的和意义的认识，充分调动学生的心智资源，促进其进行有意识记。无意识记是一种没有目的的、不需要付出意志努力的识记。对中小学生来说，他们一般比较容易记住自己感兴趣的、引起自身强烈情绪反应的事。在学习活动中，教师可以通过环境设置等方式让学生对所学的内容产生兴趣，潜移默化地、无意识地记住相关知识。

（2）排除相互干扰。信息之间的相互干扰是造成遗忘的重要原因。新旧材料之间相互干扰而产生了抑制效应，导致个体所需要的材料难以提取（再现、再忆）。干扰形式主要有前摄抑制和倒摄抑制。前摄抑制，是指之前学习过的材料对保持和回忆以后需要学习的材料的干扰作用。当学生学习英语单词时，以前学习过的汉语拼音会对他们的记忆有干扰作用。倒摄抑制，即后来学习的材料对保持和回忆之前学习过的材料的干扰作用。当学生能熟练使用英语单词时，英语单词又对其回忆曾经学过的汉语拼音有干扰作用。

（3）合理进行整体识记和分段识记。学习材料的性质和数量是影响识记效果的重要因素，对不同性质和不同数量的学习内容，需要采用不同的识记方法。对篇幅较小或者内在联系密切的材料，适用整体识记的方式；对篇幅较长、较难或者内在联系不强的材料，适用分段识记的方式。至于段落的长短，要根据学生对识记材料的熟悉程度来定。

（4）多种感官参与识记过程。多种感官参与识记过程会增强识记效果。学生在识记时，可以边用眼睛看，边大声读出来，同时耳朵能够听到，配合手写，将多种感官调动起来以增强识记效果。多种感官共同参与记忆过程，会使记忆材料的多种属性与个体的原有经验之间建立多种联系，使学生对事物形成更全面的表象，从而有效地增强记忆效果。

（5）复述形式多样化。采用多种形式进行复述能够增强记忆效果。如通过实验进行验证、将学习结果撰写成报告或做成海报、与他人讨论或向他人讲解。在不同的情境下反复应用所学的知识，以便加深对知识的理解和保持。

（6）画线和加色。画线和加色是阅读时常用的一种复述策略。在重要的信息下面画线、标上着重号，或者用不同的颜色进行标注，有助于学生快速识别学习材料中的重要信息，提高对重要信息的选择性和专注程度，同时画线和加色本身也是对信息的一种重复和复述。

2. 精细加工策略

精细加工策略是一种将新学习的材料与个体头脑中已有的知识联系起来，从而增加新信息意义的深层加工策略。学生为了更好地理解和记住正在学习的知识，需要对所学的新材料进行充实意义的添加、构建，使得新信息与其他信息之间的联系能够增强，从而提取的信息线索更多。

（1）采用记忆术。记忆术是指通过应用精细加工策略，为识记材料之间安排一定的联系，或者人为地赋予材料某种意义，或者使抽象的内容形象化，或者使分散而无内在联系的材料系统化，从而提高记忆效果。常用的记忆术有位置记忆法、缩减与编歌诀法、谐音联想法等。

位置记忆法。位置记忆法是指学习者在头脑中建立一个熟悉的场景，在这个场景中确定一条明确的路线，在这条路线上确定一些特定的点。然后将所有要记忆的事项全部视觉化，按照顺序将这条路线上的各个点联系起来，在回忆时，可按这条路线上的各个点提取所记忆的项目。位置记忆法是一种传统的记忆术，主要用于记忆有顺序的系列项目。

缩减与编歌诀法。缩减是将识记材料的每条内容简化成一个关键性的字或词，然后将其变成自己所熟悉的事物，并将识记材料与自身过去的经验联系起来。有时可以将缩减的字变成合辙押韵的句子或顺口溜，从而编成歌诀。之后可利用歌诀有韵律、有趣味、朗朗上口的特点进行记忆。

谐音联想法。谐音联想法是指运用联想的方式，将新材料或需要记忆的内容用谐音进行记忆。在记忆一些历史年代或常数的时候常常用到谐音联想法。

（2）做笔记。在阅读和听讲的时候，最常用的学习策略是做笔记。"好记性不如烂笔头"，在做笔记时，学生借助笔记对学习内容进行了心理加工，对其认知过程和材料加工过程进行了监控，使新知识与自身原有的认知结构之间建立了联系，以此提高学习效果。

在运用做笔记的学习策略时，具有代表性的方法是康纳尔笔记记录法，又称 5R 笔记法，是一种高效的学习策略和方法。首先将笔记页分为三个部分，在笔记页的左侧四分之一处画一条竖线，使笔记左侧留出一定的空间，在笔记页的下方五分之一处也要适当留出一定的空间，在笔记页的右上方空出最大的空间。之后进行如下步骤：一是记录（record），在听讲或阅读时，将所学内容如概念、基本信息和事实等记录在笔记页的右上方；二是简化（reduce），记录完成后将相关内容进行提炼加工，把主题、关键词、要点和重点写在左侧；三是背诵（recite），将笔记页的右上方盖住，仅凭左侧的内容提示，叙述右上方记录的内容。这个过程要在对内容进行透彻理解的基础上进行；四是反省（reflect），在笔记页下方留出的空间内，编写提纲、摘要，理解逻辑顺序，同时融合自己的想法、意见，将所学内容联系生活实际重构新的意义；五是复习（review），经常性地浏览笔记，重读笔记页精要的左侧记录和反省总结后的相关信息。

（3）自觉提问。提问策略有助于学生有选择地集中注意力进行信息选择和对信息进行深入加工与理解。在学习过程中，学生可以有意识地进行自我提问：课文这个部分说明了什么问题？这个定理或定义在其他情境下如何应用？提问策略可以让学生对所学内容进行深入加工，更加快速地理解和把握所学内容的核心和要点。有研究者提出了"5W1H 提问法"，即在进行阅读和学习时，了解有关谁（who）、什么时间（when）、在哪里（where）、是什么（what）、为什么（why）、怎么办（how）等问题。

（4）生成性学习。生成性学习是由美国心理学家维特罗克提出的一种建构主义学习理论。维特罗克提出，如果训练学生，使他们对自己所阅读的东西产生一个类比或表象，如图形、图像或图解等，那么他们的理解就会加深。这种策略的关键是学习者要对所学习的材料进行积极的加工，主动对所学的知识进行主观建构，将新知识与自身已有的知识经验相结合，从而产生新的理解，而不是简单地记录和保存信息。例如，学生在学习新知识后，自己整理并构建知识思维导图的过程就属于生成性学习。

（5）充分利用背景知识，联系实际。精细加工策略强调新学习的材料和信息与自身已有的知识之间建立联系，所以背景知识在个体进行知识结构的重构时有重要作用。在某一知识的学习中，学生对此方面的事物知道得越多，在深入学习时就会越高效。同时学生将所学的知识和技能积极地在实际生活中加以应用和实践，表明学生能够真正掌握相关知识和技能，以达到学习的目的。

3. 组织策略

组织策略是将新旧知识进行整合，将学习材料根据新知识与个体自身已有知识之间的内在联系进行一定的归类、组合，以形成良好的知识结构。组织策略可以让学生对新的学习内容进行由繁到简、从无序到有序的整理，有利于个体对知识的提取，也有利于个体对知识的理解。列提纲、利用图形、利用表格等进行知识整理的策略均为组织策略。

列提纲是将新的学习进行系统地分析、归纳和总结，梳理学习内容之间的逻辑关系，以概括性的简要词汇有条理地整理出主要观点和次要观点，以层级的形式来呈现。利用图形和表格同样也是为了将新的学习与个体已有的认知结构之间建立联系，将学习材料进行整理归类，以金字塔或者网络图的形式呈现，使知识体系视觉化，促进对知识的理解和记忆。

（二）元认知策略

元认知的概念由弗拉维尔于 20 世纪 70 年代提出，它是个体关于自身认知过程的知识和调节这些认知过程的意识和控制。元认知策略是一种典型的学习策略，指学生对自身认知过程及结果的有效监视及控制。认知策略是学生对学习信息进行有效识别、理解、保持和提取的过程，元认知策略是指学生知道在什么时候、什么情况下有效运用相应的认知策略以提高学习效果和效率。

常用的元认知策略包括计划策略、监控策略和调节策略。

1. 计划策略

计划策略是指根据认知活动的特定目标，在一项认知活动开始之前制订计划、预测结果、选择策略、找出各种解决问题的方法，并预计其有效性。计划策略包括设置学习目标、浏览阅读材料、产生待回答的问题、分析如何完成学习任务。学生是积极主动的学习者，如在每天开始写家庭作业前，他们能够制订计划，安排完成具体科目作业的顺序，写每项作业预计的时间等，都属于计划策略。

2. 监控策略

监控策略是指个体在认知活动进行的过程中，根据认知目标及时评价、反馈认知活动的结果与不足，正确估计自己达到认知目标的程度、水平，并根据有效性标准评价各种认知行动、策略的效果。监控策略包括阅读时对注意加以跟踪、考试时监测自己的速度和时间等。

3. 调节策略

调节策略是指个体根据对认知活动结果的检查，如果发现问题，则采取相应的补救措施；或者根据对认知策略效果的检查，及时修正、调整相应的认知策略。例如，当学生发现自己在完成某一项作业时超出了预期的时间，为了在有限的时间内完成所有的作业，学生会适当缩减下一项作业的计划时间、提高效率，或者减少中间休息的时间。

元认知策略的三个具体策略是相互联系、相互影响的。在学习过程中，学生需要先明确当天的学习任务，然后使用一些标准评价自己的理解、预计学习时间或者完成任务的时间、选择有效的计划完成任务，然后执行相应的计划，同时监控执行的情况，并及时根据监控结果调整计划或采用补救措施，以便顺利完成学习任务。

（三）资源管理策略

资源管理策略是辅助学生管理可用环境和资源的策略。资源管理策略包括时间管理策略、学习环境管理策略、努力状态管理策略和学业求助策略。

1. 时间管理策略

时间是极其重要的学习资源，高效的时间管理能够提高学生的学习效果和学习效率，激发学生的学习动机，增强其自我效能感。

（1）统筹安排学习时间。中小学生可以根据自己的学习目标，对时间做出整体规划。通过制订阶段性学习时间安排表，提高对时间的利用效率。在制订时间安排表时，需要分清活动的优先次序，优先完成最紧急、最重要的事项，还需要保障具有足够的时间进行学习。

（2）高效利用最佳时间。在不同的时间段内，人的体力、情绪和智力状态存在差异，并且有一定的规律性。不同的生理状态对学习效果有不同的影响。一天之内的学习效率会发生变化，上午学生的精力往往相对更加充沛一些，大脑活动活跃，因此主要的学习科目适合安排在上午，下午适合安排艺术类、体育类学习科目。当然，一天内的学习安排也存在个体差异，有的学生下午会精神活跃、情绪兴奋。因此要根据中小学生的学习模式安排学习内容，确保在最佳的学习时间学习最重要的内容，提高时间的利用率。

【拓展阅读】
时间管理方法

（3）灵活利用零碎时间。在一天的学习生活中，有一些零碎的时间，如课余、饭前、饭后等，学生可以灵活处理学习上的杂事，如背英语单词、阅读短篇文章、与他人交流讨论等。

2. 学习环境管理策略

学习环境管理是为了让周围的环境有利于学习活动而人为进行选择、改善与创设外部环境，提高学习的效果和效率。学习者要注意调节学习的自然条件，如流通的空气、适宜的温度、明亮的光线、和谐的色彩等；要设计好学习的空间，如学习课桌周围干净整洁、学习用具摆放合理等；根据自身的学习习惯安排学习环境，如果喜欢单独学习，那么可以找一个相对封闭安静的空间，如果喜欢跟同学在一起讨论研究，那么可以到图书馆、教室等地方学习。

3. 努力状态管理策略

努力状态管理策略是指学习者要掌握一些方法排除学习干扰，努力调节自己的心境，将精力有效地集中在学习任务上。"书山有路勤为径，学海无涯苦作舟"，很多时候学习需要学习者对自己的学习努力状态进行管理。当面对有挑战的学习任务时，学生可以通过自我鼓励，调整自己的心态，迎难而上，克服困难完成学习任务；或者面对考试失利时，学生要合理归因、调整心态，正确认识失败的原因，有针对性地自我提高。

4. 学业求助策略

学业求助策略是指学习者在学习过程中遇到困难时向他人求助的行为。学生求助的对象可能是现实中的人或物，如教师、家长、同学或者书本，也可以是虚拟世界中的网络资源，如搜索引擎、网上家教等。个体根据面对困难的性质及现实情况选择求助途径，从而有效地解决问题。学业求助不是中小学生自身能力缺乏的标志，反而恰恰表明其具有获取知识、提高能力、解决问题的清醒意识。

三、学习策略训练

教育的目标之一是引导学生学会学习，即使用有效的学习策略。但在实际教学中，许多教师更加关注学生对知识的学习，较少考虑提高学生的学习策略，甚至有些教师认为学习策略是学生在学习过程中摸索出来的，不需要进行专门的讲授和训练。因此，提高学习策略的可教性，在教学过程中注重对学生进行学习策略训练，对于加强学生的学习动机、提高其学习效果有深远的影响。学习策略的训练有多种方法，常用的有指导教学、程序化训练、完形训练、交互教学和合作学习。

（一）指导教学

指导教学是学习策略训练中的常用方法。指导教学的模式与传统的讲授法类似，是教师以尽可能直接的方式把事实、规则和动作序列传达给学生的过程，主要由激发、讲演、练习、反馈和迁移等环节构成。在教学中，教师首先向学生明确学习策略的目的，进而详细剖析学习策略，即学习策略使用的具体步骤和条件；其次在具体应用中提示学生实践学习策略；最后引导学生对学习策略的使用进行反思。通过不断重复这个过程，加强学生对学习策略的感知、理解和保持。

（二）程序化训练

程序化训练是将活动的基本技能分解成若干有条理的小步骤，在适宜的范围内，将其作为固定程序，要求活动主体按此进行活动，经过反复练习使之达到自动化程度。在教学中，教师将某一活动技能，如阅读技能、解题技能等，按相关原理分解成可执行、易操作的小步骤，并使用简练的词语标志每个步骤，例如 PQ4R 阅读策略，包括预览（preview）、提问（question）、阅读（read）、反思（reflect）、背诵（recite）、复习（review）六个步骤；然后通过具体事例示范各个步骤，学生按照步骤进行活动；最后记忆各个步骤，并坚持自我练习，直至达到自动化程度。

（三）完形训练

完形训练是在教师讲解后，提供不同程度的完整性的材料促使学生练习策略，逐步降低材料的完整性程度，直至完全由学生自己完成所有成分或步骤。例如，教师可以通过完形训练模式引导学生学会使用思维导图，即首先根据教学内容提供一个完整的思维导图的范例，然后再提供一些材料并制作需要填写某些细节的思维导图训练学生；其次逐步降低思维导图的完整性程度，训练学生学会制作思维导图的思路和具体方法；最后提供学习材料，让学生独自制作思维导图。

（四）交互教学

交互教学是由教师与少数学生（约 6 人）组成一个小组，旨在教会学生四种策略：总结——总结段落内容；提问——提问与要点有关的问题；析疑——明确材料中的难点；预测——预测下文可能出现的内容。这种教学模式主要用来帮助学习困难学生阅读和领会学习材料。在进行交互教学时，教师可先做示范，即阅读材料，就其核心内容进行提问，其他学生参与讨论，进一步明确学习难点和重点，最后概括本段材料的中心大意，为阅读下一段做准备。然后教师指定其中一名学生扮演"教师"的角色，引导并帮助其他学生学习指定内容。

（五）合作学习

合作学习是在教师的具体指导下，由 2～5 名能力各异的学生组成学习小组，小组内的学生一起学习，共同完成学习任务。合作学习有五个基本要素：一是学生共同学习、相互讨论和帮助；二是促进同伴教学，即轮流扮演讲解者的角色，相互纠正错误和遗漏，彼此扩充知识领域，组成学习共同体；三是小组成员不仅要对自己的学习负责，还要对小组内其他成员的学习负责；四是建立并维护小组成员间的相互信任，进行有效的沟通，践行合作的意义；五是培养学生的集体观念和竞争意识。

在实际教育教学中，学习策略的教学还有许多其他模式，但是教师要意识到不管采用什么方式进行策略教学，都要结合所教学科或所学内容的性质和特点。教师要善于不断探索优化自身的教学设计，为学生提供可以效仿的活动程序，并通过多种方式启发中小学生结合自身特点、有意识地内化有效的学习策略。

【本章小结】

学习指由经验引起个体知识或行动上相对持久的变化。关于学习的相关理论主要有：行为主义心理学家关注可被观察和测量的行为，认为影响学习的主要因素是外在环境；认知主义心理学家则强调学习是个体积极主动的心智活动，是对外界环境刺激的内部加工的过程；人本主义心理学家在教育上强调学习者具有主动性。学习动机是指引发与维持个体学习行为，并使之指向一定学业目标的一种动力倾向。中小学生学习动机具有发展性、可塑性和社会性。教学中最重要的是对中小学生学习动机的激发。学习策略的合理使用对中小学生的学习十分重要，典型的学习策略有认知策略、元认知策略和资源管理策略。

【实践·反思·探究】

小西今年 10 岁，是一名小学四年级的学生。小西的父母在市区的繁华地段开了一间杂货铺，日常忙着店铺的生意，不能够兼顾小西的学习。小西在小学三年级之前，语文和数学科目的成绩在班级里属于中等偏上水平，但是三年级以后，小西的学习成绩明显下降，到了四年级，小西的语文和数学科目成绩在及格分数线左右。在班主任老师和其他同学眼里，小西的性格相对内向，在班级中话不多，参与班级活动的积极性不高。班主任老师家访后发现，小西课后时间要帮忙照顾年迈的奶奶，有时还要帮父母看店。虽然小西还是小学生，但是他对店里商品的售价、品质及行情非常了解。小西因此对赚钱产生了浓厚的兴趣，对学习的积极性反而下降。学习成绩下降的情况，也让小西产生了"反正自己学习成绩也不够好，不如现在就将生活重心放在家中的生意上，还能多赚钱，同时也能积累经验，将来自己开店"的想法。

1. 结合学习动机的相关理论，分析小西学习动机出现问题的原因。
2. 如果你是小西的班主任老师，将如何帮助小西改善学习中出现的问题？
3. 在日常的教育教学实践中，作为教师的你将如何有效地激发中小学生的学习动机？

【推荐阅读】

1. 邢强，胡婧，刘卓铭. 高效率学习对学习倦怠的影响：学业情绪的中介作用 [J]. 兰州文理学院学报（社会科学版），2018，34（2）：48-54.

2. 陈朝晖. 教育高质量发展背景下中小学生学习品质的核心要素、影响因素及提升策略 [J]. 湖南第一师范学院学报，2022，22（5）：50-56，62.

3. 唐一鹏，王闯，胡咏梅. 如何提升中小学生的学业成绩？：基于学习策略与教学策略改进的视角 [J]. 华东师范大学学报（教育科学版），2020，38（3）：93-105.

第九章　儿童的问题解决与创造性

【学习目标】

1. 了解问题、问题解决、定势、创造性等基本概念。
2. 理解儿童创造性的基本特征。
3. 掌握提高儿童问题解决能力的教学方法。
4. 掌握培养儿童创造性的教育方法。

【知识导图】

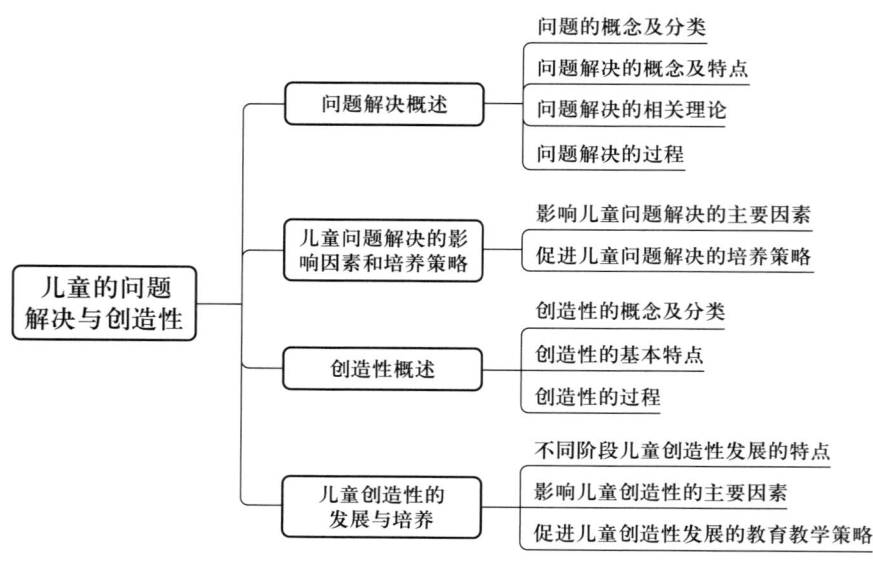

【案例导入】

　　一位局长正在路边和一位老人谈话，这时，一个小孩跑过来急促地对局长说：你爸爸和我爸爸吵起来了！老人问：这孩子是你什么人？局长说：这是我儿子。请你回答：这两个吵架的人和局长是什么关系？

　　你是不是一时之间想不到他们的关系？如果这时提示，上述这位局长是位女性，答案是不是很快就出来了。为什么我们会下意识地觉得这位局长是男性呢？在学习了本章的内容后，这个问题的答案就会见分晓了。

第一节　问题解决概述

　　问题是日常生活的核心要素之一，从简单的价格计算到复杂的活动策划、衣食住行，每个方面都有许多问题需要解决。如何培养一批能够创造性地解决问题的人才，是现代社会发展和我国社会主义现代化建设的重大课题，作为教育工作者，全面了解和研究这个课题是非常必要和紧迫的。

一、问题的概念及分类

（一）问题的概念

　　信息加工心理学家认为，所有的问题都包含三个基本要素：一是给定条件。这是指一组已知的关于问题条件的描述，其中一般包含不完全的信息或令人不满意的状态，这是问题的初始状态。二是预期目的。这是指关于构成问题结论的描述，即题目要求回答的问题的最终答案或者想要达到的目标状态。三是障碍。在给定的已知条件与期望达到的目标之间产生障碍，要想解决这些障碍的方法不明显，必须通过一定的思维活动，发挥主观能动性，从而达到最终目的。上述这三个基本要素组合起来，形成了问题空间的概念。初始状态和目标状态都是已知的，但从起始状态到达目标状态的路径是未知的，这时就会出现怎样才能从起始状态到达目标状态的问题，因此可以将问题定义为：给定的已知条件与所要达到的目标之间存在着某些需要克服的障碍的刺激情境。

　　除此之外，某件事或某种情境能否构成难题，这与儿童的个人感性认知和主观认知有关。儿童如果认为这是一个难题，有可能是儿童本身缺乏某类认知结构或者体验，但是对那些有着资深专业知识或者相对较多相关体验的儿童来说，却不一定是个难题；对于有一定追求的儿童而言，某种情境可能是个难题；对于没有追求的儿童而言，某种情境却不一定是难题。

（二）问题的分类
　　现实生活中的问题各种各样，研究者倾向于将问题分为六类。
　　1. 界定清晰的问题与界定含糊的问题
　　根据明确程度，可将问题分为界定清晰的问题与界定含糊的问题。界定清晰的问题是指本身的初始状态、目标状态、过程等都具有明确的定义，而且由初始状态如何达到目标状态的一系列过程都很清楚的问题。界定含糊的问题意味着问题的初始状态或目标状态或两者都没有明确的说明，存在较大的不确定性。例如，怎样根据已知条件解应用题、如何重启计算机等均属于界定清晰的问题，而如何读好一本书、如何成为一个好孩子等则属于界定含糊的问题。

2. 对抗性问题与非对抗性问题

根据问题解决者是否有对手，可以将问题分为对抗性问题与非对抗性问题。对抗性问题是指在解决问题的过程中有对手存在，因此，在这个过程中，不仅要考虑自己的解题活动，还要考虑对手的解题活动。例如象棋、围棋等比赛都是对抗性问题。非对抗性问题是指在解决问题的过程中没有对手存在。例如数学题、物理题等都是非对抗性问题。

3. 语义丰富的问题与语义贫乏的问题

根据问题解决者拥有相关知识的多少，可将问题分为语义丰富的问题和语义贫乏的问题。当问题解决者对要解决的问题有许多相关知识时，这类问题就称为语义丰富的问题。例如，当物理学家在解决物理问题时，这些问题在语义上是丰富的。如果问题解决者对要解决的问题没有或者只有较少的相关知识经验，这类问题就称为语义贫乏的问题。例如，一个画家为一个即将高考的儿童做心理咨询，这个问题就是语义贫乏的问题。

4. 常规问题与非常规问题

根据解题手段的不同，可以把问题分为常规问题和非常规问题。常规问题是指运用常态化手段和方法就能迎刃而解的问题，即问题解决者只需按照人们惯用的方法、工具，以及原本的固定程序来操作，就能使问题得到解决。解决常规问题主要是借鉴他人的方法、工具和程序。相反，非常规问题需要非传统、独特新颖的方法、工具和程序来解决问题，其特点是不能按照人们惯常的方法、工具和程序去解决问题，需要寻找新的解决问题的方法、工具和程序。

5. 封闭性问题与开放性问题

根据问题的答案是否唯一，可将问题分为封闭性问题与开放性问题。封闭性问题也称闭锁性问题，指的是要解决的问题有且只有一个固定答案。封闭性问题的主要目标是培养儿童的集中思维。开放性问题指的是有多个答案的问题，以培养儿童的发散思维为主要功能。封闭性问题与开放性问题培养的是两种互补性思维，无论是集中思维，还是发散思维，都是创造性思维能力必须具备的。

6. 呈现型问题、发现型问题和创造型问题

根据问题的层次和水平不同，可以把问题分为呈现型、发现型和创造型三类。呈现型问题指的是教师或书本上给出的一些题目，解题思路和答案都是现成的，解题者不需要也没有想象或创造的机会，只要按要求去做，就能得到标准答案，也有人把呈现型问题称为虚假性问题。由于解题者不能积极参与重新建构问题，这类问题的答案往往具有唯一性，容易使求异、质疑的精神受到压抑，从而阻碍了儿童自身创造能力的发挥。发现型问题不是教师或者书本上给定的题目，而是问题解决者自己提出或找出的一些问题。虽然发现型问题不一定会有创造性的见解，但并不是人类认知视野以外的问题，而是需要儿童通过独立思考才能得出答案。因此，比起呈现型问题，发现型问题的层次更高，含金量也更高，儿童思维训练主要依赖这一类问题。创造型问题是指人们从未提出过的问题，具有超越性和不可复现性。创造

型问题的解决对训练儿童的思维能力提出了更高的要求。

二、问题解决的概念及特点

（一）问题解决的概念

解决问题不是被动的、非自动化的处理过程，而是一种认知活动过程，它是有目的的、主动的。20世纪70年代，纽韦尔和西蒙用问题空间的概念解释解决问题的过程，他们从信息状态转换的角度出发，认为研究问题不仅要研究外显的、能够实际观察到的行为，也要研究内隐的心理行为。纽韦尔和西蒙把人们在问题解决活动中发生和进行的内隐行为称作问题空间。他们指出，问题空间既包含问题的目标状态和初始状态，也包含解决问题过程中的中间状态、解决问题的各种方法和对问题解决产生制约的各种情境因素。问题空间是指问题解决者对所要解决的问题的所有可能的认识状态，包括对问题初始状态和目标状态的认识，以及如何从初始状态转化为目标状态的认识。问题解决者认为问题解决是为了从问题的初始状态找到到达目标状态的路径，而在问题空间进行的认知探索。简单地说，问题解决是指一个人运用一系列的认知和操作，发挥主观能动性，克服一切困难和障碍，从问题起始状态递进到目标状态的过程。

纽韦尔和西蒙认为问题解决有两种策略：一是算法策略，即把问题空间中可能的所有方法一一尝试，此方法虽然可以保证问题解决，但需要耗费较大的时间和人力，且当问题空间较大时难以使用；二是启发法，即根据以往经验，采用各种方法不断趋向目标状态，此方法虽然不能保证问题解决，但是较为省时省力。[①]

（二）问题解决的特点

1. 问题解决的情境性

问题情境是指某一特殊情境出现在人们面前，并使人们感到不了解和无法解决的境况。它会促使个体主动积极思考，运用一系列知识和技能去探寻答案、解决问题。问题情境是问题解决的前提，没有问题情境就不会产生问题，问题情境的消失说明问题已经解决。

2. 问题解决的指向性

问题解决是为了达到某个特定的目标状态，而具有一定的目的性。它是一种明确的指向活动，旨在通过一系列操作实现初始状态到目标状态的转换，获得问题的答案。直觉与猜测、分析与推理、联想与想象，无论通过哪一种途径解决问题都必须受到目标的指引。如果只有漫无目的的想象，就无法解决问题。

3. 问题解决具有认知性

问题解决需要通过内在的心理加工进行信息的重组，运用高级规则在个体的认知系统内进行，最终提高儿童认知活动参与的强度和质量，决定问题解决的效果。如果只包括一个简单的心理步骤和记忆提取活动，虽然具有明确的目的性，但这并不是问题解决。例如，有些机械化的操作如走路、穿衣服等，虽然也有一定的目的性，但并无高级的认知过程，所以不能称为问题解决。

---

① 汪凤炎，燕良轼，苏红. 教育心理学新编［M］. 5版. 广州：暨南大学出版社，2019：443-445.

4. 问题解决的心智操作性

问题解决过程包含一系列复杂的心理预算和心理操作，最终目标是通过选择恰当的算法来实现的，这种操作一般是有顺序的、系统的，并且需要对已有知识进行重新组织，采用不同的方法和途径解决同一问题时会呈现出不同的操作，如果顺序错误，那么会对问题解决产生影响。因此，像回忆一个朋友的电话号码这样的简单活动，仅仅是原理和概念的具体应用，并不是问题解决。

5. 问题解决具有个人性

问题解决具有个人性。由于知识背景、方法策略、思维定式、元认知等诸多因素的影响，不同的问题解决者在处理同一问题时，表现出的差异性可能会较大。因此，问题解决具有较强烈的个人色彩。

三、问题解决的相关理论

20 世纪以来，许多心理学家专注于问题解决的研究和讨论，构成了表述问题解决过程和能力的多种理论。

（一）行为主义的问题解决模型

19 世纪末，美国行为主义心理学家桑代克最早用实验的方式研究解决问题的方法。他通过让猫走迷宫的实验，提出了早期的问题解决模型——试误说。桑代克认为，问题解决是盲目尝试与错误尝试的渐进过程，通过不断地尝试，错误反应逐渐降低，正确反应逐渐增加，最终使有机体形成刺激与反应之间的联结，即获取成功，而并不依靠顿悟，因此这一理论也被称为"尝试与错误"理论。桑代克将这种从动物身上得出的问题解决的模型扩展应用到人类各个领域，在此基础上总结出尝试错误也是有规律的，并将其定义为三大基本规律，即练习律、效果律和准备律。练习律是指有奖励的重复练习会增加刺激与反应之间的联结；效果律是指在一定的情境下产生具有效果的行为倾向于在这一情境中重复出现；准备律是指个体在学习开始时要有某种需要，主要体现为兴趣和欲望。个体有准备又有活动就会感到满意，有准备无活动会感到烦恼，无准备而强制活动也会感到烦恼。[①] 桑代克的三大规律对问题解决有一定的指导作用。

行为主义的问题解决模型认为，所谓的问题是指个体缺乏现成的可以利用的对刺激情境的反应，解决问题也就是个体对新的刺激情境作出适当反应的过程。例如，桑代克实验研究中的猫，它学会抓住连接门闩的金属绳，然后把箱子打开，最后逃出箱子，这就解决了问题。行为主义的问题解决模型强调，问题解决首先要通过一系列盲目操作，反复尝试，在错误中调整策略，最后找到问题解决的途径，即通过不断地试错调整，使之与恰当的反应之间形成一种刺激情境的联系，最后达到解决问题的目的。

行为主义的问题解决模式对成人的学习有较强的借鉴作用，对于儿童来说也是可以借鉴的。许多发明、创造、技术革新，都是经过不断的试错，才在科学发展史上取得了今天的成就。但行为主义学派否认了人类解决问题的目的性和认知因素的重要作用，也就否认了人类

---

① 张大均. 教育心理学［M］. 北京：人民教育出版社，2015：343.

与动物解决问题的不同实质。

（二）格式塔派的问题解决模型

1917年，德国心理学家苛勒提出了一种阐明解决问题思路的模型，此模型从整体观点出发，以现象学为理论基础，通过观察黑猩猩的学习现象和其他格式塔派心理学家的实验总结出问题解决的基本观点。[①] 格式塔派的问题解决模型认为，在解决问题的过程中，突然理解问题情境中的手段和目的，并将二者有机结合起来，从而达到问题解决的目的，这是由于顿悟而实现的，个体有时也需要靠顿悟才能解决问题。顿悟是练习达到一定程度后的结果与体验，前提是试误，在试误的过程中，顿悟是尝试与错误的飞跃。尝试与错误、顿悟常见于人类学习和解决问题的过程中，它们是学习和解决问题的两种不同方式，也是不同阶段或不同层次的解决问题的类型及方法。对相对简单的问题，往往不需要反复地试错；对于复杂的创意性问题，在解答的过程中大多要不断地反复尝试与试误，才能将其解答出来，并产生顿悟。这种顿悟常常伴随着愉悦的情感，如津津乐道的字谜游戏。并且格式塔派的问题解决模型认为顿悟的结果不同于死记硬背的内容，不容易遗忘。此学派的观点与行为主义学派的观点完全相反，非常强调问题解决过程中瞬时完成的顿悟以及问题解决过程中序列和意识的作用。但是此学派认为顿悟是一种天生的能力，这就忽视了个体问题解决能力的可培养性，也忽视了尝试错误的重要性。

（三）杜威的问题解决模型

1910年，美国心理学家杜威提出了问题解决模型理论，[②] 他认为问题解决一般包括五个循序渐进的环节：（1）困惑。问题解决者面对问题时，在主观方面意识到的困难存在一个概念，从而产生困惑的情境。（2）诊断。明确和界定疑难问题，即从问题链上辨识问题，确立已知的问题和需要达到的目标、需要弥补的问题空间，并考虑它与其他问题之间的各种关系。这是有效解决问题的前提。（3）假设。在分析问题情境的前提下，将现有已知条件与问题解决者的认知结构联系起来，使问题产生假设，进而明确提出行得通的各种解决问题的计划方案，并最终形成假设。（4）推断。对解决问题的各种假设进行检验或考察，推论针对假设的方法可能出现的结论，继续作深入的阐述，从中选出最优方案。（5）验证。经过检验和确认，找到一种最佳的解决某一问题的方法，并将这种成功的经验组合成新的认知结构，以解决之后相同或相似的问题。验证时，多通过观察和试验的方法来检验问题是否得到解决。

以上五个环节并不是严格按照顺序进行，个体可以根据以往经验和问题情境灵活进行，有时某一环节可以被减缩或嵌套，但不同环节之间是相互联系的：困惑是前提，如果没有困惑，就不会产生解决问题的思想；不同的诊断结果，会产生不同的解决问题的方法；假设越多，越有可能找到令人满意的解决方案；有了推断，就有据可依，可以权衡利弊、弃劣取优，找到最佳的解决问题的方案；通过验证，才能确认解决问题的正确性，也为日后解决新的问题提供了宝贵经验。

杜威的问题解决模型简单易操作，突出以智力结构为基础，强调问题解决的循序渐进，

---

①　林金霞，胡永萍. 高等教育心理学［M］. 南昌：江西高校出版社，2018：114.
②　张斌贤，王晨. 外国教育史［M］. 北京：教育科学出版社，2015：326-329.

并结合信息加工过程，将问题解决与个体的创造性结合在一起，是最早按照思维逻辑来分析的问题解决的模型，直至今日也被认为是一种经典的问题解决模型，但是该模型也存在不足之处，例如缺乏实证性支持和理论支持。

（四）华莱士的问题解决模型

通过对名人传记的研究，英国的心理学家华莱士提出了创造性解决问题模型的四个阶段，包括准备期、孕育期、明朗期和验证期。[①]

1. 准备期

在准备期，问题解决者积累相关知识经验，研究相关资料信息，在明确创设目的和问题特点的基础上，掌握必要的创造技巧。准备分为一般的基础准备与特定目的的准备。准备工作需要广博的知识和熟练的技能的支撑，这是问题解决的前提条件。

2. 孕育期

在孕育期，个体将问题搁置一旁，从事其他活动，在储备一定的相关知识和经验后，再对问题和资料进行深入仔细地探索和思考，为下一个阶段的发展奠定良好的基础。

3. 明朗期

明朗期也叫灵感、直觉和顿悟阶段。面对一个问题百思不得其解，但是在经历对问题长时间的周密思考之后，无意中受到一个偶然事件的触发，而使新思想、灵感和新观念、表象得以突然产生，使问题一下子迎刃而解。这也是四个阶段中最重要的一个阶段。在明朗期获得的问题解决方法并不一定都可以使问题得到解决，一般还需要通过实践验证。

4. 验证期

验证期是问题解决的最后一个阶段，这个阶段主要是对明朗期提出的新思想和灵感、新观念和表象进行验证、补充和修正，使之趋于完善。验证期也称为问题解决的总结阶段。

四、问题解决的过程

问题解决的过程分为发现问题、理解问题、提出假设和检验假设四个阶段。

（一）发现问题

发现问题是解决问题的前提，解决问题要从发现问题、找准问题开始。问题是普遍存在于人们生活中的矛盾。发现问题就是要认识到矛盾的存在，并产生解决矛盾的需要和动机，如果发现不了问题，就谈不上解决问题的思维过程。只有发现问题后，才能在解决问题的思维活动中激发和推动人们投入充足的精力，把社会的需求转化为探索个人需求的过程。

多种因素决定了能否发现具有重大社会价值的问题：首先，依赖于个体的活动积极性。思想懒散和因循守旧的人，一般都难以发现问题。只有善于思考、勤于钻研、积极向上的人，才能见微知著，从细微的平常事件中找出关键问题。牛顿之所以能够发现万有引力定律，揭示物体间相互吸引的客观规律，这得益于他能够对司空见惯的苹果落地现象进行积极思考、善于钻研的心理品质。其次，依赖个体的态度是否端正。个体的活动态度越认真负

---

① 金霞，胡永萍. 高等教育心理学［M］. 南昌：江西高校出版社，2018：115-116.

责，越富有社会和历史责任感，就越容易在人们熟视无睹的事物中发现具有重大价值的问题。牛顿就是这样一个典型的例子，他认真负责的态度、富有责任感的精神，使他能够在人们视而不见的事物和现象中发现万有引力定律。再次，依赖个体的兴趣、爱好和求知欲。兴趣广泛、求知欲望强烈的人，不满足对事物概括性、表面性的解释，而是努力探寻事物的内部原因，发现事物发展的内在规律。最后，依赖个体已有的知识经验水平。一般情况下，视野开阔、阅历丰富、知识渊博的人，能够深入地提出有价值的问题，从而获得宝贵经验；而学识不足的人，所提的问题大多没有很高的科学价值。

（二）理解问题

问题解决的第二个阶段是理解问题。理解问题就是要抓住问题中本质的、最核心的关键信息，摒弃干扰因素，在头脑中形成对相关问题的初步印象，也就是形成问题的表征。表征既是个人在头脑中对所面临的事件或处境的表现和记录，又是个人在处理问题时的加工对象。表征问题既包括问题的表面特征，又包括问题的深层特征，后者恰恰是解题的关键所在，能够从根源和本质上找到解决问题的思路。个体为了使表征更清晰，更具可观性，常常借助外在的、具体的形式，如图表、路线图等。认知心理学将理解问题视为个体在头脑中形成问题空间的过程。问题空间是个体对问题的起始状态、目标状态和各个中间状态所达到的全部认识状态和相关操作，由前者逐步过渡到后者，形成一个对于问题的全部认识过程。不同的人，可能构造的问题空间也是不同的；而同一个人，在解决问题之前，改变或者重构问题空间，也是有可能的。影响问题空间构建的相关因素有个体的注意、记忆、思维等。

（三）提出假设

问题解决的第三个阶段是提出假设。问题明确之后，关键是要运用个体已有的知识和相关经验，针对问题的特点和性质，推测其问题解决的路径，寻找解决问题的最优方法和对策，即提出假设。假设是解决问题的必然选择，科学的基本理论也正是通过不断的实践活动，在假设的基础之上加以发展和完善的。假设为个体提供了从未知到已知的桥梁，离开科学合理的假设，个体就难以正确地解决问题。假设的提出，建立在大量的事实和高度概括的知识的基础上，是根据个体已有的知识和相关经验，通过对丰富感性的资料进行深入细致的研究而形成的。科学假设的提出，还要积极地进行创意构思，这往往需要经历一个尝试性的、漫长的操作过程。

（四）检验假设

问题解决的第四个阶段是检验假设。检验假设是指通过一定的方法来确定假设是否符合客观实际情况和科学原理，它也是检验科学原理的一种方法。检验假设有两个行之有效的方法：一是直接检验，即通过实践和问题解决的结果检验问题的结果，这是一种有效的方法。假设实施后，如果结果达到预期，则假设成立，反之则假设不成立。二是间接检验，即通过推断排除错误的假设，保留合理的、最佳的假设。最终间接检验的结果正确与否还需要直接检验来证明。

在解决比较简单的问题的时候，可能上述四个阶段并不明显，会在理解问题的同时就提出问题假设。但是在解决比较复杂的问题的时候，上述四个阶段是明显存在的，并且能够循环多次出现。

第二节 儿童问题解决的影响因素和培养策略

问题解决是一个复杂的过程，分析影响儿童问题解决的因素，从中抓住教育契机，是培养儿童创新能力的关键。

一、影响儿童问题解决的主要因素

问题解决受多种因素的影响，有客观因素，也有主观因素。有些因素能促进问题的解决，有些因素则妨碍问题的解决。

（一）已有的知识经验

问题解决受个体已有知识经验的影响。个体与问题解决有关的知识经验越多，那么解决问题的可能性就越大，而问题不能有效解决的主要原因往往是个体在已有知识经验方面有缺陷。有些问题的解决一定要有专业的知识、专业的领域内的专业技能和策略。研究显示，专家记忆中的知识经过严密的组织，在搜寻解决问题的路径时，能较好较快地加以调动和运用。专家不仅具有丰富的陈述性知识，心智技能和认知策略也与刚入门的新手不同。在解决问题的方法上，专家往往习惯用比较抽象的表征方式表现，一般不需要中间过程，就能较快地解决问题。新手则需要有意识地解决问题，且不可省略中间过程。在解决问题的策略上，专家运用的是从已知条件奔向目标的策略；新手则恰恰相反，他们更倾向于从要求解决的问题回到用已知条件的策略来解决问题。专家更多地利用生活经验（即直觉）的表征来解决问题；而新手则更多地依赖正确的方式来解决问题。

（二）问题的特征

问题的类型、呈现方式等因素都会影响个体解决相关问题。在课堂教学中，各种类型的提问，如课堂和课后练习习题、作业、小测验等，都是学校情境中常见的问题形式。不同问题的呈现方式都将影响个体对问题的理解。在实际的教学研究中发现，个体在解决没有具体情节的抽象问题时比较容易，而对于贴近实际情况的具体问题，解决起来显得比较困难；个体在遇到不需要实际操作的"文字题"时解决起来比较容易，而遇到需要实际操作的"实际问题"时解决起来比较困难。除此之外，由于问题陈述方式的不同或者给出的图示的差异，也会直接影响问题解决的过程。例如，有的陈述或图示会直接提供理解或解决问题的线索，那么就便于寻找问题解决的方法和方向，而另外一些陈述或图示则包含一定的冗余信息，或隐含理解题目所需的某些条件，从而增加了理解题目的难度，要求个体撇开表面现象，能够找到并分解出问题解决所需的条件，抓住问题的本质特征，从而找到问题解决的方法和途径。

（三）定势与功能固着

定势，是人的心理活动的一种准备状态，也叫心向。定势是个体按照某种相对固定的方法解决问题的一种心理倾向。从生理机制上来说，定势是一种动力定型的结果，是人们多次以某种方式解决问题所形成的，它会影响后续问题的解决情况。定势对于个体解决问题既有积极影响，也有消极影响。具体表现为：当个体在解决相同或相似问题时，定势可以帮助个体适应问题，并且提高反应速度，效率也更高，这是积极方面的影响。但定势往往会对已发生变化的情境或问题产生消极作用，使个体解决问题的速度和效率受到阻碍，个体更不容易产生合理、有效的思路，从而影响问题解决的效率、质量。

功能固着也可以看作一种特殊定势，即从物体的惯常功能考虑问题的定势。也就是说，当个体对某一物体的常用功能或典型功能烂熟于心时，就很难看出该物体所具有的其他潜在的功能，而且，最初看到的功能越重要、越普遍，就越难看出其他功能。当在某种情况下需要使用某种物体的潜在功能解决问题时，该功能可能会扮演一个阻滞角色。

如果给你图9-1所示的一些材料（一支蜡烛、一些图钉和一些装在火柴盒里的火柴），任务是把一只燃烧的蜡烛像壁灯一样固定到墙上，你会怎样做？这是美国心理学家邓克尔做的一个有关功能固着的实验。

研究人员为被试提供实验材料——蜡烛、火柴盒、几根火柴、几枚图钉，并要求被试运用桌上的任何物品，找到一种方法，使蜡烛固定在墙壁上，并且燃烧的时候蜡烛油不能滴在桌子上或地板上（如图9-2所示）。问题解决的方式有两种：（1）蜡烛、火柴和图钉分别装在火柴盒里；（2）蜡烛、火柴和图钉分开放置，火柴盒里不放置任何东西。两组在解决问题时面临的情况只有一个区别，即呈现实验材料时火柴盒与火柴有没有分离。

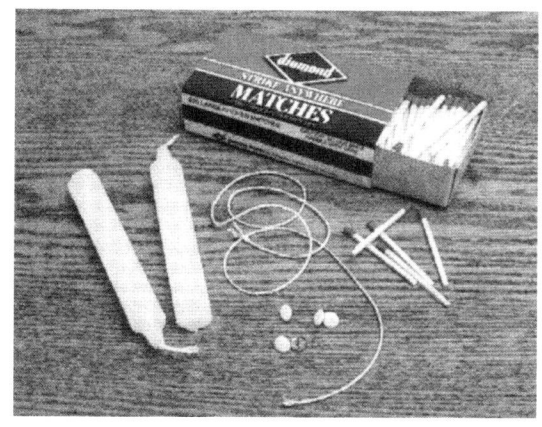

图9-1　蜡烛实验材料　　　　　图9-2　蜡烛实验的解决方法

研究人员负责记下在规定的29分钟时间内成功解决问题的各组人数。结果发现，第一组被试的成绩远远不如第二组。邓克尔的实验结果说明了功能固着的影响，个体在解决问题时往往只看到某种事物的常用功能，而看不到事物其他方面可能有的功能，这直接影响了问题解决的灵活性。当个体看到火柴盒时，想到的不是"这是一个火柴盒"，而是"这个东西可以当盒子用"时，个体的创造力将得到更好的发挥。五岁的孩子做蜡烛测验时，没有表现出任何功能固着。显然，这是由于他们没有使用很多东西的经验。有这样一种说法：用孩子一样没有成见的眼光去看世界，就会变得更有创造力。就功能固着现象而言，事实的确如此。邓克尔通过蜡烛实验证明了功能固着的存在。[1]

（四）酝酿效应

当个体长期致力于某一问题的解决而感到十分困惑时，如果这时暂时放慢脚步或者停下来去做其他的事情，那么在几个小时、几天或者几周之后，个体会突然想起问题解决的办法或者答案，这就是酝酿效应，也被称为顿悟。酝酿效应对问题解决有帮助，或许与定式的摆脱不无关系。在解决问题的初期，每个人的逻辑思维往往是通过某种方式或者是借助某种知识体系进行的。如果最初的这种心态是适度的，那么问题就有可能迎刃而解；如果最初的这种心态不适度，那么问题解决过程就会一直不顺利，难题就不会迎刃而解。暂时解决问题的思考，有摆脱原来不正确思路的可能，从而催生有效的问题解决的合理步骤的出现。虽然对问题解决者而言，顿悟好像是突如其来的"啊哈"体验，但是有学者提出疑问，顿悟究竟是个体突然完全明白还是在问题解决的过程中逐步积累致使问题解决。已经有研究提示是后者——问题解决者在问题解决过程中常常无意识地逐渐积累经验并最终顿悟。此外，还有学者认为，选择性遗忘是顿悟产生的重要因素，也就是个体遗忘以往的错误或无效信息以及错误假设，摆脱旧策略，产生顿悟并找到解决问题的新方式；[2] 也或者是顿悟产生于注意撤回，个体将错误假设的注意力撤回，以便忘记旧假设，从而重新组织问题空间。[3]

总而言之，顿悟的过程并不是停止思维，而是将原先的整个思维过程转入潜在的意识层面，通过潜意识对储存在记忆里的相关信息进行组合，从而获得类似于"灵感"的思维状态。[4]

（五）原型启发

启发是指从其他事物上发现解决自己的问题的启示。对解决问题起启发作用的事物叫原型。原型启发也就是从其他事物上面寻找到问题解决的思路和方法。许多科学的发明创造都是从原型启发的灵感中获得的，在创造性问题的解决过程中，原型启发发挥的作用尤其明显。原型之所以能够起到启发作用，是因为原型与所要解决的问题之间有一定的共通点或相似之处。通过联想，可以从原型上找到解决问题的新思路，实际上任何事物都可以充当原型的角色。某个事物能否作为原型起到启发作用，不仅要看事物本身的特点，而且要看问题解决者的心理状态。问题解决者的思维活动处于主动积极但又不至于过度紧张的状态时，最容易产生原型启发的灵感。酝酿期是原型启发最易出现的阶段。

【拓展阅读】
耶克斯—多
德森定律

（六）动机的强度

逻辑思维始于问题，而且只有当个体具有解决问题的需求和动机之后，才会以一种奋发向上的精神状态寻找解决问题的途径和方法。如果个体对问题采取不闻不问的态度，即使能够发现问题也很难解决。个体具有过于强烈的动机

① 格里格，津巴多. 心理学与生活：第 16 版 [M]. 王垒，王甦，译. 北京：人民邮电出版社，2003：256.
② SMITH S M, BLANKENSHIP S E. Incubation and the persistence of fixation in problem solving [J]. The American journal of psychology, 1991: 61−87.
③ SEGAL E. Incubation in insight problem solving [J]. Creativity research journal, 2004（16）: 141−148.
④ 李子逸，张泽，张莹，等. 创造性思维的酝酿效应 [J]. 心理科学进展，2022，30（2）: 291−307.

水平或处于高度焦虑状态也会妨碍问题的解决，只有中等强度的动机水平对问题的解决才是较有利的。所以，不同的动机强度在问题解决的过程中往往会发挥不同的作用。

（七）个性差异

性格上的差异也会对问题解决的效率产生影响。优良的个性品质，如坚强的意志、进取的精神、稳定的情绪、积极的态度、高度的创新精神等个性品质都会提升问题解决的效率；反之，意志薄弱、脾气暴躁、骄傲散漫、墨守成规等个性品质将会阻碍问题的解决。

上述因素并非独立地发挥作用，而是相互联系、相互影响，共同决定问题解决的方向和质量。

二、促进儿童问题解决的培养策略

校园情境中，绝大多数问题都是由每门课程里的实际问题来展现的，对教育工作者而言，融合具体学科的教学，培养儿童解决问题的能力是非常合理和必要的，也是切实可行的。具体可以从以下四个方面进行：

（一）提高儿童知识储备的数量与质量

1. 帮助儿童牢固地记忆知识

个体对知识点的掌握越是牢固精准，那么对知识的提取也会越快速、准确，也就越能成功地解决问题。教育工作者要教给儿童一些记忆和提取知识的方法，并鼓励儿童应用这些方法。

2. 提供多种变式，促进知识的概括

教师要把知识学习的重点放在归纳、抽象、梳理、反思上，只有深刻地理解和领会知识，才能高效地运用知识解决问题。同时，利用各种不同题型的同质性题目，也就是同质不同型的各种变式题目，以突出问题的本质特征，可增强儿童对不同题型的区分和辨识，提高个体对所学知识的理解水平和能力。

3. 重视知识间的联系，建立网络化结构

综合应用各种知识是问题解决的关键，保证正确地解决问题，知识间的有机联系才是根本。为此，教师要有意识地在课内外、不同学科、不同知识点之间做纵向与横向的衔接与交流，使儿童所获得的知识不再是孤立的某一点，而是能够融会贯通、有机协作的网络化、一体化的知识结构。

（二）教授与训练解决问题的方法和策略

1. 结合具体学科，教授思维方法

儿童能够有效地解决问题离不开正确的思维方法或心智技巧。教师既要结合具体的学科内容讲授相应的审题技巧、构思技巧等心智技巧，又要根据已有的研究成果，开设专门的、有针对性的思维训练课程。讲授心智技巧或策略的主要目的是让儿童学会主动学习，学会自我解决问题，做一个可以自主学习、有自我调控能力的高效学习者。

2. 外化思路，进行显性教学

教师在讲授思维方法时，为避免儿童不必要的盲目摸索，提高儿童问题解决的效率，教师应遵循由内而外的原则，主动将头脑中的思想方法或观念提炼并有意识地外化，要求儿童模仿、概括和总结，给儿童做好示范。通过这种学习训练，儿童可以逐渐熟练地掌握各种思维方法，丰富或完善自身内部的认知结构，同时将教师的经验转化为自身经验，这就是一个由外而内的内化过程。教师的外化思路、显性教学最终转化为儿童内部认知结构的完善，从而帮助儿童更好地解决问题。

3. 培养儿童的主动性，提高解决问题的内在动机

在教学中，培养儿童发现问题、解决问题的主动性是教师指导儿童的主要目的之一。这种主动意识是儿童解决问题的先决条件。如果儿童单纯为了考试取得高分、为了获得教师和家长的表扬、为了避免受到指责而解决问题，就容易在持久性上有所欠缺，在遇到问题的情况下易知难而退；而如果从求知欲、兴趣爱好等内在方面着手解决问题，则容易形成一种持久的动力和能力，并且坚持下来。所以，教师要尽可能地激发儿童的内在动机，培养其主动积极地解决问题的能力。

（三）提供多种适宜练习的机会

教师在教学过程中要尽量避免低水平、简单化的提问和机械重复的习题，优选设计方案、注重练习题的质量，避免把儿童困在题海战术中；要注重训练质量，根据教学内容、教学目标、教学重点和难点、课堂教学时间段等综合因素考虑练习的内容、练习方法、练习时间、练习效果、对练习效果的评价等。例如，教师既要训练儿童学会解答有结构的习题，也训练儿童对没有结构问题的学习能力；既要有一般性的理论习题，又要有一定数量的动手操作题；既要有基础问题以促进儿童对所学知识的了解，又要有与现实相关联的问题，以使儿童能够适度融入。同时，习题的难易程度要与儿童的学习能力相适应，对儿童来说难度过大的题目，容易使他们产生厌烦情绪，进而丧失信心和兴趣。反之，对儿童来说过于简单的题目，儿童会缺少挑战的感受和刺激，难以提起练习的兴趣，对他们反而不利。除此之外，教师要照顾儿童的个别差异，因材施教，辅之以个别辅导，更好地培养儿童的学习能力和问题解决能力。

（四）培养思考问题的习惯

1. 鼓励儿童积极发现问题

教师要提醒并鼓励儿童养成善于观察的习惯，多留心、多思考，不要被动地等候教师指定学习任务，才套入公式或定律去计算或解决问题。

2. 鼓励儿童多方位明确提出假设

在明确问题的前提下，教师要鼓励儿童从不同的角度，以不同的形式，尽可能多地提出各种各样的假设，例如采用头脑风暴的模式进行，不需要对假设有过多的评价，以防将儿童的思维限于某一问题解决的方案中。这时，重要的是假设的数量，而非质量。

3. 鼓励个人评价与思考

教师要注重培养儿童的元认知能力，也就是说要培养儿童自己反复研究、剖析各种假设的可行性的能力，并对解决问题的全过程进行评价和监控，从而有效地调控问题解决的过

程，提升解决问题的能力。

第三节　创造性概述

拥有创造性思维的个体，不仅能揭示客观事物的本质及其内部联系，而且能在此基础上产生新颖的、独创的、有社会意义的思维成果。创造性是人类思维的高级过程，是人类意识发展水平的标志。瑞士心理学家皮亚杰认为，文化和教育的主要目的就是培养能创新的而不是简单重复前人所做过的事的人。党的二十大报告指出，要"完善科技创新体系。坚持创新在我国现代化建设全局中的核心地位。完善党中央对科技工作统一领导的体制，健全新型举国体制，强化国家战略科技力量……提升国家创新体系整体效能……形成具有全球竞争力的开放创新生态""必须坚持科技是第一生产力、人才是第一资源、创新是第一动力，深入实施科教兴国战略、人才强国战略、创新驱动发展战略，开辟发展新领域新赛道，不断塑造发展新动能新优势"。

一、创造性的概念及分类

（一）创造性的概念

创造性是指个体根据一定的目标，利用一切已知信息，产生具有首创性和社会价值或个人价值产物的能力或特性，此产物可以是物质产物也可以是精神产物。创造性主要包括四个方面：（1）能力性，创造性是一种智力测试难以测量的能力，即区别于智力的一种能力；（2）多样性，创造性的活动丰富多样，在各种创造活动中所表现出来的能力，既有科学创造活动，也有其他创造活动，如技术创造活动和艺术创造活动等；（3）新颖独特性，体现出前所未有、与众不同的特征，这也是创造性的核心特征；（4）价值性，创造的产品具有社会或者个人价值。

（二）创造性的分类

按照创造性水平划分，可将创造性分为三种类型：高级、中级和初级。高级水平的创造性是指那些作出卓越贡献的科学家、工程师、艺术家和各项事业的开拓者所具有的能力，他们经过长时间的科学研究和不断探索而产生不同寻常的创造。中级创造性，相对来说是一种比较普遍的创造能力，是指能在原有基础上改进或再研究具有一定特色的社会价值的"产品"的能力。初级创造性，相对于个体而言，是指能创造前所未有的"产品"的能力，但不一定有社会效益，如个体的绘画创作、手工作品等。

按照创造性程度划分，可将创造性分为真创造和类创造。真创造与类创造的相同点，都是一种会产生某种独创性成品的活动，区别在于真创造是一种产生了具有人类历史首创性成品的活动，如爱因斯坦的相对论和达尔文的进化论。而类创造所产生的成品并非人类历史上的首创，只是在个人方面具有独创性。事实上，不管是真创造还是类创造，所表现出的逻辑思维或认知能力本质上是相同的。在教育研究中发现，掌握真创造与类创造的区别对于教育实践具有积极的指导意义。过去人们通常认为创造能力与大多数人无缘，只有极个别有天赋的人，才具备这种能力，从而把创造能力神秘化。事实上，这种创造性能力不仅体现在意义重大的真创造活动当中，还更多地体现在人们的类创造活动中。也就是说，创造不是极少数有才能的人的专利，而是人们常有的一种潜能，只是有些人的创造性潜能被充分挖掘出来，有些人的创造性潜能还未被挖掘出来。总而言之，每个人都有创造性，儿童也不例外，在实际的教学活动中，教师要培养每个儿童的创新意识，充分挖掘每个儿童的创造性潜能。

二、创造性的基本特点

研究者认为，发散思维是创造性思维的核心。发散思维又称求异思维，它是从不同的方向和角度探索多种答案的一种思维模式。其基本特点有以下三个：

（一）流畅性

流畅性是指个人面对问题情境时，在规定的时间内，产生不同答案的数量的多少。同样的问题，想到的可能答案越多，表示个体思维的流畅性越高。流畅性代表个体的心智灵活、思维敏捷。例如，我们看到"天空"，通过发散思维会联想到"小鸟""白云"等更多的事物。

（二）变通性

变通性即灵活性，是指个体在面对问题情境时，不墨守成规，能随机应变，融会贯通。对于同一个问题，想到的答案越多，说明个体的变通能力越强，变通性越高。例如，在做证明题时，如果顺着解难以解出答案时，可利用反证法解题以获取答案。

（三）独创性

在面对问题情境时，个体能想出不同寻常的、超越自己或者同辈的、具有独特性和新奇性的方法，对待同一问题，个体提出的方法越新颖，其独创性越高。如学者发明的专利，设计师的原创设计服装。

三、创造性的过程

个体的创造性表现在创造活动的过程中，1926 年心理学专家华莱士在对大量科学家、艺术家的思维过程以及他们的日记等进行研究的基础上，得出创造过程的四阶段论，该理论至今在社会心理学界被广泛接受且影响深远。[①] 华莱士认为，所有创造活动的过程都需要经历四个阶段，即准备阶段、酝酿阶段、明朗阶段和验证阶段。

（一）准备阶段

创造主体在准备阶段首先要明确需要解决的问题是什么，然后在此基础上，收集相关材料，紧紧围绕这个问题，把前人对同类问题的研究成果收集起来进行仔细研究。同时，尝试将获取的信息资料进行整合，并开始探索问题解决的方案。例如，青年时期的爱因斯坦对物

① 陈琦，刘儒德. 教育心理学［M］. 3 版. 北京：高等教育出版社，2020：223-226.

理学中光的速度问题感到疑惑，他日夜思考这个问题，长达七年之久。当他考虑到时间概念时，忽然觉得时刻萦绕在大脑里的问题可能获得了解决。之后，他只用了五周的时间就完成了世界闻名的《相对论》。关于相对论的研究论文虽在短短几周的时间内就完成了，可是从开始思考到全部理论的完成，经历了七年的思考时间，是一个十分充足的准备阶段。

（二）孕育阶段

孕育阶段又称酝酿阶段或潜伏阶段。创作主体在这一阶段开始对准备阶段所获得的材料信息进行深入的探讨和思考。如果思路不通，问题可以暂时搁置，此时个体的思路表面上是中断的，实际上，他们的潜意识还在继续为下一阶段作准备。孕育阶段的主要特点是个体潜意识的参与。著名哲学家、数学家罗素的一段话有助于人们对孕育阶段的理解。他说："我发现，如我要写一篇题目比较难的文章，最好的计划是努力加以思索——尽我一切可能努力思索，用几个小时或者几天，最后再命令工作转入潜在状态。几个月之后，我有意识地再回到这个题目，发现工作已经完成了。在我发现这个技巧之前，我时常因为毫无进展而连着几个月忧心忡忡。解决问题并不能靠忧虑，那几个月的时间等于白费。现在，我可以将这几个月用在其他的追求上了。"

（三）明朗阶段

明朗阶段又称灵感期、顿悟期、豁朗期，是新思维产生的阶段。进入这个阶段，创造主体要解决的问题答案越来越明朗了。例如，有一个大家耳熟能详的故事。公元前 3 世纪，一名国王请金匠为其制造了一顶纯金的王冠。等王冠做好之后，国王怀疑金匠做了手脚，王冠的所用原料并非纯金，而是掺杂了一部分白银。国王要数学家阿基米德搞清楚真相。阿基米德苦思冥想好长时间，一直找不到检验的方法。在一次洗澡时，他突然看见一些水从澡盆里漫出来，于是恍然大悟。要搞清楚王冠是否货真价实，只需王冠所漫出的水量是否与同等重量纯金所漫出的水量相同即可。若有出入，则王冠必定掺假。这就是著名的阿基米德定律的雏形。这个故事说明，明朗阶段的到来既有必然性，也有偶然性。必然性是因为明朗阶段是创造主体长期不懈努力、深思熟虑的必然结果。阿基米德能在步入澡盆的时候发现浮力定律，是因为他早就在数学、力学等方面有精深的造诣，同时他对解开金冠之谜进行了长期思考，如果没有上述这些条件，他就很难得出浮力定律。同时，明朗阶段的出现也具有偶然性。它往往因受到某一原型的启发或在某种紧张之后的松弛状态下忽然闪现在人们的头脑中。在明朗阶段，创造主体常常伴随着强烈而明显的情绪变化，这一情绪变化是面临问题解决的时候出现的，是突然的、完整的、强烈的，给创造主体以极大的快感。

（四）证实阶段

证实阶段又称验证期，用以检验准备阶段提出的假设，以及明朗阶段所获得的逻辑成果。这种证实可以采用两种形式：一是逻辑推理的形式，二是实验或实践活动的形式。当然，最终的证实要靠人类的实践。证实阶段是创造过程中不可或缺的阶段，只有经过这个阶段，才能知道提出的假设是否是真理，如果发现错误则必须及时修正补充。例如，爱因斯坦曾预言过，光的射线射在一个较大的物体上，会由于引力的作用而弯曲。这一预言在天文学家观察 1919 年日全食的特殊天象时得到证实，随后被人们普遍接受。

第四节　儿童创造性的发展与培养

创造性的培养不是一蹴而就的，而是一个漫长且艰苦的过程，可以通过锻炼得到提高。本节主要在了解儿童创造性的发展特点及其相关影响因素的基础上，提出促进儿童创造性发展的培养策略。

一、不同阶段儿童创造性发展的特点

（一）婴幼儿创造性的发展特点

婴幼儿期是创造性的萌芽时期，刚诞生的婴儿具有的一些探究等无条件反射表现，可以体现出这个时期的创造性。随着年龄的增长，婴幼儿的创造性也会随之发展，尤其是在绘画、音乐、舞蹈、游戏等活动中，他们的动作、言语、感知觉、想象等各方面，包括好奇心和创造性想象都会得到发展。

好奇心在婴儿期就已经出现，这个时期的婴儿表现出对世界强烈的探索欲望，会通过手、口、舌等器官对新奇的事物进行探索。到幼儿期，幼儿的好奇心会进一步强化，他们对新游戏、新事物特别感兴趣，这也是其创造性发展的最初表现，思维的流畅性不断发展，有意性也不断增强，但是新颖性发展不足，且在新颖性方面表现出较大的个体差异。作为一种无意的自由联想活动，创造性想象会随着幼儿的年龄增长而逐渐增强，而且会随之出现再造想象并积累大量的想象形象，这些也都成为幼儿创造性想象在发展过程中的原始素材，且幼儿的思维活跃，受客观事物的限制较小，如幼儿在设计汽车时，不会考虑汽车的成本与性能。

有针对幼儿园幼儿的研究发现：小班幼儿的创造性想象属于再造想象，而且水平很低；较之小班幼儿，中班幼儿的创造性想象有了明显的进步，有意性、内容的丰富程度、新颖性都有所增加，但水平仍然较低；大班幼儿的创造性想象的有意性、内容的丰富程度、新颖性都有所增加，相对而言创造性发展到较高水平。

在创造性思维方面，有研究者通过对 166 名 2—6 岁儿童创造性思维的发展状况进行研究后发现：2—6 岁儿童创造性思维发展的总趋势是流畅性高于变通性，变通性高于新颖性，个体差异较大，尤以新颖性为主；创造性思维的发展存在性别差异，除流畅性以外，男孩的创造性思维总分、思维的变通性和新颖性均显著高于女孩；且发展存在年龄差异，基本上随着年龄的增长而发展，3 岁时出现回落，之后逐渐上升，4 岁迅速发展，5 岁后发展速度趋缓。[①] 在创造性人格方面，有研究者对 3—5 岁幼儿的创造性人格结构进行验证后得出结论：随着年龄增长，3—5 岁幼儿的创造性人格呈波浪式发展趋势，总体发展存在显著年龄差异，4 岁是幼儿创造性人格发展的关键时期，但总体来说性别差异不显著。[②]

[①]　叶平枝，马倩茹. 2—6 岁儿童创造性思维发展的特点及规律［J］. 学前教育研究，2012（8）：36-41.
[②]　齐璐. 3～5 岁幼儿创造性人格的结构、发展特点与类型［D］. 沈阳：辽宁师范大学，2007：39-44.

（二）小学儿童创造性的发展特点

小学时期，儿童的创造性活动进一步发展，而且呈现出一定的动态性。有研究发现，小学儿童的创造性发展总体呈上升趋势，偶有波浪式前进的情形。一至三年级呈直线上升状态；四年级下降；五年级又恢复上升；六年级至初中一年级再次下降。其中，流畅性最高，变通性居中，独创性最低。

在创造性倾向方面，冒险性、好奇性、想象力、挑战性的发展存在动态性，三年级到四年级、五年级到六年级均呈上升趋势，但从四年级到五年级呈下降趋势。创造性态度不存在这样显著的年级差异。

小学儿童的创造性想象有了较大提高，不仅再造想象更加富有创造性成分，而且以独创性为特色的创造性想象也日益发展。通常来讲，低年级儿童的想象主要以复制和模仿为主。到了中高年级，儿童在思考问题的敏捷性、分析问题的深刻性、解决问题的独创性等方面有了一定的发展变化，对表象的创造性改造明显增多，出现了很多有创意的想法和行动。小学儿童创造性思维的发展更多表现在思维的发散性、变通性、灵活性上。

（三）青少年创造性的发展特点

青少年时期是儿童创造性发展的黄金时期，同时要引起足够的关注和重视。这主要是因为青少年的创造性发展具有两个主要特点，即复杂性和不成熟性。

复杂性主要表现为，在整个青少年期，创造性发展呈现不断的起伏和波动，而且内容丰富。有研究发现，从初一至初三，呈上升趋势，初四开始下降，高一又有所回升，高二和高三又出现下降。初一儿童的创造性态度最为消极，13岁和17岁是两个低落期。在整个青少年期，从具体内容来看，儿童的创造动机强烈，对创造充满渴望和憧憬；敢于标新立异和突破束缚，创新意识较强；想象丰富，思维敏捷、灵活，善于运用直觉和猜测。

不成熟性主要表现为，虽然青少年期，儿童的创造性发展速度迅速，但是个体在知识经验、社会生活实践等方面有所欠缺。例如，有一些儿童仅凭想象而不顾现实生活，企图不通过努力想在短时间内实现成绩的飞跃和突破，而且创造性思维的方式单一，变通性不够，儿童不善于捕捉和把握灵感、直觉以及利用创造的条件，不虚心学习和请教，理论与实践相脱节等情况的出现，严重限制了儿童创造性的发展。

二、影响儿童创造性的主要因素

（一）环境

影响儿童创造性的环境因素主要包括家庭、学校和社会的教育环境。在家庭教育方面，家长是儿童的第一任教师，也是终身之师。家长与儿童的接触时间最早、最长，家长的文化程度、教养方式、交往方式、家庭氛围等，都在一定程度上影响着儿童的创造性。研究显示，多种因素有益于儿童创造性的培养，例如，父母的受教育程度高、对儿童的要求不过分严格、民主的家庭氛围、对儿童的教育采取适当的指导对策等。在学校教育方面，有些学校的氛围是比较民主化的，允许儿童表达不同的观点，积极激发儿童的主体性，在自主探究中允许儿童用心感受专业知识，这样的教育对儿童创造性的塑造大有裨益。在社会环境方面，研究表明，随着年龄的增长，由于文化、教育等外部环境的影响，个体的创造性会有所降低。这在一定程度上说明，有些社会文化和教育环境不利于个体创造性的发展。例如，倾向于保守封闭、排斥新观念的社会文化环境，会导致个体思想封闭，因循守旧，缺乏创造性。

总体来说，儿童所处环境是否具有较高的容忍度，能够鼓励儿童创造；是否能让儿童在环境中感受到安全与自由，都会影响儿童的认知和情感的发展。

（二）智力

创造性与智力之间的关系并不是简单的线性相关，二者既有独立性，在某种条件下还具有关联性。具体关系表现为以下四点：

（1）低智商不可能具有高创造性；

（2）高智商可能具有高创造性，也可能具有低创造性；

（3）低创造性的智商水平可能高，也可能低；

（4）高创造性个体必须有高于一般水平的智商。

上述关系表明，高智商虽然不是高创造性的充分条件，但它是高创造性的必要条件。

（三）个性

个性通常是指个体具有比较稳定的、有一定心理倾向的心理特征的总和。一般而言，创造性与性格之间具有因果关系。有关研究表明，高创造性个体一般具有两大个性特点：一是幽默风趣，即便面对较艰难或严肃认真的问题情境，高创造性个体也可以表现出较多的幽默感。二是有理想抱负和强烈的动机，高创造性个体对工作有热情、有信心、有追求，即便在遇到困难或应对平淡无味的工作情境时，依然可以坚持不懈，并自得其乐。

（四）生理基础

个体的神经系统，尤其是大脑所固有的结构和功能是创造性产生的物质基础。精密的神经元结构以及由大量神经细胞所形成的复杂的神经网络为儿童创造性的产生提供了可能性，同时大脑左右半球在结构和功能上的差异会影响创造性的发展，大脑皮质的激活水平及其可变性也影响儿童创造性的发展。

（五）知识经验

以往的知识经验对创造活动可能起积极作用也可能起消极作用，为避免幼儿已有的知识经验对幼儿的创造性发展产生消极影响，成人要帮助幼儿不断改造和灵活运用知识。丰富的知识是创造的必要条件，没有必要的知识基础，根本谈不上创造。但是，就知识本身而言，不仅量的多少会影响创造性，更重要的是质的水平。那些具备条件化、结构化、自动化和策略化表征的知识，才是高质量的知识，能够促进儿童创造性的发挥，僵化的、错误的知识不利于儿童创造性的发展。

三、促进儿童创造性发展的教育教学策略

（一）创设有利于创造力发挥的环境

对学校教育而言，教师既是知识的灌输者，又是创造教育的实施者。为了开发儿童的创造力，教师应从以下四个方面为儿童创造有利于其创造力发挥的条件：

1. 创设宽松的心理环境

教师要给儿童创造一个宽松的生活、学习环境，鼓励儿童进行质疑和争论，让儿童体会到心理上的安全和自由。只有这样，才能真正激发儿童学习的热情和主动性，促进儿童充分运用认知功能和情感功能，从而促进儿童创造性的发挥。托兰斯提出五条要求：（1）尊重与众不同的疑问；（2）尊重与众不同的观念；（3）向儿童证明他们的观念是有价值的；（4）给予不计其数的学习机会；（5）使评价与前因后果联系起来。只有这样，才能真正激发儿童学习的热情和主动性，充分发展儿童的认知功能和情感功能，以提高儿童的创造性思维能力。

2. 留出一定时间让儿童酝酿

创造性活动需要花费时间，才能让原计划方案作废或获得新的转型。创造性思维往往需要等待时机，使原有方案被推翻或得到改造，而顿悟，一般都要经过较长时间的酝酿才有可能产生。所以，积极主动地创造条件，给儿童一定的权力和机会，让富有创造性的儿童拥有自由的时间，有方便儿童行动的条件，这为创造性行为的产生提供了更多的机会。

3. 要尽可能地扩展问题的设定范围

在教学中，教师要善于提出各种各样的问题，启发儿童学会思考，尽量多地寻找各种解决问题的办法。例如，在课堂互动提问环节，要多提问一些开放性的问题；在学业考试中，可以增加一部分没有固定答案的题目等。这样儿童就有机会发挥自己的创造性，在评定儿童成绩的时候要考虑其创造性的高低。

4. 兼用外在强化与内在强化

教师在鼓励儿童时，应兼用外在强化与内在强化，切记不能一味地仅用外在强化，不然，容易让儿童培养出急功近利的心理状态。内部强化是指来自内部的奖励或惩罚，如自我满足、自我惩罚等。这种强化方式可以使儿童自我激励，从而形成一种积极的习惯。外部强化是指来自外部的奖励或惩罚，如金钱、家长的批评等。

（二）激发儿童的主体性和主动性

为了促进儿童的创造力发展，要想方设法激发儿童的主体性和主动性，这就要求教育不能只注重知识的传授和学习，还要注重正确价值观、态度和情感的教育。

1. 保护好奇心

好奇心是创造活动的原动力，可以引发个体进行各种探索活动，教师应给予鼓励和赞赏，不应忽视或讥讽。教师要保护儿童的好奇心，接纳儿童的奇特问题，对他们的求知欲大加赞赏，并对努力尝试探索的儿童进行正确引导。

2. 解除个体对答错问题的恐惧心理

教师要以肯定积极的态度接纳儿童回答的一切问题，无论儿童给出的答案合理与否，都不加以指责或批评，对儿童出现的错误要辩证地看待，鼓励儿童正视并反思错误，同时给予

鼓励，消除儿童的恐惧心理。

3. 鼓励独立性和创新精神

鼓励儿童的独特观点和见解，并尽量采用多种形式支持儿童以不同的方式理解事物。对日常问题能提出超常见解的儿童，教师应给予鼓励。

4. 重视非逻辑思维能力

非逻辑思维是创造性思维的重要组成部分，在各种创造性活动中发挥着重要作用，贯穿创造性活动的始终。教师要鼓励儿童大胆猜测，进行丰富多样的想象，不要局限在基础答案上。教师要给儿童进行猜测的机会，并尽量让儿童有猜测成功的经历。在丰富儿童的想象力方面，可以利用实物、图片、多媒体辅助等教学手段，组织参观、访问，开展丰富多彩的课外活动等，使儿童头脑中的表象更为鲜明、完整。

除此之外，教师还有必要给儿童提供富有创造性的榜样，使儿童受到潜移默化的影响，从而启发他们见贤思齐的心理需求。

（三）训练创造性思维的策略

通过一些专题课程的内容，可对儿童进行一些创造性思维策略和方法的训练。

1. 发散思维训练

【拓展阅读】
培养儿童发散思维的方式

训练发散思维的方法有多种，如用途扩散、结构扩散、方法扩散与形态扩散等。

用途扩散就是让儿童把某件物品的用途作为扩散点，尽可能多地把它的其他用途说出来。例如，让儿童把透明胶的所有可能用途罗列出来。结构扩散是以某一事物的结构为扩散点，列举出可以利用这个构造的所有可能性。例如，尽量多地说出带有"□"（正方形）结构的东西。方法扩散是以某一问题的解决或某一类物品的制造方法为扩散点，设想出利用该方法的各种可能性。例如，列举出用"跳"的办法能解决的事。形态扩散是以事物的形态（如色调、味道、样子等）为扩散点，设想出利用某种形态可以做的事情。例如，用牛奶（液体）可以做什么食物。

2. 推断与假设训练

发展儿童的创造力、对事物的敏感程度，促使儿童进行深入思考，是推断与假设训练的主要目的。例如，让儿童以"二十年后的我，会是什么样子"为作文主题进行假设训练；在课堂上讲述一段小故事，去掉故事结尾，引导儿童对有可能的结尾进行猜想；等等。总而言之，教师可以利用各种各样的方法对儿童的推断和假设进行训练。

3. 自我设计训练

教师在充分考虑儿童的积极性和认知结构的前提下，给儿童提供一些必需的材料和工具，让儿童利用各种材料，动手制作某一类物件，如生日卡片、明信片、书签、各种小模型等，儿童按照具体的实际操作活动完成方案设计。这种训练往往需要教师帮助儿童明确所设计的主题，指导儿童进行充分的自我设计训练。

4. 头脑风暴训练

头脑风暴训练是指让儿童以集体讨论为基础，不同的逻辑思维进行碰撞，以达到博采众长的效果。在实际运用这种方法时，应遵循四条基本准则：一是让儿童各抒己见，教师对提出的方案暂不作评价，也不作区分；二是启发儿童发表独特见解；三是不看重方案的质量，而是激发各类想法，多多益善；四是激励儿童主动提出改进意见或填补意见，也可以由教师直接提问，然后启发每一位儿童从他们的角度出发，清晰地提出解决问题的方法。儿童能够按照集体研究的方式，拓宽思路，激发想象力，然后在创造性方面有所提高。

研究表明，创造性能力的养成是多方面综合发展的结果，包括专业知识、专业技能、学习动机等。教师在充分发挥创造性的同时，融合不同的专业特点对儿童进行创造性的逻辑思维训练，能够有效促进儿童创造性的提高。所以，排斥或撇开课堂教学其实是一种舍本逐末的错误做法。但要注意的是，培养创造性能力的方法很多，但没有捷径。上述四种方法都是比较常用的典型方法，各种方法之间也有一定的交集，教师可以根据儿童的实际情况，选择合适的训练方式。

【本章小结】

本章主要探讨儿童问题解决能力与创造力。问题解决是指一个人运用一系列的认知和操作，发挥主观能动性，克服一切困难和障碍，从问题起始状态递进到目标状态的过程，具有情境性、指向性、认知性、心智操作性、个人性等特点。问题解决的过程分为发现问题、理解问题、提出假设和检验假设四个阶段，受多种因素的影响，主要包含已有的知识经验、问题的特征、定势与功能固着、酝酿效应、原型启发、动机的强度、个性差异，因此可以从提高儿童知识储备的数量与质量、教授与训练解决问题的方法和策略、提供多种适宜练习的机会、培养思考问题的习惯等方面培养儿童的问题解决能力。创造性是指个体根据一定的目标，利用一切已知信息，产生具有首创性和社会价值或个人价值产物的能力或特性，具有流畅性、变通性、独创性等特点，主要分为准备阶段、孕育阶段、明朗阶段和证实阶段四个阶段，环境、智力、个性生理基础、知识经验是影响儿童创造性发展的主要因素，因此可以从创设有利于创造力发挥的环境、激发儿童的主体性和主动性和训练创造性思维的策略三个方面来培养儿童的创造性。

【实践・反思・探究】

在学校的一次开放式活动上，班上绘画能力较强的小朋友雯雯模仿老师画了一位小朋友，之后又在旁边加了一团黑色，雯雯爸爸看到后皱起了眉头："这是什么？""这是小朋友的影子。"雯雯自豪地说。"谁让你画了，没看见老师只画了一位小朋友吗！"雯雯看着爸爸严肃的脸色，呆呆地点了点头。老师在黑板上示范时因粉笔颜色不全而使得自己的画色彩单调，班中的多数幼儿在36种颜色中也选择了同样的几种颜色进行模仿，有的幼儿想换其他几种颜色，马上被旁边的家长制止："你要看清楚老师的画用的什么颜色，别弄错了。"也有的家长大声斥责孩子："又把颜色弄错了，今天画不好就别回家了。""你看你画得就不像，小马的眼睛怎么会那么大呢？"

根据上述案例，请从儿童创造性培养方面对老师和家长的行为进行评价，并提出教育建议。

【推荐阅读】

1. 李东斌，邓稳根. 教育心理学：教与学的基础［M］. 南昌：江西高校出版社，2019.
2. 张大均. 教育心理学［M］. 3 版. 北京：人民教育出版社，2015.
3. 阿德勒. 儿童教育心理学［M］. 张婷婷，译. 北京：中央编译出版社，2022.

第十章 儿童的知识学习

【学习目标】

1. 了解知识、陈述性知识、程序性知识、迁移的含义。
2. 理解知识的类型、迁移的类型。
3. 掌握陈述性知识与程序性知识的学习。
4. 应用迁移的相关知识促进学生知识学习效果。

【知识导图】

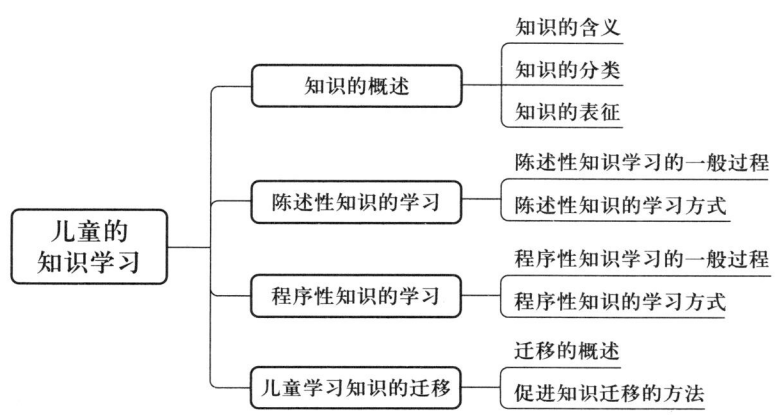

【案例导入】

　　轩轩是一名 4 岁的小男孩，轩轩的奶奶是退休小学语文老师，爱好唐诗宋词。轩轩从小与奶奶学习很多古诗，如果让轩轩背出几首古诗那绝对难不倒他，但如果让轩轩说出几个四字成语，他可能吞吞吐吐，完全答不上来。为什么轩轩不会简单的成语，而能熟练吟诵更为复杂的诗句？不难看出，这依赖于轩轩以往学习的知识经验。那么什么是知识？知识可以分为哪些类型？如何更好地促进知识的迁移呢？通过本章的学习，你可以寻找到答案。

第一节　知识的概述

　　知识，对每个人来说都不陌生，个体的发展离不开知识。在知识的掌握过程中，知识越能完备而有效地联结成一个系统，对个体的发展就起着越重要的作用。知识的学习与掌握是学校教育的重要目标之一，如何根据学生的学习特点将知识有效地传授给他们，使学生的学习达到事半功倍的效果，是教育工作者共同关注的问题。

一、知识的含义

【拓展阅读】
知识学习的信息加工过程

　　从心理学的观点看，知识是个体头脑中的一种内部状态，行为主义心理学家反对研究人脑中的内部状态，自然不会研究知识，由于 20 世纪 60 年代之前，心理学主要受行为主义的影响，因此在心理学辞书或教科书中很难找到知识的定义。当代著名的认知心理学家皮亚杰认为，知识是主体和环境或思维与客体相互交换而导致的知觉建构，知识不是客体的副本，也不是由主体决定的先验意识。根据皮亚杰的思想和当代信息加工心理学的观点，把知识定义为主体与其环境相互作用而获得的信息及其组织，贮存于个体内部为个体的知识，贮存于个体外即为人类的知识，知识的本质是信息在人脑中的表征。[①]

二、知识的分类

　　根据不同的分类标准与分类目的，人们将知识划分为多种类型，以下是几种具有代表性的观点。

　　根据知识反映事物的深度与广度，可以把知识分为感性知识和理性知识。感性知识是对事物的外部属性和外部联系的反映，分为感知和表象两种水平。理性知识是对事物的本质属性和内在联系的反映，包括概念和命题两种形式。感性知识与理性知识之间的区别在于：在认识对象上，感性知识与认识对象之间的联系是直接的，理性知识与认识对象之间的联系是间接的；在反映的深度与层次上，感性知识反映的是事物的具体特性、表面特性和外部联

---

① 皮连生. 教育心理学［M］. 4 版. 上海：上海教育出版社，2011：82.

系，理性知识反映的是事物的本质、内在联系和规律。

　　根据知识的所属领域，可以把知识分为特殊领域的知识与一般性的知识。因此，有些是特殊领域知识，这些知识只适用于一种特殊的任务或专业。有些知识是一般性的知识，这些知识适用于不同的环境，例如，关于如何读、如何写或如何使用一台电脑的知识。当然，特殊领域的知识与一般性的知识之间没有绝对的界限。当你是阅读的初学者时，也许要学习许多关于字面发音方面的知识，这时关于发音方面的知识就是特殊领域的知识，但当你进行了大量的阅读后，可以将语音等方面的知识作为一般性的知识进行阅读。

　　根据知识的不同表征方式和作用，可以把知识划分为陈述性知识、程序性知识和策略性知识。陈述性知识也叫描述性知识，是指可以通过各种文字和符号系统（如盲文、手势语言、舞蹈或音乐符号、数字符号等）陈述的知识，主要用于区别和辨别事物。陈述性知识是说明事物"是什么"的知识。它是个体有意识地提取线索，因而能直接陈述的知识。陈述性知识的范围很广，可以知道每个特定的事实、一般规律或者规则。陈述性知识的小单元可以组合成更大的单元，如强化和惩罚原理可以组合成行为主义的学习理论。程序性知识即操作性知识，是关于"怎样做"的知识，是一种经过学习自动化了的关于行为步骤的知识，表现为在信息转换活动中可进行具体操作。它是个体没有有意识地提取线索，只能借助某种作业形式间接地推测其存在的知识，实际是传统意义上的技能。程序性知识主要用来解决"怎么做"的问题，如"如何在图书馆中查找指定的文献资料"。策略性知识是关于如何学习和如何思维的知识，即个体运用陈述性知识和程序性知识进行学习、记忆、解决问题的一般方法和技巧。从本质上看，策略性知识也是程序性知识，但它与一般的程序性知识有所不同。一般的程序性知识是完成某种具体任务的操作步骤，策略性知识则是个体用来调控学习和认知活动本身的，其目标是更加有效地获取新知识和运用已有知识解决问题。只有在策略性知识的指导下，陈述性知识和一般程序性知识才能被有效地加以应用。

三、知识的表征

　　知识表征是指信息在人脑中的储存和呈现方式，它是个体知识学习的关键。人们在学习过程中，都是根据自己对知识的不同表征而选择相应的学习方法和应用方式。现代心理学研究表明，不同的知识类型在头脑中具有不同的表征方式。

（一）陈述性知识的表征
　　心理学家普遍认为，陈述性知识主要是以命题和命题网络、图式和表象进行表征。
1. 命题
　　命题是知识的最小单位，指一个判断（陈述）的语义（实际的表达概念），它是陈述性知识的一种基本表征形式。命题比句子更为抽象。值得注意的是，命题不是指判断（陈述）本身，而是指它所表达的语义。如果两个不同的判断（陈述）具有相同的语义，那么它们所表达的是相同的命题。例如，食盐是白色的，与氯化钠的晶体是白色的，二者是相同的命题。一个命题大致相当于一个观念。有些句子如"我是一名学生"虽然表达了一个观念，但仅包含一个命题，但也有些句子既表达多个观念，也包含多个命题。如"一年级的女孩在唱歌"，这个句子表达的就是两个观念，其中包含两个命题，分别是"女孩在唱歌"和"她是一年级的"。

命题一般由两个成分构成：论题和关系。论题是指一个命题中的主体或客体（对象），一般指概念，多由名词和代词表示，如"萱萱骑自行车"中的论题是"萱萱"和"自行车"。命题中的关系多以动词表示，有时也用形容词和副词表示，关系对论题起限制作用，如"萱萱骑自行车"这个命题中"骑"表示关系。

现代认知心理学认为，词、短语或句子是交流思想的工具，它们是思维的物质外壳或载体。但人的思想在头脑中不是以词语而是以命题进行表征和记录的。人思考的对象不是词语而是命题。命题是思想和观念的单元。

2. 命题网络

命题网络是陈述性知识表征的一种形式，是由具有共同成分的两个或多个命题彼此联系起来形成的。也就是说，如果两个命题拥有共同成分，就可以把这些命题彼此联系起来形成命题网络。在命题网络中，命题通常用节点（用圆圈表示）表示，用连线或箭头表示此命题中的论题及其关系，以及两个命题之间的关系。例如，根据前面对命题结构的分析，在"蚂蚁吃了甜的果酱"这句话中包含两个命题：（1）蚂蚁吃了果酱；（2）果酱是甜的。这两个命题的共同成分是"果酱"，通过共同成分可以把两个命题联系起来。

科林斯和奎廉的一个经典实验支持了知识以命题网络的层次结构存储的观点。他们认为对动物、鸟、鱼等分类的知识，是以图的层次结构存储的，如图 10-1 所示。

科林斯和奎廉认为，不同动物的知识概括水平不同，在每一概括水平上存储了可以用来区分其他水平的物体的属性。例如，"有皮肤"是所有动物的属性，存储在最高水平。用这一属性可以把动物与矿石（没有皮肤）等区分开来。又如，"有羽毛"是所有鸟的属性，存储在比"动物"低一级的水平上，可以用来区别鸟与非鸟的动物（如鱼、狗等没有羽毛）。

在科林斯等人的研究中，主试让被试阅读句子并判断句子意义的合理性，结果发现，判断金丝雀是鸟的时间比判断金丝雀是动物的时间要长，这是因为核实"金丝雀是鸟"在网络中搜索的距离比核实"金丝雀是动物"在网络中搜索的距离短，这符合层次网络模型的预期。

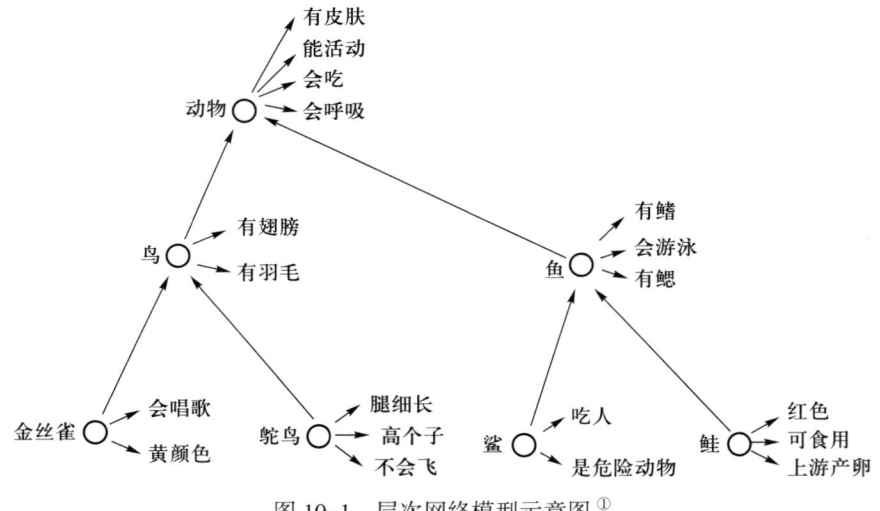

图 10-1   层次网络模型示意图 [①]

①   COLLINS A M, QULLIAN M R. Retrieval time from semantic memory［J］. Journal of verbal learning and verbal behavior, 1969, 82（8）: 240-247.

层次网络模型简单地说明了概念间的相互关系，但是，它所概括的概念间的关系类型较少，因此对说明概念的关系还有其不足的一面。

3. 图式

心理学家巴特利特首次正式提出了心理学意义的图式概念，他认为人脑中的知识单元、知识组块和知识系统就是图式。例如，某人的直角三角形图式，其图式的核心概念是直角三角形，其他的关系、概念等可以在此基础上一一建立起来。皮亚杰认为，图式是个体对世界的知觉、理解和思考的方式。我们可以把图式看作个体心理活动的框架或组织结构。图式是认知结构的起点和核心，或者说是人类认识事物的基础。安德森认为，对于表征小的意义单元，命题是适合的，但是对于表征一些特殊概念的、较大的、有组织的信息组合，命题是不合适的。

与命题网络相比，图式具有如下特点：（1）图式不是命题的简单扩展，而是对同类事物的命题或知觉的共同性编码方式。它是一般的、抽象的，而不是具体的或特殊的。（2）图式除包括一类事物的命题表征外，也包括此类事物的知觉信息特征，如"鸟"的形状就主要是一种知觉形象表征。（3）图式中有属性（变量）与值两个特征。如在"房子"这一图式中，其属性为材料、功能、大小、形状等，材料是砖头或木头是这一属性的值。（4）图式的相对性。相对于另一图式来说，这个图式可能是其下位概念或上位集合。如"房子"是"建筑物"的下位概念，但也是"房间"或"墙壁"的上位集合。

图式是在图式例子的基础上形成的。认知心理学家认为，要在头脑中形成一定的图式，首先必须学习至少两个图式的例子。在学习例子时，学生要有意识地寻找不同例子之间的相似之处，对这些相似之处做出编码表征，摒弃不同实例之间存在的一些无关紧要的差异，最终在记忆中形成图式。

4. 表象

表象是客观对象不在个体面前呈现，而是个体在观念中所保持的客观对象的形象与客体形象在观念中复现的过程。表象不仅是一个人的映像，而且是一种操作，即心理操作可以以表象的形式进行，即形象思维活动。

在许多情况下，我们往往用命题表示自己所知道的知识，但是在另一些情况下，我们也经常用表象表示这种知识。假设现在向你提出这样的问题："大象比兔子大"，这一说法是对还是错？对此，你在作出判断时，可能会在自己的头脑中浮现出大象有多大的模样，以及兔子有多大的模样，然后再将这两个心理表象的模样进行比较。因此在我们的记忆中，至少有两种表征陈述性知识的方式，一种是先前提到的建立在对事物抽象意义基础上的命题，他们不必保留对象的知觉信息；另一种形式是现在提及的建立在对事物知觉基础上的表象，它们对事物的知觉特征做了大体的保留。

如上所述，当我们对不在眼前的情形或客体做一番想象时，总能体验到这种情形或客体的表象，这时会说，"好像在头脑中看到过似的"。因此，表象对事物在各个方面的一些物体特征做出了连续保留的一种陈述性知识的形式，这是命题做不到的。因此，命题是一种不连续的、抽象的表征，表象是一种连续的、模拟的表征。

由于人的工作记忆的容量有限，因此，在认知心理学家看来，表现特别适合在工作记忆中对空间信息作出某种经济的表征。以往许多研究表明，人在处理以空间信息或视觉信息为主的任务时往往会使用心理表象。

（二）程序性知识的表征

与陈述性知识的表征形式不同，程序性知识主要以产生式和产生式系统进行表征。

1. 产生式

产生式这个术语来自计算机科学。信息加工心理学的创始人纽厄尔和西蒙首先提出用产生式表征人脑中储存的技能。他们认为，人脑和计算机一样都是"物理符号系统"，其功能都是操作符号。人脑能进行计算、推理和解决问题等各种复杂活动，是由于人经过学习后，其头脑中储存了一系列以"如果……那么……"形式表示的规则，同计算机程序的本质一样，这种规则被称为产生式。产生式是程序性知识的最小表征单位。产生式是所谓条件—动作规则。一个产生式就是一个"如果……那么……"规则。当条件得到满足时，动作就得以执行。如面对"20 + 14 + 18 + 25 = ？"这道连加题时，我们在进行具体计算时会先读"20"，将"20"保持在短时记忆中，再读"14"，记住"14"这个数字后，将"20"与"14"相加，得到和"34"，记住"34"这个数字后，再读"18"，记住"18"这个数字后，将"34"与"18"相加……最后得到和"77"。这里的每一步都是一个产生式，从条件得出结果，这个结果被保存在个体的短时记忆中，又成为下一步运算的条件。

2. 产生式系统

简单的产生式只能完成单一的活动。有些任务需要完成一连串的活动，因此需要许多简单的产生式。经过练习，简单的产生式可以组合成复杂的产生式系统。这种产生式系统被认为是复杂技能的心理机制。如果说，若干命题通过它们的共同的观念而形成命题网络，那么产生式则是通过控制流而相互形成联系。当一个产生式的活动为另一个产生式的运行创造了所需要的条件时，控制流就会从一个产生式流入另一个产生式。

一个产生式系统由三部分组成：（1）一个总数据库，它含有与具体任务有关的信息。（2）一套规则，它对数据库进行操作运算。每条规则由左右两部分组成，左部分鉴别规则的适用性或先决条件，右部分描述规则应用时所完成的动作。之后应用规则来改变数据库。（3）一个控制策略，它确定应采用哪一条规则，而且当数据库的终止条件满足时，就会停止计算。

产生式是系统的单元程序，它与常规程序的不同之处在于，产生式能否执行并不在于事前的硬性规定，各个产生式之间也不能相互直接调用，而完全取决于该产生式的作用条件能否满足，即能否与全局数据库的数据条款匹配。除此之外，产生式在执行之后，其工作环境会发生变化，因此，必须对全局数据库的条款做相应修改，以反映新的环境条件。

现代产生式系统的一个工作循环通常包含匹配、选优、行动三个阶段。匹配通过的产生式组成一个竞争集，必须根据选优策略在其中先选用一条，但所选的产生式除执行规定动作外，还要修改全局数据库的有关条款。产生式系统并不需要一个外在的监督系统，它的监控蕴藏于运行之中。

【拓展阅读】
陈述性知识
的学习

第二节　陈述性知识的学习

陈述性知识的范围很广，一个特定的事实、一般规律或者规则都是陈述性知识，陈述性知识是说明事物"是什么"的知识。本节主要讨论陈述性知识学习的一般过程与学习方式。

一、陈述性知识学习的一般过程

当代认知心理学认为，陈述性知识的掌握过程一般分为三个阶段：第一阶段，新信息进入短时记忆，与长时记忆中被激活的相关知识建立联系，从而出现新的意义构建；第二阶段，新构建的意义储存于长时记忆中，如果没有复习或进行新的学习，这些意义会随着时间的延长而出现遗忘；第三阶段，进行意义的提取和运用，陈述性知识的掌握过程，主要是个体中新构建的意义能够长时间地储存在记忆中，而且在运用时能迅速提取。

皮连生根据奥苏贝尔的同化理论和安德森的激活理论，提出了陈述性知识的学与教的模型，把陈述性知识的掌握过程分成 6 个阶段（见图 10-2）。

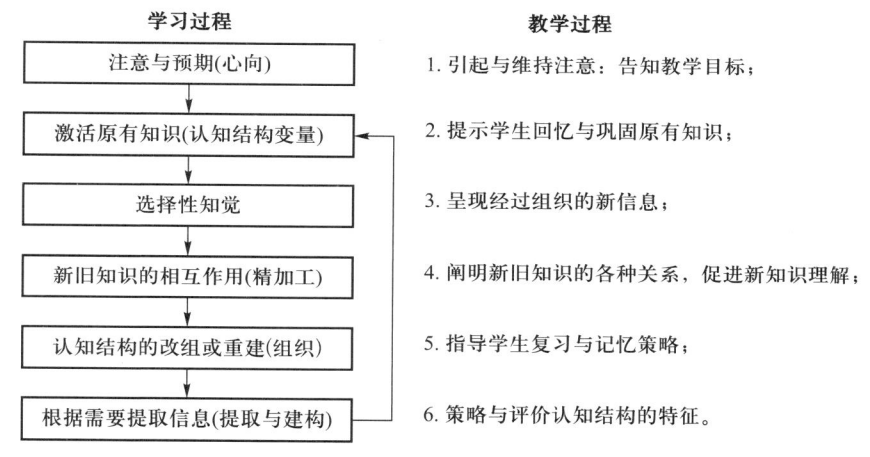

图 10-2　陈述性知识的学与教的模型 [1]

（一）第一阶段　注意与预期（心向）

任何有目的的学习都以学习者有意识的注意为先决条件。当学习者处于注意状态时，其注意指向学习目标。在这一阶段，教师应灵活应用变化的或情绪性刺激特征来唤起和维持学生的无意注意，也可通过其他有趣的实验或问题激发学生的兴趣而引发有意注意。教师也可以告知教学目标，以激起学生对学习任务的预期。学生对新知识的积极关注常常来源于对知识本身的兴趣、良好的学习习惯和教师的有效提示。

（二）第二阶段　激活原有知识（认知结构变量）

根据同化论和激活论的观点，为使新知识获得意义，并达到预期的学习结果，学生需要在已有的认知结构中找到适当的原有知识，并使之处于激活状态。有的学生在学习新知识时，尽管在认知结构中存在一些可用来同化新知识的原有知识，但却不会合理利用，这时教师的外部提示和帮助很有必要。教师在讲授新知识前，可采取适当的教学策略，先让学生复

---

① 皮连生. 智育心理学［M］. 2 版. 北京：人民教育出版社，2008：150.

习和巩固相关的原有知识，这样可以使学生的知识结构得到补充和完善。

（三）第三阶段　选择性知觉

学生不论是通过阅读教科书还是听教师讲课，都是在适当的背景下有选择地进行的。如果缺乏适当的背景知识，学生即使通过阅读或听教师讲解也不一定完全理解。为了使教学内容成为学生选择性知觉的对象，教师提供的新信息必须以学生容易理解的方式呈现。如把语言文字的描述与直观形象材料的呈现相结合，将理性思维与感性经验相结合。

（四）第四阶段　新旧知识的相互作用

选择性知觉新信息的结果是在认知结构中以命题的方式表征新信息。但这种信息如果不与个体已有的有关观念产生联系且相互发生作用，并区分新旧知识的异同，那么新的信息会很快消失（遗忘）。因此，在此阶段，教师应及时了解学生理解的程度，对学生进行指导，提供反馈信息，使新知识进入学生已有的认知结构中（即形成新的命题网络）。教师的作用在于指导学生理清新旧知识之间的内在联系。

（五）第五阶段　认知结构的改组或重建

新的命题网络并非原封不动地储存于长时记忆中，它们会同认知结构中的其他部分继续相互作用，从而导致认知结构发生变化。知识在保持期间，认知结构要经过改组和重建，以达到简约与减轻记忆负担的目的。在此阶段，为了防止知识的混淆和有用观念的遗忘，教师应指导学生对所学的知识进行归纳整理，掌握并合理运用复习和记忆的策略，促进学生良好认知结构的形成。

（六）第六阶段　根据需要提取信息

在日常生活或新的学习中，当学生面临各种任务时，要学会利用不同线索提供的信息。在此阶段，教师的职责是测量和评价学生认知结构的特征，如认知结构是否形成；认知结构中是否有适当的观念可以利用；新习得的知识与学生已有知识系统的可辨别程度等。测量与评价的重点在于判断学生的知识网络结构是否形成，而不是过于强调机械记忆。

二、陈述性知识的学习方式

根据奥苏贝尔的学习分类，陈述性知识的学习可以分为机械的学习和有意义的学习，这两类学习的过程不同。心理学史上早期的认知与行为主义学习理论适合解释机械的学习，这里我们侧重介绍适合解释有意义学习的过程。

奥苏贝尔根据其研究提出了三类有意义学习的方式：表征学习、概念学习和命题学习。

（一）表征学习

表征学习又称符号学习，是指学习单个符号或一组符号的意义。开始时个体不知道某个词代表什么，它的意义如何，因此个体必须学会这些符号代表什么内容。表征学习的心理机制是符号和它们所代表的事物或观念在学习者的认知结构中建立相应的等值关系。例如，

"马"这个符号，对于没有接触过马的儿童来说是完全没有意义的，当马出现在儿童面前时，家长或其他人多次指着马（实物）说"这是马"以及在儿童与马的多次互动过程中，他们逐渐学会用"马"（语言）代表实际看到的马（实物）。那么"马"这个声音符号对于儿童来说就获得了相应的意义，即"马"这个声音符号引起的认知内容与实际的马引起的认知内容大体是一致的，同为马的表象。

在任何语言中，由于词汇所代表的事物和观念是约定俗成的，所以个体在获得陈述性知识时，首先要掌握符号所代表的意义。当然，符号不仅限于语言符号（词），也包括非语言符号（如实物、图像、图表、图形等）。因此，对各种数学图表、花草树木的认识等也属于表征学习。同时，表征学习还包括事实性知识的学习。

（二）概念学习

概念学习是指在学习过程中，把具有共同属性的事物集合在一起并冠以一个名称，把不具有此类属性的事物排除出去。人们用某个词代表某个概念，这个词就是概念的名称。有的概念可能有多个名称，如土豆、马铃薯等。概念概括了同类事物的共同属性和特征，但是由于事物的属性和特征很多，所以，为了与其他类别的事物或其他概念进行区别，需要把同类事物不同于其他事物的关键属性或主要特征抽取出来，并用一句话概括这些关键属性或主要特征，这就是定义。定义中所包含的属性或特征是定义属性或者定义特征。学习概念就是要识别和掌握概念的定义属性或定义特征。

人们获得概念主要有两种学习过程和方式：一种是概念的形成，一种是概念的同化。概念的形成是人们在日常生活中不断接触和概括同类事物的关键属性或主要特征所形成的概念。通过这种方式获得的概念称为日常概念。例如，儿童对"桌子""苹果""妈妈"这种日常生活经常出现的概念的获得就是日常概念的学习。布鲁纳等人在1956年做的"人工概念形成的实验"证明，概念的形成是一个不断提出假设与验证假设的过程。[①]也就是说，儿童首先接触到一个概念的肯定例证，然后根据这个肯定例证的有关属性或特征形成一个概念的假设，以后再接触与这个概念有关的事物，就可以根据成人的反馈检验这个假设。如果假设被新的事物验证，就继续保留这个假设；如果假设被新的事物否定，就改变这个旧假设，形成一个新的假设，然后用新的事物检验这个新的假设，这样多次反复验证，直到形成正确的概念。如果所提出的假设与验证假设的过程有限，那么形成的概念有可能不够准确，所以，日常生活中形成的生活概念没有科学概念准确。

科学概念是经过科学研究反复验证认真推敲并严格界定的概念，学生在课堂上和教材中学习的概念都是科学概念。学生学习科学概念的过程被奥苏贝尔称为概念"同化"的过程。所谓概念同化，就是新旧概念之间相互作用、建立实质性意义联系的过程。奥苏贝尔把概念的同化具体划分为三种主要类型：类属性同化、总括性同化和并列结合同化。它们的具体掌握机制与更复杂的命题学习在本质上是相同的。

（三）命题学习

命题学习是指获得由几个概念构成的命题的复合意义，实际上是学习表示若干概念之间

---

① 彭聃龄. 普通心理学［M］. 5版. 北京：北京师范大学出版社，2019：265.

关系的判断。命题是知识的最小单元，它既可以陈述简单的事实，也可以陈述一般性的规则、原理、定律、公式等，因此它被看作陈述性知识掌握的高级形式。命题学习旨在反映事物之间的联系和关系，是一种更加复杂的学习。根据新知识与已有认知结构之间的关系，奥苏贝尔将概念学习和命题学习分为下位学习、上位学习和并列结合学习三种不同的意义获得模式。[①]

1. 下位学习

下位学习又称类属学习。认知心理学假定，人的认知结构是在观念的抽象、概括和包容程度上按照层次组织的。当学生的已有观念在概括和抽象的水平上高于新学习的观念时，新学习的观念可纳入旧知识系统中从而得到理解，新旧知识所构成的从属关系就是下位学习。学生在已经掌握了"动物"这个概念的基础上，又学习"两栖类动物"的新概念，这就是类属性同化或下位概念的学习。

下位学习又分为派生类属学习和相关类属学习。派生类属学习是在新的学习材料作为原先获得的命题的特例，或作为原先获得的命题的证据或例证而加以理解时产生的。在派生类属学习中，新知识只是旧知识的派生物。这种学习比较简单，只需经过具体化过程即可完成。例如，学生在学习正方形、长方形、正三角形后，已形成了轴对称图形的概念，在学习圆时，将"圆也是轴对称图形"这一命题纳入已有的轴对称图形概念中，这样新命题很快就获得了意义，学生可以立即发现圆具有轴对称图形的一切特征。这种类属作用，不仅使新的知识获得了意义，而且使已有的概念或命题得到了充实或证实。当新知识扩展、修饰或限定学生已有的旧知识，并使其精确化时，便产生了相关类属学习。这种学习比较复杂，必须仔细比较上位概念和下位概念，经过复杂的概括活动才能牢固掌握。

派生类属学习和相关类属学习的主要区别在于学习之后个体已有的观念是否会发生本质属性的改变。前者是新的观念纳入已有观念中，已有观念的本质属性不发生改变；后者是新知识与已有观念有一定的联系，新知识的学习同时也引起已有观念的扩展、深化、精确化和修改。例如，学生已有的认知结构中认为"细胞是生物体结构和功能的基本单位，生物体都是由细胞构成的"，在进一步学习了"病毒"后，知道"病毒"虽然没有细胞结构，但它也属于一种生物。学生先前掌握了已有概念"生物"，因此对病毒的学习属于下位学习。但是，对病毒的学习使得"生物"这个概念得到了丰富，有了一些变化。这样的下位学习就属于相关类属学习。[②]

2. 上位学习

上位学习又称总括学习，是在学生掌握一个比认知结构中已有概念的概括和包容程度更高的概念或命题的过程中产生的。对某些材料进行归纳组织或把部分综合成整体需要进行总括学习。上位学习遵循从具体到一般的归纳概括过程。例如，在学习小学数学有关面积的概念时，教师让学生比较桌面、地面、墙面、操场的面积大小，最后概括出"面积就是平面图形或物体表面的大小"这样的定义，这就是上位学习。在一般面积的概念形成以后，再学习具体图形，如三角形、圆形等图形的面积概念，这时，上位学习就转化为下位学习。上位学习进行的条件是和学生已有的知识相比，新知识是更为概括和一般的内容。学生通过这种学

① 冯忠良，伍新春，姚梅林. 教育心理学 [M]. 3 版. 北京：人民教育出版社，2015：316.
② 周小林. 有意义学习理论在高中生物教学中的运用 [D]. 成都：四川师范大学，2014：18.

习使自己的知识更为系统、完整和概括，从而易于把握事物的本质属性和共同规律。

需要注意的是，上位学习与灌输式教学有本质区别，上位学习强调在学生已有经验的基础上进行引导，如果忽视了学生的已有经验基础，那就变成了灌输。

3. 并列结合学习

在新命题与学生已有认知结构中特有的命题，二者既非下位关系又非上位关系，而是一种并列的关系时产生的学习就是并列结合学习，又称类比学习。并列结合学习比上位学习与下位学习两种学习要复杂得多，而且学习起来比较困难，只能利用一般的有关内容起固定作用，且必须在直观基础上对新旧知识之间的联系和区别进行认真比较后才能掌握。因此，教师应在教学中注意培养学生对这类观念的掌握能力。例如，在中学物理课上学习"电压越大，电流越强"这一新知识时，教师会常用学生的已有知识经验"水压越大，水流越强"来类比。这个新学习的关系虽不是类属于原有的关系之中，也不能概括原有的关系，但它们之间仍然具有某些共同的关键特征。例如，电压与水压相对应，电流与水流相对应，电压和电流之间的关系与水压和水流之间的关系相对应，通过这些对应关系，可将新旧知识相联系。

第三节　程序性知识的学习

程序性知识是关于"怎样做"的知识，是关于一套行为步骤的知识。程序性知识的掌握，有利于发展学生的能力，提高学生的学习效率。本节主要讨论程序性知识学习的一般过程与学习方式。

一、程序性知识学习的一般过程

程序性知识的学习实质是掌握做事的规则，也就是传统意义上的技能获得。根据现代认知心理学家的分析，一般掌握这类知识的过程包括三个阶段。[1]

（一）陈述性知识阶段

陈述性知识阶段是掌握程序性知识的前提，是对以陈述性知识形态存在的程序性知识的学习。学习者首先要理解相关的概念、规则、事实和行动步骤等，并以命题网络的形式把它们纳入个体的知识结构中。例如，在英语学习中，"将 *We go to school yesterday* 改正"就是一种典型的程序性知识的学习。在教学过程中学生习得的程序性知识就是它的陈述性形式，其掌握过程与陈述性知识的掌握是一致的。学生通过这类陈述性知识形态的学习和理解获得此程序性知识的有关命题，但此时的程序性知识尚未在实际操作中转化为行动。

（二）转化阶段

转化阶段是学生通过各种规则的变式练习，将程序性知识从规则的陈述性形式转化为可以表现在实际操作中的程序性形式。也就是说，转化阶段是产生式系统的形成过程。在这一

① 汪凤炎，燕良轼，郑红. 教育心理学新编［M］. 5 版. 广州：暨南大学出版社，2019：393–394.

转化过程中，问题解决是一条有效途径，并且可通过大量练习，使这一转化在准确性和速度上均有所提高，直到成为高度灵活的、纯熟的技能、技巧、技艺。例如，学生通过教师的讲解或阅读教材，掌握了英语动词的一般现在时态改为一般过去时态的规则，并能陈述这些规则，在经过大量的练习之后，当他们看到"yesterday"表示过去的词或短语时，就能立即根据规则将句中的动词改为适当的过去式。这就说明规则开始转化为支配行动的程序性知识。当然，在这一转化阶段中，并非所有的陈述性知识都能转化为程序性知识，只有那些作为程序性知识前身的陈述性知识才能转化为程序性知识。

（三）自动化阶段

自动化阶段是程序性知识掌握和发展的最高阶段。在此阶段，人的行为在无意识状态下完全由规则支配，技能也相对达到自动化。例如，熟练掌握英语的人，不用有意识地考虑就能随口说出符合时态规则的英语句子。在教学过程中，需要学生自觉地在日常学习和生活中运用所学的程序性知识，使技能得以自动化。

二、程序性知识的学习方式

按照安德森的观点，程序性知识学习包括两种类型：模式识别学习和动作步骤学习。它们存在不同的掌握机制。

（一）模式识别学习

模式是由若干元素集合在一起、按照一定关系组成的结构，它们构成了模式识别的先决条件。模式识别学习是指要学会对特定的内部或外部刺激模式进行辨认和判断。通过模式识别，个体才能对事物加以分类和判断，回答"如何确定某物是什么或不是什么"的问题。模式识别代表的是个体对事物的归类能力。解释这类任务行为表现的程序性知识被称为模式识别程序。模式识别程序学习的主要任务是学会把握产生式的条件项，这通常要经过概括化和分化两种心理机制。

1. 概括化

对不同的刺激或同类刺激作出相同或相似反应的机制叫作概括化。例如，学生根据哺乳动物的两个关键特征，即胎生和哺乳，判断猫、狗、猪、羊等动物为哺乳动物。概括化实质上是在同类刺激中抽取出共同的特征，经由概括而形成模式识别的产生式，被概括的同类刺激的所有条件项均不可缺少。概括化是产生式的变化，两个产生式条件部分中的共同部分构成一个新的产生式的条件部分，新的产生式的结果部分与以前产生式的结果相同，概括化之后的新产生式适应范围更广。它不但可以通过经验进行，还可以通过学习进行。

2. 分化

分化与概括化相对，是指个体对不同类别的刺激作出不同的反应。按照安德森的理论，分化的结果导致增加产生式的条件，使产生式的使用范围缩小。例如，教师在教"鱼"的概念时，要求学生判断一些图片中的动物是否为"鱼"，学生通常只会注意"鱼生活在水中，有鳞和鳍"这一条件，但当教师指向鲸鱼的图片时，许多学生才意识到判断图片中的动物是否为"鱼"必须加上"用鳃呼吸"这一必要条件。鲸鱼虽然也生活在水中，但其主要特征是胎生和哺乳，因而鲸鱼应归类为哺乳动物。由此可见，分化是在原先的概括不能适用时出现的。

（二）动作步骤学习

动作步骤学习是指学习者学会顺利执行某一活动的一系列操作步骤，它是在试误与重复的过程中形成的。对动作步骤的掌握主要是对产生式的行为项的学习，这实际上代表了个体对做事、运算或活动规则和顺序的实际运用能力。动作步骤学习以模式识别为基础，主要是通过程序化和程序的合成两个机制来完成。

1. 程序化

程序化是指行为步骤从陈述性知识的表征转换为程序性知识的表征，不再依赖于陈述性知识而独立完成行为步骤的过程。这一过程主要通过两个步骤来实现，第一步是要建立规则和步骤的命题表征，将通过阅读、听讲或观察他人行为所获得的行为步骤以命题的方式储存起来，以供学习者执行这些行为步骤时，可按照顺序加以激活，并将其作为自身行为的指导和提示。第二步是将行为步骤的陈述性知识转化为程序性知识的产生式表征，并在执行过程中逐渐脱离陈述性命题的检索、提取和监控。行为步骤程序化的全过程可以在小学生学习运算技能的过程中体现出来。如教师在分数加法的例题示范中，常常带领学生对照演算步骤逐一进行演算，或让学生回答"下一步该做什么"，以帮助学生将命题转化为产生式表征，学生看过几个示范后，模仿教师的演算，经过反复练习后，不再依赖教师或教科书的逐步提示，顺利地依次自动执行每个操作步骤，熟练地完成分数加法。

促进程序化的基本条件是练习和反馈。在程序化的最初阶段，动作步骤的每一步都是以陈述性知识的形式来表征的，经过练习后，前一个产生式的行为项成为下一个产生式的条件项，这时第一个产生式的条件项会激活一系列动作，使个体依次展开动作的各个步骤。当行为步骤从陈述性知识的表征转化成程序性知识的表征后，行为进行的速度加快。阻碍程序化实现的主要因素是工作记忆容量的限制和必备知识的缺乏。

促进程序性知识的程序化，有效的方法是扩大产生式表征的范畴。除此之外，应注意个体是否具备充分的、实现程序化的基础知识。如有缺漏应先弥补基本知识，这是程序化的前提。

2. 程序的合成

程序的合成是指在练习过程中，把若干个产生式合成一个产生式，把简单的产生式转变成复杂的产生式。程序的合成发生的基本条件是有关联的两个产生式同时进入工作记忆，前一个产生式的行为项构成后一个产生式的条件项，这时前一个产生式的条件项就会保留，两个产生式的行为项按顺序合并起来成为一个复杂的行为项，并通过大量的练习，形成一个新的巩固的产生式。

程序的合成一方面因减少了产生式的数量而缩短了激活时间，另一方面能减少工作记忆的负担，使行为操作变得更加流畅和快捷。但也容易使人形成定势，特别是在程序形成后，会使人固守这些程序，而不去获取新的程序，人会把所习惯的程序看作最好的程序。因此，不是所有的程序都需要达到合成的程度，只有当某些程序较少发生改变且需要大量、快速地使用它时，才有必要进行程序的合成。基于此，认真思考哪些技能需要达到熟练程度是很有必要的。对于那些只在解决特殊问题时才需要合成在一起的动作步骤，使它们保持一定的独立性，将更有利于灵活地拆分和合成，增加运用这些技能的灵活性和变通性。程序的合成过程同样也需要借助大量的练习和反馈才能得到实现。

第四节　儿童学习知识的迁移

儿童在学习过程中，各种知识经验之间存在不同程度的相互影响，这就是有关学习的迁移问题。人们通常所说的"举一反三""触类旁通"等，都可以看作学习的迁移。由于学习的迁移直接关系学生学习的质量与效率，因此，作为教育工作者，在教授学生知识技能的时候，应该考虑迁移的影响，鼓励学生产生迁移，教师为迁移而教。

一、迁移的概述

（一）迁移的含义

如果从前学习过的内容正在影响当前的学习，或者先前的问题解决影响个体解决一个新的问题，此时迁移就发生了。一般的心理学教科书都把先前的学习对后继学习的影响称为迁移，但这一定义并不能概括全部的迁移现象。因为后继学习也可能会对先前的学习发生某种影响，心理学家把这种影响也看作学习的迁移。于是，迁移被广义地定义为一种学习对另一种学习的影响。它广泛地存在于知识、技能和行为规范的学习中。任何一种学习都要受到学习者所获得的知识经验、技能、态度等的影响。只要学习，就有迁移。[1]

在日常的生活和学习中，经常可以观察到，儿童加法学习的效果好坏会影响其乘法的学习质量与效率；儿童在语文练习时养成爱整洁的书写习惯，有助于他们在完成其他作业时也形成爱整洁的习惯；儿童学会了骑平衡车后，有助于他们学习自行车的骑行等，这些都是常见的学习迁移现象。

（二）迁移的分类

根据不同的标准，迁移可以分成不同的种类。下面我们介绍几种主要的迁移分类。

1. 正迁移、负迁移和零迁移

依据迁移性质的不同，可以把迁移分为正迁移、负迁移和零迁移三种类型。正迁移是指一种学习对另一种学习起到的积极促进作用。例如，对于加减乘除的掌握有助于四则混合运算的学习。负迁移是指一种学习对另一种学习起到的消极阻碍作用。例如，学习汉语拼音的字母之后，在学习英语音标的发音时，最初常常会起阻碍作用。零迁移也称中性迁移，是指一种学习对另一种学习不起太大作用，即两种学习之间无直接的相互影响，迁移的效果为零。如果学习者不能意识到知识经验之间的内在联系，就难以进行主动的迁移，两种学习之间就可能表现为零迁移。

2. 顺向迁移和逆向迁移

依据迁移时间和顺序的不同，可以把迁移分为顺向迁移和逆向迁移两种类型。

---

① 燕国材，岑国桢. 教育心理学［M］. 4 版. 上海：华东师范大学出版社，2022：203.

顺向迁移是指先前的学习对后续学习的影响，即已有的知识经验结构将对后面的学习发生一定的影响。例如学习了"直角"的概念后，对数学学科中"直角三角形"的学习将产生积极的影响。生活中所说的大部分迁移现象都属于顺向迁移。逆向迁移是指后续学习对先前学习的影响，即后面的学习影响着前面学习所形成的经验结构，从而使已有的经验结构发生一定的变化（得到充实、修正和重组等）。例如，小学生掌握了乘法运算以后，反过来又有助于更加熟练地掌握加减法的运算，这是新学习的知识、技能对原有知识、技能的逆向影响。

3. 水平迁移和垂直迁移

依据迁移内容的抽象和概括水平的不同，可以把迁移分为水平迁移和垂直迁移两种类型。

水平迁移也称横向迁移，是指处于同一抽象和概括水平的经验之间的相互影响。如学习了哺乳动物"老虎""狮子"的概念之后，这一概念可用于对不熟悉的哺乳动物鲸的识别。垂直迁移也称纵向迁移，是指处于不同抽象水平和概括水平的经验之间的相互影响。例如，从"水果"与"梨"这两个概念来看，其抽象性和概括性就不一样。"水果"的抽象性和概括性较高，而"梨"的抽象性和概括性较低。垂直迁移可以分为自上而下的迁移和自下而上的迁移两种。前者是指上位的、较高层次的经验影响着下位的、较低层次的经验的学习，后者是指下位的、较低层次的经验影响着上位的、较高层次的经验的学习。

4. 近迁移和远迁移

依据迁移范围的不同，可以把迁移分为近迁移和远迁移两种类型。

近迁移是指已经习得的知识在与先前学习情境相似的情境中的应用。例如学生在掌握心理学中"绝对感觉阈限"的概念之后，在其后学习"差别感觉阈限"的概念时，就比较容易产生近迁移。远迁移是指已经习得的知识在新的、不相似的情境中的应用。例如，把在学校课堂中学习到的科学知识迁移到校外实际生活中，解决具体的问题。

一般来说，假如学习者能将知识经验迁移到表面特征和结构特征都相似的其他学习情境中，这就是近迁移；假如学习者能将知识经验迁移到表面特征不相似、但结构特征相似的其他学习情境中，这就是远迁移。

（三）影响迁移的因素

学习迁移是学习过程中普遍存在的一种现象，学习过程中的许多因素都会直接或间接地影响学习迁移，下面对影响学习迁移的六种主要因素进行介绍。

1. 认知结构

认知结构是人们过去对外界事物进行感知、概括的一般方式或经验所构成的观念结构。认知结构的质量，如知识经验的准确性、知识经验的丰富性、知识经验间联系的组织特点等都会影响学生对新知识的学习，影响解决问题时提取已有知识经验的速度和准确性，影响学习迁移。

2. 心理准备状态

心理准备状态是在过去的学习或活动过程中形成的，又会对未来的学习或活动产生影响。这种影响可能是积极的，也可能是消极的。定势是一种特殊的心理准备状态，是由先前学习引起的、对以后的学习活动能产生影响的一种心理准备状态。卢钦斯的"量杯取水"实验除证明定势的存在之外，还主要说明了已经形成的定势对随后解决问题的消极影响。学习的心理准备状态还包括学

【拓展阅读】
迁移的理论

习的心向。按照奥苏贝尔的观点，面对一种具有逻辑意义的材料，能否产生有意义学习首先取决于学习者是否具有有意义学习的心向，具有利用已有的知识经验学习新知识的心理准备状态，更有利于已有的知识经验对新的学习的迁移。

3. 主体建构

迁移不是自动发生的，需要学习者的主动参与和发现。两个学习之间隐含的共同原理或关系是潜在的，学习者如果没有在深层意义上抽象出这一共同特征，就不可能有迁移的产生。这也表明情境虽然制约了迁移的可能，但只要学习者能够抽象出不同情境中所隐含的共同概念和特征，并形成富有弹性的知识表征，就可以在情境化与去情境化之间取得一定的平衡，从而达到最佳的迁移效果。

4. 学习材料相似程度

学习材料作为学生学习对象和知识的主要来源，对学习迁移有着重要影响。从早期桑代克的相同要素说，到产生式迁移理论，都从不同角度看到了学习材料对迁移的影响。桑代克认为，学习对象之间的相同要素越多，迁移的量就越大。产生式迁移理论在阐明技能迁移的原因是两项技能之间的产生式重叠的同时，还认为迁移量的多少取决于实验情境和材料之间的相关性。在学习过程中，意识到学习材料之间的相同点和不同点，对它们进行辨别，是促进迁移的重要条件。

5. 经验的概括程度

根据概括化理论，产生学习迁移的关键是学习者概括出学习中的共同原理，或者掌握了概括化原理，这种经过概括的原理能有效地迁移到新的学习中，从而有效地指导实践。学生对所学的知识和经验进行概括，能反映同类事物、问题的共同特点和规律性联系，因此，对具体事物、问题的联系就越普遍。概括的程度越高，越有利于学习迁移的发生。

6. 学习策略的水平

在不同时期，学生学习策略发展的水平不可避免地会影响知识学习、问题解决和迁移。学习策略对迁移的影响主要表现在学生的发展水平、策略的丰富程度以及依据情境变化灵活运用等方面。因此，许多心理学家和教育家都主张应该通过训练和教学提高学生的策略水平。

二、促进知识迁移的方法

在学校教育中，学生能够掌握新知识、问题解决程序和学习策略，但他们在实践中使用时不够熟练，除非教师进行提示或提供指导。例如，在数学课中学到的各种知识，学生在很多时候不能运用到现实生活（如家里或百货商店里）的实际问题解决中。这种情况的发生是因为学习具有情境性，也就是说学习发生在特定的情境中。因为知识是作为解决具体问题的工具来学习的，当遇到一个看似不同的或至少在表面上是不同的问题的时候，学生可能意识不到知识是相关的。如何让学生在情境改变的情况下，还会使用他们所学的知识呢？这就需要教师在日常教学中，注重促进学习的迁移。迁移发生在各种形式的学习中，影响迁移的因素也较为复杂，所以，为迁移而教是指教师在充分理解迁移的发生规律和影响因素的基础上，在每一项教学活动中，在与学生的每一次正式与非正式接触中，都要注意创设和利用有利于积极迁移的条件和教育契机，消除或避免不利因素，把促进学习迁移的思想渗透到每一项教育活动中。

（一）通过过度学习促进迁移

对于基本技能，通过过度学习——学生已经掌握了一项技能，再进行一些练习，可以保证发生较大的迁移。学生在小学阶段学习的许多基本事实，如乘法口诀表，就是典型的过度学习。

（二）创设有效的教学环境

促进迁移的关键在于灵活机动的应用能力，而这种能力的高低在很大程度上受制于学习情境。如果信息是在人们试图解决复杂的实际问题中呈现的，那么学习者常常无法把学到的知识灵活地迁移到新的情境中。所以，教师只教给学生如何组织良好的信息是不够的，还必须要使学生了解在什么条件下、如何迁移所学的内容，迁移的有效性如何等。也就是说，教学应该重视创设多样化的学习情境，让学生有机会唤起、验证知识，领会隐藏在知识背后的意义及思考这些信息是如何进行组织的，还有结构的性质、特点是什么。

（三）准确评估学生已有知识的掌握程度

当清楚地认识到学生已有的知识对现在学习的重要影响时，准确地对学生已有知识的掌握程度进行判断就成为教师的一项重要任务。教师只有准确地对学生过去的学习进行判断，才能使学生现在的知识与过去的知识之间真正建立联结；同时，这一过程还可以帮助教师分析学生对新知识的掌握程度，关注过去的学习与现在的学习之间可能发生的冲突，进而更好地进行教学设计。

（四）通过教学过程促进学习迁移的方法

第一，注意教学材料和教学内容的编排。在教学材料和教学内容的编排上，必须兼顾科学知识本身的性质、特点、逻辑结构和学生的知识经验水平、智力状况、年龄特征等，还要考虑教学时间和教法上的要求，力求以最佳的教材结构展示给学生。奥苏贝尔认为，学生的认知结构是从教材的知识结构转化而来的，好的教材结构能够简化知识，促进知识的良好组织，促进更好的迁移。

第二，突出基本概念，加强基本知识与技能的教学。基本概念是学科的精髓和核心，知识迁移主要是基本概念和基本规律的迁移，学生只有领会了基本的概念和规律，才可以触类旁通，从而能用基本观念和一般观念扩大和加深知识。基本知识和技能的概括化程度较高，它是一门学科知识中的"共同因素"，对基本知识和技能的掌握，有利于促进学生的学习迁移。

第三，改进教材呈现方式。奥苏贝尔认为，"不断分化"和"综合贯通"是认知组织的基本原则，这两条原则在教材的组织和呈现方面同样是适用的。关于某一学科的知识在头脑中是按层次组织的一种网络结构，最具包容性的观念处于这个层次结构的顶端，下面依次是包容范围较小的、越来越分化的观念。因此，在教材的呈现上也应该遵循由整体到细节的顺序，使学生的知识在组织过程中纳入这一层次和结构中。除了从纵向方面遵循由一般到具体不断分化的原则以外，教材呈现还要在横向方面加强概念、原理乃至各章节之间的联系，使知识融会贯通。

第四，加强教学方法的选择，促进学生学习方式的转变。在教学内容确定之后，以什么样的方法进行教学就成为教师在教学尤其是课堂教学中要重点考虑的问题。面对不同的教学内容、不同的学生，教学方法也应该是灵活多样的，要采用不同的方法把不同的内容教给学生，这不仅对学生的知识学习是重要的，而且有助于学生学习能力和迁移能力的发展。要改变简单地将讲授法作为主要教学方法的做法，建构主义的研究在这方面对我们有较大的启发。教师对教学方法运用得如何，会直接影响学生的学习方式，要落实"以学生为中心"的思想，首先要改变学生被动学习的状况，让学生通过各种方式学会学习，学会了如何学习后，就可以实现普遍的迁移。

（五）加强学习策略的培养

知识掌握的一个重要因素是学习策略的获得与改进。学习策略的培养一般可以采用以下4个步骤：第一，激发能力动机。动机影响学生愿意投入学习中的时间。当学生有自信和能力学好学习策略，相信使用这种方法会有更大的收获时，就会意识到"磨刀不误砍柴工"的道理，从而促使自己努力地掌握它。第二，增强对认知过程的意识。教师要教会学生评价自己对他人意图的理解，启发学生的自我质疑，能依据现象提出假设和验证理论及对思维过程进行认真的反思等。第三，练习与反馈相结合。教师培养学生能根据自身的特点、材料的特征、学习的任务和要求，灵活地制订相应的计划，选择有效的措施进行学习，并逐步形成对学习过程进行积极监控、反馈与调节的能力。第四，心智技能训练。结合不同学习内容的特点，帮助学生建构按照不同类别、不同层次有机联结的心智操作系统，从整体上和方向上为学习迁移提供决策。只有这样，才能加快学习策略的获得与完善。

（六）改进对学生的评价

教学条件下的评价作为教学活动的组成部分，同样应该具有教育性，有效地运用评价手段对学生形成积极的学习态度，对学习迁移具有积极作用。有研究者在一个阅读理解实验中，用矫正性反馈训练法教给学生元认知策略，结果不仅使学生对阅读理解问题的正确反应率明显提高，而且使其学到的元认知策略能够迁移到常规课堂的其他学习中。提供反馈、进一步促进学习是教学评价的重要目标之一。

对教学来说，"为迁移而教"的内涵十分丰富，除上述提到的内容外，还有许多其他内容，如要加强策略性知识的教学，要注意对学生知识应用过程的指导，加强课堂所学知识与实践的联系等。

总之，教师要在充分理解迁移发生规律及其影响因素的基础上，在每一项教学活动中，在与学生每一次正式与非正式的接触中，都要注意创设和利用有利于积极迁移的条件和教育契机，把"为迁移而教"的思想渗透到每一项教育活动中去。

【 本章小结 】

知识的学习与掌握是学校教育中的一个主要的内容。本章主要介绍了知识的含义、知识的分类、知识的表征，按照知识的分类阐述了陈述性知识与程序性知识的学习。最后介绍了知识的迁移的含义、分类、影响因素以及在教学中如何为迁移而教。

【实践·反思·探究】

　　王老师是一所小学一年级某班的班主任，三个月前班级里转来一名外省的新同学小涵，小涵在原来的学校学习成绩还不错。进入新的学校后，虽然王老师在学习方面给小涵进行了一些辅导，但小涵对知识的掌握仍然没有达到预期效果，因此最近为此感到较为烦恼。原因在哪里呢？王老师对此进行了反思并与小涵讨论后发现，原来小涵之前学习的教材与现在的不同，因此课程内容不能很好地衔接。同时，新学校教师的教学方法和教学风格与原来的学校也有差异，因此知识迁移不够理想。

　　1. 什么是知识迁移？
　　2. 请你谈谈影响知识迁移的因素有哪些。
　　3. 结合上述材料，给王老师提一些能够促进小涵知识迁移的建议。

【推荐阅读】

　　1. 皮连生. 教育心理学［M］. 3 版. 上海：上海教育出版社，2014.
　　2. 斯莱文. 教育心理学：理论与实践：第 10 版［M］. 吕红梅，姚梅林，等译. 北京：人民邮电出版社，2016.
　　3. 陈琦，刘儒德. 当代教育心理学［M］. 3 版. 北京：北京师范大学出版社，2019.

第十一章 儿童的动作技能学习

【学习目标】

1. 了解儿童动作技能的概念和种类。
2. 理解儿童动作技能学习的过程。
3. 理解动作技能形成的理论。
4. 掌握儿童动作技能培养的方法。

【知识导图】

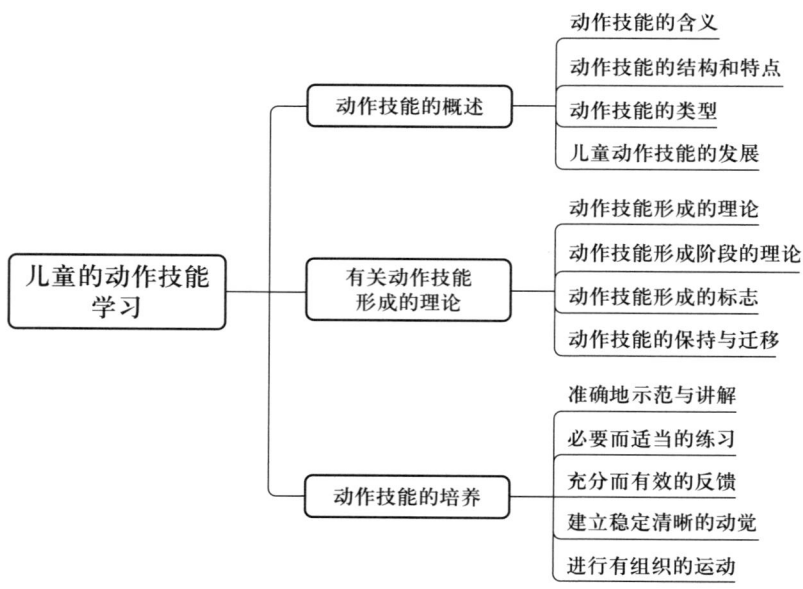

【案例导入】

小学阶段的儿童容易对体育产生兴趣，奔跑、踢球、投掷都会令儿童感到兴奋。但是，儿童常常对一些喜欢的技能感兴趣，却不知道如何正确地完成这些技能。例如，即使步伐是错误的，一个幼儿园的孩子也可以滚动一个球并击中一个目标。如果这种不良的运动模式没有得到纠正，以后将变成一种难以纠正的习惯。儿童在小学时期养成的运动习惯将严重影响其成年期的运动能力。

第一节　动作技能的概述

人类的实践活动离不开各种动作技能，从学会使用筷子、自己穿衣吃饭，到驾驶汽车、操作电脑，动作技能的学习有利于我们更好地适应和改造环境，与我们生活质量的提高息息相关。儿童期是形成并发展多种基本动作技能的关键期，了解动作技能的分类以及儿童动作技能的发展特点有利于教师更好地因材施教。

一、动作技能的含义

要对动作技能下定义，首先需要了解一下什么是技能。在《心理学大词典》中，技能被定义为个体运用已有的知识经验，通过练习而逐渐形成的智力动作方式和肢体动作方式的复杂系统。[①] 冯忠良等人认为，技能是通过学习而形成的合法则的活动方式。[②] 根据本身的性质和特点，技能可以分为动作技能和心智技能。

动作技能也叫运动技能、操作技能。关于动作技能，不同的心理学家有不同的定义，例如加涅认为动作技能是协调运动的能力，与动作的选择或者顺序有关。动作技能是指由一系列外部动作以合理的程序组成的操作活动方式。[③] 儿童日常生活中的写字、绘画、唱歌、跳舞、体操、跑步等都属于动作技能的范畴。

心智技能也称智力技能或认知技能，它是一种借助于内部语言在人脑中进行的认知活动方式，包括感知、记忆、想象和思维等认知因素，如默读、心算、写作、观察等技能。学生在观察、记忆和解决问题时所使用的策略是心智技能的不同形式。动作技能主要以骨骼肌肉的动作为主，心智技能以思维的操作为主，具有观念性、内隐性和简缩性等特点，二者既相互促进又相互制约，例如打字也受人的思维的调节支配，朗读也需要借助发音器官。

二、动作技能的结构和特点

从结构上来说，动作技能包括感受部分、中枢部分和动作部分三种基本成分。在完成动

---

① 朱智贤. 心理学大词典 [M]. 北京：北京师范大学出版社，1989：300.
② 冯忠良，伍新春，姚梅林，等. 教育心理学 [M]. 3 版. 北京：人民教育出版社，2015：395.
③ 陈琦，刘儒德. 当代教育心理学 [M]. 3 版. 北京：北京师范大学出版社，2019：246.

作时，感觉器官在内外环境刺激的作用下将信息迅速地输入人脑进行信息加工，并做出指令调节和支配效应器官的动作，以协调人的各种动作，适应不同环境的变化，从而产生某种动作的节律。有研究者从七个维度分析了动作技能，并把每一种维度看作一个连续体，人的某一特定动作技能可以用七个维度说明。这七个维度包括语言—运动连续体、知觉—运动连续体、力量—准确性连续体、视觉—运动连续体、精细—粗大连续体、简单—复杂连续体、个人差异—最大努力连续体。[①]一般而言，在技能形成的初期，语言、知觉控制的作用较大，在技能形成的后期，语言、知觉控制的作用较小。

动作技能除具有技能的一般特点外，还具有不同于心智技能的一些特点。动作技能具有客观性、精确性、协调性、适应性四个特点。客观性是指人们操纵自己的身体或者运动器械都是客观的实体，肢体动作也是客观外显的；精确性是动作技能的一个基本特征，指个体的动作必须符合一定的规范和标准，不够精确的动作是不能称为技能的；动作技能是由一系列动作成分构成的，不仅需要各种感知觉的协调，还需要动作衔接的流畅；动作技能能够根据外界环境的变化而做出相应的调整，表现出一定的灵活性和适应性。

三、动作技能的类型

不同动作技能的特点不同，培养的方法也不同。对动作技能进行分类，不仅有利于更加深入地探讨动作技能的内涵以及发展规律，还能为动作技能的培养提供依据。根据不同的分类标准，动作技能可以分为不同的类型。

1. 粗大动作技能和精细动作技能

【拓展阅读】
精细动作技能的概念和测量

根据动作的精细程度与肌肉运动强度，可以将技能分为粗大动作技能和精细动作技能。粗大动作技能需要大肌肉群的运动，常常表现为整个身体在较大空间内做出大幅度动作，如跑步、游泳、打球等。这类活动对动作的流畅性和协调性要求较高，对动作的精确性要求相对较低。精细动作技能需要小肌肉群的运动，常常表现为在狭小空间内做出幅度小的、精巧的协调动作，如写字、打字、弹钢琴等。这类活动对动作的精确性要求较高。

2. 连贯动作技能和不连贯动作技能

根据动作的连贯与否，可以将技能分为连贯动作技能和不连贯动作技能。连贯动作技能由一系列连续的动作构成，动作之间是流畅衔接的，如唱歌、弹琴等。因为持续时间较长，学习者可以在这个过程中做出调整。不连贯动作技能由一系列不连续的动作构成，是对特定刺激做出特定反应，如举重、挪动棋子等。因为动作突然爆发，持续时间短，可以直接感觉到动作的起点和终点。

3. 封闭性动作技能和开放性动作技能

根据动作对环境的依赖程度，可以将技能分为封闭性动作技能和开放性动作技能。封闭性动作技能指完全依赖肌肉的内部反馈调节动作的技能，动作发生的环境是稳定的、可预测的，如投铁饼、跳水等。开放性动作技能是指主要依赖周围环境提供的信息调节动作的技能，动作发生的环境是变化的、不可预测的，如踢足球、打乒乓球等。在开放性动作技能

---

① 陈琦，刘儒德. 当代教育心理学［M］. 3 版. 北京：北京师范大学出版社，2019：247–248.

中，环境处于变化之中，学习者需要具有一定的应变能力和预测能力，如打乒乓球时需要预测球的轨迹，并根据对方的发球灵活变换接球姿势和力度。

4. 工具性动作技能和非工具性动作技能

根据完成动作时是否需要借助一定的工具，可以把动作技能分为工具性动作技能和非工具性动作技能两种。工具性动作技能指需要操纵某种工具才能完成活动的技能，如写字、打字、雕刻等。非工具动作技能是指不需要操纵工具，只需要利用机体一系列的骨骼、肌肉运动就能完成活动的技能，如跳舞、走路、唱歌等。

四、儿童动作技能的发展

有研究者曾对我国某市随机抽取的 1 046 名 3 ～ 10 岁的儿童（平均 6.6±2.07 岁）进行测试，结果发现儿童基本动作发展处于平均水平以上的占 3.06%（其中达到优秀及以上水平的仅占 0.19%）；处于平均水平的儿童相对较多，占 58.89%，而发展滞后（处于平均水平之下）的人数也相对较多，占 38.05%。[①]

粗大动作技能是儿童最早发展起来的动作技能，学龄前儿童的大肌肉动作技能有了很大提高，他们能跑得更快，跳得更高，爬得更远。随着动作技能的发展，他们不断整合已经获得的技能，从而掌握更加复杂的技能，并将各种动作技能联合起来，形成更复杂的动作系统。随着粗大动作的发展，儿童渐渐学会使用自身的上臂、躯干和腿部的大肌肉来维持平衡。

【拓展阅读】
学龄前（3—6岁）儿童常用的动作测量工具

3 岁的儿童几乎不能单脚站立，需要更好地控制所有大肌肉，才能获得骑两轮脚踏车所需的平衡，大部分 5 岁的儿童都能单脚保持平衡长达数秒。随着儿童平衡能力的增强，走路、跑步、攀爬等移动技能也得到了提高。

幼童在走路时步子很小，左右摇晃，他们的腿和胳膊也很僵硬。4 岁时，儿童走路的步幅变大，运动更加轻松，胳膊有节奏地摆动以加强平衡。5 岁时，儿童跑步的频率变快，并能双脚跳跃。在粗大动作方面，儿童也能通过扔、抓、踢等运动提高自己控制较大物体的能力。随着儿童不断提高其平衡能力和协调能力，并学会分别摆动单臂或单腿，上述技能都会得到相应提高。

儿童在运动方面的进步速度因人而异，其身体发育和协调的速度部分由基因控制，但也受其他因素的影响，如家长和其他人的教导和鼓励，以及儿童练习特定动作技能的机会。同一个儿童在不同技能上的发展也可能是不均衡的。例如，某个儿童可以轻松地跳跃，但是在投接物体时不够协调，而另一个儿童可能恰恰相反。儿童选择的游戏活动可能是一个重要的影响因素，喜欢跳绳的儿童和喜欢投篮的儿童发展的运动技能会有差异。家长、教师、看护人员应该给儿童提供各种运动的机会、活动空间和玩具；活动本身应鼓励儿童奔跑、跳跃、攀爬、高举、抓握、扔投和保持平衡，或者应帮助他们加强并协调身体的大肌肉。

儿童的精细动作发展开始于先天性条件反射，如抓握反应，然后经过一系列的过程逐渐发展到握笔书写。在 3—6 岁期间，儿童出现"操作技能"的飞速发展，如手的灵巧性、手眼协调能力、物品操作能力等迅速提高。精细运动技能的快速发育可促进包括认知在内的其

① 李静，刁玉翠. 3 ～ 10 岁儿童基本动作技能发展比较研究［J］. 中国体育科技，2013，49（3）：129-132.

他智能的发育。在童年早期发育阶段，儿童的精细动作发展落后于粗大动作发展，他们不容易做好要求控制手掌和手指的精细动作。精细动作能力的发展影响儿童认识事物、概念形成及理解等的认知能力，这些能力的习得直接关系到其学业表现。精细动作技能可以预测学生小学低年级的学业成绩，尤其是阅读和数学成绩。[①]

　　动作的发展遵循由近及远的发展规律，在儿童从粗大动作过渡到精细动作的过程中可以看到此模式，儿童在学会精细控制手掌和手指的小肌肉前，要先学会协调他们躯体和肩部的大肌肉，协调过程以从近及远的模式从身体中线向外延伸到四肢。粗大运动发展和精细运动发展也遵循从头到脚的模式，儿童先学会控制上半身再学会控制下半身。例如，大部分儿童先学会用手滚球和抓球，之后才能协调地用脚踢球。3 岁时，儿童可以自己穿鞋、扣大纽扣、洗手洗脸、用勺子吃饭、从罐子里倒水等。4 岁时，儿童可以独立地穿裤子和衬衫、刷牙、系鞋带。5～6 岁时，大部分儿童可以很好地控制精细动作，他们能自己倒饮料，吃饭，系鞋带，系小扣子，拉拉链。

　　准备入学前，儿童需要学会使用书写工具，如蜡笔、记号笔和铅笔。2 岁时，他们通常使用抓握方式，把笔握在手掌内，移动整个胳膊在纸上涂写和画画。随后，许多儿童学会用手指握笔，不过仍然会大幅度地移动胳膊。3 岁时，儿童学会用拇指和食指更加巧妙地握笔，但是在移动笔的时候，手腕依然大幅度运动。大约在 4 岁时，儿童学会三点握笔的姿势——他们把手的底部置于书写平面上寻求支撑，用拇指和食指握笔，移动手腕的同时，手指也配合着做精细动作，从而更加准确地使用铅笔。他们对书写和画画的控制逐渐从上臂的大肌肉转移到手掌和手指的小肌肉上。就精细动作的发展而言，练习非常重要。我们应该鼓励儿童画画、涂色、剪纸、串珠子、系绳子、拉拉链、扣扣子，并练习各种各样涉及精细动作的活动。通过练习，他们能够加强并学会控制对许多日常活动至关重要的小肌肉。更多的练习可帮助大脑去掉不起作用的突触以及生成新的突触，从而为儿童学习越来越复杂的动作和技能进行编码。

　　童年中期，儿童控制和协调粗大运动和精细运动的能力不断提高。例如，6 岁儿童可以接住球——在球相对较大、投掷用力不大且十分精准的情况下。到了 11 岁，大多数儿童可以容易地接住各种球，还能根据球的大小有效地调整姿势。在童年中期，儿童的整体体能提升——他们跑得更快，跳得更高更远，投掷力度也更大。男孩在童年中期和青春期的体能继续提升，而女孩的体能提升到青春期早期便趋于稳定。男孩和女孩的平衡感都有所提升。这个年纪的儿童比年长的儿童柔韧性更强，他们四肢的活动度更大。男孩的柔韧性大概在 10 岁时开始下降，女孩的柔韧性大概在 12 岁时开始下降。在童年中期，女孩的柔韧性优于男孩，儿童能逐渐更好地控制自身的行动。例如，儿童在抛球接球时能更好地调整姿势；踢球更加精确，并能控制踢球的方向和力度。

　　在童年中期，儿童在精细运动技能方面也有所提升。小学生的手指可以更加灵活地握住铅笔，手写水平得以提高，书写时能更加有效地使用手指和手腕，而不是移动整只胳膊。同时，儿童在使用钢笔、铅笔、画笔时更加得心应手，因此在填色和描绘细节方面更为精确。这一阶段的儿童在诸多兴趣爱好中都体现出更好的精细运动控制，例如，准确按压掌上电子游戏机的小按钮，在拼图游戏、艺术创作和手工制作时使用更小、更精细的部件。

---

① 耿达，张兴利，施建农. 儿童早期精细动作技能与认知发展的关系［J］. 心理科学进展，2015，23（2），261-267.

童年中期粗大运动和精细运动技能最为显著的发展，体现为儿童各种协调能力的提高。儿童学习新的游泳姿势时，可以协调四肢动作，从而顺利地完成游泳动作。儿童协调性的提高部分归功于大脑发育，髓鞘化增多，神经冲动传导的速度加快，反应的时间缩短，更容易整合信息。长期锻炼可以重复激活与运动技能相关的各种神经元。最终，这些神经通路生出更多突触，感受器的敏感度提高，并开始更加高效率的合作。

随着年龄的增长，学龄儿童的运动时间减少，用于上学和做家庭作业的时间较多。儿童在课间玩的游戏多是非正式的和自发组织的。其中，男孩玩的多是身体参与性的游戏，而女孩喜欢一些含有较多语言表达的游戏或数字的游戏。这些课间活动能够增进儿童的敏捷性和社会技能的发展，并有利于儿童适应校园生活。低年级在校儿童的课间自由游戏是追逐嬉戏游戏，男孩比女孩更多地参与此类游戏，随着年级的增长，儿童开始依照规则组织游戏，其中一些人会参加有组织的、成人化的运动。女孩在运动上花的时间比男孩少，她们更多地将时间花在家务、学习及个人事务上。

基本动作技能是指人体非自然发生的基础运动学习模式，是进行复杂身体活动和体育活动的基础，分为位移技能（如跑、单脚跳、双脚跳等）、物体控制技能（如投掷、踢球、拍球等）和稳定性技能（如平衡、旋转等）。[1] 基本动作技能与身体活动、感知运动能力与身体活动、基本动作技能与感知运动能力之间均具有正相关关系，但是儿童早期的感知运动能力与基本动作技能、身体活动的相关程度均较低或不相关。[2] 体育运动可以通过影响运动负荷、动作技能、情景互动和心理状态提升儿童和青少年的脑部智力。[3] 根据 2022 年儿童青少年的身体活动报告卡可知，我国仅有 14% 的儿童和青少年（9—17 岁）达到身体活动的推荐量。[4] 对基本动作技能发展的研究多集中在 3—12 岁的儿童和青少年阶段，相关研究观点认为，3—12 岁的儿童和青少年是基本动作技能形成的敏感时期。当前国际上较为流行的用于评估青少年儿童动作技能的各种评估量表没有统一的标准，有研究者尝试构建了 12—17 岁女性青少年的基本动作技能评估量表，其确立的指标体系主要是以体现动作技能学习过程的形成性指标为主，而体现动作技能学习效果的结果性指标数量较少。[5]

第二节　有关动作技能形成的理论

动作技能是如何形成的，动作技能的形成要经历哪几个阶段，心理学家对这些问题进行了探讨，并提出了相关理论。

① BARNETT L M, LAI S K, VELDMAN S L, et al. Correlates of gross motor competence in children and adolescents: a systematic review and meta-analysis ［J］. Sports medicine, 2016, 46: 1663–1688.
② 徐君，蔡玉军，马晓然，等. 儿童青少年基本动作技能、感知运动能力、身体活动的相关关系研究：回顾、解释及启示［J］. 首都体育学院学报，2021，33（6）：686–696.
③ 陈爱国，熊轩，朱丽娜，等. 体育运动与儿童青少年脑智提升：证据与理论［J］. 体育科学，2021，41（11）：43–51.
④ LIU Y, KE Y, LIANG Y, et al. Results from the China 2022 report card on physical activity for children and adolescents ［J］. journal of exercise science & fitness, 2023, 21（1）：1–5.
⑤ 王永安. 12—17 岁女性青少年基本动作技能评估模型构建及实证研究［D］. 北京：首都体育学院，2022：118.

一、动作技能形成的理论

对于动作技能是如何形成的，心理学家提出了多种解释，其中最具代表性的是行为派的理论解释和认知派的理论解释。

（一）行为派的理论

行为派的理论建立在经典性条件反射的基础上。巴甫洛夫认为，动作技能是通过条件反射使先行动作建立起暂时神经联系而变成后继动作的信号来实现的。加加耶娃于 1952 年提出了动力定型的联结理论，在条件反射理论的基础上从生理学角度对动作技能的形成进行了分析，把动作技能的形成过程分为掌握局部动作、初步掌握完整动作、动作的协调和完善三个各具特点而又相互联系的阶段。他认为，动作技能的形成是由低级到高级、由局部到整体、由初步掌握到成为熟练技巧的发展过程，是由简到繁不断练习、不断完善的过程。[①] 行为主义心理学家斯金纳和赫尔则用刺激—反应来解释人的行为，特别重视用强化概念说明有机体的塑造、保持与矫正。动作技能的学习本质就是形成一套刺激—反应的联结系统。

行为派的理论强调人类学习的外部影响条件，没有深入动作技能学习的内部心理过程和心理实质，没有解决高层次的学习动机问题，没有认识到认知因素在动作学习过程中的重要作用，不能有效解释复杂的高水平动作技能的获得，更难以解释动作创新问题。

（二）认知派的理论

认知派的理论强调动作技能的学习必须要有感知、记忆、想象、思维等认知成分的参与。在动作技能的形成中，学习者必须理解与某个动作技能有关的知识、性质、功用，回忆过去学习过的、与当前任务相关的动作行为，预期与假设解决问题所需要的反应和动作范式，形成目标意象和目标期望，把自己的反应与示范者的标准反应进行比较分析，进行归因，找出误差，采取对策监控、调节自己的反应。动作水平越高，越需要学习者有较高水平的认知。

韦尔福德根据信息加工观点，提出运动技能形成的模型。[②] 此模型分为三个连续的阶段：感觉接受阶段，由知觉到运动的转换阶段，效应器阶段。在感觉接受阶段，信息超载会造成学习者负担过重而无法处理；信息量贫乏会削弱学习者的警觉，降低操作标准。学习者需要通过知觉对信息进行选择性注意，把重要的信息储存于短时记忆中。在由知觉到运动的转换阶段，学习者对感觉的输入做出反应，激起效应器的活动。在这个模式中，反应取决于信号的传递和主体"做出决定"。在效应器阶段，大脑发出神经冲动沿着运动神经纤维传到相应的效应器官，进而产生动作。同时，动作的进行受到反馈的调节，形成一个反应环路。

1971 年，亚当斯提出了闭环理论，强调知觉痕迹和记忆痕迹的作用。[③] 知觉痕迹根据反馈信息及时停止或调整运动进程，因练习和恰当的结果反馈而得以加强。记忆痕迹负责选择和发动某一运动，它先于知觉痕迹起作用，并随练习而得以增强。

---

① 刘速. 动作技能形成理论中的认知论观点述评［J］. 体育科学，1985（4）：59-62.

② 莫雷. 教育心理学［M］. 广州：广东高等教育出版社，2012：262.

③ ADAMS J A. A closed-loop theory of motor learning［J］. Journal of motor behavior，1971，3（2）：111-150.

　　闭环理论主要适用于简单的肢体定位运动。1975 年，施密特提出了动作技能形成的图式理论。[1] 操作者可以从每一次的运动经历中抽象出四个方面的信息（与反应有关的最初条件的信息，做出某一反应所需的信息，反应的感觉结果的信息，反应结果本身的信息），并将这些重要的信息组成一套法则。该理论假定有再现图式与再认图式两种储存系统，再现图式由反应的最初条件、动作参数、反应结果等方面间的关系的储存信息所构成；再认图式是在对给定的初始条件、情境结果和感版序列等已经验证过的条件下形成发展的。在有了相应的动作经验后，按照这一图式，学习者可以预期任何给定动作结果的感觉序列，起到控制反应动作的作用。1982 年，纽威尔和巴克雷提出了图式的层次结构理论。[2] 最具有抽象性和表征水平的图式是概念化的图式，它是从个体外在表现出来的内部动作中抽象出来的。最具有具体性和动作性水平的图式，包括某个特定动作的运动学或动力学特征。心理练习和观察学习实际上是在表征水平上获得相应的图式。

二、动作技能形成阶段的理论

　　动作技能的学习过程，即动作技能的形成。动作技能是一个动作系统，需要人们的后天学习以及练习才能掌握。关于动作技能的形成，国内外心理学家提出了不同的学习阶段理论。

（一）三阶段模型

　　1967 年，费茨和波斯纳提出了动作技能形成的三阶段模型，即认知阶段、联系阶段、自动化阶段。[3]

　　1. 认知阶段

　　认知阶段是动作技能形成的初始阶段，这一阶段有意识的心理加工占主导地位。学习者面临的首要问题是掌握技能的基本思想，包括技能的目标和实现这些目标的方法。学习者尤其需要理解一项技能的正确动作机制，以及如何根据来自环境和身体的信息产生正确的动作。认知阶段的动作错误较多，不够协调和稳定，误差变化很大，需要个体意识的参与，不能根据环境的变化灵活调节运动，无法清楚表达适当的运动机制。许多不恰当的动作尝试是在这一阶段进行的，因为学习者会尝试各种各样的动作策略，试图找到实现动作目标的解决方案。学习者可能会觉得自己的动作没有达到技能的目标，但又不知道如何纠正。这可能会导致学习者表现出困惑、沮丧，甚至兴趣和动机的下降。通过有效的练习，几乎每个人都能顺利通过大多数运动技能的学习阶段。

　　2. 联系阶段

　　在联系阶段，学习者已经了解了一项技能的基本目标，有意识控制运动每个方面的需要逐渐减弱。发生错误的频率不再那么高，错误的类型和数量都会减少，倾向于某一种错误的趋势会变得更加明显，随着练习的继续，这种错误的程度会逐渐减少，动作变得更快、更流畅。当一项技能的各个组成部分变得更加有效地整合和联系在一起时，早期学习中出现的许多不稳定现象就会消失。这项技能的某些部分或多或少是自动控制的，几乎不需要有意识的

① SCHMIDT R A. A schema theory of discrete motor skill learning [J]. Psychological review, 1975, 82（4）：225–260.
② 丁俊武. 动作技能学习理论的演变及发展展望［J］. 北京体育大学学报，2007（3）：420–422.
③ 莫雷. 教育心理学［M］. 广州：广东高等教育出版社，2012：263.

注意。在这个阶段，学习者可以根据环境的变化改变运动模式。例如，学习者可以根据环境条件的变化来提高或降低某项技能的动作速度。学习简单的技能可能只需要在联想阶段练习几个小时，之后再进入下一个阶段。然而，高度复杂的技能可能需要数周或数月的练习，才能离开联系阶段。

3. 自动化阶段

自动化阶段能够较好地整合所有的技能组成部分，使错误和误差的差异减小，动作协调，反应快速。学习者能够或多或少地自动执行动作，而较少有意识地关注技能的实际机制，不需要思考如何执行一项技能。事实上，随着时间的推移，学习者甚至可能会忘记他们到底如何执行一项动作，即使可以熟练地执行它。在思考其他事情的同时，也能较好地执行一项动作，是达到自动化阶段的明显标志。例如，篮球运动员一边在前场运球一边观察对方球员并计划自己的下一步动作；汽车司机一边驾车一边思考如何行走较为方便。学习者能够根据各种环境情况调整自己的动作，技能变得非常准确，速度更快，并且需要更少的努力。在这个阶段，学习者也能对自己的错误有较为正确的认识，包括如何改正错误。并不是每个练习技能的人都能达到自动化阶段，达到自动化阶段通常需要大量的练习、有效的指导、足够的动机和一些先决条件的运动能力。一些简单的任务可能需要相对较少的实践尝试（如500～600次测试），更复杂的技能可能需要成千上万次的练习尝试。

（二）四阶段模型

我国心理学家冯忠良先生根据动作技能学习过程中的特点，并结合教学实际，将动作技能的形成分为四个阶段，即操作定向阶段、操作模仿阶段、操作整合阶段和操作熟练阶段。[①]

1. 操作定向阶段

在动作技能形成之前，学习者需要了解动作技能有哪些动作以及如何做等有关信息，对动作有一个初步的认识，了解动作的结构和要求，在头脑中建构动作定向映象。这个过程就是操作的定向。掌握了与动作有关的陈述性知识和程序性知识后，学习者就可以有意识地调节和控制自己的动作，而不是盲目试误。操作活动的定向映象包含两个方面：一是动作本身的各种信息（动作的结构要素、要素之间的关系、活动方式），二是与动作技能有关的内外刺激的认识和区分。教师通过示范动作让学习者形成动作表象，通过讲解让学习者掌握动作的基本概念和要领。

2. 操作模仿阶段

模仿需要以认知为基础，学习者在操作定向阶段学习了动作是什么的有关知识，在操作模仿阶段需要进行实际的模仿操作，即以外显的动作表现出来。通过模仿，学习者可以验证之前学习的动作定向映象，此外还可以获得动觉体验。动觉也叫运动感觉，能够反映身体各个部分的位置、运动以及肌肉的紧张程度，是随意运动的基础，高度精确的动觉是实现动作协调和学习复杂运动技能的基础。在操作模仿阶段，学习者还缺乏充分的动觉经验，使得动作的准确性、稳定性、灵活性、协调性较差，不能较好地分配注意力，效率也会降低。

3. 操作整合阶段

在模仿阶段，学习者只是初步再现了定向阶段的动作，动作系统各个步骤之间的动态衔

---

① 冯忠良，伍新春，姚梅林，等. 教育心理学［M］. 3 版. 北京：人民教育出版社，2015：420-424.

接还不够，这就需要进一步的操作整合，把操作模仿阶段习得的动作固定下来，协调各个动作的成分，使之成为一个有机整体。操作整合阶段是动作从模仿到熟练的过渡阶段，在这一阶段，学习者的动作表现出一定的稳定性、精确性和灵活性，但仍然受制于外界条件的影响；动作结构逐步趋于合理，整体动作趋于协调连贯；动觉控制逐渐取代视觉控制发挥主导作用；动作效能有所提高，心理能量的非必要消耗减少。

4. 操作熟练阶段

操作熟练阶段指动作系统的执行过程不需要高度的意识控制，对外界条件具有高度的适应性，其内在机制是大脑皮质概括的、巩固的暂时神经联系。学习者各种能力的形成都以操作的熟练为基础，操作的熟练化是操作技能转化为能力的关键环节。在操作熟练阶段，学习者的动作表现出高度的稳定性、精确性和灵活性，能在各种条件下完成动作；动作高度协调，衔接流畅、连贯；动觉控制增强；动作效能有所提高，身心消耗降至最低，不仅能够消除紧张感、疲劳感，还会体验到轻快感，能够更好地将注意分配到其他活动中。

三、动作技能形成的标志

动作技能形成的标志是达到熟练操作。所谓熟练操作是指动作已达到较高速度，准确、流畅、灵活自如，且对动作组成成分具有很少或没有有意识注意的状态。研究表明，熟练操作具有以下五个主要特征：

第一，意识调控减弱，动作自动化。在动作技能形成初期，动作受意识支配的调节，后期动作达到熟练程度，意识调控被自动化所取代，动作是无意识进行的。

第二，利用细微线索。在初步掌握动作技能时，学习者只能对那些很明显的线索发生反应，如来自环境中的听觉线索、视觉线索、触觉线索等，而不能觉察自己动作的全部情况和其中的错误。动作熟练后，学习者能觉察到自己动作的细微差别，仅凭细微的线索就能改进及调整自己的动作，做出恰如其分的反应。

第三，动觉反馈作用加强。动作技能的反馈包括两类：一类为外部反馈，即对反馈结果的知悉；另一类为内部反馈，以肌肉活动本身的动觉刺激形式出现。在初步掌握动作技能时，学习者主要依据外部的视觉反馈调节自己的动作、而在动作技能的熟练期，学习者主要依据内部的动觉反馈操作或调节自己的动作。

第四，形成运动程序的记忆图式。所谓运动程序的记忆图式，是指经过长期的练习而在长时记忆中形成的关于动作的有组织的系统性知识，它使完整的操作流畅地执行。有研究表明，运动技能的熟练程度达到某一阶段时，人的头脑中就会产生运动的指导程序，并以此程序来控制运动。[①]

第五，在不利条件下能维持正常操作水平。检验动作的熟练程度，更重要的是考察在不利条件下表现出来的操作水平。对于学习者来说，一般情况下，越熟练的动作，越能在外界情况变化下或面临紧急情况时维持正常的操作水平。

---

① LASZLO J I. Training of fast tapping with reduction of kinaesthetic, tactile, visual and auditory sensations [J]. The quarterly journal of experimental psychology, 1967, 19（4）: 344-349.

四、动作技能的保持与迁移

（一）动作技能的保持

动作技能一经形成，就不易遗忘。动作技能的保持比知识的保持更牢固，越是复杂的动作技能，保持的时间越长；越是简单的动作技能，保持的时间越短。有研究者以大学生为被试研究动作技能的遗忘进程，学习内容为一套新编的徒手操，10 分钟学习，1 分钟完成全套动作。[①] 结果发现，动作操作遗忘曲线与艾宾浩斯遗忘曲线有显著差异，如图 11-1 所示。

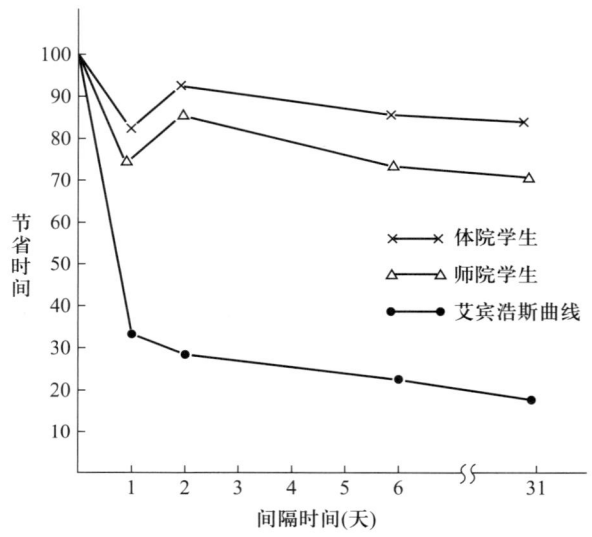

图 11-1　动作操作遗忘曲线与艾宾浩斯遗忘曲线比较 [②]

动作记忆的遗忘率在学习后第一天最高，为 30.7%；第二天有记忆恢复现象，遗忘率为 7%；第三天的遗忘率小于第一天。在遗忘量上，动作操作遗忘曲线远远小于艾宾浩斯遗忘曲线。除了所显示的遗忘量不同外，最主要的是所显示的遗忘进程有较大差异，尤其是开始部分差异更为显著。在开始阶段，艾宾浩斯遗忘曲线呈 L 形，而动作操作遗忘曲线呈 V 形。艾宾浩斯遗忘曲线的主要特点是：紧跟在学习之后有一个快速的遗忘，当间隔时间延长的时候，就逐渐平稳，遗忘随着时间的推移而越来越缓慢。而动作遗忘曲线的主要特点是：紧跟在动作学会之后有一个较快的遗忘，随即骤然上升，然后随着间隔时间的延长而逐渐平稳。动作技能是在大量练习的基础上获得的，在这个过程中，学习者会有大量的过度学习，在练习过程中常凭借外部和内部反馈信息不断地校正动作、完善动作，因此不易遗忘。动作技能越复杂，练习量越多，遗忘发生得越少；动作技能越简单，练习量越少，遗忘发生得越明显。许多动作技能是以有序连续的局部动作为基础的，有序连续的动作只要出现某一局部动作，动作的其他连锁反应就会相应出现，因此连续有序的动作序列构成的动作系统不易遗忘。

① 许尚侠. 动作操作遗忘进程的探讨［J］. 心理科学，1986（1）：13-17，7.
② 许尚侠. 动作操作遗忘进程的探讨［J］. 心理科学，1986（1）：13-17，7.

（二）动作技能的迁移

动作技能的学习与知识的学习一样，存在着迁移现象，即一种技能的学习会对另一种技能的学习产生影响。从迁移的性质及其作用划分，动作技能的迁移也有正迁移和负迁移之分，顺向迁移和逆向迁移之别。虽然学习迁移的一般规律也适用于技能的迁移，但动作技能的迁移又有特殊性。从动作的特点及其关系划分，动作技能的迁移有以下三种形式：

1. 双侧性迁移

双侧性迁移又称交叉迁移，是指在身体一侧的器官形成的技能迁移到身体另一侧的器官。研究表明，双侧性迁移发生的最明显的部位是人体的对称部位，即左手—右手、左脚—右脚；其次是人体的同侧部位，即左手—左脚、右手—右脚；最弱的部位是对角线部位，即左手—右脚、右手—左脚。双侧性迁移对于需要双手或四肢协调的动作技能的学习具有促进作用。

2. 语言—动作的迁移

这是指在动作练习前的语言训练对掌握动作技能有影响作用。一般来说，只有当语言的反应不干扰被试的动作时，如语言就是对该动作的表征、语言的反应简单或语言能提高知觉的辨别能力等，学习动作技能前的语言训练才能对动作技能产生正迁移。

3. 动作—动作的迁移

这是指已形成的一种动作技能向另一种动作技能的迁移。两种动作技能之间既可以产生正迁移也可以产生负迁移。当两种动作技能的学习存在相似的注意分配、反应速度、操作动作成分、操作方式时，就产生正迁移，如学会骑摩托车后就比较容易掌握驾驶汽车的技能。当两种动作技能的动作成分相似、操作动作的方式相反时，就容易产生负迁移，如习惯于从自行车左边上车的人一般就很难掌握从自行车右边上车的技能。

第三节　动作技能的培养

动作技能的形成是心理活动内化向外化的转化过程，学习者的观察示范和理解动作概念是内化过程，学习者的操作练习是外化过程。动作技能的形成需要一定程度的练习，但是需要遵循科学规律，才能起到事半功倍的效果。教师在对儿童动作技能的培养上，要注意以下五个因素。

一、准确地示范与讲解

准确的示范与讲解有利于学习者不断调整头脑中的动作表象，形成准确的定向映象，进而在实际的操作活动中可以调节动作的执行。学习任何动作都必须以动作表象为基础，熟练的操作技能包含着非常清晰、准确的动作表象。示范与讲解不仅适用于操作技能形成的定向阶段，也适用于技能形成的其他几个阶段。

（一）示范

在动作技能的学习中，形象的视觉动作信息比言语信息更容易通过示范被学习者接受，学习者可以通过观察他人的动作进行观察性学习。学生通过观察示范动作，在头脑中形成精确的视觉表象，从而引起相应的动觉表象，唤起相应的动作经验，建立起稳固的动力定型，形成动作技能。在动作技能形成的早期阶段，模仿他人的动作能够收到很好的效果。

示范的有效性受示范者的身份、示范的准确性以及示范的时机等因素的影响。

第一，示范者的身份对学习者的学习效果有一定的影响。研究发现，当观察熟练的教师的示范操作时，学生的学习效果最好。但其他有关实验表明，无论是何种身份的示范者，对技能学习的影响都要视示范者的技能水平而定。[①] 有研究者认为，在某些情况下，示范者的身份可能影响着学习者的技能掌握，其主要原因有两个方面：一是身份较高的示范者可能会引起观察者对其示范的更多的关注，进而有可能影响从示范中所获取的信息；二是高身份者可能促进观察者产生较高的动机，使观察者渴望达到示范者所演示的那种水平。[②]

第二，示范的准确性是影响操作技能学习的直接决定因素。错误的示范直接导致错误的模仿，这在技能学习的初级阶段是非常重要的。为了保证示范的准确性，可以借助图片、录像、幻灯、影片、计算机模拟等现代化的技术手段，使信息的呈现更加准确、方便、易于接受。

第三，何时给予示范也是一个要考虑的因素，一种可能性是在学习者实际操作之前给予示范，使其形成操作的定向映象。但也有人主张先让学习者根据某种简单的言语讲解进行尝试，然后给予示范，其目的是先让学习者形成初步的协调能力。但一些实验表明，在进行实际操作之前让学习者观察示范动作，是一种较好的技能学习方式。这也表明，操作技能学习过程中的定向环节是非常必要的。除在技能学习的最初阶段提供示范外，在技能学习的其他阶段也应根据需要给予必要的示范，以进一步充实、矫正学习者的定向映象。

（二）讲解

通过讲解，可以突出动作要领，提高学生对动作的认识水平。有些学生尽管能够做出某种动作，但不一定了解动作的内部规律，一旦动作发生错误，难以找出原因，会限制动作的发展。教师通过讲解动作的结构、要领，使用器械的方式、基本要求和基本原理等，帮助学习者借助语言明确关于动作的陈述性知识。教师可以运用讲解的方式，强调动作技能之间的相似之处及动作相同的力学原理，举一反三地帮助学习者借助已经取得的动作经验学习新动作。通过对动作基本原理的讲解，让学习者知其所以然，加深对动作的记忆。此外，教师还可以通过讲解让学习者明白动作技能的目的和目标，使他们知晓这样做的好处，从而增加其学习的内部动机。教师不仅要讲解动作的物理特性，也要指导学生注意、体验执行动作时的肌肉运动知觉，促进技能的迁移。教师在进行言语讲解时，应鼓励学生运用外部出声的言语或内部言语描述动作，以充分发挥言语对动作表象所起的支持和调节作用。

讲解也有局限性：一些概念在学习者未亲身体验时很难仅通过语言表达清楚；语言信息太多有时反而会增加学习者的认知负荷，使他们难以抓住重点；对于初学者来说，讲解的内容如果过多、时间过长就容易产生遗忘。因此，讲解必须简明扼要、概括与形象化，每次讲解 1～2 个要点。儿童的注意容量有限，为了减少遗忘，可以先讲最基本的信息，然后再补充细节。

① MCCULLAGH P. Model status as a determinant of observational learning and performance [J]. Journal of sport and exercise psychology, 1986, 8（4）: 319-331.
② 冯忠良，伍新春，姚海林，等. 教育心理学 [M]. 北京：人民教育出版社，2015：425.

（三）讲解与示范结合

讲解与示范如何结合，要视具体情况而定。如果要强调操作的结构及其活动方式，则应以示范为主、讲解为辅，在讲解时提示观察要点。如果要强调学习操作的法则与原理，则应以讲解为主、示范为辅，以示范印证讲解。但无论何种形式的讲解与示范，最关键的是要保证所提供、传递的信息是准确的、充分的。

在示范与讲解的过程中要注意以下三点：第一是示范与讲解的准确性。错误的示范与讲解会直接导致错误的模仿，在动作学习的初始阶段显得尤为重要，如果一开始接触的信息是错误的，后续要纠正就会比较困难。为了保证准确性，可以借助多种现代化的技术手段（如图片、音像、计算机模拟等），使信息呈现得更加准确。第二是要循序渐进，对于难度较大的动作技能，讲解不宜过快，要考虑学习者的信息接受能力，避免产生信息超载；要把动作系统进行分解，之后再进行整合；示范的动作必须考虑学习者的现有动作能力乃至兴趣。第三是重点突出。要在关键点和要点之处进行反复重点讲解，在动作技能学习的初期对细枝末节不宜关注太多，以免学习者把握不住重点，在后期则可以关注一些细节，不断完善动作系统。

二、必要而适当的练习

练习不是动作的简单重复，必要而适当的练习是动作技能形成的必要条件。

（一）练习曲线

练习曲线是指在练习过程中，随着练习次数的增加，动作效率变化的图解，如图 11-2 所示。

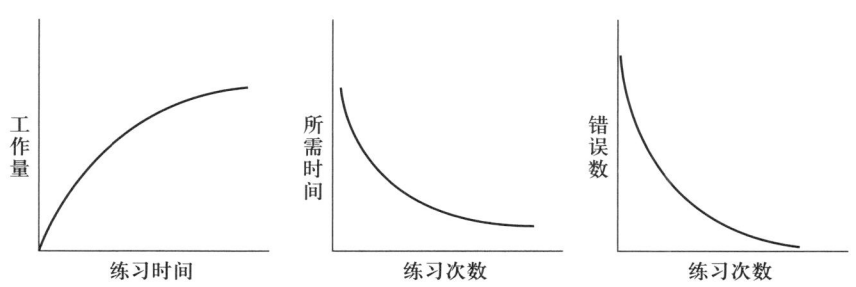

图 11-2　练习曲线的不同表示方式

随着练习时间的增加，每次完成的工作量逐步上升，完成动作所需的时间以及错误就会逐步减少。不同学习者的练习曲线既有共性也有差异，在技能学习的初始阶段一般进步较快，中后期可能会出现一个停顿期，后期进步较慢。总体而言，随着练习的增多，动作的精确性、协调性等会逐步提高。在动作技能的形成过程中一般有以下两种情况：

1. 练习成绩逐步提高

总体而言，随着练习的增加，学习者动作的速度和准确性也会提高。运动技能掌握的快慢也因人而异，一般有以下三种表现形式：（1）练习的进步先快后慢。在练习初期，学习者对新动作有一定的新鲜感和好奇心，在初步掌握一些分解的、简单的动作后自信心增加，从而进一步激发学习的兴趣。到了练习的后期，动作单元的难度增加，而且需要对分解的动作进行整合，加之练习的疲劳、兴趣的减退等，学习者后期的进步变慢。（2）练习的进步先慢后快。有的同学在初期接受新知识较慢，需要花费一定的时间掌握基本的动作结构和原理等，以往的动作也有一定的干扰，所以进步较慢，但是一旦前期的基础打好了，后期的进步就会相对快一些。（3）练习的进步比较平稳。这种情况出现得较少，大部分人的进步速度都会呈现出一个比较明显上升或下降的趋势。

2. 练习中的高原现象和起伏现象

一般而言，在动作技能学习的中、后期往往出现进步暂时停顿乃至下降的现象，这种现象就是练习过程中出现的高原现象。在度过高原期后，练习成绩又会继续提高。产生高原反应主要有两个原因：一是新旧动作体系的突破。学习者对动作技能的学习依赖以往的动作技能经验，不同动作技能的结构系统既有共性也有差异。一开始学习者会依据以往经验，在已有经验上建立一套系统，在初期这个系统能够起到很好的支架作用，但是到了后期这一系统就不再适应新的要求，学习者又不愿意放弃旧有的系统，尝试了许多办法后也无法获得进一步突破，练习成绩就在这个地方打转，然而一旦度过了这一时期，新旧动作系统之间逐渐平稳过渡，练习成绩再次提高。二是学习者的状态。随着练习次数的增加，动作技能难度的增大，投入和产出比越来越低，短期内进步的停滞不前使得学习者对自我产生怀疑，潜意识里不再愿意投入更多的时间和精力练习，从而兴趣下降，动力不足，产生恶性循环，无法获得进步。

教师在动作技能的培养过程中要通过讲解让学习者对高原现象有一个清晰的认识，那么他们遇到高原现象时就不会惊慌失措。教师可以通过变化练习的方式让学习者维持练习的兴趣，合理分配练习时间，避免产生疲劳效应。针对新旧动作系统的交替，每个学习者的情况不一样，教师需要在这一时期发现问题的症结所在，通过及时的反馈、关键点的点拨、言语的鼓励等多种方式让学习者坚持下来，使他们相信僵局的出现只是暂时的，只要坚持下去就能获得良好的效果。

练习的总体趋势是上升的，在大趋势中还包含一些小的趋势，例如练习成绩暂时的停顿和下降（高原现象）以及时而提高、时而停顿、时而下降（起伏现象）。一般而言，动作技能越复杂，起伏现象越明显。高原现象和起伏现象都是动作技能形成中的正常现象，教师和学习者对此有了清晰的认识之后就能坦然面对。当学习者的练习成绩出现下滑，明显违背正常的练习曲线的趋势时，教师应该给予学习者更多的关注和指导，引导他们步入练习的正轨。

（二）练习方式

练习方式有多种分类，根据练习时间的分配，可以分为集中练习和分散练习。对连贯的动作技能学习来说，动作持续的时间较长，分散练习不易产生疲劳，效果更好一些；对不连贯的动作技能学习来说，集中练习的效果更好一些。

根据练习内容的完整性，可以分为整体练习和分解练习。整体练习不仅学习每个动作，还学习动作之间的联系，并对整套动作系统进行练习。分解练习也叫局部练习，在练习时把动作系统分解为单个的动作单位，学习者先练习动作单位，等熟练掌握后再合并动作单位进行整体练习。分解练习可以有效降低动作学习中复杂动作技能对于动作执行者的难度。如何把完整的动作进行分解，以及如何进行分解练习才能最大限度地把学习效果迁移到完整动作中是分解练习的关键。对于简单且各动作成分内在组织较强的动作技能学习（如立定跳远）来说，整体练习的效果更好；对于复杂且各动作成分内在组织较弱的动作技能学习（如游泳），花费的时间较长，可以把动作分解为多个动作单元，先进行分解练习，后进行整体练习。

　　动作技能的形成不仅需要身体上的锻炼，还需要心理上的锻炼。心理上的锻炼即心理练习，学习者在头脑中反复思考身体动作，形成动作的表象。通过以"放松—表象"为核心的心理训练能够有效地提高学习者的心理训练水平，使他们可以有目的地改变自己的身心状态。表象训练是指在语言的指导下，在头脑中反复想象某种运动动作或运动情境，从而提高运动技能和情绪控制能力的方法。认知心理学关于表象的实验研究揭示了表象训练的心理机制：表象是表象训练的素材，为运动技能训练获得了形象与抽象的双重调控；表象提供了运动技能心理训练的基本模式，为运动技能的创新准备了基本条件。[①] 心理练习不受时空和器械的限制，而且身体不容易产生疲劳，能激发学生的学习兴趣和热情。通过语言唤起动作表象，能提高人的表象记忆能力，引起机体产生与做动作时相似的生理变化，大脑皮层的有关区域受到激活，并带动相应的肌肉群做下意识的活动，进一步加深对动作的记忆。要形成实际的动作技能，还需要获得动觉表象，在视觉的指导下反复练习，使学生进一步增强有关动作的本体感觉、平衡觉、空间觉和时间觉，建立起相应的动觉表象。教师正确优美的示范、精炼生动的语言、恰到好处的提示、积极肯定的评价等都有利于动作表象的形成。对于初学者来说，将身体练习和心理练习轮流变换地采用，能够有效提高学习者的练习水平。

　　动作技能的掌握需要一定的练习量，为了促进操作技能的形成，一定程度的过度学习也是必要的，过度学习的量并非越大越好，过分的过度学习容易适得其反，使个体感到疲劳、失去兴趣、错误动作定型化等。

三、充分而有效的反馈

　　除增加练习的次数外，有效的反馈也是影响动作技能学习的重要因素。通过反馈，学习者能够更加清晰地知道动作技能的学习程度及其与既定目标之间的差距，激发学习动机和兴趣，帮助个体作出调整，更快地掌握所学技能。根据不同的维度，反馈有不同的分类。根据动作技能的难度和阶段，选择充分而有效的反馈方式有利于动作技能的培养。

　　根据反馈的时机，反馈可以分为即时反馈和延迟反馈。对于枯燥、需要长时间重复的动作任务，通过提供反馈，可以较快地提高动作表现的熟练性。一般来说，教师提供的反馈要及时，如果没有练习中完成动作的情况反馈，就会削弱学习者的学习动机，练习效果也会下降。早期研究一般认为即时反馈比延迟反馈更利于技能的形成，但后来的研究更倾向于支持延迟反馈的积极作用。有研究发现，在简单任务中，即时反馈在一定时间内更有利于动作技能的获得；在复杂任务中，即时反馈和延迟反馈对动作技能形成的影响没有显著差异。[②] 无

① 汪明. 表象训练提高运动技能效能的心理机制［J］. 南京师大学报（社会科学版），2009（5）：87-92.
② 冯霞，冯文锋，冯成志. 反馈类型和反馈时间对动作技能获得的影响［J］. 心理科学，2018，41（3）：533-539.

论在简单运动或复杂运动任务中，能够直观提供改善关键点信息的反馈形式（如图形、轨迹反馈），可以促进动作技能的获得。在简单的动作技能学习中，学习者的负荷较少，较低的反馈频率比高频率更能促进技能的学习；而在复杂的动作技能学习中，学习者需要处理的信息加工负荷量较大，高频率反馈比低频率反馈更为有效。

根据反馈的来源，反馈可以分为内部反馈和外部反馈。内部反馈即来自学习者内部感觉系统（如肌肉、关节等）的反馈。例如，游泳时肺部肌肉的收缩和舒张就是内部反馈。外部反馈即来自学习者以外（如教师等）的反馈。例如，教师对篮球学习者投篮角度和力度的反馈就是外部反馈。教师的反馈应以鼓励为主，先肯定学习者做得好的地方，再指出其不足之处。此外还要注意反馈的准确性和重点，能够准确找到问题的关键点和重点，不必在细枝末节上耗费精力。

在动作技能学习的初期阶段，外部反馈起主要作用，随着动作技能水平的提高，动作反馈由外部反馈逐步转向内部反馈，内部反馈在动作技能学习中的作用逐渐增大。随着学习者动作技能的形成进程，教师可以引导学习者逐步从外部反馈过渡到内部反馈。在学习者动作学习进步不明显、产生挫折感的情况下，外部反馈对他们达到学习目标也具有帮助作用。这时教师可以肯定学习者某些方面的进步，激发他们的学习动机。自我控制反馈（学习者在动作反馈中具有一定的自主权）也有利于动作技能的学习。在动作技能的小组学习中，有利于自我控制反馈的发挥，同学们相互观察，相互反馈，学习者也更容易控制反馈的时间和形式等。

四、建立稳定清晰的动觉

【拓展阅读】
心理动作演练技术

　　　　　　动觉是动作技能形成的关键性心理因素。动觉是复杂的内部运动知觉，它反映的主要是身体在运动时各种肌肉活动的特性，如紧张、放松等，而不是外界事物的特性。这些有关肌肉活动的各种感知觉等与视觉、听觉有所不同，如果不经过训练，它们很难使个体明确地意识到，并经常受到外部因素的影响，处于被掩盖的地位。由于运动知觉的模糊性，经常会发生学习者对自己的错误动作意识不到的现象，当然也就很难对动作进行有意识地调节或控制。这样就容易导致技术水平不稳定，难以找出动作失误的确切原因，使操作技能的学习陷入盲目状态。因此，有必要对学习者进行专门的动觉训练，以提高其稳定性和清晰性，充分发挥动觉在技能学习中的作用。

动觉训练分为试动训练和动觉表象训练。动觉训练提高了学习者的长时性动作记忆水平。试动训练即借助外部因素使练习者产生正确动作的训练方法，其目的是使练习者体会到该动作的肌肉运动结构，即产生动觉，以保证练习者在操作练习中有一定的动觉依据。动觉表象训练是试动训练的延续，即唤起动作肌肉运动结构形象的过程，它以口头指导语为刺激，唤起练习者在试动训练中所产生的正确动作的表象及其动觉感受，其目的是提高练习者长时性动作记忆的巩固程度。有研究发现，早期进行动觉监督训练可以更为充分、有效地发挥动觉监督的作用，提高动作技能形成的成绩和效率。[①]

---

① 黄强，赵欣，李向东. 动觉监督早期介入对动作技能形成的影响［J］. 心理学探新，2003（1），42–46.

五、进行有组织的运动

参与有组织的运动不仅有助于强身健体，还可以培养儿童的社交能力，疏导他们的情绪。在运动中，儿童能够学会如何与他人合作，认识到规则的重要性，正确看待失败，增加抗挫折的能力。有组织的运动还能带来情绪和认知上的有利影响。运动为儿童提供了一种可接受的处理沮丧或攻击性等负面情绪的方式，提供了一个释放过剩精力的出口，并让儿童从技能提升中感受自我满足。研究表明，对于男孩而言，参与有组织的运动与以下各项内容相关：更好的测试成绩和学校表现、较低的青少年犯罪率、较少抽烟和使用毒品。对于女孩而言，参与有组织的运动与高自尊、少抑郁、更积极的身体形象和心理健康相关。部分研究属于相关性研究，因此很难断定参与运动本身是否有助于儿童建立积极关系，但也有研究发现，积极参与运动会带来积极的效果。帮助儿童养成定期参与体育活动的习惯有助于儿童在成年早期参与更多体育运动，从而避免严重的健康问题，如肥胖、糖尿病和心脏病。

【本章小结】

本章主要介绍了儿童动作技能学习的相关内容。第一节是对动作技能的概述，主要包括动作技能的含义、动作技能的结构和特点、动作技能的类型以及儿童动作技能的发展。第二节阐述了有关动作技能形成的理论，主要包括动作技能形成的理论、动作技能形成阶段的理论、动作技能形成的标志、动作技能的保持与迁移。第三节对动作技能的培养进行了介绍，主要包括准确的示范与讲解、必要而适当的练习、充分而有效的反馈、建立稳定清晰的动觉、进行有组织的运动等。

【实践·反思·探究】

亚历克斯有着一个相对不幸的童年，他的父母婚姻不幸福，家人很少拥抱他，也几乎不对他使用"爱"这个字眼。亚历克斯不是一个寻求关注度的人，他爱上了攀岩运动。开始时选择无保护攀岩，是因为他不知道如何找人做搭档。青春期的亚历克斯话比较少，很难与其他人交流，他无法请求陌生人给他做保护措施，为此他选择了室外无保护攀岩。亚历克斯曾经去医院做过脑部检测，医生的结论是"亚历克斯大脑中的杏仁核完全不活跃，这是他天生没有恐惧感的重要原因。"亚历克斯曾经说过："我也怕掉下山崖摔死，但当你挑战自己并且做到极致时，就会有一种满足感，这种感觉在你面临死亡时更加强烈。"他对死亡也有比较乐观的态度："每个人都会在某一天死去，徒手攀岩只不过是让那一天来得更快而已。"

亚历克斯的攀岩能力高超，是他数十年如一日的能力训练和每一次精密计划的结果，他的日常训练内容包括指力板、引体向上、模拟攀爬等，每周高达18个小时的高强度训练，让他一步步地接近自己的目标，后来，亚历克斯成为世界上首位徒手快速登顶全球最大的酋长岩的攀登者。

1. 根据上述案例，请从遗传、环境、自我三个角度分析亚历克斯性格的形成以及对其命运的影响。

2. 结合本章所学知识，分析亚历克斯快速登顶酋长岩的原因以及对自己的启发。

【推荐阅读】

1. 肖化，谭伟红. 皮亚杰儿童认知发展理论视角下的小学低年级 STEM 教育［J］. 基础教育参考，2020（11）：38-40.

2. 耿达，张兴利，施建农. 儿童早期精细动作技能与认知发展的关系［J］. 心理科学进展，2015，23（2）：261-267.

3. 冯霞. 不同反馈类型对学生写作表现、修改能力与写作元认知的影响研究［D］. 武汉：华中师范大学，2019.

第十二章　儿童的品德学习

【学习目标】

1. 了解品德、道德等基本概念。
2. 掌握品德的心理结构。
3. 理解儿童品德发展的一般规律。
4. 学会对于儿童品德不良行为的预防和矫正

【知识导图】

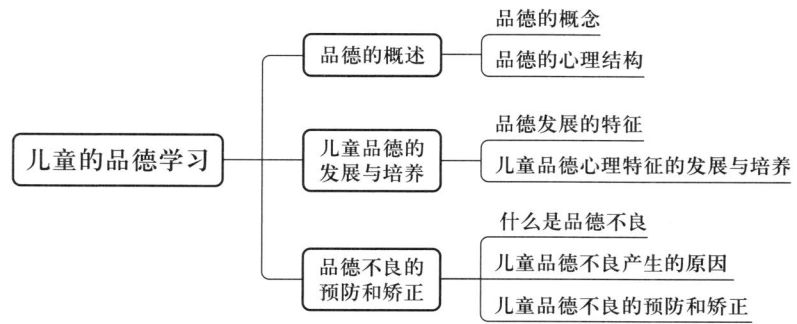

【案例导入】

根据皮亚杰的道德发展理论，处于他律道德阶段的儿童（5—10 岁），在判断一个行为的错误时，他们只看到行为的结果，而不考虑行为是否有意。如果让儿童判断，小王在去吃饭时无意中打碎了门后面的 15 个杯子，小李因为偷吃果酱打碎了 1 个杯子，这两个人中谁更调皮，6—7 岁的儿童多数会选择小王。

第一节　品德的概述

良好的道德品质是一个人的灵魂，也是一个民族的灵魂。党的二十大报告指出，育人的根本在于立德。全面贯彻党的教育方针，落实立德树人根本任务，培养德智体美劳全面发展的社会主义建设者和接班人。深化教育领域综合改革，加强教材建设和管理，完善学校管理和教育评价体系，健全学校家庭社会育人机制。加强师德师风建设，培养高素质教师队伍，弘扬尊师重教社会风尚。德育教育的好坏，影响着个体的未来，更关系到一个民族的发展。

一、品德的概念

（一）道德的含义

品德是社会道德在个体身上的体现，要理解品德的含义，必须先对道德有初步的认识。道德是人类社会特有的现象，是社会依照一定的舆论作用和内心力量而形成的，反映一定群体共同价值的社会行为规范的总和。道德与法律不同。法律虽然也是一种行为规范，是人们必须遵守的规定，但它具有强制性，违反法律要受到制裁。而道德的效用在于和平地解决和协调人与人之间的冲突，发展人与人之间理想的良好关系，如果人们违反了道德行为准则，多数情况下，只会受到良心和舆论的谴责。

（二）品德的含义

品德，即道德品质，是个体按照一定的社会道德准则和规范行动时所表现出来的较稳定的一贯的心理特征，是被个体内化了的道德规范和准则。如热爱祖国、关心集体、助人为乐、勤奋学习、无私奉献等，都属于品德的范畴。品德有以下三个特点：

第一，品德具有相对稳定性。只有经常地表现出一贯的规范行为，才标志着品德的形成，偶尔或一时的道德行为并不足以说明一个人已经具备了某种品德。一个人只有具备了某种稳定的道德观念，并在它的支配下恒定地表现出一系列有关的道德行为，才可以说其具备了某一品德。例如，某个学生在学习和生活中根据学生守则一贯关心同学、热爱学习、遵守纪律，就可以认为这位同学有上述的良好品德。

第二，品德具有个别性。品德是个人的道德面貌，具有个别差异。虽然同一个社会群体中的人，遵循着大体相同的道德准则，但他们的品德表现可能是千差万别的。例如同样具有勤奋、敬业道德品质的人，由于其气质类型不同，他们的道德面貌可能各有特点：多血质的人表现出极大的工作热情；黏液质的人表现出非凡的韧性；胆汁质的人表现出说干就干的冲劲；抑郁质的人表现出认真细致、一丝不苟的作风。

第三，品德具有自觉性。品德是内在的心理倾向，由内而外地支配个体的外显行为，是道德动机与道德行为的有机统一。真正的道德行为是在道德观念、道德信念的指导下所做的合乎道德规范的自觉行为。一个人在外界压力下做出的顺从行为，或者是在趋利避害动机下做出的社会行为，尽管符合相应的道德规范，但也不能视其为优秀品德的体现。

（三）品德与道德

道德是人类社会特有的现象，是人们必须普遍遵守的行为法则、规矩和规范。道德虽然不同于法律，它以一种强制的方式要求人们遵守一些用法律条文规定下来的社会准则，但是道德也是一种社会现象，它产生于社会生活，并随着社会的发展而发展，不依赖某一个体而存在，即不以个别人的存亡和品德的有无为转移，是社会分辨善恶的尺度。道德主要是哲学、社会学、伦理学等学科的研究对象，道德研究主要关注社会和群体中的道德现象。

品德是个体现象，是社会道德在个体身上的反映，折射出个体的价值观、人生观和道德品质。品德依赖于具体人的心理活动规律，以及具体人的存亡。因此，品德主要是心理学、教育学研究的对象，品德研究主要关注个体的道德现象。

品德与道德既有区别又有联系。品德的内容是社会道德的个体表现，社会道德也无法离开个人品德而存在。个人品德是在社会道德的影响下形成的，主要是在社会道德舆论的熏陶和学校道德教育的影响下，在家庭成员潜移默化的道德感染下，通过自己的实践活动形成和发展起来的。事实上，个人品德对社会道德有一定的反作用，如一些优秀代表人物的个人品德，可作为一种社会典范对整个社会道德风气产生重要影响。

（四）品德与个性

品德与个性、性格等联系密切，也有区别。品德是个性中最具有道德评价意义的部分，性格是个人对现实稳定的态度和习惯化的行为方式。性格中存在不具有道德评价意义的层面，如内向、外向、乐观好动、沉默寡言等，不能作为道德评价的依据，只是个人不同的性格特征；性格中也存在具有道德评价意义的层面，例如，在对人、对事的态度中，诚实、正直、勤奋和忠义等都是人们公认的好的品格（性格），而虚伪、偏见、自私和懒惰等则是不好的品格。这些具有道德评价意义的性格特征也是道德品质。

二、品德的心理结构

品德的心理结构是指品德这种个体心理现象的组成成分及其相互关系。

在品德心理的研究中，由于品德心理的结构复杂性，争议也就不可避免。不同的研究者从不同的研究角度和研究兴趣提出了多种心理结构。"二分法"认为，品德的心理结构由道德认识和道德行为组成；"三分法"认为，品德的心理结构由道德认识、道德情感和道德行为组成；"四分法"认为，品德的心理结构由道德认识、道德情感、道德意志和道德行为组成；"五要素"认为品德的心理结构包括道德认识、道德情感、道德信念、道德意志、道德行为。其实，这样的划分并不存在实质上的区别，在品德的心理结构内部，各个组成成分常常是相互包容的，因为它们是一个整体，区别只是相对的。下面以"四分法"为依据加以阐述。

（一）道德认识

道德认识是个体对现实社会道德关系和处理这些关系的准则、规范的认识。个体道德认识的形成包括道德概念的掌握、道德评价的发展、道德信念的确立三个环节。

道德概念是对道德现象本质特征的概括反映，它是个体在一定的道德情境中，在已有道德表现的基础上，通过对有关道德知识的学习形成的。个体按照社会道德准则采取行动时，必须对这些准则有所认识，以形成相应的道德感。只有这样，才能对行为的是非善恶进行道德判断，形成相应的道德观念体系。从总体上看，个体道德概念的掌握是一个逐步发展、不断深化的过程，体现出由简单到复杂、由不稳定到稳定、由单纯接纳到自主选择的发展趋势。

道德评价就是个体根据自己的、社会的道德价值观念对自己或他人的行为作出是非善恶的判断。如果说道德概念的掌握有助于解决个体对社会关系和道德准则认识中的"是什么"问题，那么，道德评价则是根据已掌握的道德标准对人的行为作出价值判断，属于"为什么"问题，它是运用道德概念进行道德推理、作出价值判断的道德思维过程。个体道德评价的发展，体现出从他律到自律、从片面到全面、从根据效果评价到注重动机评价等趋势。

道德信念是个体对自己所奉行的道德准则和道德观念的确信，是个体道德活动的理性基础。当个体把外界的道德要求转化为个体行为准则并坚信其正确性时，会引起相应的情绪体验，这就表明道德知识已转化为道德信念。道德信念的确立会使个体的道德行为表现出坚定性和一贯性，因此它成为道德品质中的关键因素。个体的道德信念发展一般要经历三个阶段：无道德信念阶段、道德信念的萌芽阶段、道德信念的确立阶段。

（二）道德情感

道德情感是情感的一种高级形式，它是个体根据一定的道德行为准则评价自己或他人的思想、行为时所产生的内心体验，也就是个体在心理上所产生的对某种道德义务的爱慕或憎恨、喜好或厌恶等情感体验，如自尊感、荣辱感、集体荣誉感等。从表现形式上看，道德情感主要包括三种：直觉的道德情感、想象的道德情感、伦理的道德情感。

个体对某种具体道德情境的直接感知而迅速发生的情感体验是直觉的道德情感。由于它产生非常迅速，未经过现场的充分准备与酝酿，个体往往不能明显意识到这个过程，由于某个道德情境产生得非常迅速，个体往往对这个过程的道德准则的意识也不太明显。例如，某人突然看到有人落水，他来不及思考，果断就跳入水中，救起落水者。当时直接驱使这位英雄模范采取行动的并不是他清晰意识到了的某种道德观念，而是迅速感知到的危急情境引起的直觉的道德情感。这种直觉的道德情感对人的行为具有迅速定向的作用。

通过对某种道德形象的想象而发生的情感体验是想象的道德情感。道德形象是以社会道德标准的化身而存在的，又具有极大的鲜明性，能使人更容易理解道德规范的要求及其社会意义，也更容易使人受到感染和激励。人们在联想某些有道德意义的人或事物的形象时，容易激起一些较自觉的情感体验。如当人们想起岳飞、文天祥、刘胡兰等英雄人物时，多半会唤起对他们的钦慕之情。

以清楚地意识到道德概念、原理和原则为中介的情感体验是伦理的道德情感。它具有清晰的意识性和明确的自觉性，较大的概括性和较强的理论性，以及稳定性和深刻性，是道德情感的最高形式。爱国主义情感和集体主义情感就属于伦理的道德情感。

研究表明，道德情感是道德形成机制的重要组成部分，它在个体的道德准则和道德行为间起着核心的调节作用。[①]精神分析理论强调良心发展的道德情感方面，弗洛伊德认为内疚是道德行为的重要动力，通过向儿童解释，当他们伤害了他人后，父母会对此感到失望，加以引导，儿童能够在共情的基础上产生内疚感，迫使个体停止那些不道德的行为和表达歉意，而积极的情绪（如自豪）则能激励个体尽量做社会认可的事，即所谓的好人好事。

（三）道德意志

道德意志是个体在履行道德义务的过程中自觉地调节自身行为，克服困难和障碍时所表现出来的意志品质，通常表现为一个人的信心、决心和恒心。在品德心理结构中，道德意志起支撑和调节作用，它是个体按照道德规范和道德准则的要求进行道德抉择和行动调节的一种道德能力，是道德认识转化为道德行为的关键。薄弱的道德意志往往使道德行为难以一贯坚持，而坚强的道德意志则能使人的情感服从理智，勇敢地面对错误，执着地追求真理，出色地做出道德行为。

意志的体现过程主要包括：头脑中产生各种可供选择的行动方案，预测各种行动方案的结果，衡量行动后的利弊得失；按自己的决定行动，出现现实生活中的行为结果；接受行为结果的反馈，这种反馈影响心理结构。

自制力是道德意志的重要品质。自制力又称自我控制，指不受外界诱惑因素的影响，能够控制自己的情感冲动和行为，是意志力强的表现。对于儿童阶段的个体来说，能够根据社会标准和成人的要求约束和调节自己的行为，是其成功适应社会的必备条件，[②]对培养良好的道德品质和养成符合主流社会要求的行为习惯具有重要的影响作用。缺乏自制力的儿童会有爱发脾气、不遵守规则、做事虎头蛇尾、上课随便抢话、遇到困难就放弃等表现，有研究者认为儿童的自我控制由抵制诱惑、控制冲动和延迟满足三个维度构成，幼儿阶段是自我控制发展的关键期。[③]

（四）道德行为

道德行为是指个体在一定的道德意识和道德动机的支配下，对社会、他人乃至自身所表现出来的具体行为。道德行为是衡量品德的重要标志，在现实生活中，对一个人的道德品质做出评价不是看他的道德认识水平，也不是看他的道德情感体验，而是主要看他是否做出了实际的道德行动以及做出了怎样的道德行动，如观察一个儿童的品德，主要不是看他认识到什么，而是看他是否言行一致。一个欲望强烈而缺乏自制的人，在行为上可能与他具有的是非观念相矛盾。

道德行为主要有两种表现：一种道德行为是不稳定的、有条件的，这种道德行为尚不能

① KREBS D L. Morality: an evolutionary account [J]. Perspectives on psychological science, 2008, 3（3）: 149–172.
② 杨丽珠，宋辉. 幼儿自我控制能力发展的研究 [J]. 心理与行为研究，2003（1）: 51–56.
③ BERKOWITZ M W, GRYCH J H. Fostering goodness: teaching parents to facilitate children's moral development [J]. Journal of moral education, 1998, 27（3）: 371–391.

成为个体道德品质的一部分；另一种道德行为是稳定的、无条件的，是一种道德习惯。道德习惯是一种协调一致的、近乎自动化的行为方式，一定的道德情境往往会引起连锁的道德行为反应，因此，形成良好的道德习惯是培养道德行为的关键。

品德中的这些心理成分是彼此联系、相互促进的，它们是品德教育的心理学依据。道德认识是品德的基础；道德情感和道德意志是品德两种重要的内在力量，是联系道德认识和道德行为的中间环节；道德行为可视为品德形成的终末环节。具体来说，道德认识是道德情感产生的依据，道德情感又影响着道德认识的倾向；道德行为在道德认识的指导、道德情感的催化和道德意志的调节下，通过一定的练习形成；同时，道德行为又可以巩固、发展道德认识，加深、丰富道德情感和促进道德意志的锻炼。在道德的形成过程中，这些成分是均衡发展、协同作用的。儿童道德认识、道德情感、道德意志和道德行为发展的过程即为儿童道德品质形成的过程。如果它们的发展没有协调统一，某一方面有所偏离，就会相互削弱，影响儿童整体品德的形成。

第二节　儿童品德的发展与培养

道德发展是个体社会化的核心内容。品德的形成与发展是个体在与环境积极进行相互作用的过程中不断建构的结果。只有掌握和遵循儿童品德发展的特点和规律，道德教育才能取得良好的教育效果。本节在对品德介绍的基础上，从认知、情感、行为三个不同的维度揭示儿童品德发展的特点、过程和规律，探讨品德培养的常用方法。

一、品德发展的特征

和心理发展所表现出的年龄特征一样，品德发展也表现出一般的、典型的、本质的阶段性。林崇德及其团队花了 10 年时间，对我国儿童青少年品德发展的总趋势进行了系统研究，结果表明，个体在每个年龄阶段都表现出一定的品德特点。[①]

（1）0—1 岁，适应性阶段。在此阶段，婴儿还没有道德意识，也不可能有意地做出什么道德行为。这个阶段，婴儿需要的是有规律的满足和舒适的照料，主要任务是适应社会现实。

（2）1—3 岁，品德萌芽阶段。在此阶段，幼儿逐渐掌握"好"与"坏"、"乖"与"不乖"等道德判断标准，并以此引出合乎"好"与"坏"的道德需求及道德行动。这个阶段，幼儿的主要任务是理解"好""坏"两类简单的规范，并做出一些合乎成人要求的道德行为。

（3）3—6 岁，情境性品德发展时期。在此之前，儿童的道德动机和行为还不稳定，容易受他人的暗示或情境影响。这个阶段，儿童的主要任务是，儿童开始接受系统而具体的道德品质教育。

（4）6 岁至十一二岁，品德发展协调性时期。此时儿童会出现比较协调的外部动作和内部动作，道德知识系统化，并形成相应的行为习惯；言行比较一致，动机与行为也相对一

---

① 林崇德. 教育与发展：创新人才的心理学整合研究 [M]. 北京：北京师范大学出版社，2002：444.

致；随着年龄的增加和道德动机的发展，言行一致和不一致的分化逐步增大。这个阶段，儿童的主要任务是发展道德信念，以提高道德行为的思想境界。

（5）十一二至十四五岁，品德发展动荡时期。这个时期的儿童正处于人生的十字路口：一方面是道德信念和道德理想形成的时期，是世界观萌芽的时期，也是开始以道德信念和理想指导自己行为的时期；另一方面是心理发展跟不上生理迅速成熟的时期，是逆反心理、对抗心理出现的时期，是幼稚与成熟、冲动与控制、独立与依赖错综并存的时期。因此，这个时期必然是两极分化严重的阶段。这个阶段，青少年的主要任务是处理好过渡时期的各种矛盾。

（6）十四五至十七八岁，品德发展趋于成熟。成熟的标志有两个：一是较自觉地运用主要的道德观点、原则、信念来调节行为；二是世界观、人生观、价值观的初步形成。这个阶段，青少年的任务是形成道德行为的观念体系和规划，并促进进取和开拓的精神的发展。

以上六个阶段的特点大致代表了儿童和青少年品德发展的年龄特征。它为我们提供了儿童品德发展的时间表，可供教师、父母在开展儿童品德教育时参考。在各个不同的阶段，儿童品德发展任务不同，尤其在某些时期，品德发展经由量变到质变的飞跃，在教育上称为"关键期"。已有大量的资料表明，2.5—3 岁、5.5—6 岁、小学三年级、初中二年级，这几个阶段是儿童品德发展的关键期，在这些时期，儿童容易出现一些品质问题，但也是最能通过教育取得事半功倍的效果的时期。德育工作要适应儿童这种心理发展的关键年龄的质变特征，据此采取恰当的措施，做到有的放矢。

【拓展阅读】
中国儿童道德发展最新研究成果[1]

二、儿童品德心理特征的发展与培养

（一）儿童道德认识的发展与培养

系统的道德认识是从学生的小学时期才逐步开始的，而且这种系统的道德认识带有很大的依附性，还缺乏原则性。儿童的道德观念、道德行为是在成人的强化和要求下逐渐形成的。

1. 道德概念的理解

众多研究表明，儿童对道德概念的理解，如同其视野范围内概念的发展一样，是从直观、具体的理解逐步过渡到比较抽象、本质的理解。但这种认识仍有较多具体性的成分，概括水平较差。许多研究结果表明，儿童道德概念水平的发展随着年龄的增长而上升，呈现由低到高的发展趋势，小学高年级儿童的道德认识已逐步系统化，他们初步掌握了社会范畴的内容，开始向道德原则的水平发展。

2. 道德判断的形成

儿童在道德判断方面总的发展趋势是从只注意行为效果，逐步过渡到比较全面地考虑动机和效果的统一，具体表现为以下三个规律。

（1）从他律到自律

"他律"和"自律"最早来自皮亚杰对儿童道德认知发展的研究成果中。皮亚杰采用对偶故事法对儿童的道德判断进行了研究，认为随着认知能力的发展，儿童道德认知的发展也经历了一个从他律到自律的过程。他律是指儿童根据外

【拓展阅读】
皮亚杰的对偶故事法

---

① 参见：孙彩平，周亚文，司马合强. 中国儿童道德发展报告 2020 ［M］. 北京：科学出版社，2022.

在的价值标准进行道德判断，只关注行动的外部结果，不考虑行为的动机，认为道德与否取决于是否服从成人的命令或规定。这种道德判断具有客观性特点，此阶段约适用于 5—10 岁的儿童，以学前儿童居多。自律是指儿童按照其内在的价值标准，用平等或不平等、公道或不公道等新的标准判断是非。这种道德判断具有自主性特点，自律道德开始于 9—10 岁以后。随着年龄的增长，儿童的道德判断不断从他律走向自律，一般而言，年幼儿童的道德判断依据成人教给他们的道德规则，处于他律的水平；年长儿童的道德判断依据自主的规则，处于自律的水平。皮亚杰认为只有达到了自律的水平，儿童才算有了真正的道德。

（2）从效果到动机

儿童道德判断的依据是由行为后果逐步发展到行为动机，然后达到效果与动机统一的水平。例如低龄阶段的儿童认为打碎 15 个杯子的小王比小李更不好，这表明他们道德判断的依据是行为的后果，而不涉及动机。研究表明，7 岁是儿童道德判断的转折期，这时儿童开始注意到行为的动机，9 岁儿童从动机上判断是非已占明显优势。

（3）由片面到全面

儿童的道德判断往往从带有较大的片面性逐步发展到比较全面、客观，从只看现象逐步发展到深入事物的本质。一般来说，小学低、中年级的儿童在进行道德判断时，考虑问题的维度比较单一，容易受一时、一事的单一效果的影响，不善于全面、综合地认识人和事，而且往往附带强烈的个人情绪。例如，少先队讨论吸收新队员时，除了依靠教师的暗示外，往往只看其他同学一两次行为的效果，如某次作业没有做，某天违反了课堂纪律等。到了小学高年级，儿童才逐渐懂得从不同的维度考虑问题。这时他们会把个人行动的动机、效果与当时的具体情况联系起来，作出较为恰如其分的分析评价。

3. 道德认识的培养方法

道德认识是品德结构中的引导性要素，品德教育必须使儿童对基本的道德观念、道德准则形成正确的理解，并提高其道德分析判断能力。随着认知发展和社会经验的积累，青少年能够更加深刻地理解越来越复杂的社会事件；随着对社会事件知道的越来越多，他们会不断完善自身的道德认知，在解决道德问题上也会越来越公正、平等和平衡。因此成人在通过言语讲解和说服使儿童理解和接受一定的道德观念和道德准则时，可以采取以下五个言语说服的有效技巧：（1）将抽象道理与具体事例相结合；（2）在列举道德实例时要运用变式，使儿童更好地理解道德观念的实质；（3）通过提供榜样，提高儿童的道德判断和推理水平；（4）运用强化手段促进道德认识的发展；（5）运用假想的或真实的道德两难情境，或组织儿童针对社会上发生的道德事件进行讨论和辩论，提高其道德推理水平。

【拓展阅读】
科尔伯格的
道德两难论

（二）道德情感的发展与培养

1. 儿童道德情感的发展

在个人的成长过程中，道德情感是随着人的认识、信念、世界观的形成和发展而产生和丰富起来的。

有研究者对小学儿童道德情感的发展趋势进行了研究，其中主要涉及爱国主义、良心、荣誉、义务和幸福等五个道德情感范畴。研究者认为，品德的发展应该是多层次、多水平、多深度的，因此，道德情感的发展也应该是多层次的。研究结果指出：小学三年级是儿童道德情感发展的转折期，小学儿童的情感发展具有不平衡性，其具体表现为儿童的义务感最强烈，荣誉感次之，良心和爱国主义再次之，幸福体验最差。

中学阶段是青少年最具有集体情感的年龄阶段。在学校的集体生活中，随着交往范围的扩大，青少年逐步产生了对集体的态度体验，形成了集体荣誉感、义务感，尊重各种道德情感形态，也渴望在集体中具有一定的威信和权威。同时，青少年的友谊需要也十分强烈，无论是男生还是女生，都会感受到友谊是人们相互关系中的重要内容。调查研究表明，在 500 名青少年中，当他们遇到问题时，有 19.5% 的被试宁愿"向朋友倾吐"，也不愿意和父母商量。青少年往往把相互诚实、坦白、亲密当成友谊的宗旨。

2. 在道德教育中，可以采取多种措施丰富儿童的道德情感

第一，将儿童道德观念与一定的情绪体验结合起来。这就要求教师在讲解道德知识时，要注意运用具体、典型的实例，以生动的、带有情绪色彩的言语表述，使儿童在领会道德要求的同时，产生情绪体验。

第二，引导儿童将道德认识付诸行动，进行道德实践，如帮助社区的孤寡老人解决生活困难，与贫困地区学校的学生开展心连心协作活动，从中获得直接的道德情感体验。

第三，引导儿童对道德情境作出正确评价。现代情绪心理学的研究表明，人的情绪是通过对刺激因素、认知因素和生理因素三方面信息的整合而产生的。因此在道德教育中，提供有关的背景信息，帮助儿童对道德情境、人物、事件作出解释和评价，可以影响其道德情感体验。

第四，重视教师的情绪感化作用。教师对学生的爱是学生获得积极情感体验的源泉。如果一个教师对一名学习困难学生的错误行为进行严厉批评的同时，能在生活上关心学生，在学习上给予切实的帮助，对学生所表现出的微小进步感到由衷的喜悦，学生认识到教师的善良愿望后，就会产生温暖、感激、信任等积极情感体验。

第五，关注儿童的移情与道德感之间的关系。移情是个体由真实或想象中的他人的情绪、情感状态引起的并与之一致的情绪、情感体验，是一种替代性情绪、情感反应能力。研究证明，青少年的移情能力与其亲社会行为呈显著的正相关，增强青少年的移情能力能促进他们亲社会行为水平的发展。因此，教师可创设有利的道德教育情境和交往活动，利用优秀的文艺作品，包括故事、小说、戏剧、影视作品等，引起青少年的情感共鸣。

（三）道德行为

1. 道德行为的发展与认知水平的提高与相适应

儿童的道德行为是随着道德认识的发展而相应发展的。小学低年级儿童由于认识水平的限制，其道德行为常由一些具体的、浅近的动机所引起。到了小学高年级，儿童的抽象思维水平日益提高，对道德概念的理解能力有所增强，道德行为开始以社会的需要作为动机的基础。例如，对"儿童为什么要遵守纪律"的问题，儿童有以下几种答案：（1）服从教师的要求；（2）为了得到表扬；（3）为了履行班级成员或少先队员的义务，为集体争光；（4）认识到这是社会公德的要求，应自觉遵守纪律。小学低、中年级儿童的守纪行为主要来自前三种认识，第四种认识一般在小学高年级才开始出现。中学时期，青少年世界观、人生观、价值观的萌芽、形成对其道德行为习惯的养成有重要意义，其品德认知的成熟度与道德行为的发展联系密切。

2. 由外部调节向内部控制过渡

与道德判断从他律向自律的发展相对应，儿童道德行为的调节也表现为从外部向内部过渡。小学低年级甚至中年级儿童，他们的道德行为一般是在教师和家长的要求下或仿效他人的情况下实现的。例如，认真听讲、积极思考问题、按时完成作业等习惯的形成，主要依靠外力的监督调节作用，很少出于儿童内心的自觉需要。到了小学高年级，儿童调节行为的力量开始由外部控制向内心自觉的方向过渡，逐渐把教师或家长的要求转化为自己内在的道德需求，道德行为的自觉性日益得到发展。但需要注意的是，青少年特别是少年期的道德行为具有不一致性。在学校里表现较好的学生，在家里表现不一定很好，这反映了青少年道德行为的调节在其发展中存在不平等性和可变性。

3. 道德行为习惯逐步养成

小学儿童道德行为习惯的发展水平呈马鞍型，在小学低年级和高年级较高，在小学中年级较低。小学低年级儿童的道德行为习惯处于一种依附性很强的"家长和教师的权威"阶段，其行为习惯具有不稳定性；随着儿童独立性和自觉性的发展，小学中年级儿童可能因破坏了原有的道德行为习惯而导致自身的行为习惯水平下降；到了小学高年级以后，儿童的道德行为习惯开始具有一定的自觉性和稳定性。

中学时期，青少年养成道德行为习惯的数量随年龄递增，有实验表明，初中三年级前后形成良好道德行为习惯的有 60%，高二时期有 80%。从道德行为习惯的内容来看，随着年龄的递增，良好的道德行为习惯与不良的道德行为习惯的两极分化在随之增加。从学生道德行为习惯发展的稳定性来看，在初中三年级之前带有更大的不稳定性和可塑性之后带有更大的自动性，可塑性越来越小，这与由动荡走向成熟的青少年的品德发展是一致的。

4. 道德行为的培养方法

儿童的品德总是以道德行为来表现的，也是在不断的道德行为中形成和发展起来的。儿童由于自制力不强，即使初步具备了辨别是非、好坏的能力，也常出现错误行为，因此引导儿童养成良好的道德行为习惯是道德行为培养的重要方面。教师在指导儿童掌握道德行为方式时，可以考虑以下五种方法：（1）讲解道德行为的基本要求；（2）让集体成员讨论制订群体公约；（3）鼓励和表扬儿童做好事；（4）引导儿童对正确和不当行为方式进行对比；（5）创设多样化社会情境，通过角色扮演、行动练习的方式有意识地练习良好的行为习惯。

第三节   品德不良的预防和矫正

儿童期是个体行为与品德发展的重要时期，容易受到外界的影响与诱导，并产生许多不良行为。而不良行为的持续发展易导致品德不良问题的发生，因此，预防和矫正品德不良行为是非常重要的。

一、什么是品德不良

品德不良是指经常违反道德准则或犯有较严重的道德过错。从婴儿后期开始，所有儿童都会偶尔表现出攻击行为，随着年龄的增长，进入学校后，学生品德不良的表现形式更多，如违反学校纪律、破坏公物、考试作弊、校园欺凌、打架斗殴等，这些品德不良行为如果得不到及时的教育和引导，就有可能发展成更为严重的形式，具有品德不良行为的儿童将来就有可能走上犯罪的道路。国内外的大量调查表明：13—15 岁是初犯品德不良或劣迹行为的高峰年龄，15—18 岁是青少年犯罪的高峰年龄，近年来在世界范围内，犯罪出现低龄化趋势，以初中生居多。

早在两三岁时，一些幼儿就会出现攻击性、破坏性或反抗性的行为。由于此时他们尚不理解道德的具体要求，所以不能把这些行为视为品德不良。随着年龄的增长，儿童的问题行为可能会日渐增加，性质趋向严重，进而成为品德不良行为。心理学研究表明，儿童和青少年的品德不良行为主要有以下四种类型：

1. 过失型

过失型的品德不良行为由不良需要或好奇、好动、试探、畏惧等心理引起，由于儿童缺乏知识经验和认识不足，采取不适当的方式而产生的违反纪律或一般行为规则的行为，这种行为带有情境性、偶发性和盲目性等特点。

2. 压抑型

压抑型的品德不良行为是指由于学生的自我评价过低，自卑感较强，缺乏自信心，在挫折持续作用的条件下所产生的逃避、消极、自暴自弃等行为。这些行为也受个人的气质、性格支配，出现这类行为的儿童，气质类型多为弱型，性格内向，怯弱，抑郁者居多，一般带有隐蔽性、持续性等特点。

3. 攻击型

攻击型的品德不良行为是指学生对其认为使其某种需求得不到满足的人、物或事，从而做出对抗、报复、迁怒等行为。在受到批评或被误会时，儿童容易产生逆反心理，不愿解释、和解，甚至怀恨在心。出现这类行为的儿童，其气质类型多为强型，性格外向、倔强，急躁者居多，缺乏道德思维的果断性和综合分析能力。出现这类行为的儿童，对自我评价往往过高，但道德意志薄弱，缺乏坚韧性和忍受性。

4. 散漫型

散漫型的品德不良行为主要有下列表现：缺乏责任心，参与意识不强，不愿受纪律约束，如经常旷课、迟到、早退、打骂人、恶作剧等；或者自我感觉良好，无视自身的缺点和不足，在班集体中不合群。出现这类行为的儿童，其气质类型多为弱型，一般缺乏道德意志的自制性和坚持性。

童年期儿童的不良行为多以过失行为为主，之后随着年龄递减；品德不良行为会随着儿童的年龄增长而上升，在少年期和青年期的比例较大。如果教育或环境不良，儿童的过失行为会积累和发展，就有可能形成某些错误认识和不良习性，从而导致品德不良。

二、儿童品德不良产生的原因

儿童的品德不良行为并不是与生俱来的，而是成长过程中，在外因和内因共同作用下逐步形成的。

（一）家庭因素

对学生品德具有不良影响的家庭因素主要有以下三个：

（1）家庭结构不良，家庭缺乏正常的生活秩序和健全的生活方式。如儿童不与父母一起生活，单亲家庭，家庭成员之间不和睦，父母两地分居，对儿童缺乏必要的关心和照顾。

（2）家庭教育功能不良，父母教育不当、缺乏管教子女的方法。如有的家长对子女要求过高，经常训斥和打骂；有的家长对子女溺爱，一味迁就、放任和纵容；有的父母双方对子女的要求不一致，让子女无所适从；有的父母养而不教，对子女出现的品德问题不闻不问。

（3）家风不正。家长缺乏表率作用，无视或忽视自己的一言一行所产生不良后果，使儿童在不知不觉中受到不良影响。家庭成员的行为不检点，有不良的恶习，使儿童通过耳濡目染而误入歧途等。

（二）学校因素

当儿童离开家庭，走向学校时，学校中存在的不良风气、学校教育工作者在教育观点上的偏颇或方法上的不当，也会在一定程度上间接地造成或助长学生的不良品德行为。如有研究指出，课堂管理无序化、师生关系不和谐、教学方法不当以及教师随意给学生贴上的带有导向性的"标签"都会导致学生的课堂问题行为，久而久之，容易导致学生品德不良。[①] 还有研究发现，班风对学生的品德发展有影响。良好而稳定的班风对学生的成长有积极的影响作用，而不健康的班风则会给班集体的道德行为带来消极的影响。[②]

（三）社会因素

广义的社会环境是指整个社会关系和社会风尚；狭义的社会环境则是指学校和家庭以外的学生的朋友、邻居、社区，以及影响学生个体的各种社会活动等。从总体上看，我们的社会环境有利于学生品德的健康成长，但是，社会上存在的一些不正之风及腐败现象对青少年的健康发展有着极为不利的影响，如一些不良文化（如不良的网络、小说、电影、电视录像内容）对学生有着根深蒂固的影响；社会上错误的世界观、价值观、人生观对学生的影响也不容忽视。

（四）自身因素

学生的品德不良行为除了与微社会环境有相当大的关系外，也与自身密切相关。品德不良的学生自身因素主要有以下四个：

（1）缺乏正确的道德观念和道德信念。不良品德的形成与学生道德认识上的错误有密切的联系。有的学生不能正确理解有关的道德要求和道德标准，如把违反学校纪律视为"英雄行为"，把打架等同于"勇敢"。有的学生虽然知道什么能做、什么不能做，但这种认识没有转化为指导行为的信念，一旦在富有诱惑力的不良环境因素的影响下，就有可能走

---

① 朴雪涛. 课堂教学中的问题行为及矫正策略［J］. 沈阳师范学院学报（社会科学版），2000（5）：74-77.
② 林崇德. 教育与发展：创新人才的心理学整合研究［M］. 北京：北京师范大学出版社，2002：450.

上邪路。

（2）道德意志薄弱。在许多情况下，有些学生在道德观念与个人欲望之间发生矛盾时，由于意志力薄弱，正确的观念不能战胜不合理的需要，从而发生品德不良的行为。除此之外，由于学生的意志力相对薄弱，往往经不住外界的诱惑，不能始终如一地履行道德义务而产生不道德行为。

（3）养成了不良的行为习惯。学生不良的行为习惯是用不符合道德要求的行为方式满足个人欲求，并在多次侥幸得逞的情况下养成的。不良的行为习惯一经养成，形成心理定式，就会使学生在不知不觉中采取不道德的行动，再加上由于不良行为习惯的维持所产生的愉快的情绪经验，又会使类似的不良习惯得到强化，从而增加矫正这种不良习惯的困难。

（4）性格上的某些缺陷。学生已形成的不良性格特征制约着他们的行为，例如，执拗、任性、骄傲、自私等消极的性格特点，容易使学生无视他人和集体的利益，一心维护个人私利，甚至做出破坏集体纪律和社会公德的行为。

三、儿童品德不良的预防和矫正

（一）家庭教育对儿童不良行为的预防与矫正

家庭是人生的第一所学校，父母是孩子的第一任老师。当儿童出现攻击、违反规则、撒谎等品德不良行为时，成人应采取积极的方法，引导儿童减少品德不良行为，鼓励他们的亲社会行为。

暂停：当儿童的行为失控时，可以让其离开当时所处的情境，如让他待在自己的房间，直到他们愿意表现出适当行为。

取消特权：终止儿童目前喜欢做的事，如喜欢看的电视节目。

解释规则：如果儿童意识到规则在任何情况下都是公平而非专制的，他们就会努力遵守规则。

引导训练法：成人指出儿童的品德不良行为对他人的影响，使儿童觉察他人的情绪，激发儿童的共情和同情，通过引导让儿童知道该怎么做，并解释这样做的原因，鼓励他们接受道德标准，在以后的情境中他们也能应用这些知识。除此之外，通过向儿童解释，父母对其伤害他人感到失望，通过引导使儿童在共情的基础上产生内疚感（表达个人的责任和悔意，如"对不起""我伤害了别人"）是教育儿童的有效方法。例如，一位妈妈说："她感到很伤心，因为你没还给她布娃娃。"只要父母温和的解释与儿童的理解能力相适应，而且坚持要求儿童听从并遵守，就能有效消除儿童的品德不良行为。

榜样示范法：社会学习理论家认为，儿童主要通过模仿——观察并仿效他人好的行为——学会道德行为。研究表明，乐于助人或慷慨的榜样可以增加儿童的亲社会反应。有效的榜样特征包括：① 温情和反应性。儿童更可能模仿那些态度温和、反应性高而不是冷漠、疏远的成人的亲善行为。② 能力和力量。儿童崇敬并愿意选择那些有能力、有力量的榜样作为自己模仿的对象。③ 言行一致。如果榜样的言行不一，儿童就容易把成人所做的而不是所说的当作自己的行为标准。

积极训练法：父母与儿童建立一种相互尊重的关系，教他们该怎样做，鼓励他们的良好行为，培养儿童合作、问题解决、关心他人等社会技能和生活技能，可以在极大程度上预防和降低不良品德的形成，具体策略见表 12-2。

表 12-2   积极训练的应用 ①

策略	描述
把违纪作为教育机会	当儿童出现有害或不安全的举动时，可使用引导法，鼓励儿童改正错误，表现出和善的样子
减少犯错的机会	在长途驾车旅行中，安排可以在后座玩的游戏以减少儿童的烦躁情绪；在超市，跟儿童聊天并让他们帮忙购物。通过这样的方式，儿童学会了在选择有限的情况下让自己有事可做
解释规则	如果儿童意识到规则在任何情况下都是公平而非专制的，他们就会努力遵守规则，因为它是合理和理性的
安排儿童承担家庭事务和责任	通过与成人一起做饭、洗碗或清扫落叶，儿童会形成参与家庭和社区生活的责任感，并学到许多实用技能
当儿童不合作的时候，尝试妥协并解决问题	当儿童拒绝遵守规则时，成人可表达出对儿童的理解（如"我知道收拾玩具并不好玩"），进而提出妥协方案（如"你收拾那一堆，我收拾这一堆"），并帮助儿童想出解决办法，避免以后出现类似问题。成人要坚决但和蔼、尊重地提出要求，培养儿童自愿合作的习惯
鼓励成熟行为	表达对孩子学习能力的信心，赞赏努力与合作行为，如"你已经尽力了"，"谢谢你的帮助"。成人的鼓励可以培养儿童成功的自豪感和满足感，激发儿童进一步成长

（二）学校教育对品德不良的矫正

进入学校后，儿童品德不良行为的表现形式更多，除榜样引领、积极正面的引导等方法外，还可以从儿童的人际关系、情绪体验、自尊心、自信心，以及校园环境、班级班风等方面入手，改善其品德不良的倾向。

1. 寻找突破口，打开心扉

具有品德不良行为的学生常常在心里有一道防线，对他人存有戒心、有敌意，并心虚、敏感。此时教师不要急于批评，而是要善于发现其内心深处的"闪光点"，更加关心、爱护、信任他们，改变他们的心理状态，发挥他们在某一方面的兴趣、特长，重新唤起他们的自尊心和自豪感，打开一条通向学生心灵的道路，使之产生改错的内部动力。除此之外，教师还要教育其他学生，要正确对待和热情帮助这些品德不良的学生，使其感受到集体的接纳和温暖，努力营造教育者与受教育者之间平等的心理地位，拉近心理距离，从而消除品德不良学生的心理防线。教育实践表明，只要师生感情深厚，对于此类学生的教育就会收到事半功倍的效果。

2. 讲究谈话艺术，提高明辨是非的能力

品德不良的学生向教育者敞开心扉后，教育者就应有意识地逐步对其施加教育影响，从

---

① 伯克，陈会昌. 伯克毕生发展心理学：第 4 版［M］. 北京：中国人民大学出版社，2014：284.

而使其认识到过去自身思想和行为的错误及其严重性，提高其道德认识。为此，讲究谈话的艺术，提高品德不良学生的可接受性就显得十分重要。在此过程中，要注意以下三点：

第一，心理接触。在谈话前，教师一定要摸准"病根"，找到品德不良学生欲求自解而又难以解决的苦闷。在谈话中，教师的语气要平和、严肃、带有启发性，允许对方讲话，并耐心听取，不要随意打断，努力营造讨论的氛围，进行双向交流，使谈话触及其思想深处，动摇他们的错误观念，促进其自省。

第二，心理相容。教师的教育措施要适合品德不良学生的认识水平和个性特点，要有耐心，循序渐进，不可急于求成。如果教师一时之间向他们输出的信息量过大、要求过高，他们会接受不了，因而产生心理和行为的反抗，使教育失去功效。因此，教师要注意谈话时机的选择。一般情况下，品德不良学生的心理处于平静、愉快的状态时，比较容易接受教育者的教育影响。在谈话过程中，教师还要注意把握"火候"，在对方产生厌烦、抵触情绪时就退一步，其心扉敞开时就进一步，视其接受程度灵活进行。一切教育影响只有与受教育者的心理相容时，才能发挥其效用，否则再明智的教育、再美好的愿望也是徒劳。

第三，提供范例，增强是非感。品德不良学生的是非观念相对差，缺乏辨别是非的能力，因此，在说理教育中，还要注意说理与举例相结合，通过有正反两方面经验教训的生动事例或文艺作品等，启发讨论，促使其明辨是非，分清好坏，从中得到借鉴，领悟到改正自己行为的必要性和可能性。

3. 抓住转变时机，引起其内心震动。

品德不良学生在犯错误后，心中感到不安、恐惧、羞愧，感到继续坚持错误的危险性，开始有了改正错误的愿望，努力做出好的表现，希望得到教师和同学的关注和赞扬。此时是有利的转变时机，教师如果能及时抓住，给予他们鼓励和帮助，对其微小的进步也给予肯定和表扬，会进一步激起他们前进的热情和信心，并使其正确的行为不断得到强化进而巩固。这时教师如果对他们置之不理，对他们的积极表现熟视无睹，或者采取冷漠监督的办法，就会扼杀他们的上进心，使他们重犯旧错。因此，如何发现并抓住他们醒悟和转变的关键时机，促进他们向好的方向转化，对转变品德不良的学生有着决定性的意义。

4. 磨炼意志，培养习惯

矫正品德不良的根本目的，就是要使学生改变旧的不良行为习惯，养成新的、优良的品德行为和习惯。学生由不良习惯向优良习惯的转化过程中，往往会出现重犯错误的情况，这是由于他们的意志薄弱，不能抵制外部的不良诱因。因此，要使品德不良学生转化为品德优良学生，就必须使他们能够有效地抵制外部不良影响，锻炼与外部不良诱因决裂乃至斗争的意志力，培养、巩固其良好的行为习惯。教师可以有意识地给予他们与诱因接近的机会，以锻炼其与诱因决裂和斗争的意志力，从而巩固新的道德行为习惯。例如，让曾犯过破坏公共财物错误的学生管理班级财物；让曾违反过校规校纪的学生维持班级纪律；等等。这种考验，可以使品德不良学生感受到他人对自己的信任，产生一种尊严感，使新的、高尚的动机战胜旧的不良动机，达到锻炼和增强其意志力的目的。在锻炼他们意志力的过程中，教师要进行必要的引导和强化，以培养他们良好的道德习惯。例如，教师交给品德不良学生某项任务后，就需要加以引导。当他们完成了任务，做出了成绩时，要及时表扬、鼓励。品德不良学生原来受到的批评、指责多，一旦受到表扬，会产生更大的激励作用，从而激发他们更迫切要求进步的心理渴望，他们的良好道德行为习惯会得到强化。

5. 针对个性，因材施"矫"

学生的年龄、性别、个性不同，品德不良的性质、程度也不同。因此，教师在教育他们时，应因材施教，采取灵活多样的教育方式。对于有品德不良行为的学生，要以疏导思想为主，使其逐步在行为上改变；对于偶有品德不良行为的学生，可以要求其迅速改变自身行为，伴之以思想教育；对于性格外向的学生，要直截了当地进行批评教育，督促其行为的改变；对于性格内向的学生，要循循善诱，调动其改正过错的内部动力；对于独立性较强的学生，要从提高其道德认识入手，进而改变其原有态度，再改变其不良行为；对于顺从型学生，可以运用教师的威严和集体的力量及规章制度的制约，迫使其改变不良行为，与此同时，还要进行正面教育，最后达到认识上的彻底转变。针对不同年龄段的学生，矫正方法也不尽相同，如对于低年级小学生，可采用正面诱导法，指出正确做法，学生正确的行为要给予表扬，使其养成好的行为习惯；对于初中生，可采取活动矫正法，即通过实际活动纠正不良行为习惯；对于高中生，可采用信任委托的方法，使他们在完成工作的过程中克服自身的不良品德和行为习惯，从而促进其人际关系的改善。

【本章小结】

儿童品德是在儿童生活和学习经历中不断形成和发展的。道德认识、道德情感、道德意志和道德行为是儿童道德发展的核心要素，行为是道德认识、道德情感的外在综合体现，了解儿童品德发展的一般特征，掌握儿童品德发展的规律，有助于教育者实施正确的德育教育，尤其是当儿童出现不良品德行为倾向时，教育者应及时采取措施，帮助儿童回到品德发展的正轨。儿童作为家庭、民族、国家的希望和未来，培养符合我国社会主义核心价值取向的优良品德，是担当新时代发展历史使命的重要保障，为儿童一生成长奠定坚实的思想基础。

【实践·反思·探究】

一次，一位教育专家发现校园中的一个学生在摇晃一株小树，便走上前说："小朋友，你可不能摇晃小树啊。你一摇晃，小树的头就晕了，它是要喊疼的。"于是学生很懂事地停住了。一位教师读了这个案例后，很佩服专家的智慧，想着自己找机会也试一试。后来这位教师遇到了同样的场景，于是照专家的话说了出来。但他遇到的学生却说："老师，你骗人，小树又没有感觉，它怎么会头晕和说话呢？"这位教师听后感觉一阵挫败感涌来。

1. 根据上述案例，同样的事情，同样的话语，为什么会出现截然不同的效果呢？

2. 在日常德育工作中，教师如何根据学生的年龄、知识经验、个性等特征因材施教地开展品德教育？

【推荐阅读】

1. 李春迪，唐爱民. 儿童道德行为发生的时间逻辑及其教育遵循［J］. 中国德育，2020（5）：20-24.

2. 王黎. 家庭教育方式对儿童品德发展的影响［J］. 科教导刊（上旬刊），2016（13）：147-148.

3. 戴志亮. 矫正有不良品德的学生的方法［J］. 课程教育研究，2017（35）：79.

第三编

教学心理

第十三章 教学设计

【学习目标】

1. 表述教学设计、教学决策的内涵。
2. 理解并能用自己的话解释教育目标分类和陈述的相关理论。
3. 明确教育目标的陈述方式。
4. 掌握应用所学内容，并进行相关的教学设计。

【知识导图】

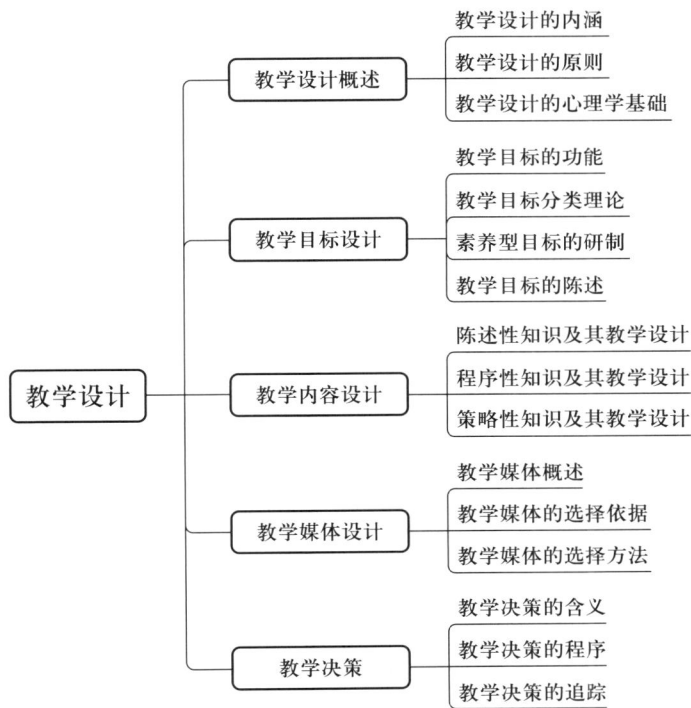

【案例导入】

下面有两个课堂案例。

一

上课刚开始，教师先请一个孩子上台讲《灰姑娘》的故事，然后开始向全班同学提问。

教师：你们喜欢故事里面的哪一个人？不喜欢哪一个人？为什么？

学生：喜欢灰姑娘，还有王子，不喜欢她的后妈和后妈带来的姐姐。灰姑娘善良、可爱、漂亮，后妈和姐姐对灰姑娘不好。

教师：如果在午夜12点的时候，灰姑娘没有来得及跳上她的南瓜马车，你们想一想，可能会出现什么情况？

学生：灰姑娘会变成原来脏兮兮的样子，穿着破旧的衣服，哎呀，那就惨啦。

教师：所以，你们一定要做一个守时的人，不然就可能会给自己带来麻烦，另外，你们每个人平时要打扮得漂漂亮亮的，千万不要突然地出现在别人面前，不然你们的朋友就会被吓着了。（老师做昏倒状，全班大笑）好，下一个问题，如果你是灰姑娘的后妈，会不会阻止灰姑娘去参加王子的舞会？你们一定要诚实哟！

学生：（过了一会儿，有学生举手回答）如果我是灰姑娘的后妈，我也会阻止她去参加王子的舞会。

教师：为什么？

学生：因为我爱自己的女儿，我希望自己亲生的女儿当上王后。

教师：是的。所以，我们看到的后妈好像都是不好的人，她们只是对别人不够好，可是她们对自己的孩子却很好，你们明白了吗？她们不是坏人，只是她们还不能够像爱自己的孩子一样去爱其他人的孩子。同学们，下一个问题，灰姑娘的后妈不让她去参加王子的舞会，甚至把门锁起来，她最后为什么能够去了，而且成为舞会上最美丽的姑娘呢？

学生：因为有仙女帮助她，给她漂亮的衣服，还把南瓜变成马车，把狗和老鼠变成仆人……

教师：对，你们说得很好！如果灰姑娘没有得到仙女的帮助，她是不可能去参加舞会的。如果狗和老鼠都不帮助她，她可能在最后的时刻成功跑回家吗？

学生：不会，那样她就可能成功地吓到王子了。（全班再次大笑）

教师：虽然灰姑娘有仙女帮助她，但是只有仙女的帮助还不够。所以，同学们，无论走到哪里，我们都是需要朋友的。我们的朋友不一定是仙女，但是，我们需要他们。我也希望你们有很多的朋友。下面，请你们想一想，如果灰姑娘因为后妈不愿意让她参加舞会就放弃了机会，她可能成为王子的新娘吗？

学生：不会！那样的话，她就不会到舞会上，不会被王子遇到，让王子认识和爱上她了。

教师：对极了！如果灰姑娘不想参加舞会，就是她的后妈没有阻止，甚至支持她去，也是没有用的。是谁决定她要去参加王子的舞会？

学生：她自己。

教师：所以，孩子们，即使灰姑娘没有妈妈爱她，她的后妈也不爱她，这也不能够让她不爱自己。就是因为她爱自己，她才可能去寻找自己希望得到的东西。如果你们当中有人觉得没有人爱，或者像灰姑娘一样有一个不爱你的后妈，你们会怎么做？

学生：要爱自己！

教师：对，没有一个人可以阻止你爱自己。如果你觉得别人不够爱你，你要加倍地爱自己；如果别人没有给你机会，你应该加倍地给自己机会；如果你真的爱自己，就会为自己找到自己需要的东西。没有人可以阻止灰姑娘参加王子的舞会，没有人可以阻止灰姑娘当上王后，除了她自己。对不对？

学生：是的！

教师：最后一个问题，这个故事有什么不合理的地方？

学生：（过了好一会儿）午夜12点以后，所有的东西都要变回原样，可是，灰姑娘的水晶鞋没有变回去。

教师：天哪，你们太棒了！你们看，就是伟大的作家也有出错的时候。所以我担保，如果你们当中谁将来要当作家，一定比这个作家更棒！你们相信吗？（学生们欢呼雀跃）

二

上课铃响，教师和学生走进教室。

教师：今天上课，我们学习《灰姑娘》的故事，大家都预习了吗？

学生：这还要预习？老得掉渣了。

教师：《灰姑娘》是格林童话还是安徒生童话？作者是谁？哪年出生？生平事迹如何？

学生：书上都写着呢……

教师：好，下面谁来给课文分段，并说明分段的理由。

学生：前后各一段，中间一段，总分总……

教师：现在咱们归纳一下每一个自然段的段落大意。

学生：（此时，已有学生昏昏欲睡）……

教师：请大家注意这句话，这句话是个比喻句，是明喻还是暗喻？作者为什么这么写？

学生：……

教师：大家注意这个词，如果换成另外一个词，为什么不如作者的好？

学生：……

教师：大家注意，这段话如果和下面那段话的位置换一换，行不行？为什么？

（若干时间过去了，睡觉的学生增加了好几个）

教师：最后，让我们看看这篇课文的中心思想吧。[①]

同样的课文，却产生了不同的教学效果，原因就在于二位教师进行了不同的教学设计。教学是一项目的明确、有计划、有组织的培养人的活动，这项活动承载着国家的教育目的、课程和学校的教育目标，关系着学生未来的发展方向和路径，因此必须对教学进行设计，这是关乎教学质量和教学有效性的关键，也是教师专业发展过程中必须掌握的一种基本技能。

教学设计包含的内容广泛，除了教学内容的设计、教学目标的设计、教学策略的设计、教学媒体的设计、教学过程的设计等方面外，还包括教学设计的理论基础、教学设计成果评价等方面。儿童发展与教育心理学是一门研究儿童心理发展的学科，它涉及儿童的认知、情

---

① 辛晓明.异域阅读课《灰姑娘》教学评析.［J］小学语文教学，2004（4）：52-53.略有改动。

感、行为和社会发展，它的研究结果可以为教学设计提供重要参考。

第一节　教学设计概述

一、教学设计的内涵

1974 年，加涅出版了《教学设计原理》一书，标志着现代教学设计理论的诞生。教学设计旨在精心设计一个有效的教学系统，它由各个要素构成，这些要素主要包括：学习需要、学习内容、学习者的特征等方面的分析，教学目标、教学策略、教学媒体等方面的确定和选择，教学活动的具体展开，教学效果的评价等。这些要素之间相互联系、相互依赖，形成一定的结构，指向特定的目标。所有要素发挥各自的作用并形成一定的整体功能，构成一个有机的整体。简单地说，教学设计是根据教学对象和教学目标，确定合适的教学起点与终点，将教学诸要素有序、优化地安排，形成教学方案的过程。

在进行教学设计时，只有考虑到学生的心理发展规律和学生学习的心理规律时，才能使其更加合理，更容易实现教学目标。因为教学设计的目的是让学生更好地领会与掌握教师所教授的知识，以发展自己的能力。所以教学设计既是每位教师都要完成的一项教学基本环节，又是教育心理学研究的基本内容之一。教学论、心理学和教育技术等许多学科都将教学设计作为研究对象，但各个学科研究的侧重点不同。儿童发展与教育心理学侧重研究教学设计的心理学理论与技术。

二、教学设计的原则

为保证教学设计的科学性，遵循教学的规律与特点，教学设计应遵守下列三个基本原则。

（一）系统性原则
教学设计的系统性概念认为，教学设计是一项系统工程，它是由教学目标、学习对象分析、教学策略选择、教学评价等子系统所组成。因此，在进行教学设计时，必须坚持系统性的原则，即把教学过程当作一个系统，各环节、各要素围绕一个特定的目标，共同组成一个有机的整体，协同促进学生的最优发展。

（二）可行性原则
教学设计是依据一定的教学理论对具体的教学实践所作出的规划。这种规划要想成为现实，必须考虑以下三个条件：（1）主观条件，主要包括两个方面，一是学生心理发展的年龄特点及知识水平，二是教师的教学能力。（2）客观条件，主要包括教学设备、教学环境等。（3）可操作性，即教学设计能够让教师在教学过程中具体地实施。

（三）创造性原则
教学设计水平体现了教师的教育智慧。因为教学设计不仅是一门科学，还是一门艺术。

作为一门科学，它必须遵循一定的教育理论和心理学规律，作为一门艺术，它融入了教师个人的许多经验与体会，需要根据教材和学生的特点进行再创造，并灵活、巧妙地运用教学设计的方法与策略。

三、教学设计的心理学基础

教学设计必须具备帮助学生心智成长的正面价值。有教育学者主张，只有在不加任何限制的教学情境之下，才会产生最佳学习，而教学设计就是试图对学生的学习活动加以限制，因此反对进行教学设计。但是从教育心理学家的立场来看，教学设计并不是限制学生的学习，而是引导学生学习。学生在学习新事物时，如果不加引导或指导，可能会感到迷失或有所偏离学习重点，这对学生的学习生活或将来发展是不利的。

心理学中的"学习"与日常生活中的"学习"含义并不完全一致。心理学中的"学习"是指由经验引起的一个人的知识、行为、心理倾向或态度相对持久的变化。这种变化不是成熟、疾病或药物引起的，而是来自学习者的经验变化。学习理论是研究人类学习的本质及其形成机制的心理学理论，教学设计正是为了创设有效的学习情境，促进学习者有效地进行学习的一门科学。

随着学习理论的发展，先后涌现出了行为主义学习理论、认知主义学习理论、建构主义学习理论。

（一）行为主义学习理论与教学设计

行为主义学习理论认为，当学习者对某种特殊的刺激作出适当反应时，就表明产生了"学习"。学习的实质是刺激和反应之间形成的稳定联结，为了巩固学习的成果，应对学习结果进行强化。基于此观点，斯金纳提出了程序教学法，这对教学设计的影响非常大。所谓程序教学法，就是让学习者回答一系列提前设置好的有序的学习项目，学习者的学习结果会得到立即的反馈评价，如果反馈为正确，就进行到下一学习项目继续学习。如果反馈为不正确，就返回到上一学习项目继续学习。行为主义的学习理论对教学设计产生的启示有：如何设计教学目标与步骤，如何监控学习者的反应、反馈与评价的方式、教学的类型以及如何解决学习者的学习错误问题等。

（二）认知主义学习理论与教学设计

认知主义学习理论与行为主义学习理论的最大区别就是认知主义学习理论注重学习者内部因素对学习的影响，而行为主义学习理论更强调外界环境的影响。认知主义学习理论认为，学习是知识在头脑中不断被组织和表征的过程，学习过程应是学习者的一种积极建构过程；学习效果如何取决于学习者已有的认知结构；在教学设计过程中，要根据认知过程对学习的任务和行为进行分析。

在教学目标设计时，认知主义学习理论注重学生对知识结构和方法的掌握，并形成相应的认知结构。在教学过程的设计中，认知主义学习理论主张先把富有"挑战性"的课题摆在学生面前，激发学生的认知兴趣，然后回溯学生已有的知识和经验，从而寻求问题的答案。

（三）建构主义学习理论与教学设计

建构主义学习理论在吸收和批判认知主义学习理论的基础上，提出了对学习过程本质的不同看法。建构主义学习理论认为学习是学习者主动地建构内部心理表征的过程。在学习过程中，一方面，学习者以自己已有的知识经验为基础，通过与外界的相互作用，对新的信息进行加工处理，以实现对新信息意义的建构；另一方面，学习者又要对自己已有的经验进行改造和重组。

建构主义学习理论特别强调学习者在学习过程中的自主建构、自主探究和自主发现，真正突出学习者在学习过程中的主体地位。这对教学设计有重要的启示和作用，如在教学中要切实以学习者为中心，建立民主、平等的师生关系，积极引导他们开展自主学习、合作学习、探究学习、发现学习，教师要成为学生学习的合作者、参与者、促进者和引导者。

综上所述，现代教学设计就是在实施教学之前，在系统论、传播理论与学习理论的支撑下，对教学的各个环节进行统筹规划和安排，为学生的学习创设最优环境的准备过程。

第二节 教学目标设计

不论是对整门课程的教学设计，还是对一个单元、一节课的教学设计，最终目的是要完成教学任务，实现教学目标。教学设计是一种以目标为导向的系列活动，有学者把教学设计的过程比作一次"旅行"，它要解决类似旅行中会出现的三个问题，即"我们要到哪里去""我们如何到那里去""我们是否到了那里"，分别是确立目标的过程、导向目标的过程、评估目标的过程。因此，整个教学设计的精髓和灵魂就是教学目标的设计，教学目标设计是对教学活动预期所要达到的结果的规划，它是教学设计的重要环节，合理地设计教学目标是保证教学活动顺利进行的必要条件。

一、教学目标的功能

课堂教学设计的第一步就是制订教学目标，它对教师如何教以及学生如何学具有导向作用，同时也是对教师是否完成教学任务以及学生学习结果如何的检验。综合来看，教学目标在教学中有以下三种功能：

（一）对教师教学方法和教学策略的导向功能

教学目标一旦确定，教师就会按照教学目标选择相应的教学方法。如果教学目标侧重知识的掌握，那么教师会倾向于选择讲授法；如果教学目标侧重学习过程或能力的培养，那么教师会倾向于选择自主学习、合作学习或探究式的教学方法。

（二）对教学结果的评价功能

对教学结果的评价包含两个方面，一种评价是一节课、一个单元或一门学科授课结束后，教师对学生学习结果的评价，这种评价主要是通过测试完成，过程较为客观；另一种评价是学校领导、专家对教师教学效果的评价，这种评价大多通过听课的形式完成，主要是观察学生的课上参与度，教师的思维、语言表达是否清晰流畅，现代教育技术手段应用是否娴熟等方面。无论何种评价方式，最可靠、客观的评价标准就是看课堂教学有无达到教学目标的要求。如果试卷上的测验题与教学目标的匹配性差，那么问卷的效度就会比较差。

评课不能仅靠学生的参与程度、教师课前准备是否充分、教师的语言是否优美这些方面，首要看教师是否有明确的教学目标导向，整堂课在多大程度上完成了教学目标。

（三）对学生学习的激励功能

教学目标具有激发学习动机的作用。教学目标开始以外部诱因的形式存在，它激发个体产生外部动机并朝向教学目标；教学目标也可以内化为个体的内部需要，促使个体产生内部动机，从而更加有力地激发个体向着教学目标努力。教学目标对学生同样具有激发作用。在教学过程中，如果教师在正式教学之前向学生呈现教学目标，那么学生的学习就会具有清晰的方向而不至于盲目。学生越是有明确的目标导向，越是能激励自身提升学习成绩。

二、教学目标分类理论

学界对教学目标已进行了深入的研究，形成了较为成熟和完善的理论体系。最具代表性的理论当属布卢姆和加涅的目标分类理论，他们的理论为我们制订教学目标提供了一个系统的理论框架，对教学目标的设计有重要的指导作用。

（一）布卢姆教学目标分类理论

布卢姆教学目标分类理论被公认为是教学目标设置与陈述科学化的标志性成就。他把教学目标分为认知领域、动作技能领域和情感领域三个领域。

1. 认知领域的教学目标

在以学习和开发智力为主要任务的认知领域，布卢姆把教学目标从低到高分成六个层次，分别是知道、领会、应用、分析、综合和评价。

（1）知道

"知道"处于认知领域目标中的最低水平，它是对包括事实、过程、方法、理论以及背景等已学过的知识的回忆和复述。它要求的心理过程主要是记忆。如，"背诵课文的第一至四自然段""概括三角形的特征，认识各部分的名称以及低和高的含义"。这一层次的目标就是针对学习者是否记住了以前学过的材料而设置。

（2）领会

"领会"是指把握知识意义的能力，可借助解释、转换、推断三种方式来表明对知识的理解。解释是指能用自己的话，对某一信息（如图表、数据等）加以说明或概述；转换是指能用自己的话或与原先的表述不同的方式表达所学的内容，包括文字叙述、表达式、图式、操作之间的翻译或互换；推断是指预测发展的趋势。[①] 例如，能口头解释"摇着尾巴""甩着尾巴"和"摆着尾巴"三个带点动词的不同含义。

---

① 冯支梅，颜士刚，李艺. 论核心素养语境下教育目标分类体系的构建逻辑［J］. 电化教育研究，2018，39（6）：5-10.

（3）应用

"应用"是指把学过的概念、理论、方法、规律等知识运用到新的问题情境或生活情境的能力。"领会"仅限于对知识本身条件或结论的理解，"应用"是在"领会"知识的前提下对知识的迁移，它是以"知道""领会"为基础的较高水平的理解。如"在生活中寻找三角形形状的物品，并尝试测一测它的面积"。

（4）分析

"分析"是指把复杂、整体的知识材料按一定的层次关系分解为不同的部分，并理解各个部分之间、部分与整体之间关系的能力。如"把全文划分为三个大的段落，总结每一个段落的大意并理解整篇文章的中心思想""找出并说出课文第三、四、五自然段在形式和内容上的异同点"。"分析"要求学习者具备比"应用"更高的智力水平，因为它既要理解知识的内容，还要理解知识的结构。

（5）综合

"综合"与"分析"相反，是指将所学知识的各个部分重新组合，形成知识整体的能力。"综合"强调创造能力和形成新的知识结构的能力。它包括能突破常规思维模式，提出一种新的想法或解决问题的方法，能按自己的想法整理学过的知识，对条件不完整的问题，能创设条件，构成完整的问题，设计一个解决问题的方案。如"能根据所给的材料较形象地续写一段描写神态、动作的文字"。

（6）评价

"评价"是指对用来达到特定目标和学习内容、材料和方法进行价值判断的能力。这首先要在"综合"的基础上形成对每一个问题的看法或价值观，然后通过客观对象与此标准之间关系的分析，进而作出判断。因此评价是认知领域最高层次的学习水平。它要求学习者具有较强的理解能力、批判性思考能力。例如，在学习了特定历史背景下的某个教育制度或某位教育家的思想后，能从当时的经济、文化背景以及现实意义方面评判此教育制度或教育思想的进步性或落后性。

在布卢姆的六个层次目标分类系统中，"知道"处于最低层次，它仅仅要求对知识做简单的记忆与复述，不需要对信息材料做更多的加工或改组。后五个层次属于智力技能，它们要求学习者对材料进行重新组织。教师在教学设计时，既要分析学习材料，又要对学习者进行分析，对低年级儿童来说，不一定要求他们对学习材料进行分析、综合，而对有一定理解能力的学习者来说，不应停留在"知道"这一水平，还应重视培养学习者的智力技能。因此，对布卢姆的六个层次的目标分类系统，应该灵活应用，切忌简单照搬。

2. 动作技能领域的教学目标

布卢姆在创造教学目标分类理论时，虽然意识到了动作技能领域，但未能深入研究出系统的教学目标理论。目前在学界接受度和应用较广的是辛普森在 1971 年提出的动作技能分类系统，他将动作技能目标从低到高分为七个层次。

（1）知觉

动作技能领域的"知觉"目标与认知领域的"知道"目标类似，主要是了解与记忆与某种动作技能有关的知识、功能、流程、规范等。例如，记忆一套实验仪器的操作流程等。

（2）准备

"准备"是指为某种特定的行动或经验而作出的预备性调整或准备状态。这种准备包括心理准备、生理准备和情绪准备。例如，在听完教师讲述机器的操作流程后，渴望自己能够熟练地操作机器。

（3）有指导的反应

"有指导的反应"是指在教师的指导下，针对一套复杂的动作技能，学习其早期阶段，包括模仿和尝试错误。例如，能模仿教师的舞蹈动作进行学习；在教练引导下进行试误练习，直至形成正确的动作等。

（4）机械动作

"机械动作"是指学习者经过一定程度的练习，对要掌握的动作已形成熟练的技能，达到了自动化水平，能以某种熟练和自信的水平完成相应动作。这一阶段的学习结果涉及各种形式的操作技能，但动作模式并不复杂。如能正确、迅速地切片制作标本；能迅速、准确地打字等。

（5）复杂的外显反应

"复杂的外显反应"是指能用最少的时间和精力表现全套动作技能，整个过程完整流畅，具有操作的熟练性，以迅速、准确和轻松为指标。例如，熟练演奏小提琴的技能。

（6）适应

"适应"是指改变动作活动以符合新的问题情境和要求的变化，是技能的高度发展水平。例如，根据已掌握的舞蹈技巧，创编一套现代舞等。

（7）创新

"创新"是指在学习某种技能的过程中，形成了一种创造新的动作技能的能力，强调以高度发展的技能为基础进行创造。例如，创造一套新的舞蹈表演动作。

3. 情感领域的目标分类

针对外界刺激，学习者喜欢或厌恶的情感反应对于其学习态度、价值观念、行为选择等方面有重要影响。情感学习属于学校教育的重要方面，但与动作技能等外显表现不同的是，人的情感反应多表现为内部心理过程，不宜进行测量。所以关于情感领域的学习目标编写起来并不容易。下面主要介绍克拉斯沃尔在1964年编制的目标分析体系，他把这一领域的目标从低到高分为五个层次。

（1）接受

"接受"是指学习者感受到某些现象和刺激的存在，愿意接受或注意这些现象和刺激。它分为三个亚类。第一，觉察，指学习者意识到某种现象和刺激。这种意识不一定能用语言来表达。例如，形成对美好景色的美感因素的意识。第二，愿意接受，指学习者愿意接受某种特定刺激而不是回避。例如，有对社会现实问题的敏感性。第三，有控制的或有选择的注意，指自觉或半自觉地从给定的各种刺激中选择一种作为注意的对象而排除其他无关的刺激。例如，在嘈杂的环境中安心阅读。

（2）反应

"反应"这一目标与"兴趣"类似，表示学习者有一定的心理倾向去做某件事情。"反应"比"接受"更进了一层。学习结果包括以下三项内容：第一，默认，指学习者对刺激作出反应，但还存在一定的被动性，例如，遵守游戏规则；第二，愿意的反应，指学习者发自内心自愿去做某项行为，例如，热心参加歌咏比赛；第三，满意的反应，指学习者自愿做某件事后，产生了一种满足感，例如，从消遣性阅读中获得乐趣。

（3）价值化

"价值化"是指学习者将特殊的对象、现象或行为与一定的价值标准相联系，其学习行为和结果表现出坚定性、一致性和稳定性，反映出一种内部价值观。"价值化"包括以下三项内容：第一，接受某种价值标准，例如，愿意成为某个组织团体中的一员；第二，偏爱某种价值标准，例如，积极参与此组织的各项工作；第三，信奉某种价值标准，全力以赴地践行这种自己认为有价值的观念或事业，例如，甘愿为此组织献出自己的时间、精力甚至是生命。

（4）组织

"组织"是指学习者在遇到各种价值观念时，将价值观组织成一个系统，对各种价值观加以比较，确定它们之间的相互关系和重要性，接受自己认为重要的价值观，形成个人的价值观念体系。例如，先完成家庭作业，然后再和同学们玩耍。

（5）个性化

"个性化"是指各种价值经过"组织"后已经在个体内的价值体系中固定下来，使个体长期地以某种方式行动，即内化为个体稳定的性格特征，代表着其世界观、人生观、价值观基本成型。例如，保持良好的学习习惯、健康习惯，在团体中表现出一贯的合作精神和谦虚态度等。

从克拉斯沃尔的情感领域教学目标中可以看出，外在的价值规范要内化为学习者的稳定性格，必须经历接受、反应、评价、组织等一系列过程；情感领域的教学、价值观的培养并非毫无途径，克拉斯沃尔的教学目标分类为实施情感教学提供了方向和路径。

（二）加涅的教学目标分类理论

加涅在《教学设计原理》一书中集中表达了他的教学设计思想。他认为，学习结果是一种习得的性能，这种习得的性能"近似地代表了教学目标"[①]，所以，学界倾向把加涅的学习结果分类理论也看作一种教学目标分类理论。

加涅把学习结果分为五种：言语信息、智慧技能、认知策略、动作技能、态度。

1. 言语信息

言语信息是能够用文字符号或言语符号表达的信息，包括：（1）名称或符号，如 *apple* 代表苹果；（2）事实，如北京是中国的首都；（3）由相互联系的知识组成的命题，如鸦片战争使中国开始沦为半殖民地半封建社会。

2. 智慧技能

智慧技能是指利用符号解决问题的能力，要求学生理解和运用概念、规则进行逻辑推理，如使用面积公式求出具体的土地或房屋面积。

3. 认知策略

认知策略是指运用规则调控自己的学习、记忆和思维等认知过程的能力。加涅提出了五种认知策略：第一，复述策略，指出声或不出声地重复材料；第二，精细加工策略，指学习者将要学习的材料与其他容易提取的材料进行精心的联系，包括自我提问、做笔记等；第三，组织策略，指学习者把要学习的材料形成组织结构，如用画逻辑思维结构图的方法记忆

---

① 加涅，韦杰，戈勒斯，等. 教学设计原理：第 5 版［M］. 王小明，庞维国，陈保华，等译. 上海：华东师范大学出版社，2018：48.

学习材料；第四，理解监控策略或"元认知策略"，指学习者调整、监控自己的学习是否达到目的，如临近考试时，学习者自己设置复习计划，远离手机等干扰学习的电子产品等；第五，情感策略，指学习者控制焦虑、维持注意、自我激励的策略。

4. 动作技能

动作技能是指运用规则调控自身肌肉协调的能力。动作技能不仅仅指完成某种规定的动作，而且指这些动作组织起来构成流畅、合规则和准确的整体行为。如儿童学习吹口哨、骑自行车等。

5. 态度

态度是指学习者获得的影响个体行为选择的心理状态或学习者对人、事、物的行为选择倾向。例如，有的学生好动，爱去操场上活动；有的学生喜静，喜欢阅读文学作品。

加涅的 5 种学习结果也可以归入认知、情感、动作技能三大领域，言语信息、认知策略以及智慧技能属于认知领域，动作技能属于动作领域，态度属于情感领域。在教学目标的设置中，三个领域的目标并不是截然分开的，一种学习可能同时包含几种目标。例如，在学习一篇课文的时候，既要学习某些词语的发音和笔画（动作技能），又要记住词语和段落表达的意思（认知领域），同时还要体会作者所表达的思想感情（情感领域）。

三、素养型目标的研制

2022 年 4 月，教育部印发 2022 年版的义务教育阶段课程方案和各学科课程标准（以下简称新课标）。这是基础教育领域的新要求，对一线教师的教学理念和实践产生很大影响。新课标的"核心素养导向"非常鲜明，主要体现在以下三个方面：一是根据核心素养要求，确定各门课程的具体目标，体现正确价值观、必备品格和关键能力的培养要求；二是基于核心素养要求，精选、设计课程内容，优化课程内容结构；三是依据核心素养发展水平，研制学业质量标准，并对考试评价改革提出相应要求。表 13-1 节选了部分学科的核心素养。

表 13-1　新课标中部分学科的核心素养

学科	核心素养
语文	文化自信　语言运用　思维能力　审美创造
数学	会用数学的眼光观察现实世界，会用数学的思维思考现实世界，会用数学的语言表达现实世界
道德与法治	政治认同　道德修养　法治观念　健全人格　责任意识

教学目标是教学的出发点和归宿，是导教导评的主要依据，新课标颁布后，如何基于核心素养研制教学目标，关系到核心素养能否落地，关系到一线教师真实的上课情况。

（一）教学目标的变迁

在我国基础教育领域，按照时间序列，在教育目标研制方面出现了三次较大的变化，从最初的"双基"教学目标到"三维目标"再到核心素养，反映了我国教育目标价值导向的变迁。

1. 从"双基"目标到"三维"目标：以知识为本到以学科为本

新中国成立之初，我国社会经济领域百废待兴，急需大量具有一定知识文化水平的人才。在这种背景下，我国明确提出"基础知识"和"基本技能"的教学目标，提高了教学效率，明显提升了国民素质。但"'双基'的教学目标在片面追求升学率的驱动下，实际上只强调解题技巧，它已导致了应试教育的主导思想，造成不容忽视的严重问题。

随着"双基"教学目标的缺陷暴露得越来越明显，人们开始探寻更能契合21世纪素质教育目标的表达，2001年，我国教育部颁布的《基础教育课程改革纲要（试行）》首次提出"知识与技能、过程与方法、情感态度与价值观"的目标，即"三维目标"。在内容结构方面，"三维目标"比"双基"目标更为充实和丰富，这是因为，任何学科总是包含了知识、方法、价值观这样三个维度的要素：其一，构成此学科基础知识和基本概念的体系（表层）；其二，此学科知识体系背后的思考方式与行为方式（深层）；其三，此学科知识体系及其思考方式和行为方式背后的情感、态度、价值观（内核）。它不仅关注到基础知识地位，还关注到获得知识的"过程"及运用的"方法"，关注到同时蕴含其中的人的"情感、态度与价值观"。[1] 可是，由于理论准备不足，教师缺乏专业引领，在实际操作中，"三维目标"经常成为割裂的三条或三类目标，从"双基"目标到"三维"目标的意义仅限于目标条数的增加，而目标指代的"完整的人"即学生，却依然没有被完整表达出来。

2. 从三维目标到核心素养：以学科为本到以人为本

为应对国际挑战和人才竞争，2014年，教育部印发《关于全面深化课程改革落实立德树人根本任务的意见》，提出"研究制订学生发展核心素养体系和学业质量标准"。2016年，中国学生发展核心素养研究成果发布，公布了《中国学生发展核心素养》的总体框架，其中把学生的核心素养划分为6个方面、18个要点，是"学生应具备的，能够适应终身发展和社会发展需要的正确价值观、必备品格和关键能力"。从形成机制来讲，核心素养来自三维目标，是三维目标的进一步提炼与整合——把知识与技能、过程与方法提炼为能力，把情感、态度与价值观提炼为价值观和品格，将三维目标有机整合。从表现形态来讲，核心素养高于三维目标，是个体在知识经济、信息化时代，面对复杂而不确定的情境，综合运用学科的知识、观念与方法解决现实问题时所表现出来的正确价值观、必备品格与关键能力。

3. 从"双基"到"三维"再到核心素养

【拓展阅读】
我国基础教育的教学目标变迁

教育目标的变革反映了不同的时代背景对人才规格需求的变化，核心素养的提出具有统整"双基"目标和"三维"目标的意蕴。从"双基"目标到"三维"目标再到核心素养，其变迁基本上体现了从学科本位到以人为本的转变。核心素养的提出，从某种意义上说，恰好克服了按照割裂的、"二元对立"的思考方式。它不仅不与"双基"目标"三维"目标对立，而且是在此二者基础上的超越。"双基"目标蕴含于"三维"目标之中，"三维"目标与核心素养二者成为一体，共同对学习行为以及受教育者的素质给予了结构性、整体性阐释。[2]

① 余文森. 核心素养导向下的课堂教学［M］. 上海：上海教育出版社，2017：51.
② 杨九诠. 核心素养与课程改革深化［J］. 教师教育论坛，2016（12）：12–15.

（二）素养型目标的特性

通过对核心素养的解读，我们了解到核心素养具有一些特性，而研制教学目标不可避免地受这些特性的影响。

1. 由于核心素养具有统整性，研制教学目标要避免割裂

核心素养是一个整体性概念，它的内核是培养全面发展的人，这是国际范围内的通识。在培育核心素养的过程中，要全面调动学生的知识、解决问题的能力、情感态度、道德责任等多方面特质，而在人的成长过程中，也必然会刻上核心素养的"烙印"，例如认知的完善、思想的成熟、能力的提升以及情感的深化等。修订后的课程目标基于核心素养来描述，是核心素养在课程中的转化和落实，是对学生学习本课程之后应达成的正确价值观、必备品格和关键能力的综合性表述。基于核心素养的课程目标表述整合了知识与技能、过程与方法、情感态度与价值观三个维度，强调了"三维"目标之间密不可分的关系，体现了课程实施更加注重"三维"目标整体推进的取向，这就要求教师在制订教学目标时，要规避以往将目标割裂表述的习惯，采用整体化叙写策略。

2. 由于核心素养具有内隐性，研制教学目标要关注情境

研制教学目标需要聚合情境条件与学习者的素养表现，即由具体的情境条件出发，结构性地展现学生的素养表现。核心素养是知识、技能、情感态度价值观等的集合体，它指向的是在情境中完成某一项的综合能力，核心素养的达成一定是寓于个体运用知识与真实情境的互动中。情境认知理论认为，基于现实世界的真实情境是学习者学习的基本条件，任何脱离特定情境或场合的知识都是毫无意义的。[1] 学科内容只有与具体的问题情境相融合，才能体现出它的素养意义，反映学生真实的价值观、品格和能力。教师研制教学目标，要注意以下两点：第一，选定情境条件。情境条件可以分为：（1）一般的问题情境条件，如"结合特殊教育学校的典型事例"；（2）复杂的问题情境条件，如"分析我国对于特殊教育学校采取的政策"。同时要规避误区，即将情境与手段、方法相混淆，教学手段或教学方法要描述如何达到教学目标，教学方法或手段通过学生商讨得出，而教学目标是结果。第二，关联素养表现。学生的素养表现是学生运用某种知识做出某种行为。它基于学科问题的解决，运用清晰、具体的行为动词，结构性地聚合学科知识、关键能力等要素。

3. 核心素养具有导向性，研制教学目标要注重可测评

新修订的义务教育课程方案明确了"聚焦核心素养，面向未来"的课程建设基本原则，强调核心素养作为育人目标的重要地位。要促进学生核心素养的落地，离不开相关评价的运用。一方面，评价是检测学生是否形成预期素养目标的重要手段；另一方面，评价能够引导课程与教学朝着有利于学生核心素养养成的方向改进。新课标的亮点之一是研制了学业质量标准，指出"学业质量是学生在完成课程阶段性学习后的学业成就表现，反映发展学生核心素养的要求。学业质量标准是以核心素养为主要维度，结合课程内容，对学生学业成就具体表现特征的整体刻画"。教师在设计教学目标时，需要具有逆向思维，认真研读"学业质量标准"，进一步明确教学结果，以"终"为始，有助于提升教学目标的精确性。

【拓展阅读】
基于核心素养的教学目标设计：以"爱在家人间"为例

---

① DAVID H J. 学习环境的理论基础［M］. 郑太年，任友群，译. 上海：华东师范大学出版社，2002：62~67，135.

除此之外，教师要特别注意行为动词，新课标中不同的行为动词代表着对学生的不同程度水平的要求，如从"了解"到"理解"，从"感受"到"感知"，从"知道"到"阐释"。还要注意动词后面的名词性短语或短句，因为行为动词向我们展示了学生学习程度的要求，名词性短语展示了学习的内容，这些对教师研制教学目标提供了参考和标准。

四、教学目标的陈述

随着教学理论和实践的发展，人们逐渐认识到，必须把笼统的教学目标转化为精确、具体的教学目标，明确地说明学习者通过学习获得哪些知识和技能以及达到的程度，使教学目标可以精确化、可测量。下面介绍三种为克服教学目标含糊性的教学目标陈述。

（一）马杰的行为目标

美国心理学家马杰以专门研究行为目标而著名，他认为，为了克服传统教学目标的模糊不清，必须用描述行为的术语代替描述内在心理状态的术语陈述教学目标。他认为一个好的行为目标包含三个要素：

（1）行为

行为表述应说明通过教学，学生在行为上会发生什么变化，应尽量避免使用"指导""理解"这些描述内部心理过程的词语。表述应该尽量使用动宾结构的短语，如能说出两个反义词所表达的不同意思，能举例说明奇数和偶数。

（2）条件

条件表示学习者完成规定行为时所处的情境，包括在什么样的条件下完成教学目标所规定的行为，以及在什么样的情况下评价学习者的学习结果。例如，要求学习者"能操作实验仪器"，条件要说明"是在教师指导下，还是独立完成"。

（3）标准

标准是指衡量学习结果的行为的最低要求。教学目标要对行为标准作出具体要求，使教学目标具有可测性的特点。标准的表述一般与"正确率多少""多少时间内完成"等问题有关。例如5分钟之内，做完20个口算题，正确率80%；或者需要在15分钟内完成一项学习任务，这也是一种条件的要求。

马杰的行为目标提出后得到了广泛的肯定，后来又有研究者在三要素的基础上增加了一个，即行为主体。这样行为目标就由行为主体、行为、条件、标准组成。下面给出一些例子，说明马杰行为目标的表述方式。

复述课文内容，学生的口述要具体涉及事情的时间、地点和事情的起因、经过和结果。
　　条件　　　　对象　行为　　　　　　　　　　　　　标准
在指认和书写中，学生能迅速无误地读出和写出10个生字。
　　条件　　　　对象　标准　　　　行为

（二）内部和外显行为相结合的表述模式

马杰的行为目标表述方式使教学目标能在外显行为上可观测，但却忽视了内在心理过程。这就导致人们只关注学习者的行为变化，而对内隐的情感和心理过程等方面缺乏关注。

在这种情况下，格伦郎提出一般目标——具体行为的方法。即先用描述内部过程的术语陈述概括性的教学目标，然后用可观察的行为事例使这个目标具体化。例如，"1. 了解课文中排比句的用法；1.1 说明排比句的作用；1.2 在其他有排比句的课文中，指出相关的排比句"。其中，1 是内部目标，1.1、1.2 是内部目标的外显化。这样就既顾及了学习者的内部心理变化过程，又克服了过于注重外在行为的弊病，同时也使得教育目标明确，克服了含糊性的缺点。

（三）表现性目标

以上讨论的教学目标表述方法，都比较适合运用在认知和动作技能领域，那么学习者的情感、态度、价值观等方面的培养目标该如何呈现呢？艾斯纳提出了表现性目标，要求明确规定学生应参加的活动，但不精确规定每个学生应从这些活动中习得什么。我们应该清楚地看到，"表现性目标只能作为教学目标的一种补充，必须慎用。教师切不可依赖这种目标"。[①]

综合以上观点，我们认为关于教学目标的陈述与设计应该注意以下四点：第一，教学目标指向的应是学生的学习结果，不应该表述成教师的教学行为；第二，教学目标应该具体、明确、可测量；第三，教学目标应反映学习的类型，如知识、技能、认知策略等，即使在同一学习类型中，也应反映学生掌握的水平，如记忆、理解、运用等。第四，应该针对不同类型的知识选择最恰当的表述方式，不同的教学目标可以结合起来使用。

第三节　教学内容设计

确定完教学目标后，下一步就是对教学内容进行恰当地安排和组织，以促进学生高效地达成教学目标。教学内容的设计是教学设计的主体和关键环节，其质量高低直接影响教学活动的成败。教学内容设计是教师认真分析教材、合理选择和组织教学内容以及合理安排教学内容表达或呈现的过程。基于不同的知识类型——陈述性知识、程序性知识和策略性知识，应有差别地进行教学设计。

一、陈述性知识及其教学设计

教师在对陈述性知识进行教学设计时，要注意将重点放在如何帮助学生理解、掌握这类知识上，具体来说应注意以下三个方面：

（一）利用先行组织者，提高学生对教材的接受度

先行组织者是指限于学习材料呈现之前而呈现的引导性材料，也就是为学生新知识的学习提供生长点。它是新旧知识的桥梁，语言通俗易懂。不同的先行组织者在教学设计方面被证明非常具有指导意义。例如，在教材中，每一章的导言部分可以看作一种先行组织者，帮助我们更好地学习各章内容。

---

① 皮连生. 智育心理学［M］. 2 版. 北京：人民教育出版社，2008：290.

（二）设计教学活动，促进知识理解

先行组织者主要是为新知识提供一个"固着点"，激活学习者的已有知识，并作为同化新知识的基本框架。教师可用一般性、浅显性的方式呈现教学内容，逐步过渡到详细方式的呈现。如多列举具体形象的例子，帮助学生理解，使学生易于接受。需要注意的是，教师在运用教学技术促进学生掌握知识的过程中，需要学生自己产生积极主动的建构，而非被动地接受。

（三）指导复习策略，促进知识巩固

陈述性知识具有累积的性质，因而针对陈述性知识的一个主要教学目标就是促进学生的理解和记忆。教师在进行教学设计时，要注意提供多种复习技术和按照遗忘规律安排学习。

二、程序性知识及其教学设计

程序性知识是有关"怎么办"的知识，是关于方法和应用的知识。如在语文学科的教学中要写好记叙文，就要经历积累写作材料、丰富写作语言、训练书写能力等步骤。数学、物理、化学等学科中的大部分知识，体育学科中的动力技能都属于程序性知识。

根据程序性知识的特点，教师在进行教学设计时，教学目标应该确定为应用概念规则解决问题的能力。这种能力不是让学生表述自己学到了什么，而是检验学生在不同的问题情境中，能否顺利地进行识别、运算和操作，将事物加以分类，解决相关问题，并运用已知概念和规则解释新情境中出现的自然和社会现象。

三、策略性知识及其教学设计

策略性知识是关于"如何学习"的知识，如怎样学好一门语言。如果说程序性知识是关于如何做的知识的话，那么策略性知识就是关于怎样有效做的问题。策略性知识由程序性知识转化而来。基于策略性知识的特点，进行教学设计时应注意以下两点：

（一）在教学目标中凸显策略性知识

基于策略性知识的特性，教师在教学设计时，可将策略性知识明确化，并提出明确的检查机制，这样才能真正促进学生对策略性知识的掌握。例如，可以要求学生能比较鉴别某些事物、事件的异同。

（二）强调发展学生的元认知能力

相关研究表明，学生掌握策略性知识与其元认知水平密切相关。在教学过程中，教师要有意识地引导学生将认知活动指向认知过程本身。例如，学生在解决问题时，要有意识地分配时间，采用恰当的解题策略，同样也可以反思自己的解题思路和所犯错误等。

第四节　教学媒体设计

自从近代学校产生，教学活动逐渐走向规范化后，就有了教学手段和教学工具。传统的书本、黑板是原始形态的教学媒体，随着科技的发展，出现了幻灯机、投影仪、电视机、多媒体技术、虚拟现实技术、人工智能技术等现代教学媒体。现代教学媒体既可以带给学生多元的视听体验，还可以培养学生的思维能力和解决问题的能力。因此，恰如其分地利用和设计教学媒体就显得非常重要。

一、教学媒体概述

媒体，是指信息的载体和传递信息的工具。教学媒体是指以传递教学信息为最终目的的媒体，用于教学信息从信息源到学习者之间的传递，具有明确的教学目的、教学内容和教学对象。

按照不同的教学依据和出发点，教学媒体有不同的分类方法。按照媒体作用的感官，可以将教学媒体分为视觉型媒体、听觉型媒体、视听型媒体和交互型媒体四类；根据信息传播过程中信息流动的相互性，可以将教学媒体分为单向传播媒体和双向传播媒体两类；依照传递信息的范围，可以将教学媒体分为大规模教学用、班级教学用和个别教学用三类；依据使用者自行控制的程度，可以将教学媒体分为完全可控、基本可控、基本不可控三类。[①]

二、教学媒体的选择依据

每种媒体都有自己的优缺点，没有一种媒体是万能的，这就要求教师做好教学媒体的选择。教学媒体选择，是指在一定的教学要求和条件下，选出一种或一组适宜、可行的教学媒体。

（一）依据教学目标

为达到不同的教学目标，常常需要使用不同的媒体传递教学信息。教学目标和教学任务不同，对教学媒体的要求也就不同，即使是同一学科，也有着不同的教学任务，教学目标和教学任务制约着教学媒体的选择。

（二）依据学习者特征

选用教学媒体必须了解学习者的身心发展特征。小学生的认知处于直观形象思维阶段，注意力不易集中，因此教学媒体可以多采用生动形象、突出重点、色彩鲜艳的幻灯片，但切忌过多的片数或与主题不相关的内容出现；对于初中生和高中生，教学媒体的选用可以广泛和理性一些，重点应放在揭示事物的内在规律上。

---

① 何克抗，谢幼如，郑永柏. 教学系统设计［M］. 2版. 北京：北京大学出版社，2016：185-186.

（三）依据教学条件

教学媒体的选择受多种条件的制约，如教师的因素，包括教师的教学能力、专业素养特别是对各种教学媒体的熟悉和掌握程度；除此之外，经济、时间、资源和环境因素等都会影响教学媒体的选择。

三、教学媒体的选择方法

为了在实际教学活动中，教学媒体的选择更为准确、可行，研究者总结出了一些选择教学媒体的方法或模式，下面介绍两种。

（一）问题式模式

问题式模式是指列出一系列要求媒体选择者回答的问题，通过对这些问题的逐一回答，清楚地发现适用于某种教学情境的媒体。例如，教学内容是否作图解、图示的处理，或是照相、摄影，还是两者结合？视觉内容是用静止图像还是活动图像呈现？

（二）矩阵式模式

矩阵式模式通常由两个维度组成，一个维度是特定的媒体，另一个维度是特定的学习目标和学习类型。学习目标和学习类型与教学媒体的使用效果三者的关系构成了一个矩阵图，教学媒体在各种学习目标和学习类型中的效果不同，具体如表 13-2 所示。

表 13-2　教学媒体矩阵式模式选择表

教学媒体的种类	学习目标和学习类型				
	学习事实信息	学习直观鉴别	学习原理、概念和规则	学习过程	发展所期望的态度、观点和动机
静止图像	中	中	中	低	低
电影	中	高	高	高	中
演示	低	中	低	高	中
印刷课本	中	低	中	中	中

在设计如何运用教学媒体时，要考虑各种媒体的优化组合。好的教学媒体组合的整体结构应具备以下四个特点：（1）传递的信息量较大；（2）调动多种感官共同参与、相辅相成；（3）各种教学媒体的主要优势都得到充分发挥；（4）各种媒体都容易获得，且使用方便。

第五节　教学决策

有些研究者把教学设计等同于教学决策，如"教学设计是根据对学习需求的分析，提出解决问题的最佳方案，使教学效果达到最优化的系统决策过程"；[1]"教学决策是教师对教学活动所涉及的要素的相关信息进行挖掘、分析和评估，并据此计划、实施、调整和完善自己教学方案的动态过程"[2]。教学设计与教学决策在构成要素与功能上的确存在着交叉，在概念解释和用词的使用上的确存在着混同的现象，但交叉不等于相同，简言之，教学设计是对教学活动的系统计划，教学决策是对这些不同规划或行动方案的理性选择。

一、教学决策的含义

决策是管理学和决策行为学的基本概念，朱书堂把决策界定为决策主体针对待解决的问题或待达成的目标，在充分掌握和分析信息的基础上，依据事先确定的准则和程序，采取一系列行动并最终作出决定的过程。[3]有学者认为，教学决策就是在一定的基于价值观和知识信念等因素的影响下，教师为实现基于教学目标的有效达成，充分利用特定教学情境中教与学的信息结构，审慎地判断、制订、选择适应教学情境的教学方案的过程。[4]

具体而言，教师教学决策包含三个层面的内涵：一是在教学活动中体现出来的教师决策的水平和效果；二是教师提升教学决策的自觉程度；三是教师拥有作为自主教学决策者的专业权力。[5]

从不同的角度对教学决策进行界定，就会用不同的内涵阐释。一个完整的教学决策的定义应包含以下三个方面：一是教学决策的主体。教学决策的主体应该是教师而非其他人员，因为教学是一项专业性强、含有个体创造性的工作，教师作为教学决策的主体，能对复杂的教学情境进行分析、判断并作出一定的抉择，然后采取一定的行动。二是教学决策需要基于一定的教学情境。决策是一种行为，它的发生离不开一定的情境。教学决策也是如此，它或者发生在真实的教学情境中，或者发生在理论假设的教学情境中。在教学情境里，教师可以根据课堂中与学生互动的情形随时对原有的教学方案进行调整，当然也可以继续坚持自己原有的教学决策，这与教师的教学认知、教学素养和技能等因素相关。三是教学决策是为了实现一定的教学目标而采取的教学行动，教师的教学决策虽然带有很强的个体创造性，但不是完全随意的，如果教师能采取正确的、有针对性的教学决策，才能更加有效地实现教学目标。

综上所述，教师的教学决策就是教师在一定的教学价值观和知识信念的影响下，为了教育目标的有效达成，在综合、系统地考量学情、教学内容、教学方法的前提下，审慎地制订、判断、选择适合教学情境的教学方案的过程。

二、教学决策的程序

通过对教学决策含义的解释，我们了解到教学决策是对各种课程方案进行最优化选择的

---

[1]　威伦，哈奇森，博斯. 有效教学决策：第6版［M］. 李森，王纬虹，译. 北京：教育科学出版社，2009：19.

[2]　邹逸，殷玉新. 从"基于经验"到"数据驱动"：大数据时代教师教学决策的新样态［J］. 教育理论与实践，2018，38（13）：52-56.

[3]　朱书堂. 从卜筮到大数据：预测与决策的智慧［M］. 北京：清华大学出版社，2017：11.

[4]　张朝珍. 教师教学决策的运行机制研究［M］. 北京：中国社会科学出版社，2016：9.

[5]　张朝珍. "生态位"视角下的教师教学决策力：特征与发展路径［J］. 中国教师，2022（7）：77-81.

过程，这个过程包含以下三个程序：

（一）设计教学目标

教学目标是一切教学的出发点和归宿，因此设计好的教学目标是教学决策的首要任务。教学目标的决策，关键是将教学目标进行具体化。关于教学目标的设计，详见本章第二节。

（二）拟定备选方案

教学目标确定以后，教学决策活动进入第二阶段即制订课堂教学决策备选方案阶段。教学方案具有全局性、整体性的特点，教学系统中的任何一个环节出现问题，都将影响整个教学系统的功能。如何选择一个最恰当、最优化的教学方案，是对教师深厚的专业知识、良好的教学能力和素质、丰富的教学实践和经验以及机智、果断的教学决策能力提出的要求。总体来说，教师在拟定课堂教学方案时，应注意以下三个方面的问题：

1. 分析学情

教育家第斯多惠说过，"学生的发展水平是教学的出发点。所以必须在开始教学以前就确定这个出发点[①]"。这就需要教师深入分析、真正地了解学生，从而增强教学决策的针对性和预见性。掌握学情，是指既要考虑好本质学情，即班级学生群体的知识背景、思维发展状况、身心素质等因素，又要重视个别学情，使教学能照顾好不同学生的情况，真正做到因材施教，共同发展。

（1）中小学生的心理特征分析

教学对象的心理特征直接影响教师的教学设计和教学决策。例如，儿童的思维发展一般要经过直觉行动思维、具体形象思维和抽象逻辑思维等三个阶段。小学生的思维主要处于具体形象思维阶段，这就要求教师在呈现教学内容时，要更多地考虑使用形象的方式，如用实物、图片、生动的语言等促进学生理解所学的内容。初中生正处于从具体形象思维向抽象逻辑思维过渡的阶段，教师在教学过程中，要注意多采用逻辑推理、概括性的语言进行内容的讲授。

（2）学生的学习特征分析

学生的学习特征是指学生在学习新知识前，已有的知识技能、学习风格、学习方法、学习态度等方面的准备。学生的学习特征是学习新知识的内部前提条件。学习特征是与课程学习直接相关的，它直接影响学生对课程的学习，是影响教学效果的直接因素。如在学习态度方面，有的小学生对写作文有畏难心理，这就要求教师从写作文的教学目标以及意义等方面帮助学生提高认识，并增进写作兴趣。

2. 选择和组织课程资源

课程资源非常广泛，根据空间的不同，课程资源可以分为校内课程资源和校外课程资源，前者包括图书馆、实验室、教学设备、音像资料以及教材教辅等；后者包括博物馆、展览馆以及社会环境和自然环境等。根据载体形式的不同，课程资源可以分为文字性课程资源和非文字性课程资源，前者包括图书、期刊上的文字，后者包括图片、音频和视频等内容。根据价值取向的不同，课程资源可以分为教授化课程资源和学习化课程资源，教授化课程资源对应教授化课程，教授化课程资源的价值诉求在于提高教师"教"的效率和效益，教材是

---

① 单中惠，杨汉麟. 西方教育学名著提要［M］. 北京：中国人民大学出版社，2016：123.

教授化课程开发和利用的主要载体。学习化课程资源对应的是合作活动学习，它的价值诉求在于服务学生的"学"，为学生学习营造一个意义建构的生态化学习环境。

长期以来，教学更看重的是校内课程资源、文字性课程资源以及教授化课程资源，在"互联网＋"教育的时代背景下，我们应该提高对校外课程资源、非文字性课程资源的重视。在终身学习型社会的场域中，要注重学习化课程资源的开发利用，彰显以学为本、以学定教的教学价值取向。

3. 教学方法的选取

在我国的课堂教学中，常采用的教学方法有讲授法、练习法、讨论法、问答法、演示法、角色扮演法、合作学习法和探究法等。不同的学习方法有不同的特点，也有各自的优势和局限。这就要求教师综合考虑各种因素，以便选择恰当的教学方法。

（1）考虑教学目标

教学方法的选用，目的在于促进教学目标的有效达成。不同教学目标的设置，要对应不同的教学方法。为了使学生掌握知识，可以采用讲授法；为了使学生形成实践动手能力，可以采用练习法；为了使学生在活动中获得第一手的感性经验，可以采用演示法和探究法。

（2）考虑教学内容

不同的教学内容应采用不同的教学方法。在选用教学方法时，要考虑教学方法与教学内容的适宜性。如果是理论性的教学内容，适合采用讲授法；如果是实操性的教学内容，适合采用演示法或练习法。

（3）考虑学生特点

不同年龄阶段和不同个性特点的学生适合不同的教学方法，低年级学生注意力容易分散、缺乏理解能力，应减少讲授法的使用时长而采用灵活多样的教学方法；针对有一定感性认识的高年级学生，可适当采用探究法或合作学习法，引导学生独立思考，提高学习能力。

（三）优选教学方案

如何在拟定的教学方案中选择最优的教学方案，是教学决策过程中的核心和关键阶段，一经确定就会影响整个课堂的教学效果。因此优选教学方案时不能随心所欲，要基于以下四项的原则：

1. 教学设计的整体性原则

教学设计的理论基础之一是现代系统论原理，课堂教学是一个复杂的动态系统，必须重视整体效应。首先，教师、学生和教学内容必须作为一个课堂整体考虑；其次，教学目标的设计、教学过程的控制以及教学效果的反馈也必须作为一个整体考虑；最后，教学整体化思想必须贯彻教学的始终，贯穿教学的各个环节之中。

2. 教学目标的适度性原则

适度性原则体现在教学目标的确定要适度，如果教学目标过高，学生容易产生畏难情绪，如果教学目标过低，则不能调动学生的学习兴趣，教学效果也会打折扣。适度的教学目标应该让学生有一种"跳起脚摘桃子"的满足感，能把一定的知识难度和学生的量力性有机地结合起来。

3. 教学内容的优质原则

优质原则要求教学内容具有科学性、目标性、思想性和启发性。其中，科学性是前提，目标性是核心，思想性和启发性是教学的发展性规律和教育性规律的体现。

4. 教学方法的启发性原则

教学方法的选择应本着合理、灵活的要求，既要与教学内容相匹配，又要充分考虑学生的特点。教师在选择教学方法时，应自始至终秉承启发性教学的要求，注重调动学生的主动性和积极性，合理恰当地设问、引导、点拨，尽量确保学生始终处于主动求知的心理趋向，以便取得最佳的教学效果。

三、教学决策的追踪

教学决策，是指教师对课堂教学这一动态系统进行的分析和决定，或者说为了达到课堂教学的目的，而对课堂教学实践的方向、目标、原则和方法等所作的最优化方案的选择。因此制订教学决策的过程属于主观假设的范畴，教学方案一经选择，就是执行教学决策的过程。无论教学决策制订得多么完美和严密，在经过实践检验之前都不能保证决策与真实课堂情境是完全契合的。在将教学决策付诸真实的课堂情境的过程中，教师不能一成不变地固守计划，而是要根据课堂内容的生成灵活地组织和协调既定的教学决策方案，当课堂的主客观情况发生变化甚至出现新情况时，就需要对原来的决策方案作出补救性的修正或开展新的决策，再次载入决策过程中循环进行检验，这就是所谓的"追踪决策"。在进行"追踪决策"的过程中，有以下四个方面需要注意。

（一）回溯分析

回溯分析即从原决策方案的起点开始，按照决策程序和决策环境逐步做出客观分析，查找决策的失误点及其原因，以便及时修正，迫使追踪决策建立在原有决策的基础上。

（二）非零起点

非零起点是指追踪决策是在原有决策实施的过程中发生的。由于原有的决策方案在实施过程中，会随着课堂条件、环境、信息、教师和学生的变化，以及时间和教学进程的推移而变化，这会改变追踪决策发生的时间点和情境点，因此追踪决策一定要充分注意教学进程的推移对教学决策过程的影响。

（三）双重优化

双重优化是指追踪决策要在新的方案中进一步择优，使新修正的方案优于原有的决策方案，不然追踪决策的价值将不复存在；除此之外，在拟定新方案或进行修正的过程中，要使追踪决策的预期执行效果优于原有方案的可能执行效果。

（四）心理效应

心理效应是指既然教师已经发现了原有决策的失误，与其懊悔和遗憾，不如尽快收拾心情，调整状态，尽量消除失误造成的心理压力，在学生还未察觉的情况下，因势利导，再次以积极的心态作出新的决策，解决课堂中出现的状况，保证追踪决策的顺利进行。

教师在实施决策方案阶段进行"追踪决策"的意义并不在于为了修正而追踪，而是使课程的每一个判断和选择都接近实际情况，能真正获得好的效果，教师要避免个人的能力水平以及主观因素的影响干扰课堂的良好教学效果。总之，实施决策阶段要坚持客观性、灵活性和全面性的原则，以真正起到课堂教学决策增进课堂教学的实用价值，更好地指导教师的行动，让教师少走弯路，减少失误，做课堂明智的决策者。

【本章小结】

本章第一节主要探讨了教学设计的内涵、原则以及教学设计的心理学基础。第二节在对教学进行设计的过程中，首先要重视教学目标的功能，本章第二节重点介绍了教学目标的的分类理论、素养型目标的研制以及教学目标的陈述。第三节主要介绍了陈述性知识及其教学设计、程序性知识及其教学设计和策略型知识及其教学设计。第四节主要介绍了教学媒体概述、教学媒体选择的依据和教学媒体选择的方法。因此本章第五节重点介绍了教学决策的相关内容，如教学决策的含义，教学决策的程序，以及对教学决策的追踪。

【实践·反思·探究】

某位老师针对初中道德与法治七年级下册"法律保障生活"这一主题设计的教学目标为："让学生认同法律由国家制定，帮助学生梳理法律面前人人平等的观念，使学生明白行为与后果的关系。"

某位教师针对初中道德与法治七年级下册《青春的邀约》这一主题"悄悄变化的我"，设计的教学目标陈述为"情感态度价值观目标：感受青春成长的力量，体会青春的美好，感受青春发展的差异性；能力目标：学习正确面对和处理矛盾心理的方法；知识目标：了解青春期生理变化，了解青春期矛盾心理的表现，学会矛盾心理的调节方法。"

问题：

1. 请评述上述两个教学目标存在的问题。
2. 你认为设计教学目标需注意哪些方面？

【推荐阅读】

1. 佐藤学. 课程与教师［M］. 钟启泉，译. 北京：教育科学出版社，2003.
2. 郭成. 课堂教学设计［M］. 北京：人民教育出版社，2006.
3. 皮连生，刘杰. 现代教学设计［M］. 北京：首都师范大学出版社，2010.

第十四章　基于儿童心理发展的课堂教学评价

【学习目标】

1. 了解课堂教学评价的理念和类型。
2. 理解课堂教学评价的功能和内容。
3. 掌握课堂教学评价的一般过程。
4. 运用常用的课堂教学评价方法对不同的课堂进行评价。

【知识导图】

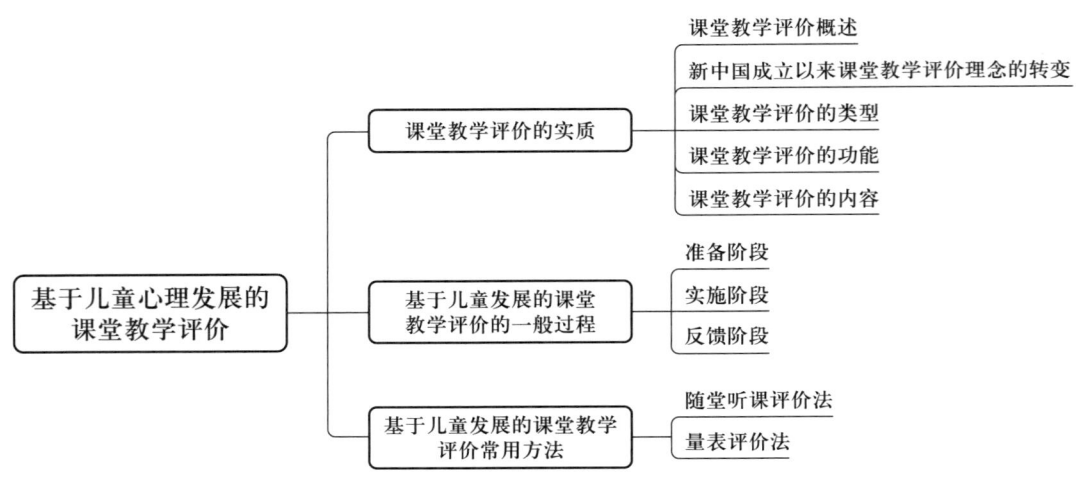

【案例导入】

班里有一个数学学习成绩落后的学生，在一次课堂教学中，教师让该生回答问题，虽然答案并不完美，但是教师给予学生充分的点评，帮助学生找到出现错误的原因，并对其进行分析。此后，每一节数学课，该名学生都会认真听讲，积极发言，数学成绩也有所提升。

第一节　课堂教学评价的实质

作为一种主要的教育评价，课堂教学评价是对课堂教学中所涉及的基本要素（教师、学生、教学内容等）及教学主体的身心发展变化所产生的作用和效果进行的一种价值判断过程。对学生的课堂教学评价应关注学生的心理发展变化，考虑学生心理发展的基本特征。课堂教学评价是课堂教学质量提升和课堂教学深化改革的关键环节，是教育评价系统的重要组成部分和研究重点之一。新中国成立以来，课堂教学评价理念大致经历了由"以教论教"向"以学论教"再到"以发展论教"的转变，逐渐趋向育人本质，掌握课堂教学评价的基本类型、功能和内容，对教师如何有效地开展课堂教学评价具有重要作用。

一、课堂教学评价概述

评价是对价值的判断，教育评价是在系统、科学和全面地收集、整理、处理教育信息的基础上，对教育价值作出判断的过程，旨在促进教育改革，提高教育质量。从这一定义可以看出，教育评价的对象是教育领域的任何元素，可以是教育的参与者，如教师、学生、教育管理者等；也可以是教育现象和活动，如教育方针、教育政策、教育活动、教育过程和教育效果。教育评价的本质是对教育价值作出判断，是评价者的主体需要与被评价对象的客体属性的一种特殊的效用关系运动。教育评价的手段是运用科学的评价技术和方法，综合使用测量、统计、系统分析等手段进行分析判断，既有定量的，又有定性的。教育评价的目的是促进教育改革，提高教育质量。[①]

二、新中国成立以来课堂教学评价理念的转变

课堂教学评价理念是课堂教学评价背后的思想与假设，是课堂教学评价标准的灵魂。新中国成立以来，课堂教学评价理念大致经历了由"以教论教"向"以学论教"再到"以发展论教"的转变，逐渐趋向育人本质，指向学生全面而深度的发展。[②]

新中国成立初期，我国的教育教学受苏联影响较大，"以教论教"是当时课堂教学评价的主导理念。1952年，教育部颁布的《中学暂行规程（草案）》中指出，课堂教学评价包括

[①] 黄光扬. 教育评价与测量［M］. 3 版. 上海：华东师范大学出版社，2022：5-6.
[②] 罗祖兵，郭超华. 新中国成立 70 年课堂教学评价标准的回顾与展望［J］. 中国教育学刊，2020（1）：55-61.

教师对教材内容的掌握、教学法的使用、教学进程的安排以及教学效果的达成等方面。1953年 3 月，《人民教育》期刊发表的题为《教学工作是学校压倒一切的中心任务》的社论也指出，考查课堂教学水平的标准主要是看教师完成教学计划的程度。[①] 由此可见，这个阶段的课堂教学评价标准是基于教师展开编制的。客观地讲，"以教论教"的评价理念对新中国成立初期规范教师教学行为与教学进程、提高教学质量具有重要意义，但它将课堂教学评价简单地理解为对教师教的评价，显然是片面的。

20 世纪 80 年代以来，学者们逐渐意识到课堂教学评价绝不仅仅是对教师教的评价，学生通过课堂教学获得的成长才是课堂教学评价的核心内容，评价理念开始由"以教论教"逐渐转向"以学论教"。1984 年出版的《教育学教学参考书》开始将对学生的评价纳入课堂教学评价体系中，并指出"学业成绩检查与评定应着重分析学生的思路，指出学生的优缺点和努力方向"[②]。课堂教学评价应从教和学两方面入手，对课堂教学的评价不仅要看教师在传授知识、促进学生智力发展上所做的努力，还要看学生掌握了多少知识，学会了多少技能。[③]虽然这一阶段我国的课堂教学评价开始转向"以学论教"，但关注的"学"大多局限于学生的知识和技能，学生的能力、情感、价值观等未得到应有的关注。

21 世纪以来，课堂教学更加强调学生的全面发展，此时的课堂教学评价标准设计开始回归教育的本质，强调以学生获得的实际发展作为课堂教学评价的重要标尺，"以发展论教"日益成为主流的评价理念。课堂教学评价标准的设计应遵循以学生发展为中心的理念，它应立足于以促进人的发展为根本宗旨的教学目标、科学合理的教学内容以及学生主动学习的教学策略和方法。[④] 新课程下评价一堂好课的标准必须是以学生发展为主导的，它不仅要关注学生的知识掌握程度，更要着眼于学生的学习方式、学习水平、学习能力、学习效果等方面，真正实现立足于学生的发展设计课堂评价的标准。21 世纪以来，我国的课堂教学评价理念不断深化转型，评价理念从以知识为本转变为以人为本，从能力取向的课堂教学评价逐渐转向综合素养取向的课堂教学评价，再转向核心素养取向的课堂教学评价。

三、课堂教学评价的类型

（一）条件评价、过程评价与成果评价

根据评价内容的不同，可以将课堂教学评价分为条件评价、过程评价与成果评价。条件评价是对课堂教学设计的可行性作出评价，也就是对达成教学目标所需要的条件展开评价，针对不同年龄学生的感觉、知觉、记忆、思维、想象等能力变化，选取实现教学目标的最佳教学设计，增强教学的可操作性。过程评价是对教学设计的实施状况进行评价，为了获得教学设计实施状况的反馈信息，并将其作为调整教学设计的依据，过程评价可以对学生的兴趣、动机、情绪情感、价值观、能力、自我意识、性格和人际关系实施评价。成果评价是对教学活动结果和质量进行的评价，侧重对教学结果进行等级鉴定和区分。

---

① 教学工作是学校压倒一切的中心任务（社论）[J]. 人民教育，1953（3）：4-5.
② 教育学教研室. 教育学教学参考书：教学论分册 [M]. 北京：人民教育出版社，1985：27.
③ 张玉田. 学校教育评价 [M]. 北京：中央民族学院出版社，1987：146.
④ 刘志军. 课堂教学质量评价标准的探讨 [J]. 中国教育学刊，2000（2）：55-58.

（二）相对评价、绝对评价与个体差异评价

根据评价基准的不同，可以将课堂教学评价分为相对评价、绝对评价与个体差异评价。相对评价是在课堂教学的被评价对象的集合中选取一个或若干个对象作为标准，然后将其他被评价对象与此标准进行比较，或者用某种方法将所有被评价对象排列成先后顺序的评价。相对评价主要用于选拔性和竞赛性的教学活动。绝对评价是在课堂教学的被评价对象集合外，预先设定一个客观的标准，并将被评价对象与此客观标准进行比较，判断其达到标准程度的评价，主要用于合格性和达标性的教学活动。个体差异评价是将被评价对象在课堂教学中的过去和现在进行比较，或将一个个体的若干方面进行相互比较。个体差异评价需要关注学生的群体差异，包括年龄、性别和社会文化差异等。例如，把学生五年级的学业成绩与三年级时的学业成绩进行比较，年龄差异主要体现在学生思维水平的差异，个体差异评价可以针对不同思维水平下学生学习的变化状况进行评价，或者对某位教师的课堂教学从教学目标、教学方法、教学手段、教学策略进行评价。

（三）自我评价与他人评价

根据参与评价的主体，可以将课堂教学评价分为自我评价和他人评价。自我评价是指评价者根据一定的标准和要求对自己进行的评价。例如，学生对自己已有的知识基础、学习方式、智力水平、兴趣和需要等各方面的评价，教师对自己的敬业精神、专业知识、专业技能以及教学风格等方面的评价。他人评价是由被评价者之外的他人作为评价者，对被评价者作出的评价。例如，上级教育行政部门对学校的教学质量进行的评价、学校领导对教师的课堂教学进行的评价、教师对学生的学业成就进行的评价。

（四）诊断性评价、形成性评价与终结性评价

根据评价的功能，可以将课堂教学评价分为诊断性评价、形成性评价与终结性评价。诊断性评价是指在课堂教学活动开展之前，为使教学设计更有效地实施而进行的具有预测性的评价，或者对评价对象的现状和问题作出判断，旨在确定被评价对象是否具备进行课堂教学活动的能力。例如，在教学前，对学生的能力、基础进行判断，根据学生的基本状况，有选择性地因材施教。形成性评价是指在课堂教学活动之中评价课堂教学自身的效果，用以调节课堂教学活动的进行，保证教学目标的实现而进行的评价。例如，在教学过程中，教师对学生某个教学内容的掌握程度进行判断，并指出学生的问题所在，帮助教师和学生将注意力集中到掌握知识上面。终结性评价是在课堂教学活动结束之后，对最终的教学效果作出的价值判断。以预设教学目标作为标准，对评价对象的目标达成的程度，也就是最后取得的成就进行判断，可为各级教育决策提供参考。

（五）定量评价与定性评价

根据评价的方法，可以将课堂教学评价分为定量评价与定性评价。定量评价是指在收集和处理数据资料的基础上，对评价对象作出定量结论的价值判断。例如，运用教育测量与统计的方法，对学生的学习成绩进行描述和判断。定性评价是根据评价者对评价对象的日常表现、现实状态或者文本资料的观察和分析，直接对评价对象作出定性结论的价值判断。例

如，教师对学生的心理发展倾向和思维发展水平作出等级判定、为学生的学习态度书写评语等都属于定性评价。

四、课堂教学评价的功能

（一）导向功能

导向功能是指课堂教学评价本身所具有的、引导评价对象向着理想目标前进的功效和能力。在课堂教学评价中，对任何被评价对象所作的价值判断，都是基于一定的评价目标和标准的。因此，实施课堂教学评价首先要制订科学、合理的评价内容和评价标准，有什么样的评价标准，被评价对象就有什么样的努力方向。在课堂教学评价中，课堂教学的评价内容和评价标准具有较强的指引作用，发挥着导向功能。例如，教师会根据这些评价标准设计教学方案、组织教学活动，反思教学效果。评价标准引领着教师的教学过程，为促进教师的专业成长、提高教学质量发挥着积极的导向作用。

为了更好地发挥课堂教学评价的导向功能，就要依据教育目标制订恰当的课堂教学评价内容与评价标准，此外，课堂教学评价要适应时代发展的需求，在教育现代化背景下，教学质量的时代诠释对课堂教学评价的要求主要是重视教学主体素养培育的评价。例如，将师德师风作为评价教师专业水平的首要标准，以建设高素质专业化创新型教师队伍，推动教师专业自主发展，将思想水平、政治觉悟、道德品质、文化素养的培养与提升作为评价学生质量的标准，以落实立德树人根本任务，促进学生身心健康成长。[1]

（二）调控功能

调控功能是指课堂教学评价对评价对象的教与学等活动进行调节和控制的功效和能力。通过有效的课堂教学评价，可以客观地衡量教学活动是否达到了预期的要求和目标。教师可以从课堂教学评价中获取反馈信息，用这个信息改善和调节教学目标、教师的"教"与学生的"学"等过程。例如，学校管理者除从学校层面的学生评价获得一部分信息外，还需要教师反馈给他们一些有关课堂教学评价的信息。因为他们需要贯彻执行上层教育部门的有关要求，所以希望教师给予他们反馈时能够符合上级的要求。[2]

课堂教学评价功能包含两个方面：一是评价者对教学过程进行调节的过程，例如，教师应了解儿童认知能力发展的感知觉运动、前运算、具体运算和形式运算四个阶段，通过课堂教学评价，教师认为学生在何种阶段已经达到教学目标，并能达到更高的教学目标时，就会提高教学目标，并将教学进程的速度加快；如果教师认为学生没有达到相应的教学目标，就会降低教学目标，并将教学进程的速度放慢，使之与学生的学习实际相适应。二是被评价者通过课堂教学评价了解自身的长短，明确努力方向与改进措施，实现自我调节。例如，不同的教师在课堂教学活动中都有其个性化的教学方式、教学风格和教学艺术，采用统一的评价标准衡量不同教师的教学活动容易将教师引导至教学模式化的道路。

① 李森，郑岚. 促进质量提升的课堂教学评价改革［J］. 课程・教材・教法，2019，39（12）：56–62.
② 邢红军，田望璇. 课堂教学评价理论：反思与建构［J］. 课程・教材・教法，2020，40（6）：53–58.

（三）激励功能

激励功能是指课堂教学对评价对象内在的动力和潜力进行激励的功效与能力。通过教学评价使教师看到自己所取得的进步和成绩，找到工作中的差距和不足，从而以更大的热情投入教育教学工作中。课堂教学评价的激励功能是评价对象获得较高评价和实现自身价值的愿望，能够给予评价对象心理上的满足感与成就感，从而激励评价对象在教学活动中不断进取。

要发挥课堂教学评价的激励功能，应注意课堂教学评价指标的制订不可过高或过低，这两种情形不利于教师和学生积极性的调动，适宜的指标应定在大多数被评价对象经过努力能够达到的程度，因此必须将条件评价、过程评价和形成性评价有机结合起来。例如，评价一名学习困难学生经过努力后取得较大进步时，应特别注意三者的结合，既要看到其当前的学习成绩，又要明白其初始的学习基础，还要看到其个人主观努力的过程，从而给予较高的评价。只有公平、合理、客观、科学的评价，才能真正起到激励作用。

（四）诊断功能

改进功能是指课堂教学评价对评价对象在教学活动过程中的成效、矛盾和问题作出判断的功效和能力。教育评价专家认为，评价的作用，不在于证明，而在于诊断。这是对课堂教学评价功能的最好诠释。课堂教学的诊断功能是促进教师成长的有效手段，通过评价能够使教师发现问题，反思自我，对如何改进教学作出积极的努力。由此可见，诊断功能对促进教师的成长和学生的发展十分重要。在课堂教学发挥改进功能的过程中，诊断学生个体的认知结构、认知方式、认知水平，从而帮助学生明确已有错误概念的原因，为从错误概念中寻找新知识与观念建构的生长点提供依据，从而达成课堂教学帮助学生转变已有错误概念、形成科学概念的目的。

课堂教学评价诊断功能的发挥，可以运用观察、问卷、测验等手段，搜集被评价者的有关资料并进行严格的分析，它能够根据评价标准作出价值判断，分析或诊断出课堂教学活动中哪些部分或环节做得好，应加以保持和提高，同时也能指出哪些地方存在问题，并找出原因，再针对这些原因提供改进途径和措施的过程。通过课堂教学评价，能够及时获得教学过程与教学结果的相关信息，强化正确的、有利于教学目标实现的教学活动，诊断不良的、不利于教学目标的教学行为，促进课堂教学的不断完善与优化。

五、课堂教学评价的内容

关于课堂教学评价的主要内容，目前还没有一个定论。参考这方面的研究成果，根据新课程理念和课堂教学实际，可将课堂教学评价内容划分为教学思想、教学目标、教学内容、教学活动、教师素质、教学效果。[①] 在课堂教学评价中，既包含教师教的评价，又包含学生学的评价，两者相辅相成，共生共存。

---

① 杨淑萍. 重新审视课堂教学评价的功能、内容与标准 [J]. 教育理论与实践，2009，29（28）：44-47.

（一）教学思想

教学思想是对教学现象、教学过程及其规律的一种主观认识。它一旦在教师的头脑中形成，就会强烈地支配教师的教学行为，并决定着教学过程的发展方向和结果。要把教学思想作为课堂教学评价的第一要素，是因为思想决定方向，思想改变课堂。一个教师的教学思想是先进的还是落后的，是积极的还是消极的，将直接影响课堂教学质量。在各种课堂教学评价活动中，经常可以看到这样的现象：有的教师自身素质不错，教学重点突出，课堂调控能力强，但是教学效果却一般，没有得到学生的认可。究其原因，主要是这个教师的教学思想和教学观念。如果教师的教学思想保守，教学观念陈旧，教学手段落后，就很难上出一节新课程理念下的好课。教学可以促进学生的发展，也可以制约学生的发展，教学思想决定着课堂教学质量，决定着学生的全面发展。

（二）教学目标

教学目标既是教学的出发点，也是教学的归宿。它对教学过程具有重要的导向和调控作用，直接决定着教学的发展方向和价值取向。在确定和评价教学目标时，应关注以下三个方面。

1. 把握教学目标的方向

教学目标要符合时代特征和学科课程标准的要求，要重视学生的已有经验和认知起点，要体现学生在核心素养方面的发展。

2. 教学活动要紧紧围绕教学目标展开

在教学活动中，要充分体现教学目标的导向和调控作用。教学环节的设计、教学方法和教学手段的选择要有利于教学目标的实现，同时要根据教学目标的要求应对和处理教学中的生成问题。

3. 关注和研究上位教学目标

在制订课时教学目标时，教师一定要关注和研究其上位目标，特别是学科课程目标。例如，《义务教育数学课程标准》（2022 年版）是从四个方面阐述数学课程目标的，即知识技能、数学思考、问题解决和情感态度。数学课程目标有如下四个特点：一是改变了传统的目标分类形式，把数学教育目标概括为四个方面，每一方面都规定了具体的目标内容；二是加强了情感态度价值观的目标内容；三是调整了数学能力方面的目标内容，强调培养学生的思维能力以及发现问题和解决问题的能力；四是关注学生对数学学习过程的经历和体验。

（三）教学内容

教学内容是教学的重要资源，也是学生学习的主要对象，应关注学生筛选信息和处理信息的能力、解决问题和自主学习的能力、创新意识和健康的人格品质。在教学和评价时应关注以下三点。

1. 认真把握教学内容，用好用足教材

在课堂教学中，教师要依据教学目标，围绕教学重、难点选择和安排教学内容，认真把握教材，用好、用足教材内容。

2. 适当开发教学资源

在教学过程中，教师要根据教学实际适当开发教学资源，特别是要开发与学生生活经验联系密切的、学生感兴趣且对达成目标有价值的教学资源。例如，学习统计知识教学时，教师可让学生收集一些生活中的具体数据进行分析、整理，通过解决生活中的实际问题，培养学生收集数据的能力以及分析、解决问题的能力。在开发教学资源时，要考虑开发的价值和效果，以教材内容为主，以课外资源为辅。

3. 满足不同学生的需要，有利于学生的全面发展

教学内容的选择要体现基础性、全面性和发展性，满足不同学生的个性化需要，坚持对学习成绩优秀学生和学习困难学生都要兼顾的原则。

（四）教学活动

教学活动是师生积极参与、交往互动、共同发展的过程。有效的教学活动是教师的"教"和学生的"学"的统一。关于教学活动，可以从以下几方面进行思考和评价。

1. 教学环节

在教学过程中，教师首先要遵循儿童心理发展的规律，充分了解影响儿童心理发展的因素，合理安排教学环节。教学环节的设计要有利于调动学生的学习兴趣，全面、科学、合理，各个环节之间要有机配合、合理过渡，发挥其整体功能。新课程实施以来，大部分教师一般应用这样的教学模式设计环节：引入新课—探究新知—建立新旧知识之间的联系—解释和应用。但有些教师有时把握不好各个环节的轻重，有的教师把时间和精力主要投放在引入新课的教学情境上；有的教师能够在探究新知上花费时间和精力，而对关键环节却草草而过；有的教师在各个环节上把握得比较好，但缺少必要的整合，显得比较零散，这些都应引起教师的注意和反思。

2. 学生参与

学生是学习的主体，评价一节课的教学效果如何，主要看学生参与教学的质量。因此教师应以学习心理为基础，充分了解儿童、尊重儿童，促进学生心理的主动性和积极性发展，激励学生的能动性，使他们有效参与学习活动。学生参与包括行为参与、思维参与和情感参与三个层次。行为参与主要指参与的形式，思维参与主要指认知投入的情况，情感参与主要看情感表现和情感体验。研究表明，学生的情感参与和思维参与有显著的正相关，学生的行为参与对高层次思维没有明显的影响。在教学中，只有让学生的几种参与方式全面投入、有机结合，才能有效地提高学生的学习能力，促进学生的全面发展。在评价一节课时，评价者要关注教师是否设计或提出了有价值的问题，引导学生主动探究、积极思考，师生在教学活动中是否能产生较高水平的思维共振和情感共鸣，发生积极的、有价值的交往互动。

3. 课堂生成

如何认识和应对课堂生成是每个教师要认真思考的问题。新课程理念下的课堂教学很难为预设的课，必须要有生成，也必然会有生成。从某种意义上来说，教学的艺术就是教师把握预设与生成的艺术。在一节课中，要通过预设促进生成，通过生成完成预设，在预设中体现教师的水平，在生成中展现师生的智慧。例如，一位教师在教学"倍数和因数"时，做巩固练习时，该教师设计了一个游戏：把学生分为每四人一个小组，让他们通过拍手找出 100 以内 4 的倍数。在拍手游戏过程中，出现了这样的情况，如小组中经常有人拍错，那么是从

头再拍，还是接着拍？这是预设生成的问题，教师告诉学生，接着拍，不要从头再开始。玩了一会儿后，小组内 1—3 号的同学有意见：为什么只有 4 号同学在拍，我们也想拍手。这是非预设生成的情况，教师应如何应对和处理呢？这位教师灵机一动，提出了这样的问题：如果找出 100 以内 2 的倍数，几个人拍手呢？如果小组内的每个人都拍手，我们要找哪个数字的倍数呢？问题提出后，同学们积极思考，热烈讨论，很快找到了答案，从而愉快而有序地玩起来。在这里，教师智慧地利用生成情况提出有价值的问题，调动了学生的思维和情感的积极参与，拓宽和加深了本节课的教学内容，进而将课堂推向高潮。

4. 教学方法

教学目标确定后，教学方法是影响教学的一个重要因素。教学方法是师生共同实施的方法。教学方法在教学中起着重要作用，它是沟通师生教与学的中介，是实现教学理论指导教学实践的基本途径，是促进学生发展的基本方式。常用的教学方法有讲解法、谈话法、演示法、操作法、实验法、讨论法、练习法、发现法等。启发式是确定教学方法的指导思想。在评价教学方法时，要注意以下三点。第一，教学方法的选择要讲求实效；第二，在教学活动中要实现多种教学方法的优化组合；第三，要加强发现法、探究法、讨论法等教学方法在教学中的研究和运用。

（五）教师素质

1. 基本素质

教育的目的是育人，这是一项复杂而又具有挑战性的系统工程。教师要有爱心和责任感。这种爱，不只是受教育者感受到的爱，更是教育者自身所拥有的爱，教育的真谛在于诠释生命，而诠释生命的教育就是"以爱育爱"。作为一名教师，首先要心中有爱：爱学生、爱课堂、爱教育事业。除此之外，教师还要有扎实的教学基本功。这里所说的教学基本功不仅包括教态、语言、板书、组织教学、备课等基本技能，还包括教师的教学经验、教学调控能力、教学风格等。

2. 专业素质

教师要有一定的学科素养。如一名数学教师，除要有包括数学意识、数学知识、数学思想和数学技能等方面的学科专业素养外，还要有较高的数学教学水平。研究表明，学生能否主动地获取知识、得到发展，与教师的教学水平有很大关系，教学水平的高低，主要取决于教师的专业素质。从心理学的角度可以把教学分为记忆、理解和探究三种水平。记忆水平的教学只要求学生学习和熟记教材给出的知识，以学生能够准确地再现所学的具体材料为目标。理解水平的教学要求学生通过理解教材较深入地掌握知识，力求做到学懂、会用，学生对所学知识是否理解是这一教学水平的主要标志。探究水平的教学是在教师的启发下，学生独立思考、积极探索、主动解决问题的教学，要求学生在掌握知识技能的同时，思维水平、解决问题的能力能够得到较大提高。学生是否积极参与探究活动是这一教学水平的主要标志。三种水平的教学应在一节课中兼而有之，相辅相成。探究水平的教学是新课程提倡的一种教学方式，这种方式对促进学生的发展具有很大价值，但把握起来有一定的难度，在这里，教师的教学设计能力和处理生成问题的能力是非常重要的。

3. 发展素质

发展素质主要包括教师积极的心态、科学的态度和创新的品质。基本素质、专业素质和发展素质是教师应具备的主要素质，这些素质有待教师努力、追求并加以实现，例如教师的教育观念、学习与教学理论、学科教学知识等都是教师在不断自我发展的过程中提升的。

（六）教学效果

教学效果是评价课堂教学质量的一项重要指标，一直受到大家的极大关注。这是因为，一方面，教学效果本身就是教学评价的一个基本要素；另一方面，其他几个要素的价值要通过教学效果体现出来。评价课堂教学效果主要从目标达成情况、教学活动质量、学生能力培养、课堂生成处理、课堂教学特色等方面进行考察。

以上六项是课堂教学评价的主要内容，也是教师在日常教学中要特别关注和认真研究的基本要素。这六个要素相互交叉、相辅相成，共同决定课堂教学的质量。

第二节　基于儿童发展的课堂教学评价的一般过程

儿童发展包括认知过程发展、个性和社会性发展两部分内容，认知过程发展包括感知觉、记忆、思维、想象等；个性和社会性发展包括兴趣、动机、情绪情感、价值观、能力、自我意识、性格和人际关系等。儿童阶段是身心快速成长、发育和发展的时期，促使人们把儿童阶段本身细分为不同的发展时期并寻找各个时期的身心发展独特性，针对不同时期的特征对课堂教学进行评价。教学评价的一般过程包括课堂教学评价的准备阶段、实施阶段、反馈阶段。

一、准备阶段

在准备阶段，要做好课堂教学评价的组织准备、人员准备、方案准备的工作。

（一）组织准备

课堂教学评价的组织准备包括形成评价领导小组，针对儿童认知过程发展、个性和社会性发展的一般规律与特征，细化评价内容，分解教学目标，形成指向儿童发展的一定评价指标和标准。课堂教学评价的组织工作可以由被评价对象所在部门的上一级机构承担。对教师的课堂教学评价可以由学校或者教育行政部门负责建立评价领导小组和分配相应的工作，如果学生能对自己的学习进行自我评价，也可以在班级或者学校内部建立评价领导小组。

（二）人员准备

课堂教学评价的人员准备包括组织有关的人员进行课堂教学评价的理论学习。例如，充分理解儿童思维发展的一般规律和特点，掌握儿童思维发展的基本理论，了解儿童思维的概念和种类，使评价人员明确课堂教学评价的目的与意义，形成新时代正确的课堂教学评价观，从而保证评价人员在从事课堂教学评价过程中的科学态度与责任感。

（三）方案准备

课堂教学的方案准备是整个课堂教学评价准备阶段的核心工作。方案准备的主要内容包括评价目的、评价对象、评价标准、评价方法、评价实施与期限、评价报告完成时间、评价报告的反馈、评价预算等。[①] 不同的评价目的需要不同的评价标准，如果基于儿童的认知过程发展进行评价，方案要明确课堂教学的评价目的是什么，如何建立评价目的与儿童认知发展过程之间的逻辑关系，核心的教育评价对象是儿童和学生，要围绕儿童和学生开展有关教育评价的工作，评价标准包括指标体系和评价基准，理解掌握评价标准更有利于评价工作的开展；评价方法主要用于评价信息的收集与分析，明确评价方法可以保证评价的信度与效度；评价实施包括评价的组织形式和组织方法、评价者的素质等方面，并且要保证评价实施的实效性；在完成评价后要及时完成评价报告，并且对完成时间做出明确规定；将报告反馈给报告的接受者或者单位，保证报告能够被及时运用；在实施课堂教学评价的过程中，如果需要资金支持，要提前做好预算。

二、实施阶段

在实施阶段要开展课堂教学的预评价和正式评价。

（一）课堂教学的预评价

课堂教学的预评价是为了保证课堂教学评价的顺利开展而进行的试评，旨在借助预评价，检验评价方案的可行性与科学性，从而为课堂教学的正式评价提供依据和经验。课堂教学的预评价可以由评价领导小组组织，还可以由被评价对象进行自我评价，前者由于有评价专家的参与，更能体现其科学性，后者有被评价对象的参与，可以调动其积极性，更易于发现评价过程中的问题。

（二）课堂教学的正式评价

课堂教学的正式评价是课堂教学评价实施阶段的关键环节，直接决定整个课堂教学评价的成败，需要评价者与被评价对象之间相互配合，以便获取更多的材料和信息，保证评价结果的参考价值。

1. 评价信息的收集

评价信息的收集工作是课堂教学评价的前提，信息收集的越全面、越充分，所得到的评价结果就会越客观、越科学。例如，在搜集有关教师教学效果的信息时，需关注儿童的情绪变化，在学习活动中，良好的学习内容能够不断丰富儿童情绪。因为教师的教学效果好，会使教师产生自信、愉快的情绪，教师的教学效果差，会使教师产生失望、痛苦的情绪。所以在评价信息的收集阶段，评价者既要关注评价信息的全面性，又要注意其精确性，可以采用不同的收集方法进行"三角互证"，以保证所收集信息的全面性与精确性。

---

① 金娣，王钢. 教育评价与测量［M］. 北京：教育科学出版社，2007：61−63.

2. 评价信息的整理

评价信息的整理是在收集所获信息的基础上，对其进行概括和归类处理。对收集的每一个数据、每一份资料如实记录，客观分析，从中作出科学地、抽象地概括。信息整理的方法通常包括以下三种：其一，分类，即将收集到的信息按照一定的标准，进行初步归类；其二，检验，即对归类好的信息进行真伪辨别，依据去伪存真、去粗取精的方法进行筛选；其三，保存，即可以通过建档的方式，保存信息，对信息进行编码，为评价信息的处理作准备。例如，在对儿童记忆的评价过程中，儿童的各种记忆能力都随年龄的增长而变化，各种记忆快速发展的年龄、增长的速度和达到高峰的时期各不相同，因此，可以根据收集的信息，依据年龄标准对儿童记忆的高低进行分类。

3. 评价信息的分析

评价信息的分析是评价实施阶段的核心工作。它是在收集、整理信息的基础上，运用定量与定性的方法对信息进行处理。例如，对情绪、个性、动机可以采用定量与定性相结合的分析方法，根据评价标准，在定量分析的基础上，对情绪、个性、动机进行定性分析，形成评价结果，具体步骤有如下五步。

第一，明确课堂教学评价的标准和相关要求；

第二，评价者对被评价者进行分数、等级等量化评价或者定性描述；

第三，评价小组对各个评价者的结果进行认证、检验，根据实际情况、评价态度和表现、评判标准把握的程度进行小组评议；

第四，评价领导小组对各个评价小组的工作进行复核；

第五，运用相关统计方法或其他方法对数据进行处理，并将所得结果报告给评价领导小组，同时反馈给各个评价小组。

三、反馈阶段

反馈作为课堂教学评价环节中至关重要的一环，其有效性与否直接决定着评价能否发挥其发展性功能。只有明确了反馈的重要性，课堂教学评价改革才可能得以顺利进行，基础教育课程改革也才能得以深化。[①] 在反馈阶段要注重评价结果检验、评价问题诊断、撰写评价报告、总结评价工作。

（一）评价结果检验

评价结果的检验，一方面要对课堂教学评价的各个环节和步骤进行核查，检验教学过程是否适合儿童发展的规律，是否基于儿童发展的相关理论进行课堂教学评价的设计与实施。另一方面，还要对评价结果进行检验核实，检验评价结果是否符合儿童身心发展的规律与特征。

（二）评价问题诊断

对课堂教学评价过程中所存在的问题进行诊断分析，可以充分揭示评价结果，有效促进被评价者改进工作，帮助被评价者对自身状况进行分析，找到现存的问题以及问题的解决方

---

① 王凯. 反馈何以有效：对当前课堂教学评价的新思考［J］. 教育科学，2011，27（3）：34-38.

案，使教师的课堂教学方式或内容符合儿童心理的发展特征。例如，小学低年级学生处于形象思维发展阶段，需要教师在教学中采用直观教学法，这样更有利于学生的学习。

（三）评价报告撰写

课堂教学评价报告一般包括封面、正文和附件三个部分。封面需要提供评价方案的题目、评价者的姓名、评价报告接受者的姓名、评价方案实施和完成时间以及呈送报告的时间。正文包括评价报告的概要、评价方案的背景信息、评价方案实施过程的详细描述、评价结果的分析、结论和相关建议。附件可以附上一些评价者在评价过程中所收集的一些数据、信息材料。

（四）评价工作总结

课堂教学评价工作的总结是提高评价工作的水平和质量必不可少的步骤，其实质是对课堂教学评价进行的评价。总结要按照一定的方法和标准，对课堂教学评价的方案、结果和过程进行分析，从而对课堂教学评价工作作出价值判断。这是对课堂教学评价科学性、合理性、客观性与可行性的判断，旨在促进课堂教学评价的规范化，提高教学质量，为日后的课堂教学评价积累经验。

第三节　基于儿童发展的课堂教学评价常用方法

儿童发展是一个动态过程。例如，从思维发展的方式看，儿童思维发展的趋势是由直观行动思维发展到具体形象思维，最后发展到初步的抽象逻辑思维。因此，课堂教学评价不能仅关注学生掌握某个特定行业或特定机构所需要的技能，还需要关注对其可迁移的和可持续的学习能力的评价，评价的内容更加多元化和复杂化。

在课堂教学评价的常用方法中，主要介绍随堂听课评价法和量表评价法，随堂听课法侧重对教师教的评价，量表评价法侧重对学生学的评价，尤其是对情感、态度、价值观等隐性目标的评价。量表评价法包括其概念、设计与使用方法，随堂听课评价法包括概念、作用、设计使用方法和相关原则。

一、随堂听课评价法

《义务教育课程方案（2022年版）》指出："聚焦中国学生发展核心素养，培养学生适应未来发展的正确价值观、必备品格和关键能力引导学生明确人生发展方向，成长为德智体美劳全面发展的社会主义建设者和接班人""为每一位适龄儿童、少年提供适合的学习机会。把握学生身心发展阶段特征，注重幼儿园、小学、初中、高中各学段之间的衔接，体现不同学段目标要求的层次性。打好共同基础，关注地区、学校和学生的差异，适当增加课程选择性，提高课程适宜性，促进教育公平""创设以学习者为中心的学习环境，凸显学生的学习主体地位，开展差异化教学，加强个别化指导，满足学生多样化学习需求。引导学生明确目标、自主规划与自我监控，提高自主、合作和探究学习能力，形成良好的思维习惯。发挥新技术的优势，探索线上线下深度融合，服务个性化学习。"因此在随堂听课评价中，要关注学生学习的全过程。

（一）随堂听课评价法的概念

随堂听课评价法是评价者通过对被评价教师的课堂教学的直接观察，获取有关此教师的教学行为、过程、特点及其所展现出来的教学能力等第一手信息，从而能够有效地进行课堂教学的评价，并相应地提出建设性意见，以此提高教师课堂教学能力和课堂教学效率的方法。随堂听课评价法通过对课堂进行真实、详尽、有重点的记录，开展对课堂教学的评价。当前，评价者的课堂记录既要关注教师的教学流程，详细记录教师提出的问题、呈现的材料、使用的教学手段、借助的教学媒体等，还要记录学生的学习状态和学习效果。

（二）随堂听课评价法的作用

1. 随堂听课评价法是课堂教学评价的基本形式和方法

随堂听课评价法是目前评价教师课堂教学能力和效果的主要方式。尽管课堂教学评价在向专业化、系统化、量表化、量化和质性评价相结合的方向发展，不过，由于随堂听课评价法自身的特点，使其成为进行课堂教学评价的主要形式之一。随堂听课评价法主要的特点有两个：首先，评价者往往是由具有较高课堂教学水平的教师或者管理者担任，他们自身对课堂教学有较高的造诣，评价意见往往中肯、具体、有建设性；其次，随堂听课评价法的自由度比较大，容易实施，也有利于发挥。

2. 随堂听课评价法是了解教改动态，促进教师专业发展，提高教学质量的主要手段

尽管听课的性质、类型和方式多种多样，如有竞赛式的交流课、有研究式的示范课、有预约式的汇报课等，这些课常常能够展现教师教学的水平、课堂发挥的最佳状态，是新理念、新策略、新信息的集合点，特别是对于那些精心准备的汇报课而言。同时，教师教学能力的提高也是在其教学实践经验，特别是对教学过程不断改进的过程中积累的。在随堂听课评价的过程中，评价者与被评价教师不仅有共同关注的评价内容，而且在评价过程中，共同讨论、共同研究的气氛非常适宜教师的成长。被评价教师通过对自身教学能力和教学过程的反思，能够获取有效提高自身教学能力的信息，从而促进自身的发展。

（三）随堂听课评价法的基本原则

1. 实事求是的原则

随堂听课评价应该本着公正、实事求是的态度，实话实说是体现评课者责任心的问题，也是给予被评价教师学习的机会。要防止出现只听课不评课的现象，这样不仅被评价教师没有标准，听课也失去了其应有的意义。坚持实事求是的原则，还要防止在随堂听课评价中出现蜻蜓点水的现象。不能够出现评课敷衍了事、走过场的现象。应打破评课时的虚假评议，而坚持实事求是的原则。

2. 零距离的原则

零距离的原则要求随堂听课评价法在评课时，应该创造一种轻松、愉快的气氛，作为听课人员，评价者要特别注意被评价教师的恐惧心理和紧张情绪，应该让被评价教师意识到这是一个学习和反思的机会。同时随堂听课和课后的信息反馈也应该建立在评价双方积极配合

和相互信任的基础之上。

3. 针对性原则

针对性原则是指评课不应该面面俱到。对一节课的评价应该从整体上进行，但绝不能不分轻重、主次，而是需要有所侧重。例如，如果考查学生的课堂参与状况，就应重点关注儿童与成人、儿童与儿童之间的共同探索、发现和讨论，聚焦双向甚至多向互动。评价应该根据听课目的和课型以及学科特点突出重点，应就被评价教师的主要目标进行评价，问题要集中明确，既要充分肯定特色，也要大胆提出改进。

4. 激励性原则

激励性原则是指使用随堂听课评价法评课的最终目的是激励被评价教师，要让被评价教师听完评价后明白自己努力的方向，对以后的教学更有信心和勇气，而不是对自己的教学失去信心，甚至怀疑自己是否适合教学。在具体操作时，应该充分肯定被评价教师的优点和长处，对于其存在的不足，也应该使其有解释和申辩的机会，在指出其不足的同时，能够给出明确的应该如何做的信息。

（四）随堂听课评价法的设计和应用

1. 课前的充分准备

随堂听课评价应该收集、了解与即将要评价的课程有关的资料和信息，在条件许可的情况下，可以考虑召开预备会议，向被评价教师介绍评价的目的、内容，了解教师教学的实际情况，为评价活动的实施奠定基础。具体而言，听课前应作好如下三个方面的准备。

（1）熟悉教学目标，充分把握教学内容

课堂教学评价应该有针对性，这个针对性来源于对教学目标和教学大纲的理解和把握，应明确这节课教学的目标；了解教材编排体系；弄清新旧知识的内在联系；熟知教学内容的重点、难点。因为教材的内容、结构以及难度，既要以学生的现有发展水平为基础，又要能有效地促进学生向更高水平发展。

（2）了解被评价课的教学设计

在听课和评课之前，应该充分了解这节课的教学设计，明了教师拓展的空间，甚至可以针对其所教的内容在自己头脑中设计课堂教学的初步方案，勾勒大致的教学框架，为评课提供一个参照体系。此外，还应该充分了解评价对象的教学设计，以便在随堂听课和课后的讨论中进行相应的评价；同时要了解教学设计，能够使自己在听课和评价时做到有的放矢。一般而言，对评价对象的教学设计，应该给予充分的尊重，不能随意改变。

（3）确定听课方式

在随堂听课评课的过程中，评价者可以选择充当旁观者和参与者，这两种角色决定了会有两种不同的听课方式，经验丰富的评价者往往会交叉使用。当被评价教师进行课堂讲解时，评价者往往默默地坐在教室的一角，融入班集体但并不参与教学过程，而是对整个课堂教学进行观察；当开展小组活动时，评价者可以在教室中四处走动，观察小组活动或者参加小组活动，必要时还可向小组提供帮助。

2. 听课中的仔细观察和详细记录

（1）仔细观察

由于课堂教学的成功与否不仅仅在于教师讲了多少，更在于学生学会了多少。所以听课应从单一听教师的"讲"变为同时看学生的"学"，做到既"听"又"看"，"听""看"结合。因而，在某种程度上，听课也是看课。

课堂教学的"听"，首先要"听"教师的教学过程和教学语言，仔细思考被评价教师的重点是否突出，详略是否得当；其次是"听"被评价教师讲得是否清楚明白，学生能否听懂，教学语言是否简洁清晰；再次是"听"评价对象的提问和教学启发是否得当；四是"听"学生的讨论和师生之间的交流是否恰当、富有创造性；五是"听"课后学生的反馈。

课堂教学的"看"，首先是"看"评价对象的精神是否饱满，教态是否自然亲切，板书是否合理，运用教具是否熟练，教法的选择是否得当，学法指导是否得法，实验的安排及操作是否合理，对课堂教学中出现的各种问题是否巧妙处理……即看被评价教师的主导作用发挥得如何。其次是"看"学生，"看"在整个课堂中，学生是静坐呆听、死记硬背，还是情绪饱满、精神振奋；"看"学生参与教学活动是否积极、思维是否活跃；"看"班级中的各类学生特别是学习困难学生的积极性是否被调动起来；"看"学生与教师的情感是否交融；"看"学生分析问题、解决问题的能力如何……即"看"学生主体作用发挥得如何。

（2）详细记录

听课记录是重要的教学资料，是教学指导与评价的依据，应全面、具体、详细。其中可以包括情境创设、教师点拨与引导、师生的双边活动、教法选择、学法运用、练习设计、教学反馈、课堂的亮点与失误等，还可包括听课者的评价与建议。

总的来说，听课记录主要包括两个方面的内容：一是课堂教学实录；二是课堂教学评点。通常情况下，在听课记录本上的左边是实录，右边是评点。

在课堂教学实录中，第一是教学的基本信息，包括听课的时间、学科、班级、评价对象、课时等；第二是教学过程，包括教学环节和教学内容；第三是板书内容；第四是各个教学环节的时间安排；第五是学生的活动情况；第六是教学效果。课堂教学实录有三种记录方式：一是简录，即简要记录教学步骤、方法、板书等；二是详录，即比较详细地把教学步骤记录下来；三是实录，即把教师开始讲课、师生的课堂活动，直到下课的所有情况都真实地记录下来。

课堂评点是评价者（听课者）对本节课教学优缺点的初步分析与评估，以及据此提出的相应建议。主要包括以下七个方面：（1）教材处理与教学思路和教学目标；（2）教学重点、难点及关键点；（3）课堂结构设计；（4）教学方法的选择；（5）教学手段的运用；（6）教学基本功；（7）教学思想等。课堂评点往往是在听课过程中进行的及时点评，而不是听课完成之后的回顾式点评。

二、量表评价法

（一）量表评价法的概念

量表评价法是传统课堂教学评价中经常采用的方法，它是事先确定好需要进行评价的指标，并给出评价的等级，在评价过程中，评价者对照课堂教学的实际状况，逐项给出相应的等级评定。根据不同的标准，课堂教学评价表有不同的类型。根据评价主体的不同，有供课堂教学参与者之外的评价者使用的量表，也有供课堂教学的参与者使用的评价量表。

【拓展阅读】
教师课堂教学评价量表

儿童个性和社会性发展所包含的兴趣、动机、情绪情感、价值观、能力、自我意识、性格和人际关系等都可以借助量表进行评价。例如，心理学中有许多关于儿童情绪、人格等方面的量表，再如"皮亚杰认知发展量表"中的守恒与关系领域经动态化改编后，已被证实适用于小学低年级儿童的潜能评估。[①]

（二）量表评价法的设计与使用方法

由于量表评价法的基础是评价量表，因此量表评价法的核心就是评价量表的制订，评价量表的核心在于评价标准的制订。量表评价法设计的一般步骤有如下六个。

1. 明确评价目的和要求

课堂教学评价能够实现不同的功能，这些功能的实现是由评价目标和相应的课堂教学评价实现的。因此，在课堂教学评价活动中，评价目标和要求是评价的起点，不同的评价目标，其评价体系的架构内容也截然不同。例如，评价是为了了解课堂教学的基本环节是否完整，那么评价体系的重点将会放在课堂教学的基本环节上；如果评价目的是了解课堂教学中的师生互动，那么评价体系中关注更多地将是有关互动的环节。评价目的实际上体现了课堂教学评价本身的导向作用，即期望通过课堂教学评价把教学活动引入某个方面，或者在教学评价中体现某种新的思维和理念。

新的课堂教学评价应该首先关注学生的学习和发展状况，以学生的学习和发展状况反映课堂教学状况，反映教师的教学状况，体现教学过程的本质和新一轮基础教育课程改革的基本观念，促进学生发展、教师提高和改进课堂教学实践。在这里，明确评价目的即评价的内容是课堂教学中学生的学习状况，期望通过学生在课堂教学中的基本状态了解教师的教学状况和体现新一轮基础教育课程改革基本观念的情况。因此，在评价体系的建构中，核心将围绕着学生的学习状况展开。

2. 建构课堂教学评价标准

课堂教学评价标准是课堂教学评价的基础，是进行课堂教学评价的实际依据。课堂教学评价标准主要有以下三类：

第一类，依据课堂教学的各个要素进行分析，把课堂教学分为教学目的、教学内容、教学方法和教学过程等，在此基础上进一步细分。这类评价体系的特点是结构清晰，脉络分明。

第二类，依据非固定问题建立标准，如教学目标明确、教学重点突出、教材处理恰当、密切联系实际、教学结构合理、教学方法灵活、教态亲切自然、教师素养良好、教学效果明显等。这类评价体系虽然是以评价中的一些核心或者重点问题为基础的，但事实上，从某种角度上仍然可以将其分解、合并为课堂教学中的各个要素，即与第一类的教学评价指标体系在本质上没有区别，只是不同的教学评价标准所认同或者看重的课堂教学要素是不一样的。实际上，在第一类评价指标体系中，也没有能够完全把所有的课堂教学要素包括进去，其中通常包括教学目标、教学内容、教学方法、教学效果等主要内容，对教学基本功、教学设计、教学组织等较少涉及。这些教学要素的缺乏，并非不重要，而是对于评价目的而言，它们不是评价的重点而已。

---

① 张丽锦，暴卿，陈蕾，等. 儿童认知发展水平诊断工具 IPDT 的动态化编制及其在低社会经济地位儿童中的应用［J］. 心理学报，2021，53（9）：960-975.

　　第三类，依据课堂教学中的具体行为，将课堂教学分为教师行为、学生行为、师生互动行为和生生互动行为四种。在教师行为方面，强调教师要不断激发和引导学生的学习需要，营造和谐、民主、活跃的课堂教学气氛，创新性使用教材，注重学生的个体性差异，给学生提供更多思考和创造时间以及空间等。对学生的行为，强调要能积极主动地参与到学习中去，能提出学习和研究的问题，师生之间有多向交流，学生有自己的收获与体验。这类标准明确地将教学过程中的活动依据和活动对象分为两个方面，并根据不同的教学理念和对理想教学状态的理解，规定了教学双方应具备的一些行为。

　　制订课堂教学评价标准时，要注意以下三个问题：

　　第一，建构评价体系的主要方式采用将课堂教学区分为不同的要素进行，不同的评价可以根据不同的目标选择不同的要素。

　　第二，在课堂教学中，还有一种评价标准是对课堂教学效果的评价。我们在前面曾提到课堂教学效果是一些教学评价的主要目标，特别是在课堂教学前、中、后所采用的预备性测验（不管是课堂教学进行之前对学生知识、技能准备情况的评价，还是课堂教学过程中对学生在形成相应认知、情感等教学目标时应有的心理和行为表现的评价，还是课堂教学之后主要通过作业、考试等进行的评价）中，这些评价都是一种量化的评价。而这里提到的效果评价主要是一种质性评价方式，即评价者或者教师通过对课堂教学的观察、反思获得相应的评价结论。通常这种评价关注的问题主要有：学生掌握了教师所教的内容了吗？学生在认知、情感或技能方面取得了哪些进步？学生对学习内容的巩固性与持续性怎样？学习内容的迁移性如何？

　　第三，课堂教学评价的标准实质上反映了一定的教学理念和教学思想，也就是说，不同的教学理念和教学思想下的评价标准是不同的。例如，有人将教学目标分为基础目标、提高目标和体验目标，那么，不同教学目标下的评价指标是不一样的。基础层次的评价行为有激发学生兴趣和求知欲的作用，也有明确的教学目标、教学组织过程，学生学懂会用，以知识结构为中心等；素质教育的评价，使得部分课堂教学评价的指标体系中开始体现素质教育的内容。

　　3. 制订评价指标的操作说明

　　评价指标体系通常会显得比较概括和抽象，因此对于一些不太熟悉课堂教学评价的教师而言，还具有一定的模糊程度，所以需要制订一个专门的、针对评价指标的操作说明具体规定相应的指标在评价时的操作要点。

　　（1）操作说明的内容

　　操作说明通常由两个部分构成：一是对评价指标的解释，即这个评价指标是什么，为什么需要有这个评价指标，它在整个评价指标体系中的作用等；二是每个具体指标的观察内容，这个观察内容实际上是对达到评价指标状态的描述，这种描述通常是用行为指标表示的，例如，在对高中生数学关键能力进行评价时，需要对指标进行描述。如表 14-1 所示。[①]除相应的行为外，还可以对具体观察时需要获得的内容进行一定程度的规定和建议。

① 朱立明. 高中生数学关键能力测评指标体系构建［J］. 课程·教材·教法，2020，40（3）：34-42.

表 14-1   高中生数学关键能力操作指标描述

一级维度	具体操作指标
数学抽象与表达能力（cb）	（1）能结合具体的实际案例，解释数学概念（cb-1）
	（2）能在具体情境中抽象出概念、规律与定理，在特例的基础上形成数学命题（cb-2）
	（3）能理解相关的抽象数学命题，并用符号化的语言进行数学表达（cb-3）
数学运算能力（ys）	（1）能确定运算的对象，明确运算的方向（ys-1）
	（2）能在运算情境中理解运算法则，感悟其中的道理（ys-2）
	（3）能理解数学运算方法的一般性，掌握运算的通性、通法（ys-3）
数学猜想与论证能力（cl）	（1）能利用归纳、类比的方法发现数量或图形的性质及其关系（cl-1）
	（2）能利用数学特例，对发现的猜想进行简单验证（cl-2）
	（3）能合理分析数学命题的条件与结论关系，选择适切的论证方法进行演绎证明（cl-3）
数学想象与化归能力（xh）	（1）能建立几何图形与实物之间的关系，借助图形发现数学规律（xh-1）
	（2）能利用图形与图形、图形与数量之间的关系，理解数学内容之间的相互联系（xh-2）
	（3）能对复杂的数学问题进行化归，并形成直观模型（xh-3）
数据分析与预测能力（fy）	（1）能识别随机现象，发现并提出概率或统计的相关问题（fy-1）
	（2）能利用概率或统计思维分析随机现象的本质，发现其中的统计规律（fy-2）
	（3）能理解数据所蕴含的信息，并借助数据信息进行合理的推断与预测（fy-3）
问题解决与交流能力（jj）	（1）能对实际问题加以描述，并将其转化为数学问题（jj-1）
	（2）能从数学角度分析问题，在具体情境中建立符合情理的数量或图形关系（jj-2）
	（3）能运用数学语言清晰、准确地表达与交流问题解决的过程与结果（jj-3）

（2）注意事项

操作说明是对评价指标的细化，其目的是让评价者更好地理解和掌握评价指标的含义，以及评价指标所描述的状态。因此，在制订评价指标的说明时，应该尽可能清楚地标明评价指标的相应含义和具体的反应行为，其实质类似于给评价指标中的关键概念下一个操作性定义。所以制订操作说明的关键是说清楚评价指标中的关键概念及其相应的行为指标；在给出相应的行为指标时，应该注意不要过于琐碎，也不宜建构一个过于大而全的东西，只要让评价者知道主要应该从哪几个方面进行观察，能够判断这个评价指标的等级就可以了。

例如，借鉴教育评价中测评指标体系构建的理路，利用文献法、专家咨询法与层次分析法，初步构建 STEAM 教育理念下深度学习的测评指标体系，具体涵盖主题统整、知识构建、情感投入、思维诊断四个一级指标，每个一级指标包括三个二级指标，以此为基础构建测评指标体系及其权重，如表 14-2 所示。[①]

表 14-2　STEAM 教育理念下深度学习测评指标体系

STEAM 教育理念下的深度学习	权重	测评指标	权重
主题统整	0.11	挑战性	0.23
		融合性	0.26
		导向性	0.51
知识构建	0.13	理解性	0.21
		关联性	0.24
		迁移性	0.55
情感投入	0.27	能动性	0.32
		趣味性	0.23
		交互性	0.45
思维诊断	0.49	思辨性	0.31
		持续性	0.29
		高阶性	0.40

4. 制订评价方案

评价方案是对整个课堂教学评价的实施规划，在制订评价方案时，应该考虑以下问题：评价的具体目的是什么；评价的对象是谁；评价者是谁；评价的主要步骤是什么；要采用怎样的评价方法；评价结果将用在什么地方。通常一个完整的评价方案包括以下五个方面。

第一，评价目的，即为什么要制订这个评价方案，大体上是对价值、应用等的一个简单描述。

第二，评价原则，即整个评价方案的制订，指标的建构，评价的实施、评价结果的解释、应用等应该遵循的一些原则。在某些评价方案中，不直接提出评价原则，而是提出相应的评价思路或理念。从某种角度上看，评价思路、评价理念和评价原则有异曲同工之妙，特别是评价理念和评价原则之间。评价原则是评价目的的重要保证，因此，评价原则不应过于虚幻，而应该根据具体目的提出一些相应的指导原则，如坚持发展性的原则、可行性的原则等。

第三，评价的指标体系，这是评价方案的重要组成部分，前面我们已经对这个部分作了详细阐述，这里不再赘述。

第四，操作说明，这是评价指标的具体细化、应用与评价范围的说明，是判断哪些行为、情境适用于评价指标的具体说明和解释，是对评价指标特征的说明。

第五，评价表的使用说明，需要说明应用评价表的方法、步骤、程序等，也可以包括对一些评价表实施过程中应该注意的问题加以提醒。此外，还通常包括对评价表的评价结果或者等级的判断和应用进行说明。

[①] 朱立明，宋乃庆. 高中生数学学科核心素养测评指标体系的构建 [J]. 四川师范大学学报（社会科学版），2022，49（4）：125-133.

5. 量表评价的实施

量表评价的实施，主要分为评价前、评价中、评价后三个阶段。

（1）评价前

在评价前，评价者应该认真阅读评价方案表，熟悉评价要点特征描述，必要时，应该对评价者进行相应的培训。例如，评价小学生的数学思维，需要对数学思维有基本的了解，数学思维是学生对数学概念、规则、公理等数学事实的概括与间接反应，以数量与数量的关系、图形与图形的关系为对象，以数学语言为工具，以数学教学活动为载体，以发现数学规律为旨要，通过多次经历、体验、感悟、内化，在数学知识、问题解决与数学情感的基础上形成的一种特有的数学思考模式。[①] 评价者对数学思维评价指标体系和操作要点的理解直接关系到评价的效度，因此，在评价之前应确保评价者掌握和熟悉评价指标的具体含义和相应的评价要点与行为，对不熟悉方案的评价者，可以采用教学录像评价的方式进行培训。

（2）评价中

评价者应该根据评价要点做好听课记录。在课堂教学评价方案中，除那些按照教学过程组织的评价指标外，对评价指标的判断和评价，往往需要跨越课堂教学中的不同阶段，甚至是对整个课堂教学的说明。因此，评价者需要根据评价要点，在评价过程中做好相应的听课笔记，听课笔记可以按照课堂教学的基本过程，从导入开始，以教学、学习和师生之间的活动为主要内容，并随时记录自己相应的感受。需要注意的是，听课笔记不是课堂教学实录，没有必要把课堂教学中的所有东西都记录在案；同时要熟悉整个评价指标，只有这样，才有可能随时对照课堂教学的实际情况，分析评价指标的真实程度。

（3）评价后

课堂教学评价的目的并不仅仅是简单地对课堂教学作出一个等级评定，其主要目的是促进课堂教学，因此在评价等级的判断过程中，需要综合考虑课堂教学中的各种因素，特别是教学过程中教师和学生的相应意见，能够在课上跟教师进行相应的讨论，从课堂教学的目标、教学设计、实施过程、教学效果等各方面进行评价。

量表评价法主要由评价者和上课的教师进行，通常可以将上课教师的自我评价和评价者的评价结合起来，再根据相应的教学条件、教学设计、教学实施等方面的情况，作出相应的等级评定。在评价时，最好能够写出简要的、有针对性的评语。

6. 评价信息的整理分析与评价结论

采用量表评价的方法不是简单地进行评价量表的填写，相反，评价等级的判断需要综合来自教学各个方面对象的信息，这个过程就是指评价信息的整理分析，即评价者对收集的各种资料进行整理、汇总和综合，在此基础上获得评价结果，最后在评价结果的基础上形成评价结论。

评价结论是针对评价对象的进一步发展而提出的解决目前存在问题的意见和建议，其目的是通过课堂教学的评价提高教师教学的水平，并进而提高课堂教学效果。评价结论应该包括对被评价教师的课堂教学所提出的意见及进一步提高的建议，评价结论中的意见和建议应该尽可能地具体和有针对性。

---

① 朱立明，秦丹. 新课标下小学生数学核心素养的架构研究 [J]. 课程·教材·教法，2022，42（7）：12−18.

【本章小结】

本章主要介绍了基于儿童发展的课堂教学评价，首先是课堂教学评价的实质，包括课堂教学评价的定义，新中国成立以来课堂教学评价理念的转变，课堂教学评价的类型，课堂教学评价的功能，课堂教学评价的内容。其次是基于儿童发展的课堂教学评价的一般过程，包括课堂教学评价的准备阶段、课堂教学评价的实施阶段、课堂教学评价的反馈阶段。最后是基于儿童发展的课堂教学评价的常用方法，包括量表评价法与随堂听课评价法。

【实践·反思·探究】

杨老师参加学校举办的关于新课改教学评价的课题研究评选活动。在设计教学评价的部分，杨老师想到很多关键词，如发展性评价、主体多元化、形式多样化等，对传统的教学评价，杨老师认为更多地是关注教师的教学成绩、学生的分数和学校的升学率，不利于发挥评价的诊断作用，促进学生的全面发展。

在设计课题时，杨老师从"以评促学"的角度出发，综合考虑与学生的合作，保证评价主体多样性。那么如何保证学生的自我评价客观公正呢？为此，杨老师借助进步卡、阶段性评价卡、终结性评价卡，准备为学生建立一个学习档案，指导学生在学习档案中每星期放入一张进步卡，每个月放入一张阶段性进步卡，在每个单元学习过程中选择自己最满意的作业放入学习档案，实现过程性评价与结果性评价的统一。除此以外，杨老师为学生制订了观察记录表，便于对学生在每个学期和假期学习情况的掌握，为家长量身制定了学期初的观察记录表、月评表和学期末的评价量表，实现多种评价形式、多元主体参与的教学评价。

1. 上述案例中，杨老师的评价方案体现了教学评价的什么功能？
2. 上述案例中，杨老师的评价方案有哪些优点和待改进的地方？
3. 课堂教学评价的常用方法有哪些？请选择其中一种方法，设计一个课堂教学评价方案。

【推荐阅读】

1. 罗祖兵，郭超华. 新中国成立 70 年课堂教学评价标准的回顾与展望［J］. 中国教育学刊，2020（1）：55-61.

2. 刘志军，徐彬. 我国课堂教学评价研究 40 年：回顾与展望［J］. 课程·教材·教法，2018，38（7）：12-20.

3. 李森，郑岚. 促进质量提升的课堂教学评价改革［J］. 课程·教材·教法，2019，39（12）：56-62.

第十五章　教师心理

【学习目标】

1. 了解教师的角色定位、角色冲突，明确教师角色问题的自我调适。
2. 理解教师心理健康的概念与标准，认识教师心理健康的重要性。
3. 掌握教师存在的心理健康问题及应对策略，提升教师心理素质。
4. 应用教师专业成长的途径，促进教师朝专业化方向发展。

【知识导图】

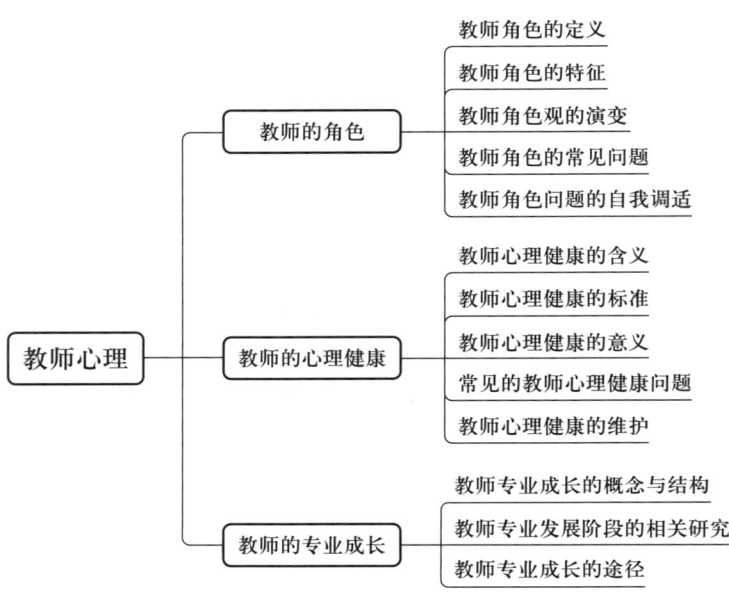

【案例导入】

在日常工作中，随着课程改革的变化，教师在教学方面有更多的部分需要完善，学校、家长、学生对教师也有更高的期待与要求。教师要兼顾学生的学业与身体，还要帮助家长与学生建立亲密关系，帮助学生与学生协调人际关系。这些都关系到学生的成长。面对众多的角色，教师应该如何进行定位，如何处理好不同角色间的冲突，成为教师职业生涯中的一大难题。

第一节　教师的角色

随着时代的发展，教师成为多种角色的综合体，那么，教师的角色究竟应该如何界定，这些角色又会对教师和学生产生怎样的影响？

一、教师角色的定义

"角色"这一概念最早来源于戏剧，是指演员在戏剧舞台上依据剧本所扮演的某一特定人物。1935 年，社会学家米德将"角色"一词引入社会心理学，称之为社会角色，用来指个体在社会这个扩大的舞台上的身份与行为。而后，"角色"概念逐渐被引入教育领域，有关教师角色的研究开始兴起。顾明远认为，教师角色是指教师与其社会地位、身份相联系的被期望的行为，主要包括两个方面，一是教师的实际角色，二是教师的期望角色。除此之外，教师角色又分为"他人对自己的期望""自己对自己的期望""自己对他人的期望"等方面。[1] 胡森对教师角色所代表的含义进行了三种解释：（1）教师角色就是教师行为；（2）教师角色就是教师的社会定位；（3）教师角色就是对教师的期望。[2]

其他学者也从不同的角度对教师角色进行过阐述。综合来看，教师角色，是指依据教育教学的一定原则，对具有教师这一特殊身份和地位的个体在学校中执行的各种教育教学职能的规定和要求。教师角色不仅代表教师个体在社会团体中的地位和身份，而且包含着许多社会所期望的教师应该表现出的行为模式，包括社会对教师个人行为模式的期望和教师对自己应有行为的认知两个方面。[3]

二、教师角色的特征

在传统的教育教学活动中，教师的角色是比较单一的。但是，在信息时代的背景下，教学目的、教学内容以及教学方法都发生了巨大的变化，这也导致教师的角色发生了变化。师

---

[1] 顾明远. 教育大辞典［M］. 上海：上海教育出版社，1998：702.
[2] 中央教育科学研究所比较教育研究室. 简明国际教育百科全书·教学：上［M］. 北京：教育科学出版社，1990：282.
[3] 连榕. 教师专业发展［M］. 2 版. 北京：高等教育出版社，2019：65.

生之间不再是单一的授受关系，教师角色从传递者转变为由一系列角色构成的"角色系统"。例如，作为设计者，教师设置教学目标、开发学习资源、规划学习过程，选择教学策略和设计测查方法；作为促进者，教师创设问题情境、激发学习动机与提供学习支架，逐步让学生学会主动学习；作为管理者，教师进行班级和教学管理、组织课堂教学、处理教学中的偶发事件以及与家长和同事交流；作为帮助者，教师帮助学生解决困难、解答学生的疑问以及处理学生的人际与心理问题；作为反思者和研究者，教师反思和评价自己的教学成果，发现和分析其中存在的问题，提出并实践解决方案，总结经验和行动研究的结果。

与其他角色相比，教师角色具有以下五个方面的特征：

（一）教师角色具有主导性

教学的最终目标是为社会培养人才。想要实现这一目标，就需要发挥教师、学生、家长、学校、先进的教育设备、适合学生发展的教育制度及教学方法等多种力量的作用，这些力量是否能够得到有效整合及利用的关键就在于教师，教师能否充分调动各种教育力量，体现出教师的主导性。

（二）教师角色具有创造性

教师角色的创造性主要体现在对学生因材施教、对教育教学原则和方法的运用、对教学内容的加工与处理、打造创新型课堂、如何应对突发性事件等方面。[1] 每个学生会表现出不同的个性差异，教师要结合个人的能力与经验，判断并选择适合学生个性发展与需求的教学内容与教学手段，为学生构建开放、愉悦、适合发展的学习环境，进而全面开发学生的潜能。

（三）教师角色具有多样性

多样性是教师角色的突出特点。教师职业的工作内容并非单一、纯粹的教学工作，想要成为一名合格的教师，不仅要出色地完成教学任务，还需要做许多看起来与课堂教学并没有直接关系，但却关乎学生成长的事情。例如，学生因为学业压力过大而失眠，教师应该具备一定的心理学知识，为学生进行心理疏导。

（四）教师角色具有动态性

教师角色处于动态变化的过程当中。世界快速发展，时代赋予教师更多、更高的责任，人们对教师角色的期待和要求也在发生着变化，相应地，教师角色也在不断发生变化，教师从知识的传授者转变为学习的促进者，从课堂教学的管理者转变为合作学习的组织者等。

（五）教师角色具有弥散性

日本学者佐藤学说："医生的工作是通过治愈一种疾病而终结，律师的工作是随着一个案件的结案而终结，教师的工作并不是通过一个单元的教学就宣告结束。教师的工作无论在时间、空间上都具有连续不断地扩张的性质，具有'无边界性'的特征。"[2] 教师对学生的影

---

① 赵笑梅. 教育心理学 [M]. 北京：北京师范大学出版社，2017：277-278.
② 佐藤学. 课程与教师 [M]. 钟启泉，译. 北京：教育科学出版社，2003：213.

响是长期的、持久的、巨大的，并且不会因为某一求学阶段的结束而终止。有些学生在成年之后会想起某位教师曾经对自己说过的话，仍然会感觉到受用。因此，教师角色具有弥散性。

三、教师角色观的演变

不同时期，关于教师角色的定位也有所不同。随着时代的飞速发展以及社会的急剧变革，教师的角色也在不断地发生着变化。例如，在促进学生成长的同时，教师也应该注重自身的成长，如此才能真正实现教育目的。这样，教师的角色就不再仅是传统意义上的"蜡烛、春蚕"，而变成了"火箭"，这意味着教师在将学生送到目的地的同时，也应该让自身提升到更高的层次上，实现学生与教师自身成长的"双赢"；教师也不再仅仅"拥有一桶水"，而是要成为"蓄电池"，能够不断地充电，才能为学生提供源源不断的能量。

除此以外，还有许多学者从不同的角度对教师角色进行过研究，综合来看，可以大致将教师角色分为三类，分别是教学角色、教育角色与行政角色，心理定向角色以及自我定向角色[1]。第一类是教学角色、教育角色与行政角色。教学角色是指教师是学生学习的发动者、组织者和评定者，通过教学传授文化科学知识，发展学生智力。教育角色是指教师通过言传身教对学生进行思想道德教育，提高他们的思想觉悟，培养学生形成良好的道德品质。行政角色即课堂管理员与办事员。学生在学校中通过班集体的方式进行学习，锻炼与提升各项能力，因此教师不仅担负着教学角色和教育角色，还需要从事大量的班级管理和学生管理的工作，为学生创设良好的成长氛围。第二类是心理定向角色，包括人际关系协调者、社会心理学者、学生心理的保健者等。教师不仅要促进学生对知识的学习，而且更应该关注学生的心理问题，引导学生健康地学习与生活，防止心理问题的出现，在学生遇到问题的时候，要积极帮助学生面对问题、解决问题，增强学生对抗挫折的能力与自信心。同时，教师要结合学生的身心发展特点，关注学生的需求、想法以及价值观，帮助学生挖掘潜能，进而做到自我实现。第三类是自我定向角色，包括学者、学习者等。教师与所教授科目的文化知识是密不可分的。教师如果想教好学生，首先要保证自己是某一学科的专家，具有学者的风度、气质以及知识储备。与此同时，在为学生传递知识的过程中，教师还要树立学习者的学习意识，只有学而不厌，才能诲人不倦。教师应以"终身学习"为目标，不断学习新知识，提升自身素质，以满足教育教学发展与学生发展的需求。

四、教师角色的常见问题

教师的职业特点和工作内容决定着教师在教育教学过程中需要扮演多种角色，这也是教师职责和教师职业的价值所在。正是这个原因，教师一旦对自身角色没有清晰的认知，或无法达到角色的要求，就会在角色问题上遭遇挫折。一般来讲，教师在角色方面常见的问题主要有三类，分别是角色冲突、角色超载和角色混淆。

[1]　孙晨红，张春宏，王睿. 教师专业化发展与教师成长［M］. 哈尔滨：东北林业大学出版社，2016：13.

（一）角色冲突

教师角色冲突，是指教师在扮演各种角色的过程中，由于不同社会角色的标准、期望或要求与教师实际扮演的角色不一致，但是各种角色共同作用于教师这一独特的个体，从而导致发生冲突。教师是角色冲突的高发人群。角色冲突主要包含两种形式：

第一种是角色间冲突。教师需要同时扮演多个角色。在学校中，教师是学生的引领者；在家庭中，教师是对子女照顾有加的父母；在朋友间，教师是关系平等、值得信任的伙伴等……一旦教师无法自如地在这些角色间进行转换，就容易出现角色冲突。除此之外，还有可能出现两个角色同时对教师提出相互矛盾的行为要求，使教师在感到难以胜任的同时，也会在时间、精力等方面感觉到紧张，这种情况也被称为"角色紧张"。例如，子女希望教师是慈爱的父母，学校希望教师成为严格的班主任，教师就有可能因为这两种要求间的冲突而引发角色间冲突。

第二是角色内冲突。角色内冲突是指不同群体对同一角色持有相互矛盾的期待。例如，学校、家长及学生对教师的期待有所不同。家长希望教师对学生严格管理，学生希望教师对自己平等相待。还有一种情况，教师对角色行为的理解与他人的期待不一致，甚至有相反的看法，但又必须履行时，就会发生角色内冲突。适当的角色冲突有助于教师适应工作的要求，促进教师学习。冲突的解决使教师体会到成功的乐趣，但也会影响教师的身心健康、工作积极性，甚至会影响教师的职业稳定，诱发部分教师的角色转变行为。[①]

（二）角色超载

教师因缺少时间、精力或资源，无力实现角色的要求，叫作角色超载。角色超载主要包括主观、客观两个方面的原因。主观原因主要是教师是否会感到角色超载与教师的个人特点有关。例如，同样的工作压力，低自我效能感的教师有可能因感到疲惫而选择逃避，但是，对自我效能感高的教师而言，他们会采取积极有效的方式应对。客观原因主要指，时代的发展导致全社会对教师的要求不断提高，从而使教师角色组合中的角色数量和每个角色的工作内容持续增加。许多教师既要从事教学工作，又要承担学校的行政工作，让教师感到责任重大，但有时候又难以同时胜任。

（三）角色混淆

角色混淆是指教师无法获得明确清晰的角色期望，或因角色期望无法一致而产生混乱，是教师不知道他人预期的内容，和自己要如何扮演这个角色职责而产生的迷茫。例如，教师虽然已经开展相关工作，但是对教师这个角色没有清晰的认知。遇到问题时，不知道如何解决，也没有及时寻找帮助，导致教师角色的作用没有得到有效发挥。这样不仅会对学生产生负面影响，教师也会因此感到困扰。

---

① 王俊明. 近年来国内关于教师角色冲突的研究综述［J］. 教师教育研究，2005，17（3）：44-48.

五、教师角色问题的自我调适

想要进行教师角色的自我调适，根本在于提升教师自身的综合素质与能力，关键在于增强教师角色的适应能力，重点在于具备消除教师角色冲突的能力。

（一）教师应提高自身素质与能力

教师应树立正确的知识观，在不断加强专业知识深度的基础上，进行多学科知识的学习，通过不断地学习、实践和反思，建构教师角色所需的知识体系与能力水平，提升自己的专业胜任力。与此同时，教师还需对教师角色有准确的认知，了解自己与社会期望、学生需求的理想型教师之间的差距，根据理想目标，适时调整。只有这样，才能比较好地调适教师角色问题带来的冲突与问题。

（二）教师应增强角色适应能力

教师应掌握各种角色的行为规范和要求，根据不同的角色期望合理地调整自己的行为。当多种角色产生冲突，教师无法同时满足每一个角色期望时，应学会分清主要角色和次要角色。教师要能根据具体的情境，合理地安排各个角色的先后顺序，明确主要的职责要求，从而不断增强角色适应能力。

（三）教师应提升角色认知水平

教师要有明确的自我价值定位，想要实现这一目标，就需要教师不断提升角色认知水平。做到真正热爱教育工作，用心关爱每一个学生，以自尊、自律、自信的精神为学生作表率，将教书育人工作当作终生的事业去完成。

第二节　教师的心理健康

2018 年，《中共中央　国务院关于全面深化新时代教师队伍建设改革的意见》明确提出："百年大计，教育为本。教育大计，教师为本。"教师是一项光荣而伟大的职业，教师服务的对象是学生，是我国未来的建设者和接班人。教师的心理健康状况直接关系学生的人格、社会化、学习态度等各方面的发展。因此，在人们对心理健康越来越重视的今天，我们不仅要重视学生的心理健康，也要关注教师的心理健康。

一、教师心理健康的含义

教师心理健康主要包含两个方面的内容：一方面是指教师作为一般个体所应具备的心理健康素质；另一方面是指教师职业所附加的心理健康特质。有许多研究者都提出过关于心理健康的概念。林崇德认为，教师心理健康是指教师在认识和理解自我的基础上，对其行为及心理进行持续调整，使其能够适应社会的期望和教育的要求，持续向积极方向发展的状态。

二、教师心理健康的标准

心理健康是从事教育工作的必要条件。俞国良认为，教师心理健康的标准主要包括以下五点：[①]

第一，对教师角色认同，热爱教育工作，勤于教育工作，能够积极投身到工作中去，将自身的才能在教育工作中表现出来并由此获得成就感和满足感，并免除不必要的忧虑。

第二，建立良好和谐的人际关系，具体表现在：

（1）了解交往双方彼此的权利和义务，将相互之间的关系建立在互惠的基础上，个人的思想、目标、行为能与社会的要求相互协调；

（2）能客观地了解和评价他人，不以貌取人，也不以偏概全；

（3）与人相处时，尊重、信任、赞美、喜悦等正面的态度多于仇恨、疑惧、妒忌、厌恶等反面态度；

（4）积极与他人真诚沟通，教师良好的人际关系在师生互动中表现为师生关系融洽，教师能建立自己的威信，善于领导学生，能够理解并乐于帮助学生，不满、惩戒、犹豫行为较少。

第三，正确地了解自我、体验自我和控制自我，对现实环境有正确的感知，能平衡自我与现实、理想与现实的关系。在教育教学活动中主要表现为：

（1）能根据自身的实际情况确定工作目标和个人抱负；

（2）具有较高的自我教育效能感；

（3）能在教学活动中进行自我监控，并据此调整自己的教育观念，完善自己的知识结构，作出更适当的教学行为；

（4）能通过他人认识自己，学生和同事的评价与自我评价较为一致；

（5）具有自我控制、自我调适的能力。

第四，具有教育独创性。教师在教学活动中能不断学习、不断进步、不断创造；能根据学生的生理、心理和社会性特点富有创造性地理解教材，选择教学方法，设计教学环节；能使用教学语言，认真地布置作业等。

第五，在教育活动和日常生活中，教师均能真实地感受情绪并恰如其分地控制情绪。由于教师劳动和服务的对象是人，因此情绪健康对于教师而言尤为重要。具体表现在：

（1）保持积极乐观的心态；

（2）不将生活中不愉快的情绪带入课堂，不迁怒于学生；

（3）能冷静地处理课堂情境中的不良事件；

（4）克制偏爱情绪，一视同仁地对待学生；

（5）不将工作中的不良情绪带入家庭。

【拓展阅读】
其他学者关于教师心理健康的标准

---

① 方方. 教师心理健康研究［M］. 北京：人民教育出版社，2003：28—30.

三、教师心理健康的意义

教师对学生的影响是方方面面的，不仅通过教学过程、学生管理等途径实现，教师自身的心理特点也会对学生产生潜移默化的作用，而且这种作用是不可忽视的。因此，不论是从教师的角度，还是从学生的角度，教师的心理健康问题都是不可忽视的。

（一）教师心理健康对学生情绪的影响

人格健全、适应良好的教师，能够与学生建立信任、温暖、包容的师生关系；善于以正向积极情绪排解负面情绪的教师，也会帮助学生用合理的方式宣泄自己的不良情绪。同时，心理健康的教师可以依据学生的心理特点开展教学活动，这对学生的心理发展将产生积极的促进作用。

（二）教师心理健康对学生学习动机的影响

在教学过程中，经常会遇到这样一种情况，就是有些学生某一学科的学习成绩落后，仅仅是因为不喜欢此门课程的授课教师。当学生信任教师，与教师建立起良好和谐的师生关系后，学生就会在教师的指引下更加愉快、投入地加入学习活动中，教师也更容易激发学生的学习动机，从而提高学生的学习效率，促进学生的学习成绩得以提升。想要实现这一切的前提就是教师本身要具有良好的心理品质与人格特征。

（三）教师心理健康对学生人际交往模式的影响

身心健康的教师能够培养出身心健康且高素质的学生，尤其是在人际交往的问题上，身心健康的教师能够体察、包容他人的情绪，合理地表达自己的想法，与他人建立良好的人际关系。教师与学生的交往最为密切，教师的一言一行都在无形中影响着学生，当教师能够合理地处理人际关系时，不仅可以提高自己在学生心目中的威信，而且还可以身体力行地教会学生建立人际关系的正确模式，使学生也乐于与他人交往。反之，心理不够健康的教师有可能会简单粗暴地对待学生，不懂得照顾学生的感受，导致学生难以建立安全感与信任感，从而影响正常人际关系的建立。

（四）教师心理健康对学生人格健全发展的影响

教师的心理是否健康不仅会影响学生的心理健康，对学生的人格发展也会产生较大的影响。一方面，教师与学生朝夕相处，教师的言行举动会成为学生模仿的对象。教师良好的心态、坚强的意志力、健全的人格，均有助于学生养成良好的心理品质。苏霍姆林斯基指出："学校里的学习不是毫无表情地把知识从一个头脑装进另一个头脑，而是师生之间每时每刻进行心灵的接触。"[①] 另一方面，青少年学生正处于心理发展的关键时期，由于生活阅历少、自控力较差等问题，在生活中难免会出现心理困惑以及不同程度的心理问题。此时，如果教师的人格也存在问题，容易引发学生的情绪困扰，甚至导致学生出现心理障碍并形成消极的

---

① 苏霍姆林斯基. 给教师的建议［M］. 杜殿坤，译. 北京：教育科学出版社，1984：39.

人格特征。

四、常见的教师心理健康问题

与其他职业一样，教师在适应、人格等方面也会产生心理问题，这些问题如果不能被及时发现，就会影响教师的心理健康。

（一）适应不良

【拓展阅读】
适应中求发
展：新入职教
师适应提升

一般来讲，教师的适应不良主要发生在两种情况下：

第一种情况是发生在刚入职时。每个人在进入新环境时，都会面临着不同程度的适应问题。对于教师而言，虽然在开展工作之前，会接受职前教育，在专业性以及心理状态上都作了相应准备，但是，新教师刚刚走上工作岗位，面对相对陌生的工作环境以及学生，仍旧会产生难以应对的感受。出现这种感受是一件正常的事情，但是如果长时间沉浸在这种感受中，就是适应不良的一种表现。一旦出现适应不良，从工作角度来讲，教师将很难较好地完成工作，融入工作环境；从教师自身的角度来讲，将会产生负面认知，自信心下降、自我否定、情绪低落，出现焦虑、抑郁等负面情绪。

第二种情况是发生在环境变化时。例如，课程改革会给教师带来适应问题。随着新课程改革带来的教育理念、教育模式以及课程体系评价方式的变化，给教师惯有的思维模式、教学模式以及工作重心都带来了一定的影响。教师会感受到自己已经完全适应的教学行为与新的要求之间的差距，从而产生迷茫、无助的感受。

（二）角色冲突

每个人在生活中都扮演着各种各样的角色，社会对每个角色都有相应的要求。当个体在某种情境下扮演相关角色时，就需要承担相应的责任，做出符合角色的行为。但是，当一个人扮演的角色较多，一时之间难以取得一致时，就会出现角色冲突。角色冲突会导致个体出现心理不适应、行为不协调等情况。教师的角色冲突主要表现为教师角色固着，也就是说，教师容易在不同场合下扮演同一角色。作为承担着多种角色的人群，对学生而言，教师是师长、朋友、领导者、管理者等。但是，回归家庭后，教师是伴侣、家长、儿女等。教师应该随时在多种角色中进行转换，如果不能及时调整，或者调整不顺利，就会出现角色冲突，从而影响教师正常的生活、学习与工作。

（三）人格障碍与人格缺陷

人格作为先天遗传因素与后天环境相互作用的产物，是由多种心理品质与多种行为方式构成的复合结构。人格障碍是指个体的人格明显偏离正常水平，形成与周围环境不相适应的、持久的人格异常。目前针对人格障碍的分类标准并不统一，常见的人格障碍类型包括偏执型人格障碍、强迫型人格障碍、分裂型人格障碍、反社会型人格障碍、冲动型人格障碍等。研究表明，在教师群体中，较为常见的是偏执型人格障碍与强迫型人格障碍两种类型。

偏执型人格障碍以多疑、偏执为主要特点。他们过于敏感，总是担心他人在议论自己，猜测别人的想法，这些想法通常是没有事实依据的。而且，他人无法改变这种多疑的症状，即使经过劝阻也丝毫不变。他们过分关注自己，执着于自身，夸大自己的重要性，认为自己都是对的，把错误归到别人身上，不信任别人。他们固执死板，认定的事情绝不容许改变，稍微发生改变就接受不了。因此，他们的特点是行为模式固定、思想僵化。[1]

强迫型人格障碍表现为专注于秩序、完美和控制。他们关注琐碎细节、追求完美；做事有条不紊但刻板僵化；习惯于按固定模式行事，对新环境不容易适应；把自己的意志强加于他人；优柔寡断，不善于表达情感。[2] 这样的教师在对自己有高要求的同时，也会要求学生要达到完美状态，一旦学生没有达到自己的要求，就会对学生发火。学生也会因此感受到压力与痛苦。

一般来讲，教师人格障碍严重者较少，教师更多的人格问题属于人格缺陷的范畴。所谓人格缺陷是介于人格障碍与正常人格之间的一种人格状态，是人格发展的一种不良倾向。[3] 人格缺陷发展到经常性的、严重的程度时就会成为人格障碍。教师常见的人格缺陷有自卑、孤僻、敌对、多疑等。

（四）神经症

神经症又称为神经官能症，是一种非精神病性的功能性障碍。神经症包含很多种类型，它们有许多共同的特征。从起因来看，神经症属于心因性障碍，是人格因素和社会心理因素造成的，没有器质性损伤。从表现来看，神经症具有精神和躯体两方面的症状，同时，还具有一定的人格特质基础但非人格障碍。一般来说，神经症包括神经衰弱、强迫症、焦虑症、抑郁症、恐怖症等。对于压力比较大的教师而言，经常出现的神经症是强迫症、焦虑症以及抑郁症。

1. 强迫症

强迫症是指教师反复出现自己所不能控制的观念、意向和行为。这些观念、意向和行为通常是无意义的，对于这一点，教师十分清楚，但是却无法控制自己。他们经常因此陷入矛盾与痛苦之中。强迫症的出现通常是外界压力与人格特征共同作用的结果。

2. 焦虑症

焦虑症又称焦虑性神经症，主要表现为紧张和焦虑，同时伴有明显的植物神经功能紊乱和运动性不安。焦虑是一种正常的心理，可以说每个人都产生过焦虑情绪。正常的焦虑是指向客观存在的事物，如重大考试或上台发言之前都有可能会产生焦虑。正常人也能够调整情绪、缓解焦虑。但是，焦虑症的焦虑往往指向实际并不存在的威胁，而且还有持续时间较长、焦虑对象广泛、焦虑程度相对较高等特点。同时，焦虑症患者的情绪过于敏感，许多并不重要的事情也能引发他们的不安。

3. 抑郁症

抑郁症是一种情绪障碍，主要表现为长期心境低落、沮丧、压抑，思维缓慢，言语动作迟缓，常伴有躯体不适、睡眠障碍。有的教师由于长期工作压力较大，精神紧张，所以容易出现抑郁症状。

---

[1]　连榕. 教师专业发展［M］. 2 版. 北京：高等教育出版社，2019：138.
[2]　郑淑杰，孙静，王丽. 教师心理健康［M］. 北京：北京大学出版社，2014：30.
[3]　方方. 教师心理健康研究［M］. 北京：人民教育出版社，2003：65.

（五）职业倦怠

【拓展阅读】
教师职业倦怠的应对策略

职业倦怠是在以人为服务对象的职业领域中，个体所表现出来的一种情绪耗竭、去人性化和个人成就感降低的症状。[①]乔纳森认为，教师是最有压力的职业之一。也正是因为这样的高压力，教师成为职业倦怠的高发人群。而职业倦怠也成为损害教师身心健康的首要问题。

教师的工作本身就具有长期性、复杂性、重复性以及负荷大等特点。在从事教育事业的过程中，教师要不断更新知识结构、应对随时变化的学生问题、适应教育改革的大环境等，这些都会给教师带来压力，让教师感觉到身心疲惫，对职业产生厌倦感。

五、教师心理健康的维护

教师的心理健康，不仅关系到教师自身能否顺利发展，更关乎学生能否健康成长。因此，每一位教师都应该掌握调节情绪的方式和方法，合理看待压力与困难，有意识地调整自己的心理状态。

从教师个人层面来讲，应该从以下三点来维护心理健康。

（一）增强自我认识，树立明确的职业信念与目标

随着社会的不断发展，教师不再是单纯的"传道、授业、解惑者"，更是学生的朋友，对于教师而言，角色的变化与要求是一种新的挑战，也必然会带来巨大的压力。想要化解这个问题，就要求教师不断地了解自己，探索自己，增强自我认识。在充分认识自我的基础上，才能做到接受、认同自己的教师身份，从而树立坚定的职业信念与目标，把教育工作当作事业用心经营，将理想、情感、精力全部投入工作中，在教育实践中不断超越，向专家型教师努力，实现教师职业的持续性发展。

（二）积极参与培训学习，提升教师胜任力

为了促进教师的专业化发展，教师应积极参加各种形式的培训，例如，"国培"、"省培"、专家讲座、参观名校、参与同行座谈等。教师只有坚持不断学习，才有机会掌握新的教育理念、教育方法、教学技巧，跟上新课程改革的步伐，进而满足不同环境下成长的学生的真正需要，保证教师职业生涯的持久、良好发展。

（三）建立积极的思维方式，合理减轻压力

教师是一个承担着高压力的职业，有些教师在工作压力大的时候，会用消极的、自我评判式的话语来表达。但是一味地抱怨并不能真正解决问题，教师可以尝试通过建立积极的思维方式，多角度看待问题，尤其是看到不利问题的积极方面。这样的处理方式，有助于教师对问题做出积极反应，正确地看待自己的工作，增强对职业及自身的信心，从而减轻工作压

① 冯进. 西方教师职业倦怠研究述评［J］. 中华文化论坛，2009（S1）：143–145.

力，争取将工作做到最好。

改善教师的心理状况是一项复杂的系统工程，不仅需要教师个人的努力，更需要学校乃至全社会的支持与帮助。从学校层面来讲，应从以下两个方面帮助教师调整心理状态，减轻心理压力。

第一，帮助教师树立心理保健观念，健全心理保障系统。

学校应该充分考虑教师的利益，为教师提供良好的工作环境，营造有利于教师心理健康的校园环境。首先，学校应充分重视教师的心理健康问题，建立教师心理健康筛查制度，让教师了解自身的心理健康状况，为其调整心态提供依据。其次，学校应制订符合本校教师实际情况的心理辅导计划，宣传心理健康知识，聘请专家开设心理健康主题讲座，帮助教师掌握心理调适方法，增强其心理素质，促进其心理健康。最后，学校还可以建立教师心理健康咨询服务机构，聘请专业的心理咨询师，通过个体辅导、团体咨询等方式，为教师提供倾诉和沟通的专门渠道，帮助他们化解心理问题。与此同时，学校还可以为教师提供休闲娱乐的场所，丰富教师的业余生活，进一步帮助教师减轻压力。

第二，建立健全培训机制，增强教师的职业幸福感。

有研究显示，教师的幸福感体验绝大多数来自教育工作带来的成就感。根据马斯洛的需要层次理论，教师缺乏职业动机可能是因为在教育教学过程中，教师的发展性需要没有得到有效满足。为此，学校可以通过教师培训、外出学习、继续教育等活动，不断提高教师的专业水平。伴随着教学水平的提高，教师会感觉到工作变得更加得心应手，而且来自学生、家长的认可等也会促进教师进行自我肯定，从而使得教师对自我认可的价值感与成就感上升，因此来自工作的快乐也会相应增多，职业幸福感就会油然而生。

除此以外，社会还应形成尊师重教的良好氛围，完善与教师相关的法律及教育政策，维护教师的合法权益；倡导学生及家长理解教师、尊重教师，并与教师形成教育合力，而不是将学生的问题都归结为教师的责任；社会各界还应不断提高教师的社会地位，积极调整对教师的过度期待与要求，客观评价教师的工作，形成良好的舆论氛围，共同维护教师的心理健康。

第三节　教师的专业成长

时代变革和教育发展需要组建一支高素质、专业化的教师队伍，因此，促进教师专业发展、提高教师专业素质已经成为世界各国教育改革的主流方向。那么，作为一名教师，如何才能真正做到顺应时代发展，成为具有专业胜任力的优秀教师呢？

一、教师专业成长的概念与结构

《国家中长期教育改革和发展规划纲要（2010—2020年）》中关于教师队伍建设的要求是：建设一支师德高尚、业务精湛、结构合理、充满活力的高素质专业化队伍。在教师从业的过程中，如何不断地进行专业成长，是每一位教师都在思考的问题。

（一）教师专业成长的概念

教师专业成长是指教师内在的专业结构不断更新、演进和丰富的过程。这是一个漫长的过程，贯穿教师职业生涯的全过程。想要衡量教师的专业成长水平，可以从内容和程度两个方面着手：内容是指教师专业成长的结构，即教师专业发展的内容；程度是指教师专业成长所要达到的层次。

（二）教师专业成长的结构

一般来说，要想成为一名优秀的教师，就不能忽略教育理念、专业知识、专业技能以及专业情意等因素的重要作用。

1. 教育理念

教育理念是指教师在对教育工作本质理解的基础上，所形成的关于教育的观念和理性信念，反映出教师对教育、学生以及学习等的基本看法，一经形成，即具有相对稳定性，会随着教师个体的生活背景和阅历的不同而发生改变。不论教师的教学经验是否丰富，教学水平是否高超，其教育理念都会对教学过程中的各种决策产生影响。教师的教育理念既可能是外显的，也可能是内隐的。它在教师的专业结构中处于较高层次，统摄并影响着教师专业结构的其他方面，会左右教师自身各个方面的成长。

2. 专业知识

专业知识作为教师开展专业工作的重要条件，是教师研究中着手较早的一个领域，许多学者都对教师的专业知识结构进行了分析。其中，最具有代表性的是舒尔曼提出的教师专业知识结构，主要包括以下七项内容：一是学科内容知识；二是教学方法和教学理论以及适用于各学科的一般教学策略；三是课程材料以及适用于不同学科和年级的程序性知识；四是教特定学科所需要的知识，以及教某些学生和特定概念的特殊方式；五是对学生性格特征和文化背景的了解；六是对学生学习环境的了解，包括其同伴、小组、班级、学校及社区；七是关于教学目标的知识。除此以外，伯利纳将教师知识结构分为学科内容知识、学科教学法知识和一般教学法知识三类。博尔科等人认为，教师知识结构包括一般教学法知识、教材内容知识和学科教学法知识。我国对教师专业结构研究最早的是林崇德、申继亮等学者，他们在20世纪90年代中后期提出了对教师专业知识构成要素的划分方式，被国内众多学者引用。刘健智等人通过对不同学者提出的专业知识结构构成要素进行分析研究，认为本体性知识、实践性知识以及条件性知识是教师专业知识的结构要素。

（1）本体性知识。本体性知识也就是通常所说的学科知识，是"教什么的知识"。例如，语文知识、数学知识等。

（2）实践性知识。实践性知识是指教师在面临实现有目的的行为中所具有的课堂情境知识及与之相关的知识，是教师教学经验的积累，是"如何教的知识"。

（3）条件性知识。条件性知识是关于如何教，如何学，教什么以及为什么这么教，为什么这么学的知识，所有这些知识都属于教育学、心理学和学科教学理论的范畴。

3. 专业技能

教师的专业技能是指教师在教学过程中运用一定的专业知识和经验顺利完成某种教学任务的活动方式。它主要包括教学认知能力、教学操作能力和教学监控能力三个方面。其中，教学认知能力是基础，教学操作能力是集中体现，教学监控能力是关键。

（1）教学认知能力。教学认知能力是指教师对所教学科的定理、法则和概念等的概括水平，以及对所教学生的心理特点和自己所使用的教学策略的理解水平。它是教师在长期的教学过程中所积累的知识经验的基础上形成的。

（2）教学操作能力。教学操作能力是指教师在教学中使用策略的水平。教学操作能力的高低主要在于教师如何引导学生掌握知识、积极思考、运用多种策略解决问题，它要解决的不是做什么，而是如何做的问题。例如，教师如何制订教学目标的策略、编制教学计划的策略、选择和运用教学方法、选择教学材料和设计教学技术、引导学生、课堂管理策略、教学效果评价策略等方面的能力。

（3）教学监控能力。教学监控能力是指教师为了保证教学成功达到预期教学目的，在教学全过程中，将教学活动本身作为意识对象，不断地对其进行积极主动的计划、检查、评价、反馈、控制和调节的能力。

4. 专业情意

专业情意是指教师在深刻理解教学这一职业的价值和意义的基础上，热爱教育教学工作的一种积极向上的情感、态度和价值观取向。教师专业情意影响着其教育教学行为，是做好教师工作的前提条件和重要保障，同时也是教师专业成长的根本动力。[①] 教师的专业情感涉及态度、价值观、信念、兴趣以及自我意识等许多方面的内容，主要包括专业信念、专业情感、专业性向以及专业自我四个方面。

（1）专业信念。教师的专业信念是教师对成为一个成熟的教育教学专业工作者的向往和追求，它为教师提供了奋斗目标，是推动教师专业发展的巨大动力。专业信念主要包括教学效能感以及教师控制点两个方面。

一是教学效能感。教学效能感是指教师相信自己有能力对学生的学习产生积极影响的一种知觉和信念。它属于教师的教育观念，对教师的知觉、判断，教育行为及教学质量，教师在工作中的情绪等都会产生影响。此外，教师的教学效能感还影响教师的职业压力应对策略，在教师的职业压力与职业倦怠之间起调节作用。阿什顿在班杜拉理论的基础上，将教师的教学效能感分为一般教学效能感和个人教学效能感。一般教学效能感是指教师对教与学的关系、教育在学生发展中的作用等问题的一般看法。个人教学效能感是指教师在对自身教学能力的认知基础上形成的关于自我教学能力的信念。

【拓展阅读】
教师教学效
能感的提升
策略

二是教师控制点。教师控制点是指教师将学生好的学业表现或坏的学业表现归为外部或内部原因的倾向，它会对教师的教学活动以及学生的成绩产生显著的影响。在教学过程中，针对学生出现的种种情况，有的教师会倾向于外归因，即将原因归为外部因素，他们认为学生成绩的好坏更多地取决于环境的因素，如学生的能力、客观条件的限制等，而自己无法控制和把握，这种类型的教师往往会怨天尤人或者听之任之，作出一系列消极反应；而有些教师则倾向于进行内归因，即将原因归为内部因素。他们认为学生成绩的好坏与自己有关，因而对学生的成功和失败更有责任感。因此，当学生的成绩出现问题时，这种类型的教师往往比较主动地调整自己的教学行为，积极地影响学生的学习活动。

---

① 刘健智，曾红凤. 国内外教师专业素质结构研究综述［J］. 贵州师范大学学报（社会科学版），2018（4）：76-84.

（2）专业情感。教师的情感投入是成为好教师的关键。一个好的教师必须热爱自己的职业，对教学抱有极大的热情，才有可能积极地投入教学工作中。教师在课堂教学中的情感投入主要有三个方面：

一是对学生具有责任感。具有责任感的教师会关注每个学生的学习和发展，认为学生的这些表现以及背后的原因都会关系到学生的学习与发展。

二是终身学习，成为学生的榜样。要想教出优秀的学生，教师必须严格要求自己、发展自己，这样不仅自己获得专业成长，还为学生提供了良好的榜样，与学生共同进步。

三是与学生建立信任关系。教师与学生之间是平等的，教师想要更好地实现教学目标，就需要在学生面前表现真实的自己，与学生之间形成友好的信任关系。只有这样，学生才会更愿意与教师相处，接受教师的教诲。

（3）专业性向。教师的专业性向是指教师成功进行教学工作所具有的人格特征，或者说适合教学工作的个性倾向。教师的人格特征不仅会影响学生人格的发展，还会对学生学业成就的发展产生重要影响。在教育实践过程中，教师逐渐形成其职业角色所需要的某些人格特征。概括已有的研究，优秀教师的典型人格特征主要有三个方面，[1][2] 热爱教育事业，热爱学生，富有事业心、责任感；情感成熟而稳定，情绪自控力强；有耐心、有自制力、有恒心。

（4）专业自我。教师的专业自我是教师个体对自我从事教学工作的感受、接纳和自信，并将显著影响其教学行为和教学效果的心理倾向，这是保证教师自觉促进自我专业成长的主要因素。教师的专业自我主要包括自我意象、自我尊重、工作动机、工作满意感、未来前景等内容。

二、教师专业发展阶段的相关研究

新手教师会期待自己可以成为专家型教师，不过，想要实现这个目标并不是一蹴而就的，教师的专业发展具有一定的阶段性。

教师不仅从实践层面关注着自身的发展阶段，国内外许多学者也从各个角度对教师专业发展的领域进行了系统的理论研究。对教师专业发展的研究兴起于 20 世纪 60 年代，美国学者福勒揭开了教师专业发展理论研究的序幕，后来逐渐在世界各国开展起来，关于教师专业发展阶段的相关理论研究成为一个蓬勃发展的领域。

（一）国外关于教师专业发展阶段论的研究

1. 福勒的关注阶段论 [3]

福勒作为教师专业发展阶段研究的先驱者，在访谈和文献研究的基础上编制了《教师关注问卷》。根据这份问卷的研究结果，福勒认为职前师范生在成为教师的过程中，所关注的

---

[1]　郭成，阴山燕，张冀. 中国近二十年来教师人格研究述评 [J]. 心理科学，2005，28（4）：937–940.

[2]　蔡岳建，谭小宏，阮昆良. 教师人格研究：回顾与展望 [J]. 西南师范大学学报（人文社会科学版），2006，32（6）：15–18

[3]　FULLER F F. Concerns of teachers: a developmental conceptualization [J]. American educational research journal, 1969, 6: 207–226.

事物是依据一定的次序更迭的，并呈现出以下四个发展阶段：

（1）教学前关注阶段。此阶段是职前培养时期。教育学专业的职前师范生此时还沉浸在学生角色中，他们因为未曾经历教学，所以没有教学经验，对教师角色仅处于想象中，在教学中只关注自己，对他们的班级教师经常持批判甚至是敌视的态度。

（2）早期生存关注阶段。此阶段是初次接触实际教学的实习阶段。在此阶段，教师关注的是自己的教学、班级控制、教学内容的熟练程度以及上级的视察及评价等生存问题。因此在这个阶段，教师表现出明显的焦虑与紧张，工作压力较大。

（3）教学情境关注阶段。在此阶段，教师既关注生存，同时也会关注教学上的种种需要或限制以及挫折。教师较多地关注自己的教学表现，如关注教学所需的知识、能力与技巧以及尽其所能地将其所学运用于教学情境之中，而不只是学生的学习。

（4）关注学生阶段。虽然许多教师在实习阶段就能表现出对学生的关注，但是他们通常要在学会应付自己的生存需要后，才能对学生的需要作出反应。在这个阶段，教师开始把学生作为关注的核心，关注他们的学习、社会交往和情感需要以及如何通过教学更好地影响他们的成绩和表现。

2. 卡茨的教师发展时期论[1]

美国学者卡茨根据自己与学前教师一起工作的经验，运用访问与调查问卷法，针对学前教师的训练需求与专业发展目标，提出教师专业发展的四个时期。

（1）存活期。在这一时期，教师更加关心自己在陌生环境中能否生存。此外，教师在教学中需要他人给予各种技术上的协助。

（2）巩固期。这一时期将持续到入职后的第三年。在这一时期，教师有了处理教学事件的基本知识，并开始巩固所获得的教学经验，关注个别学生以及思考如何帮助学生。但在这一时期，教师还是需要专家、同事和学校领导提供建议和帮助。

（3）更新期。这一时期持续到入职后的第四年年底。在这一时期，教师对重复、机械的工作感到厌倦，试图寻找新的方法和技巧。因此，学校必须鼓励教师参加研讨会，加入教师专业组织，参加各种进修活动等，以学习新的经验、技巧和方法。

（4）成熟期。这一时期延伸到入职后的第五年及以后。这一时期的教师已习惯于自己职业的角色，能够深入地探讨一些教育问题。在这一时期，教师适宜参加各种促进教师发展的活动，包括参加各种研讨会，加入教师团体组织，进修学位，收集并阅读各种与教育的相关信息与资料等。

3. 费斯勒的教师生涯循环论[2]

美国学者费斯勒通过考察文献以及对教师进行访谈，于1985年提出了动态的教师生涯循环理论，从整体上探讨教师生涯的发展历程。此理论认为，教师专业发展不是纯粹生命周期的翻版，而是作为发展中的人的教师与个人环境和组织环境交互作用的结果，这既受生命周期的影响，也受环境周期的影响。基于这个理论观点，费斯勒提出，教师职业周期模式是一种动态、灵活、非线性的发展模式，他将教师的专业发展分成八个阶段。

（1）职前教育阶段。这是教师角色的准备期，即教师的培养期，也包括教师接受新角

[1]　叶澜，等. 教师角色与教师发展新探［M］. 北京：教育科学出版社，2001：341.
[2]　王以仁，陈芳玲，林本乔. 教师心理卫生［M］. 北京：中国轻工业出版社，1999：262-279.

色或工作的再培训期。

（2）实习引导阶段。这是教师任教的前几年，教师努力学习教育教学的日常工作，努力寻求学生、同事和领导的认可。

（3）能力养成阶段。在此阶段的教师积极寻找新的资料、方法和策略，渴望建立一套属于自己的教学体系，经常接受与吸收新的教学观念，学习动机强烈。

（4）热情和成长阶段。在此阶段，教师已经具有较高水平的教学能力。热爱工作，寻求进步，不断创新、改进、丰富自己的教学，有较高的职业满意度。可以说，热心成长与高度的工作满足感是这一阶段的要素。

（5）挫折阶段。此阶段通常发生在职业生涯中期，教师在工作中遭遇挫折，工作的满意程度逐渐下降，开始怀疑自己选择这份工作是否正确。许多相关文章中所探讨的"职业倦怠"大多都会出现在本阶段中。

（6）稳定停滞阶段。这一阶段的教师只做分内的工作，不会主动追求教学专业上的卓越与成长，可以说是缺乏进取心的阶段。

（7）低落阶段。这是教师准备离开教育岗位的低潮时期。在此阶段，有些教师感到愉悦自由，因为他们曾有过辉煌的教学成绩并在心中留下了美好回忆；对另一部分教师来说，则会以一种苦涩的心情离开教育岗位，因为他们是被迫离职或迫不及待地想离开工作岗位。

（8）退出职业阶段。这是教师离开教育岗位的时期。

4. 休伯曼教师职业生命周期论[①]

美国学者休伯曼等人通过对教师专业生涯周期的研究，将教师专业生涯过程归纳为七个时期。

（1）入职期。这是教师教学的第1—3年，可将这一时期概括为"求生和发现期"。其中，"求生"和"现实的冲击"相联系，课堂环境的复杂性和不稳定性、连续的试误使得教师对自己能否胜任教学而感到怀疑；同时由于有了自己的班级和学生，教师又表现出积极、热情的一面。

（2）稳定期。这一时期的时间大概在工作后的第4—6年。在此时期，教师初步掌握了教学法，由关注自己转向关注教学活动，不断改进教学基本技能，形成自己的教学风格，表现出自信、愉悦和幽默。

（3）实验和变化期。此时期大约发生在教师入职后的第7—25年。随着教育知识的积累和巩固，教师开始不满于现状，并重新审视自己所从事的职业。他们试图进行教改实验，不断对自我和职业进行挑战。但也有一部分教师，会因单调、乏味的课堂生活或者改革后令人失望的结果而引发危机，从而重新评估和怀疑自己。

（4）再评估期。在进行实验和发生变化之后，教师可能会导致自我怀疑危机，从而对自己进行重新评价。

（5）平静疏远期。这一时期的时间发生在教学的第26—33年。长期的教育工作使教师拥有资深水平，许多教师在经过怀疑和危机后开始平静下来，他们所拥有的教育经验和技巧使之对教学工作充满自信，同时也失去了专业发展的热情和精力，志向水平开始下降，对专业的投入也逐渐减少。

---

① 张大均. 教学心理学 [M]. 重庆：西南师范大学出版社，1997：25–80.

（6）保守抱怨期。50—60 岁的教师开始变得比较保守，他们会抱怨新教师工作不够认真、学生的纪律差、社会对教育的态度消极等。

（7）退休期。这一时期的时间为工作后的第 34—40 年，即教师职业生涯的逐步终结阶段。

休伯曼的教师职业生命周期论揭示了不同教龄的教师只要其心理发展水平接近，仍可能达到相同的专业发展水平，而且这种理论框架也能更好地解释教师专业发展中的实际情况。

（二）国内关于教师专业发展阶段论的研究

我国学者叶澜、白益民等从教师自我专业发展意识所关注的重点与所达到的水平两个方面展开，提出"自我更新"取向的教师专业化发展过程包括五个阶段。①

（1）非关注阶段。这是指进入正式的教师教育之前的阶段，可一直追溯到教师的孩提时代。在此阶段，立志从教者在对教师专业发展"非关注"的状态下，无意识之中以非教师职业定向的形式形成较为稳固的教育信念，具备了一些"直觉式"的"前科学"知识。

（2）虚拟关注阶段。这主要指职前的师范教育阶段，包括实习期在内。在此阶段内，师范生处于"虚拟的"专业学习环境中，专业人员意识和自我发展意识十分淡漠。

（3）生存关注阶段。这一阶段指初任教师的专业发展阶段，教师面临着来自生活和专业两个方面的压力，需要实现由师范生到正式教师角色的转换，需要克服对教学实践的不适应。

（4）任务关注阶段。这一阶段是持续、稳定发展的时期，由关注自我生存转移到更多地关注教学任务、专业发展上面。

（5）自我更新关注阶段。这一阶段的教师对自己的专业化发展进行反思，有了较为明确的自我专业发展意识。教师的发展动力转移到专业发展本身，直接以专业发展为指向。

此外，国内的其他学者也有相应的研究成果。赵笑梅等人认为，教师的成长和发展的特点具有独特性、时间性和阶段性，主要分为三个阶段：新手适应阶段、稳定发展阶段、停止更新阶段。汪凤炎等人认为，教师的成长需要经历四个阶段，分别是适应阶段、分化定型阶段、突破阶段以及成熟阶段。②

不可否认，国内外学者对教师专业发展的研究为教师的专业发展奠定了坚实的理论基础。但是，我们还是会发现这些理论存在的局限性。例如，福勒主要是从教师所关注的事物在不同发展阶段的更迭探讨教师的专业发展，显然并没有将教师专业发展的方方面面包括进去。卡茨更多地是将所有的成熟教师都混为一谈，而没有对成熟教师的持续成长和变化进行进一步的区分。而且，他们大多偏向于对教师实际经历的发展情形进行描述，有的学者从进入教师职业前就开始研究，而有的学者则是从入职时开始讨论。

但无论从哪个角度、哪个时期界定教师专业发展的阶段，我们都可以发现，教师的专业发展是一个漫长的、动态的、持续的、有阶段性的历程。教师要想成为教育教学的专业人员，需要经历一个从不成熟到成熟的过程，这一过程在不同的发展阶段也会体现出不同的特征。教师通过对专业发展不同阶段的了解，可以帮助自己了解目前所处的阶段，面临的问题

---

① 叶澜，白益民，王枬，等. 教师角色与教师发展新探［M］. 北京：教育科学出版社，2001：278-302.
② 汪凤炎，燕良轼，郑红. 教育心理学新编［M］. 广东：暨南大学出版社，2019：605-606.

以及接下来的发展方向及重心，这对教师明确发展目标、坚定信念、确定职业身份都具有重要意义。

三、教师专业成长的途径

教师的专业发展并不是一朝一夕的事情，而是需要长期的积累与实践。格拉特托恩认为，获得教师专业发展的途径是一个连续体：一端是经由职业发展各个阶段顺其自然地获得专业成长，这是基于经验累积被动地发展，即教师职业发展的一般规律，称为职业发展；另一端是有组织地促进教师成长的在职教育，称为教师培训。还有许多学者都对教师的专业成长途径进行过研究，综合来看，主要包括以下四种途径。

（一）参加培训

参加培训是提升教师专业发展的有效途径，也是促进教师终身学习的必然要求。目前，我国教师在职培训主要有五种模式：一是课程本位模式，以高校为主，以教师进修高一级学位为目标；二是教师本位模式，以大学、教师培训中心、各类教师委员会和协会为主；三是学校本位模式，由教师任职的学校自主制订培训计划、自主组织培训活动；四是协作式的培训模式；五是网络培训模式。上述这些模式，均以促进教师专业发展为主要目的。

除此之外，教师的自我培训也非常重要。世界各国普遍认识到，教师的态度、知识、能力和现实表现并不能通过行政命令或标准课程得到改变，学校简单地规定教师参加专业培训也不一定能达到预期目标。因此，教师的自我培训在教师的专业化发展中也起到了重要的推动作用。教师的自我培训是指教师个体有意识地主动发展、自我更新，采用各种方法关注学生的理解程度和兴趣，关心那些对完成教学任务有影响的活动。教师自我培训的途径有很多。英国课程论专家斯腾豪斯曾明确提出教师专业发展的主要途径包括进行系统的理论学习、研究其他教师的经验和在教室里检验已有的理论。[①] 还有学者认为，教师的自我培训包括理论学习、研究其他教师的经验等。教师通过自我培训建立起扩展专业特性的意识，主动寻找各种机会进行自我提升，为自己的专业发展负起责任。

（二）开展行动研究

20 世纪 50 年代，哥伦比亚大学师范学院前院长考瑞系统地将行动研究运用到教育领域中来。《国际教育百科全书》中将"行动研究"定义为："由社会情景（教育情景）的参与者，为提高对所从事的社会或教育实践的理性认识，为加深对实践活动及其依赖的背景的理解，所进行的反思研究。"[②]

行动研究更强调研究者的实际行动，强调研究者要参与到实际的工作中，将教育理论与教育行为相结合，将实际工作本身变成一个研究的过程，更好地避免研究者与实践者、理论与实际、科研与教育教学之间的分离现象。教师在正常的教学过程中发现问题，又在这个过程中解决问题。综合来看，行动研究的特点主要有以下四点：（1）在教育行动者开展的研究

① 斯腾豪斯. 课程研究与课程编制入门 [M]. 诸平，孙蕾，沈阳，等译. 北京：春秋出版社，1989：172-199.
② 郑金州. 行动研究指导 [M]. 北京：教育科学出版社，2004：3.

中，研究者即行动者，即研究者与行动者（即教育教学实践者）合二为一；（2）对教育行动开展的研究，即研究问题来自教师在教育教学工作中遇到的具体的实际问题，研究的对象通常限于任教的班级；（3）为教育行动开展的研究，即研究目的是解决教育教学实践中的实际问题，以改进教育工作质量；（4）在教育行动中开展的研究，即在真实的课堂教学环境中把研究与实践合二为一，教学不是单纯的教学活动，而是在研究中的教学活动。[①]

（三）保持合作学习

合作学习是以学习目标为导向，以小组为基本组织形式，以学习各动态因素的互动合作为动力资源，以团体成绩为奖励依据的一种学习活动和策略体系。对教师而言，合作学习有利于激发教师专业发展的积极性与主动性，也有利于发掘和利用教师的群体资源。这种学习方式不仅有助于教师开拓专业视野、提升专业素养，对进一步解读教育教学动态、了解相关的教学政策也具有重要的意义。

为了进一步促进教师保持合作学习，可以通过以下三个机制进行实现：（1）建立教师团队合作学习动力机制。学校可以根据实际情况，建立教师合作的共同愿景，拟定清晰的、具有策略性的教师发展规划，搭建共同发展的平台，建立具有实效性的教师团队绩效激励机制，并充分发挥骨干教师的作用，将合作学习的内在动力与外部驱动有机结合。（2）建构大学和中小学合作机制。大学教师可以发挥其策划合作学习活动、组建团队的作用，协助中小学教师进行专业对话、主题研讨、协同教学与反思等活动。（3）建立教师团队合作学习保障机制。学校要明确"人性管理，搭建平台，提供保障，协同发展"的指导思想，以"以课题研究的方式工作，以合作学习的方式成长"为理念，下放权限，实现团队自治。学校还要提供展示平台，不断激发工作室的潜能，提升教师学习效能感。同时，学校还要改革管理方式，创建教师合作学习文化。[②]

（四）加强教学反思

教学反思就是教师对自己以往的教学实践进行回顾、审视、评价、探究、决策和升华，从而获得对教学有指导价值的结论和意见。心理学家波斯纳提出，教师的成长公式是"经验＋反思＝成长"，我国心理学家林崇德也提出了"教学过程＋反思＝优秀教师"的公式。反思作为人的高级心理能力，在教学过程中，不仅仅是一种能力，更是一种意识，是教师对待职业生活的态度与方式，更是促进教师专业发展的重要方式。通过反思，教师可以不断地检讨自己的行为和言行是否合适，及时发现教学中的问题，适时更新教学观念，从而获得更多自我发展与自我创新的机会，让自己逐渐成为一名优秀教师。因此，教学反思一直是教师提高业务水平的一种有效手段。

常见的教学反思方法有三种：一是撰写教师反思日记。教学反思日记是教师对自己教学活动中具有教育价值的各种经验，以及在此基础上所进行的创造性的理解和认识给予真实的书面记录和描写。日记的内容是教师在教学实践之后进行的回顾、反思与总结，有助于教师改进工作，促进发展。二是观看教学录像。教师可以借助现代教育技术进行教学反思，如进

①　傅树京. 构建与教师专业发展阶段相适应的培训模式［J］. 教育理论与实践，2003，23（6）：39-43.
②　陈雅玲. 教师团队合作学习：意蕴与实践［J］. 中国教育学刊，2013（4）：82-84.

行教学录像。教师在观看教学录像时，可以随时按下暂停键，认真思考当时为何这样教，有助于教师发现一些自己在课堂上发现不了的问题。三是与其他教师进行交流。反思活动并非只能个人进行，也可以发挥群体的智慧。教师个体可以通过发言人的形式，将自己对某一问题的思考与解决过程展现给小组的其他成员，在充分交流的基础上，反观自己的意识与行为，从而进一步加深对自己的了解，并了解和借鉴其他人的不同观点。①

【本章小结】

本章主要介绍了教师的角色、教师的心理健康以及教师的成长。教师角色是指教师自身和社会对教师群体行为模式的一系列期望，它是由一系列角色构成的角色系统。教师角色的多重性和高要求必然容易导致教师产生角色压力，处理不好，教师就有可能出现一系列的心理问题。因此，认识教师心理，了解教师常见的心理健康问题，并掌握调适方法，无论是对于培养学生，促进教师职业生涯的发展，还是组建高水平的教师队伍，均具有重要意义。教师的专业成长是教师内在专业结构不断更新、演进和丰富的过程，其专业结构包括教育理念、专业知识、专业技能以及专业情意。教师在职业生涯中，可以通过参加培训、行动研究、合作学习以及反思来促进专业化成长。

【实践·反思·探究】

小 A 的班主任今年刚刚到学校任职，因为学校在一个偏僻的县城，所以生活条件相对艰苦。小 A 的班主任来自城市，自从来到学校后，就一直不满意学校的环境，她多次找到学校领导，想要调回城市。她曾多次当着学生的面表达，自己想要离开这个"破地方"。前几天，班主任在教室中发牢骚，说"你们怎么这么笨，什么都不会，要是城市里的孩子，绝对不会像你们一样"。小 A 听了之后就小声嘟囔了一句，"我们才不比城里的孩子差呢"。

班主任听了之后，感到非常生气，她觉得小 A 在公然顶撞自己。从那之后，班主任就经常批评小 A，哪怕小 A 表现得非常好，班主任不仅不会夸奖她，而且会嘲讽小 A。时间久了，小 A 做什么事情都变得畏首畏尾，觉得自己真的很差，上课也不主动发言，课间也不敢和其他同学说话，变得越来越孤僻。其他任课老师也发现了小 A 的变化，他们建议小 A 到学校的心理咨询室进行咨询。

1. 请根据小 A 班主任的行为，对其心理状态进行评估。
2. 请阐述教师的心理状态对学生产生的影响。
3. 你认为有哪些可行的办法可以帮助小 A 的班主任调整状态，提高其身心健康水平。

---

① 姜广运. 浅谈教学反思的内容、策略及作用 [J]. 教育探索，2010（10）：50-51.

【推荐阅读】

1. 赵梓叶，蔡旻旻，刘翔平，等. 以社会—情感能力为核心素养的教师心理健康［J］. 教育科学研究，2023（1）：80-87.

2. 安富海，赵虹云. 我国教师心理研究二十年：进展与反思：基于 CiteSpace 可视化知识图谱的分析［J］. 教育理论与实践，2022，42（16）：31-36.

3. 崔世泉. 促进教师专业发展的教师激励政策分析［J］. 教育导刊，2023（6）：26-33.

主要参考文献

1. 伍新春, 张军. 儿童发展与教育心理学 [M]. 3 版. 北京: 高等教育出版社, 2020.

2. 彭小虎, 王国峰, 朱丹. 儿童发展与教育心理学 [M]. 上海: 华东师范大学出版社, 2013.

3. 王慧萍, 孙宏伟. 儿童发展心理学 [M]. 2 版. 北京: 科学出版社, 2018.

4. 林崇德. 发展心理学 [M]. 3 版. 北京: 人民教育出版社, 2018.

5. 肖少北, 申自力, 袁晓琳. 儿童发展与教育心理学 [M]. 北京: 科学出版社, 2016.

6. 费尔德曼. 发展心理学: 探索人生发展的轨迹: 第 5 版 [M]. 苏彦捷, 译. 北京: 机械工业出版社, 2023.

7. 陈琦, 刘儒德. 教育心理学 [M]. 3 版. 北京: 高等教育出版社, 2020.

8. 李新旺. 教育心理学 [M]. 北京: 科学出版社, 2011.

9. 伍尔福克. 教育心理学: 第 13 版 [M]. 伍新春, 董琼, 程亚华, 译. 北京: 中国人民大学出版社, 2021.

10. 吴红耘, 皮连生, 杨心德, 等. 学与教的心理学 [M]. 6 版. 上海: 华东师范大学出版社, 2020.

11. 费兹科, 麦克卢尔. 教育心理学: 课堂决策的整合之路 [M]. 吴庆麟, 等译. 上海: 上海人民出版社, 2008.

12. 伍德沃克. 教育心理学: 第 8 版 [M]. 陈红兵, 等译. 南京: 江苏教育出版社, 2005.

13. 斯莱文. 教育心理学: 理论与实践: 第 10 版 [M]. 姚梅林, 等译. 北京: 人民邮电出版社, 2016.

14. 阿德勒 [M]. 张婷婷, 译. 北京: 中央编译出版社, 2022.

15. 汪凤炎, 燕良轼, 苏红. 教育心理学新编 [M]. 5 版. 广州: 暨南大学出版社, 2019.

16. 张大均. 教育心理学 [M]. 北京: 人民教育出版社, 2015.

17. 张斌贤, 王晨. 外国教育史 [M]. 北京: 教育科学出版社, 2015.

18. 李东斌, 邓稳根. 教育心理学: 教与学的基础 [M]. 南昌: 江西高校出版社, 2019.

19. 黄大庆. 教育心理学 [M]. 北京: 首都经济贸易大学出版社, 2020.

20. 施晶晖, 陈浩彬, 胡忠光. 教育心理学 [M]. 南昌: 江西高校出版社, 2018.

21. 曾汝弟. 当代中国青少年教育心理学 [M]. 昆明: 云南大学出版社, 2016.

22. 燕国材, 岑国桢. 教育心理学 [M]. 4 版. 上海: 华东师范大学出版社, 2022.

23. 莫雷. 教育心理学［M］. 北京：教育科学出版社，2007.

24. 杜谢恩. 教育心理学：第4版［M］. 何先友，等译. 北京：北京师范大学出版社，2019.

25. 彭聃龄. 普通心理学［M］. 5版. 北京：北京师范大学出版社，2019.

26. 黄希庭，郑涌. 心理学导论［M］. 3版. 北京：人民教育出版社，2015.

27. 津巴多，约翰逊，麦卡恩. 普通心理学：第8版［M］. 傅小兰，译. 北京：人民邮电出版社，2022.

28. 格里格，津巴多. 心理学与生活：第19版［M］. 王垒，等译. 北京：人民邮电出版社，2016.

29. 普拉默. 儿童注意力训练游戏［M］刘海军，译. 南京：南京师范大学出版社，2015.

30. 杨治良，孙连荣，唐菁华. 记忆心理学［M］. 3版. 上海：华东师范大学出版社，2012.

31. 周兢，张义宾. 基于语料库的汉语儿童语言发展评价与监测研究［M］. 上海：华东师范大学出版社，2021.

32. 王美芳. 儿童社会技能的发展与培养［M］. 北京：华文出版社，2003.

33. 科斯特尔尼克，等. 0—12岁儿童社会性发展：理论与技巧：第8版［M］. 王晓波，译. 北京：中国轻工业出版社，2018.

34. 帕克，斯图尔特. 社会性发展［M］. 余国良，郑璞，译. 北京：中国人民大学出版社，2014.

35. 孙彩平，周亚文，司马合强. 中国儿童道德发展报告2020［M］. 北京：科学出版社，2020.

36. 朱德全，徐小容. 教育评价与测量［M］. 2版. 北京：高等教育出版社，2022.

37. 黄光扬. 教育评价与测量［M］. 3版. 上海：华东师范大学出版社，2022.

38. 顾明远. 教育大辞典［M］. 上海：上海教育出版社，1998.

39. 连榕. 教师专业发展［M］. 2版. 北京：高等教育出版社，2019.

40. 赵笑梅. 教育心理学［M］. 北京：北京师范大学出版社，2017.

41. 孙晨红，张春宏，王睿. 教师专业化发展与教师成长［M］. 哈尔滨：东北林业大学出版社，2016.

42. 皮连生，刘杰. 现代教学设计［M］. 北京：首都师范大学出版社，2010.

43. 郭成. 课堂教学设计［M］. 北京：人民教育出版社，2006.

44. 徐英俊，曲艺. 教学设计：原理与技术［M］. 北京：教育科学出版社，2011.

45. 周念丽，俞洁. 0—1岁婴儿注意异常的早期发现与干预［J］. 中国计划生育学杂志，2014，22（1）：70-72.

46. 李赛，刘旭华，樊秋月，等. 新冠疫情对注意缺陷多动障碍患儿的影响（综述）［J］. 中国健康心理学杂志，2023，31（8）：1151-1155.

47. 张婕，田琳，张艳楠，等. 注意缺陷多动障碍儿童相关危险因素及家庭教养方式的对照研究［J］. 中国健康心理学杂志，2023，30（8）：1132-1136.

48. 赵鑫，周仁来. 工作记忆训练：一个很有价值的研究方向［J］. 心理科学进展，

2010，18（5）：711–717.

49. 邓赐平. 皮亚杰发生认识论视角下的儿童思维与智慧发展［J］. 心理研究，2020，13（4）：291–311.

50. 康丹，文敏，张颖杰. 儿童精细动作技能与数学能力的关系：一项元分析［J］. 心理科学进展，2023，31（8）：1443–1459.

51. 武志俊，王争艳，王强. 动作发展神经科学：未来路径与布局［J］. 中国科学：生命科学，2021，51（6）：619–633.

52. 张磊，张当. 反思与重构：哲学视角下动作技能的学习与发展［J］. 中国人民大学教育学刊，2021（1）：35–46.

53. 李姝雯，李曼丽. 儿童书面言语的因果表达及逻辑思维特征研究：一项基于1800名小学生作文的分析［J］. 华东师范大学学报（教育科学版），2021，39（11）：59–72.

54. 王涪蓉. 国外父母情绪回应对儿童情绪发展影响研究述评［J］. 陕西学前师范学院学报，2022，38（8）：62–72.

55. 尚思源，苏彦捷. 道德认知、道德情绪与亲社会行为的关系：来自元分析的证据［J］. 科学通报，2020，65（19）：2021–2042.

56. 冯霞，冯文锋，冯成志. 反馈类型和反馈时间对动作技能获得的影响［J］. 心理科学，2018，41（3）：533–539.

57. 李春迪，唐爱民. 儿童道德行为发生的时间逻辑及其教育遵循［J］. 中国德育，2020（5）：20–24.

58. 刘志军，徐彬. 我国课堂教学评价研究40年：回顾与展望［J］. 课程·教材·教法. 2018（7）：12–20.

59. 王光明，李爽. 初中生数学学习非智力因素调查问卷的编制［J］. 数学教育学报，2020，29（1）：29–39.

60. JOSEPH P F. Don't worry, be sad! on the cognitive, motivational, and interpersonal benefits of negative mood［J］. Current directions in psychological science, 2013, 22（3）: 225–232.

61. ACK R E, SUN W, DELIS I, et al. Four not six: revealing culturally common facial expressions of emotion.［J］. Journal of experimental psychology: general, 2016, 145（6）: 708–730.

62. GU, S, WANG F, PATEL N P, et al. A model for basic emotions using observations of behavior in drosophila［J］. Frontiers in psychology, 2019（10）: 781–793.

63. RAY D. Can sensory discrimination ability in children with low functioning autism be used as an index of cognitive ability—an exploratory study［J］. International journal of developmental disabilities, 2023, 69（2）: 201–210.

64. CHAN J, CLOSSER A H, NGO V, et al. Examining shifts in conceptual knowledge, procedural knowledge and procedural flexibility in the context of two game-based technologies［J］. Journal of computer assisted learning, 2023, 39（4）: 1274–1289.

65. MASON, R A, JUST M A. Neural representations of procedural knowledge［J］. Psychological science, 2020, 31（6）: 729–740.

66. RAFIEE Y, SCHACHT A. Sex differences in emotion recognition: investigating the moderating effects of stimulus features［J］. Cognition and emotion, 2023, 37（5）: 863–873.

67. ADYAPADY R R, ANNAPPA B. A comprehensive review of facial expression recognition techniques [J]. Multimedia systems, 2023, 29（1）: 73-103.

68. WIRAHANDAYANI M, RAKHMAWATI W, RUKMASARI E A. The effect of role playing methods on social-emotional development in preschool children [J]. Jurnal obsesi jurnal pendidikan anak usia dini, 2023, 7（1）: 1156-1168.

69. DENTON C A, TAMM L, SCHATSCHNEIDER C, et al. The effects of ADHD treatment and reading intervention on the fluency and comprehension of children with ADHD and word reading difficulties: A randomized clinical trial [J]. Scientific studies of reading, 2020, 24（1）: 72-89.

70. SAXENA K, VERRICO C D, SAXENA J, et al. An evaluation of yoga and meditation to improve attention, hyperactivity, and stress in high-school students [J]. Journal of alternative and complementary medicine, 2020, 26（8）: 701-707.

71. FREIRE C, FERRADAS M D M, GARCIA B A, et al. Psychological capital and burnout in teachers: the mediating role of flourishing [J]. international journal of environmental research and public health, 2020, 17（22）: 8403.

72. PARKES A, GREEN M, MITCHELL K. Coparenting and parenting pathways from the couple relationship to children's behavior problems [J]. Journal of family psychology, 2019, 33（2）: 215-225.

郑重声明

高等教育出版社依法对本书享有专有出版权。任何未经许可的复制、销售行为均违反《中华人民共和国著作权法》,其行为人将承担相应的民事责任和行政责任;构成犯罪的,将被依法追究刑事责任。为了维护市场秩序,保护读者的合法权益,避免读者误用盗版书造成不良后果,我社将配合行政执法部门和司法机关对违法犯罪的单位和个人进行严厉打击。社会各界人士如发现上述侵权行为,希望及时举报,我社将奖励举报有功人员。

反盗版举报电话 (010) 58581999 58582371

反盗版举报邮箱 dd@hep.com.cn

通信地址 北京市西城区德外大街 4 号
　　　　　高等教育出版社知识产权与法律事务部

邮政编码 100120

读者意见反馈

为收集对教材的意见建议,进一步完善教材编写并做好服务工作,读者可将对本教材的意见建议通过如下渠道反馈至我社。

咨询电话 010-58556259

反馈邮箱 zz_dzyj@hep.com.cn

通信地址 北京市朝阳区惠新东街 4 号富盛大厦 1 座
　　　　　高等教育出版社教师教育出版事业部

邮政编码 100029